LA PORTE DES ÉTOILES

DES MÊMES AUTEURS

La Révélation des Templiers, éditions du Rocher, 1998.

LYNN PICKNETT
CLIVE PRINCE

LA PORTE DES ÉTOILES

Mystères ou conspiration ?

*Traduit de l'anglais
par Étienne Menanteau*

Titre original : *The Stargate Conspiracy. Revealing the truth behind extraterrestrial contact, military intelligence and the mysteries of ancient Egypt.*

Tous droits de traduction, de reproduction et d'adaptation réservés pour tous pays.
© 1999 Lynn Picknett & Clive Prince.
© 2001 Éditions du Rocher, pour la traduction française.
ISBN 2-268-03878-5

À Philip Coppens

Préambule

Cela peut paraître étrange, mais cet ouvrage diffère sensiblement de notre projet initial. D'où notre surprise d'avoir suivi un parcours semé d'embûches pour finir par écrire *La Porte des étoiles*.

Au départ, nous voulions poursuivre le travail commencé avec *La Révélation des Templiers*, un ouvrage montrant que le christianisme découle de la religion d'Isis et Osiris, et que notre civilisation n'est donc pas judéo-chrétienne, mais bel et bien égypto-chrétienne, ce qui n'est pas sans conséquences. Nous y avons également révélé le grand secret des templiers, à savoir que le messie s'appelait Jean-Baptiste, Jésus-Christ n'étant à ce titre qu'un vulgaire usurpateur.

Désireux d'en savoir plus sur nos racines égyptiennes, nous nous sommes penchés sur la religion d'Héliopolis et avons étudié les *Textes des Pyramides*, ce qui nous a permis de constater que les Égyptiens avaient des connaissances beaucoup plus vastes qu'on ne l'imagine. Il faudra en effet attendre le XXe siècle pour avoir une vision du cosmos plus fine que la leur, et ils ont peut-être encore des choses à nous apprendre. Pourtant, tel n'est pas ici notre propos.

Passionnés par l'Égypte ancienne, sans être pour autant des universitaires, nous savions que les ouvrages d'Andrew Collins et de Colin Wilson, qui remettent en cause les belles certitudes de l'égyptologie officielle, connaissent actuellement un regain d'intérêt. Lorsque l'on parle des civilisations anciennes, et notamment de celle de l'Égypte, trois noms viennent aussitôt à l'esprit : Robert Temple, auteur de *The Sirius Mystery* ; Robert Bauval, qui a écrit

Le Mystère d'Orion (avec Adrian Gilbert); Graham Hancock, qui s'est taillé un franc succès avec *Le Mystère de l'Arche perdue*, et dont *Le Mystère du Grand Sphinx* et *Le Mystère de Mars* (écrit avec John Grisby) ont captivé des millions de lecteurs. À chaque fois, l'on y expose des idées nouvelles, qui passent ensuite très vite dans l'espace public. Nous avons, comme tout le monde, été subjugués.

Mais après avoir effectué de nombreuses recherches et nous être attelés à la rédaction de cette enquête, nous nous sommes rendu compte que tous ces ouvrages avaient un point commun et qu'ils faisaient, consciemment ou non, partie d'une grande manipulation.

Et ce n'est pas tout, car l'idée selon laquelle s'est jadis épanouie une civilisation sur Mars est l'un des grands thèmes véhiculés par les représentants de cette conjuration, et elle sert, comme les mystères de l'Égypte ancienne, à délivrer un message soigneusement calculé. En bref, cela revient à dire que les dieux de l'Antiquité étaient en réalité des extraterrestres, et que ces derniers sont aujourd'hui de retour, le corollaire en étant que seuls quelques « élus » auront le privilège d'entendre leurs paroles et prendront part aux révélations qui ne sauraient tarder. Dans certains cas, on devine de qui il s'agit, mais pour ce qui est des autres, on risque d'être surpris...

Ces gens ou organismes recourent ici à la vieille tactique consistant à diviser pour mieux régner, qui revêt en l'occurrence des connotations quasiment religieuses et fort inquiétantes. Car on n'a pas affaire à une quelconque secte obscure, mais à un phénomène de masse qui, d'une façon ou d'une autre, concerne toute la culture et la vie spirituelle de l'Occident. Qui est l'instigateur de cette machination ? Et quel bénéfice espère-t-il en retirer ?

Certes, on pourrait craindre que nous cédions, tous les deux, à un accès de paranoïa aiguë, et nous nous sommes maintes fois posé la question. Il n'en demeure pas moins que l'on se trouve confronté à une gigantesque manipulation visant à orienter notre façon de penser, et qui met en jeu divers groupes de pression, qui sont responsables à divers titres. Dans le lot figurent des services secrets comme la CIA et le MI5, mais aussi des personnages plus surprenants, allant des gourous du New Age aux chercheurs en physique, en passant par des individus disposant d'une fortune colossale.

Exploitant sans vergogne notre soif de miracles et notre passion pour les mystères de l'Égypte ancienne, et tirant parti de notre fébrilité devant le passage au troisième millénaire, on est en train de nous fabriquer un système de croyances inédit, même s'il faudra peut-être attendre les premières années du XXIe siècle pour qu'il prenne forme.

Le fait que l'on profite indûment de notre besoin de sacré ne signifie pas qu'il n'existe jamais de phénomènes paranormaux ou d'expériences mystiques, tout comme l'histoire ancienne ou la place de l'homme dans l'univers recèlent sans doute bien des mystères. Nous critiquons ce qui mérite de l'être, qu'il s'agisse de convictions infondées ou de l'arrogance de ceux qui prétendent avoir résolu certaines énigmes, sans pour autant verser dans un scepticisme intégral. Car ce qui nous gêne, c'est que l'on détourne des conceptions qui en elles-mêmes n'ont rien de choquant, au contraire.

Même ceux qui n'ont pas les mêmes centres d'intérêt que nous sont visés par cette opération de propagande, qui veut nous faire embrasser une idéologie inacceptable, voire ignoble, et qui s'assimile, il faut bien le reconnaître, à un gigantesque lavage de cerveau.

Nous voilà placés devant une gageure. Aussi demandons-nous au lecteur de faire preuve de patience et de suivre notre enquête pas à pas, en abandonnant tout parti pris, et sans se laisser décourager par les invraisemblances. Peut-être qu'en refermant ce livre vous demanderez-vous : et si les auteurs avaient raison ? S'il existait vraiment une conjuration qui ronge la démocratie et la liberté ? Si nous étions prêts à accepter, à notre corps défendant, quelque chose qui normalement nous révolterait ou nous révulserait ?

Nous ne voulons pas ici battre le rappel ou provoquer une quelconque réaction politique, car ceux qui trempent dans l'affaire se dépêcheraient de nous couvrir d'opprobre, et nous serions balayés. Cependant, nous croyons possible de réagir, en partant du principe que la résistance, comme la « porte des étoiles », est d'abord d'ordre moral.

LYNN PICKNETT ET CLIVE PRINCE
Londres, juin 1999.

Prologue
Les neuf dieux

Au commencement étaient les neuf divinités de l'Égypte ancienne, la grande Ennéade, personnification de la beauté, de la magie et du pouvoir. En dépit de leur nombre, ces dieux ne font qu'Un, puisque chacun d'eux représente un aspect différent du créateur. Les *Textes des Pyramides*, hiéroglyphes gravés sur les parois intérieures de sept pyramides construites par les pharaons de la Ve et de la VIe dynastie, s'adressent à eux comme s'il n'y en avait qu'un :

> Ô toi, grande Ennéade, qui réside à On [Héliopolis], [c'est-à-dire] Atoum, Chou, Tefnout, Geb, Nout, Osiris, Isis, Seth et Nephthys ; Ô vous, enfants d'Atoum, faites que sa bienveillance s'étende à son enfant [1]...

Des générations de prêtres initiés célébreront à Héliopolis les mystères de la grande Ennéade, culte jouant un rôle prépondérant chez les gens du peuple, qui se sentent aussi proches de ces entités que les catholiques peuvent l'être des saints, tandis que l'Un sert d'écran et permet aux dieux de rester ineffables.

Les Neuf vont régner, sous une forme ou une autre, pendant des siècles, jusqu'à l'arrivée des conquérants grecs, puis romains, qui va bouleverser la civilisation égyptienne. La naissance d'une nouvelle religion, centrée autour de Yeshoua (Jésus), l'homme-dieu sacrificiel, consacre en apparence cette révolution. Pourtant, on continue à croire que les Neuf se sont retirés dans un royaume céleste (ou bien, comme l'on dirait aujourd'hui, dans une autre dimension). L'Ennéade nous a quittés, mais peut-être reviendra-t-elle un jour dans toute sa gloire...

Les Neuf sont plus qu'une simple curiosité archéologique, héritée d'une religion depuis longtemps disparue, ou l'œuvre de prêtres qui se sont évanouis comme poussière au vent, car la ville sacrée d'Héliopolis recèle quantité de secrets jalousement protégés, et elle est le dépositaire d'une science extraordinaire que l'on est seulement en train de redécouvrir. Grâce à la sagesse de l'Antiquité, ces grands initiés ont construit les pyramides, prouesses architecturales inégalées, dont les mystères nous fascinent et sont une véritable gageure. Les Neuf ont transmis au clergé une foule de connaissances, et leur savoir ésotérique et singulier revient nous hanter.

Des splendeurs d'Héliopolis ensevelies sous un faubourg du Caire – la métropole la plus peuplée d'Afrique avec ses 16 millions d'habitants vivant dans une cacophonie invraisemblable –, on n'aperçoit aujourd'hui qu'un obélisque. Jadis se dressait là une cité qui était l'une des merveilles du monde (sans en avoir toutefois le statut officiel), et qui s'enorgueillissait de porter un nom signifiant en grec « ville du dieu soleil », car on y célébrait le culte de Rê (ou Ra), divinité solaire qui accomplit chaque jour son périple dans le ciel. Appelée Ounu par les Égyptiens et On par les Hébreux, comme il ressort de l'Ancien Testament, il s'agissait peut-être de la fameuse « ville aux colonnes » (bien que rien ne permette de l'affirmer). On la désigne aussi parfois sous le nom de « la maison de Rê », les Arabes évoquant quant à eux Ain-Shams, « l'œil du Soleil », ou « la source du Soleil »[2].

Si l'on ignore depuis combien de temps existait Héliopolis avant que n'en parlent les textes, il s'agissait certainement à l'époque du principal site religieux d'Égypte, du moins au début de l'Ancien Royaume (c'est-à-dire vers 2700 av. J.-C.)[3]. En dépit de l'émergence d'autres centres cultuels, Héliopolis conservera son prestige, et tout au long de l'Antiquité l'on vénèrera en Égypte son ancienneté.

Principal lieu de culte à l'époque des pyramides, cette ville est le berceau d'une théologie (en l'occurrence le premier système religieux et la première cosmogonie élaborés en Égypte) qui présidera à la construction des monuments de Gizeh. À l'époque, la théologie embrasse l'ensemble des connaissances. Tout ce qui existe renvoie à

Dieu, qui se manifeste en chaque chose et lui communique une étincelle de divinité. L'étude est par conséquent un acte de piété. Apprendre, c'est prier, en même temps que s'approcher de l'état de divin, ce qui explique qu'Héliopolis aille de pair avec le site de Gizeh, situé à une vingtaine de kilomètres au sud-ouest, comme en témoigne le fait que les trois pyramides sont orientées vers Héliopolis [4].

« Lieu de naissance » et « séjour d'élection » des dieux, Héliopolis est le plus sacré de tous les sites religieux d'Égypte. Là se dressent les temples d'Atoum, le dieu créateur, de Rê, le dieu-soleil, d'Horus, d'Isis, de Thoth et d'Hapi, le dieu du Nil. Au nombre des monuments les plus célèbres figurent le *hwpt-psdt*, le palais de la grande Ennéade, ainsi que la Maison de Phœnix, à l'intérieur de laquelle se trouvait peut-être le *ben-ben*, une pierre sacrée (sans doute un fragment de météorite) qui était la relique la plus vénérée de toute l'Égypte.

Réputé pour sa sagesse et son érudition, le clergé d'Héliopolis se consacre aussi à la médecine et l'astronomie, ses grands prêtres portant le titre « d'éminent devin » [5] c'est-à-dire d'astronome en chef. Leur réputation de sages et de savants se perpétue tout au long de l'Antiquité, et on la retrouve aussi bien à l'époque d'Hérodote (au Ve siècle av. J.-C.) qu'à celle de Strabon (au Ier siècle de notre ère). Leur prestige s'étend jusqu'en Grèce, et l'on dit que Pythagore, Platon, Eudoxe de Cnide et Thalès, entre autres, ont étudié à Héliopolis. Si nous ne connaissons que le nom de quelques dignitaires égyptiens qui se sont formés là, nous savons qu'Imhotep – le génial architecte qui construisit à Saqqara la première pyramide à degrés, celle du pharaon Djoser, et qui était considéré comme un dieu, en raison de ses connaissances en médecine – fut grand prêtre à Héliopolis [6].

À noter que le clergé comptait vraisemblablement des femmes dans ses rangs, une épigraphe du temple de Thot, datant de la IVe dynastie (sous laquelle ont été édifiées les pyramides de Gizeh), évoquant ainsi une femme élevée à la dignité de « Maîtresse de la Maison des Livres » [7].

Grâce aux *Textes des Pyramides*, on peut reconstituer les traits dominants de la religion célébrée à Héliopolis. Les inscriptions les plus anciennes sont gravées sur la pyramide de Unas aux alentours de 2350 av. J.-C., soit deux siècles après l'édification de la grande pyramide de Gizeh. En réalité, la plupart des égyptologues estiment que les *Textes des Pyramides* sont beaucoup plus anciens que les inscriptions relevées ici et là, et qu'ils remontent, tout comme la cosmologie et les concepts religieux, au début de la Ire dynastie, qui voit naître la civilisation égyptienne, soit en 3100 avant J.-C.[8] environ. À ce titre, ce sont les plus vieux écrits religieux du monde[9].

Traditionnellement divisés en brefs « chapitres » appelés « énoncés » par les spécialistes, ces textes décrivent les rites funéraires et le voyage dans l'au-delà du roi (le terme de « pharaon » n'apparaîtra que beaucoup plus tard), même si l'on aurait tort de les réduire à cela, et si leur sagesse ne s'adresse pas seulement aux monarques d'une civilisation depuis longtemps disparue.

Ils sont centrés autour du voyage dans l'autre vie, ou « voyage astral » du roi qui, assimilé à Osiris, s'élève dans le ciel et se transforme en étoile. Il rencontre alors plusieurs dieux et entités, auxquels il finit par s'intégrer, après quoi il se réincarne en Horus, fils d'Osiris, garantissant de ce fait le caractère divin de la lignée royale, et assurant la pérennité de la culture égyptienne.

Rédigés à l'évidence par les prêtres d'Héliopolis[10], les *Textes des Pyramides* sont le seul témoignage qui nous reste de leur religion, tout comme il s'agissait sans doute à l'époque des seuls écrits religieux existant en dehors de la ville. On retrouve les mêmes thèmes dans le *Livre des Morts*, ces inscriptions gravées à l'intérieur des sarcophages et datant du Moyen Empire (qui s'épanouit entre 2055 et 1650 av. J.-C.), même si l'on y décèle également l'influence d'autres religions. Bref, grâce aux *Textes des Pyramides*, on est en mesure de reconstituer les croyances prévalant à Héliopolis.

Le fait que nous soyons là en présence de documents de portée générale, et non de traités de théologie, pose également problème. On peut à cet égard les rapprocher des cérémonies religieuses présidant aux funérailles qui, dans la religion chrétienne, font référence à des articles de foi précis et bien connus de tous les fidèles, comme celui de la crucifixion, mais totalement étrangers à l'univers mental de celui qui vient d'un autre horizon. De même, loin d'être une sorte de « Bible d'Héliopolis », les *Textes des Pyramides* s'apparentent à un livre de prières.

Si l'on se penche sur leur armature conceptuelle, on découvre une théologie sophistiquée, quoique très sobre, et qui se prête à de multiples interprétations, la même image pouvant illustrer divers concepts. De tous les spécialistes qui se sont efforcés de reconstituer l'univers intellectuel prévalant à Héliopolis, c'est sans doute un Américain, Karl W. Luckert, professeur d'histoire des religions, qui nous propose l'hypothèse la plus satisfaisante. Dans *Egyptian Light and Hebrew Fire*, il explique que derrière l'apparente simplicité de ce système se profile une théologie extrêmement complexe. On a fini par comprendre que les croyances en vigueur à Héliopolis concernant la nature de l'univers, la conscience, la vie et ce qu'il advient de nous après la mort sont tout à la fois d'ordre mystique et pratique, et qu'elles intègrent des connaissances très pointues, au regard de la science d'aujourd'hui.

On sait depuis longtemps que les *Textes des Pyramides* s'intéressent de près à l'astronomie, sans verser pour autant dans la superstition, ni s'en tenir à des conceptions archaïques, comme on le pense encore souvent dans les milieux universitaires, car ils décrivent en détail les mouvements des corps célestes, allant jusqu'à mentionner la précession des équinoxes, un cycle de quelque vingt-six mille ans que les Grecs auraient prétendument découvert au IIe siècle av. J.-C. (en se trompant, de surcroît [11]). Or, la civilisation égyptienne existait alors depuis au moins cinq mille ans. Dans cette perspective, le haut Moyen Âge, où l'on croyait que la terre était plate, c'était hier...

Mais ce qui ressort avant tout des *Textes des Pyramides*, c'est qu'en dépit de nos préjugés la religion en vigueur à Héliopolis était d'inspiration monothéiste, les multiples divinités (souvent représentées avec une tête d'animal) correspondant aux innombrables facettes de l'unique créateur : Atoum.

La religion d'Héliopolis professe l'union mystique avec les formes « supérieures » de la divinité, voire avec le créateur suprême, Atoum en personne, au terme d'un processus décrit dans les *Textes des Pyramides*, et qui conduit l'âme à sa destination finale. Contrairement à l'opinion généralement répandue, nous ne pensons pas qu'il s'agisse là d'un privilège réservé au roi après sa mort, ni même aux défunts en général, mais que les *Textes des Pyramides* décrivent au contraire une technique secrète permettant à tout un chacun, homme ou femme, de rentrer en contact avec Dieu, et d'avoir par lui-même accès à partie de ses connaissances, qu'il soit mort ou se livre simplement à une expérience de sortie hors du corps.

Atoum domine la grande Ennéade, c'est-à-dire les neuf dieux fondamentaux. Toutefois, en vertu du principe selon lequel il existe « un seul dieu, qui apparaît sous des formes diverses », les neuf divinités se fondent elles-mêmes dans l'Un, les huit autres n'exprimant chacune qu'un aspect d'Atoum [12]. On se trouve donc ici en présence d'une conception analogue à celle de la Trinité dans le christianisme. « On peut se représenter ce système théologique comme un flux de vitalité créatrice, émanant de la tête de dieu, et s'amenuisant au fur et à mesure qu'il s'épanche [13]. »

Avant l'acte créateur d'Atoum, l'univers est un vide informe, rempli d'eau, appelé Noun. De cet abîme aqueux surgit une excroissance phallique, la Colline sacrée d'Atoum. De nature métaphorique, ce point de repère n'en est pas moins conçu comme un véritable lieu géographique, d'où procède tout ce qui existe. À Héliopolis, le temple d'Atoum se dressait sans doute sur cette hauteur, même si certains égyptologues y voient tout simplement le remblai du plateau de Gizeh, quand d'autres pensent que les pyramides renvoient justement à ce tertre primordial [14].

Les égyptologues anglais du XIXe siècle (et même ceux d'une époque plus récente) se sont montrés bien discrets sur la création du monde par Atoum. C'est en effet en se masturbant qu'Atoum éjacule l'univers. On ne peut s'empêcher de sourire, en pensant au big bang... Pourtant, l'image est exacte, car par le truchement de cette décharge d'énergie, qui donne la vie, Atoum féconde le vide de Noun, dont il repousse les limites pour permettre l'expansion de la création. Dans la version originale, Atoum est androgyne, son phallus symbolisant le principe masculin, et sa main le principe féminin. Tel est l'un des principes fondamentaux de la religion d'Héliopolis et de la culture égyptienne : l'équilibre éternel et la quintessence de la masculinité et de la féminité, l'équivalent de la polarité yin-yang qui seul permet d'échapper au chaos.

Jailli du sperme d'Atoum, l'univers va se déployer et se manifester progressivement dans la réalité concrète et physique où nous résidons, mais seulement après avoir franchi plusieurs étapes. De cet acte créateur procèdent à leur tour deux êtres, Chou et Tefnout, en qui se divise le premier principe : Chou, masculin, correspondant à la puissance créatrice ; Tefnout, féminine, symbolisant le principe d'ordre qui limite, contrôle et modèle le pouvoir du précédent. On la représente également sous les traits de Maât, la déesse de la justice [15]. Enfin, Chou et Tefnout revêtent parfois la forme de deux lions (ou plus exactement d'un lion et d'une lionne), appelés les Ruti.

L'union de Chou et de Tefnout donne naissance à Geb (le dieu terre) et à Nout (la déesse ciel), qui figurent les éléments du cosmos visible, et sont les représentations les plus manifestes de leurs « parents ». À leur tour, Geb et Nout engendrent deux paires de faux jumeaux, le fameux quatuor composé d'Isis, Osiris, Nephthys et Seth, qui symbolisent le principe de la dualité : mâle-femelle, positif-négatif, lumière-ténèbres. Nephthys est ainsi la part maudite de sa sœur Isis, déesse bienfaisante, tout comme Seth se donne comme un être destructeur, opposé à Osiris, dieu créateur et civilisateur. Ces quatre divinités sont beaucoup plus proches de nous et de la réalité concrète que leur père, même si elles résident encore dans le monde des esprits, « au-delà de la tombe ». Elles se déploient, nous dit Luckert, à un niveau « suffisamment trivial pour prendre une part directe à la vie et à la mort, comme des êtres humains », et « elles opèrent à plus petite échelle, et aussi de façon plus visible que leurs parents » [16].

Tous ensemble, les neuf dieux constituent la grande Ennéade, bien qu'ils ne soient jamais que des expressions d'Atoum qui en passent par les divers niveaux de création, depuis ce qui est initialement sorti du vide jusqu'au monde de la matière dans lequel nous vivons.

D'une certaine façon, Osiris s'identifie à Geb, à Chou et à Atoum, Isis correspondant à Nout, Tefnout/Maât et Atoum. Dans cette optique, Seth lui-même est bien plus que l'archétype d'un être malfaisant, à l'image du Diable pour les chrétiens.

Mais ce n'est pas tout, car la grande Ennéade débouche elle-même sur une autre série de divinités : la petite Ennéade – Horus, l'enfant d'Isis et d'Osiris, servant d'intermédiaire entre les deux.

Dieu du monde matériel, il joue à son niveau un rôle analogue à celui d'Atoum dans l'univers. Figures de proue de la petite Ennéade : Thot, dieu de la sagesse (et scribe de la grande Ennéade), et Anubis, le dieu à tête de chacal qui garde la porte séparant le monde des morts et celui des vivants...

On trouve ici une multitude de divinités, qui gouvernent chacune un aspect différent de la vie de l'homme. Selon toute vraisemblance, se sont agrégés à ce panthéon des dieux et des déesses vénérés en Égypte avant que ne prenne forme la religion d'Héliopolis. C'est là ce que Luckert appelle « le royaume du renversement », ce point de contact entre le monde de la matière et les « autres dimensions » divines où l'individu peut entamer le processus inverse, en mourant ou en se livrant à des expériences mystiques, et entreprendre un « voyage intérieur » qui le ramène au créateur. Tel est le thème dominant des *Textes des Pyramides* qui, loin d'être « primitifs », tendent davantage vers le sublime que les religions postérieures, en montrant toutefois des similitudes frappantes avec le chamanisme.

Cette élégante cosmogonie a d'autres conséquences. Grâce à une association d'images, l'émergence de la colline primordiale d'Atoum correspond au lever du soleil, source de la vie sur terre. Par la même occasion, Atoum est associé à Rê, le dieu soleil, que l'on appelle parfois Rê-Atoum, tout comme Horus, qui règne sur ce monde, a partie liée avec le soleil, qu'il lui arrive de personnifier. « Microcosme » de l'explosion créatrice originelle, qui a engendré l'univers, la « naissance » quotidienne du soleil renvoie par conséquent à ces deux figures : Atoum et Horus. Une fois de plus, l'imagerie des *Textes des Pyramides* fonctionne simultanément à plusieurs niveaux.

Une lecture objective des *Textes des Pyramides* ne saurait se limiter au symbolisme poétique. C'est ainsi que l'on nous y décrit un processus créateur qui ressemble étrangement à celui que formule la physique moderne, et que l'on se trouve en présence d'une véritable description du big bang, dans laquelle la matière, point nodal, explose, puis s'étend, se développe et se complexifie au fur et à mesure que les forces fondamentales prennent naissance, agissent l'une sur l'autre et finissent par constituer de la matière (à noter que, dans *The Complete Pyramids*, l'éminent égyptologue américain

Mark Lehner emploie le mot de « singularité » lorsqu'il évoque le rôle dévolu à Atoum au sein du mythe [17]). Cette cosmogonie repose également sur l'idée d'un univers multidimensionnel, représenté par les divers niveaux de création incarnés dans les divinités. De ce point de vue, on ne peut avoir accès aux grands dieux, comme Chou et Tefnout, que par l'intermédiaire des divinités inférieures.

Ce récit de la création s'accompagne aussi d'un autre type de représentations. Se référant à la complexité des idées énoncées par les *Textes des Pyramides*, l'écrivain belge Philip Coppens observe qu'elles font implicitement appel à des découvertes scientifiques très récentes. Atoum, on l'a vu, émerge du vide, Noun, l'abîme aqueux primordial, ce qui nous amène à faire le rapprochement avec la terre qui sort de l'eau lorsque le Nil amorce sa décrue, tous les ans. Mais c'est gauchir le texte, comme l'explique un autre égyptologue, Rundle Clark :

> Il ne s'agit pas d'une mer, qui a une surface, car les eaux originelles occupent tout l'espace, au-dessus comme en dessous de nous [...]. Le cosmos présent est donc une immense cavité, ressemblant peu ou prou à une bulle d'air, jetée au milieu d'une étendue infinie [18].

Voilà une façon adroite de dire que l'océan représente simultanément le vide, c'est-à-dire le néant, et un potentiel illimité, à savoir l'infini. Le choix de cette métaphore obéit aussi peut-être à une autre raison : on vient en effet de découvrir qu'il existe, dans l'espace intersidéral, beaucoup plus d'eau qu'on ne le croyait jusque-là. Atoum ne renvoie donc pas seulement au big bang, mais encore au soleil lui-même, puisque l'on sait maintenant que les gigantesques « nuages d'eau » qui flottent dans l'espace contribuent de façon décisive à créer les étoiles, comme la nôtre. On pense même que les astres proviennent de telles nuées [19]. Ce mythe, il faut le noter, explique que la vie terrestre est née dans les océans [20]. Bref, tout cela nous laisse penser que les gens d'Héliopolis avaient des connaissances très étendues.

Il ne faut donc pas s'étonner que, dans son édition du 12 septembre 1998, *New Scientist*, la prestigieuse revue scientifique britannique, publie les résultats obtenus par une équipe de la NASA dirigée par Lou Allamandola, qui essaie de découvrir l'origine de la vie dans l'univers et d'identifier les conditions nécessaires à son apparition. Jusqu'alors, on n'était pas arrivé à rassembler les « ingrédients » indispensables à la création d'une forme de vie primitive. Or, nos chercheurs sont parvenus à recréer en laboratoire des conditions semblables à celles qui existent au sein des nébuleuses présentes dans l'espace intersidéral. Dès lors, il s'est avéré très facile de synthétiser des molécules complexes (le processus est même inéluctable). L'exemple le plus frappant en est celui des lipides, qui constituent les parois des cellules, et sans lesquels ces dernières, qui sont les « briques » des êtres vivants, ne verraient pas le jour. Puisqu'on peut les recréer sans difficulté, cela a des répercussions considérables. Tout se passe comme si la vie avait vu le jour dans l'espace avant d'essaimer sur les planètes, sans doute amenée par les comètes, et comme si elle existait partout dans l'univers, fût-ce sous une forme extrêmement primitive. « J'en viens à croire que l'éclosion de la vie dans le cosmos est une nécessité cosmique », conclut Lou Allamandola.

Mais rien ne dit, note Philip Coppens, que les chercheurs de la NASA furent les premiers à déterminer les composantes essentielles à l'apparition de la vie. Il en veut pour preuve le mythe égyptien de la création du monde par Atoum, dont l'éjaculation témoigne symboliquement que les ingrédients indispensables à la vie existent depuis le début, et qu'ils sont véhiculés par l'univers lui-même, qui est en perpétuelle expansion. Ce mythe correspond aussi parfaitement à la thèse qui veut que l'on « ensemence » la vie dans l'univers. Les prêtres d'Héliopolis savaient-ils donc d'où naît la vie, et comment elle se propage dans l'univers [21] ?

Telle est la religion « primitive » de l'Égypte antique, qui est gouvernée par la grande Ennéade, c'est-à-dire les Neuf, représentant la vie et la sagesse en général. Cette ancienne civilisation, trop souvent négligée et sous-estimée, même par nos doctes universitaires, continue à nous fasciner, et depuis l'Antiquité ses mystères nous interpellent. Mais à l'évidence il se trame quelque chose, et l'on assiste, de façon inexplicable, à un regain d'intérêt pour les secrets de l'Égypte, dont les ruines vénérables sont le théâtre d'une activité intense. Il se passe quelque chose d'étrange, qui est directement lié aux préparatifs du passage au prochain millénaire et à l'entrée dans le XXIe siècle. On voit ici et là des gens et des organisations partir à la recherche des connaissances détenues jadis par ceux qui adoraient les Neuf, et qui sont aujourd'hui perdues, pour satisfaire des objectifs qui leur appartiennent. Ils sont donc sur le point de se lancer dans une entreprise titanesque, et qui risque de se terminer en catastrophe, car elle vise à détourner à leur profit les mystères de l'Égypte, et même à tenter l'impensable : exploiter carrément les dieux !

Chapitre 1
L'Égypte : de nouveaux mythes remplacent les anciens

L'Égypte connaît une fortune inégalée. Peu importe que le mystère, la magie et tout ce côté fabuleux qui l'enveloppe soient devenus des clichés, il n'y a guère que les universitaires pour s'en plaindre. Le pays de Toutankhamon, du Sphinx et de la Grande Pyramide éclipse, dans notre imaginaire, toutes les autres civilisations, dussent-elles, à l'instar des Empires indiens précolombiens d'Amérique centrale, avoir aussi construit de mystérieuses pyramides, ces merveilles à nous couper le souffle.

En Grande-Bretagne, divers ouvrages ont connu un grand succès auprès du public. On nous y explique que l'Égypte de l'Antiquité était beaucoup plus évoluée qu'on veut bien l'admettre dans les milieux autorisés. Ils nous promettent d'ailleurs pour bientôt des révélations stupéfiantes. Provenant de sources très anciennes, ces secrets devraient tous nous concerner, d'une façon ou d'une autre. Leur divulgation, bien sûr, coïncide avec l'entrée dans le troisième millénaire.

L'Égypte ancienne est en effet un cas à part : alors que l'on sait maintenant que la civilisation égyptienne était beaucoup plus avancée qu'on ne le pensait, les spécialistes, dans leur majorité, refusent de prendre en compte les croyances et les réalisations du peuple qu'ils étudient. Une telle arrogance provoque une levée de boucliers, réaction qui n'est pas sans faire elle-même problème, dans la mesure où elle est orchestrée.

On a assisté, ces dix dernières années, au développement d'une véritable culture parallèle en matière d'égyptologie. Malheureusement, après avoir remis en cause les conceptions rigides des « mandarins », cette attitude est vite devenue une nouvelle orthodoxie, professant une « doctrine » aussi étriquée que celle de ses adversaires.

Il y a pourtant de bonnes raisons de dénoncer les positions traditionnelles des égyptologues patentés. Des ouvrages à succès, *Le Mystère du Grand Sphinx*, de Robert Bauval et Graham Hancok, *L'Archéologie interdite* de Colin Wilson et *Gods of Eden* d'Andrew Collins fustigent leur aveuglement et jettent un regard neuf sur la question. Il était temps, les spécialistes n'ayant que trop abusé de leur autorité magistrale en qualifiant hâtivement de « primitifs » les Égyptiens de l'Antiquité, alors que le Sphinx et la Grande Pyramide prouvent le contraire. Sans compter que l'on observe généralement le silence sur les connaissances renfermées dans les *Textes des pyramides*, quand on ne les dénature pas.

Cela dit, les chantres de cette nouvelle orthodoxie qui ont le courage de publier ne se contentent pas de manifester leur solidarité avec une culture à laquelle on oublie souvent de rendre justice. Dans l'esprit de ces auteurs, il ne s'agit pas seulement de reconnaître, de façon opportune, le génie de l'Égypte ancienne (même si cela entre en ligne de compte, ce dont on ne peut que se réjouir), car il se joue ici autre chose, qui ne laisse pas d'inquiéter.

On dénote en effet, chez certains « fanas des pyramides » (terme qui désigne, dans les milieux intellectuels, les égyptologues non conformistes, dont nous faisons partie), une tendance intéressante mais aussi très gênante : comme nous le verrons plus loin, sous couvert de dénoncer l'arrogance des universitaires – louable attitude à mettre au crédit de leur ouverture d'esprit –, les représentants de ce dernier avatar du conformisme poursuivent en secret un autre objectif. Par le truchement des mass media, ces auteurs défendent une idéologie qui, sans être aussi rigide et dogmatique que celle de leurs ennemis, n'en obéit pas moins, hélas !, à des considérations discutables. Le fait qu'ils défendent certaines idées bien précises, tout particulièrement dans des livres grand public consacrés à l'« Égypte parallèle », laisse penser qu'il s'agit là d'une stratégie délibérée visant à mettre en place une nouvelle idéologie.

À mesure que l'enquête avance et que l'on rejette les extrapolations gratuites et les rapprochements douteux, on découvre un complot d'une tout autre envergure, qui déborde le cadre de l'égyptologie (à l'ancienne ou à la nouvelle mode), et implique plusieurs services secrets, dont la CIA et le MI5, des sociétés occultes, et même des savants de renommée internationale. Il s'agit de faire naître, dans l'opinion publique, l'espoir de bénéficier, sous peu, de révélations d'ordre religieux, ou directement liées à l'ancienne Égypte, en tablant avec cynisme sur les aspirations spirituelles et la soif de miracles qui taraudent l'Occident. Ce n'est pas là une manipulation anodine, mais une vaste campagne qui revêt des formes diverses, en se réclamant tour à tour de la religion, de la spiritualité, du New Age, voire de la politique. Rodée par des années d'espionnage intensif, ce qui n'est pas très recommandable, cette conspiration représente, à nos yeux, l'agression la plus insidieuse, mais aussi la plus dangereuse menée contre le libre arbitre en Occident. Ceux qui tirent les ficelles se moquent éperdument des mystères de l'Égypte ou du désert spirituel dans lequel se retrouvent nos contemporains, car ils ne s'intéressent qu'au pouvoir.

Le testament des pyramides

Avant la construction de la tour Eiffel, à la fin du XIXe siècle, on n'avait jamais rien édifié de plus haut que la Grande Pyramide de Gizeh, cette Merveille du monde qui se dresse en Égypte. Mais si l'on peut savoir d'où provient le moindre écrou ou boulon de la demoiselle de fer qui surplombe Paris, et réassembler très facilement ses constituantes, ce n'est pas le cas avec notre pyramide. On ignore quand elle a été construite, n'en déplaise à tous ceux qui prétendent le contraire, de même que l'on ne sait pas pourquoi elle se dresse là, alors que l'on connaît très bien les raisons qui ont présidé à l'édification de la tour Eiffel.

Il arrive que l'on soit déçu par un monument célèbre : Stonehenge, par exemple, le site préhistorique situé dans le sud de l'Angleterre, ne mérite peut-être pas qu'on lui fasse une telle publicité. En revanche, la Grande Pyramide défie l'imagination. Rien que pour décrire les dimensions de la Grande Pyramide, on a noirci des tonnes de papier, et pourtant l'on reste bouche bée lorsqu'on l'aperçoit pour la première fois.

Il est cependant une illusion dont on se déprend très vite : on s'imagine que le site de Gizeh (à savoir les trois célèbres pyramides et le Sphinx, avec les temples et les chaussées qui y conduisent) se trouve en plein désert, et que c'est toute une expédition de s'y rendre, vision éminemment romanesque. En réalité, les fameux monuments sont à un quart d'heure de marche d'une banlieue surpeuplée du Caire, qui porte justement le nom de Gizeh. On risque en effet d'être stupéfait de voir la silhouette de la Grande Pyramide se découper dans le ciel, au-dessus de la piscine d'un hôtel. Il y a des arrière-plans moins spectaculaires et, disons-le, moins troublants, pour un touriste qui se prélasse au bord du bassin...

La Grande Pyramide est déroutante par bien des aspects, et pas seulement en raison de sa taille. Constituée de quelque 2,5 millions de blocs de calcaire, pesant chacun plus de 2 tonnes, cette masse gigantesque occupe une superficie de 4, 5 hectares à sa base, fait plus de 800 mètres de côté et mesure 137 mètres de haut, ce qui n'est pas rien, comme peuvent en témoigner tous ceux qui, mal conseillés, l'escaladent, ce qui est interdit. Aujourd'hui, des marches grossièrement taillées sur les côtés nous convient à grimper jusqu'au sommet, alors que jadis la pyramide de Khoufoui (ou Khéops) était recouverte d'un revêtement de calcaire uni.

La Grande Pyramide est aussi orientée sur les quatre points cardinaux avec une précision étonnante, même si cela ne répond à aucun impératif esthétique (on relève seulement un écart de 13 centimètres sur l'axe nord-sud, et un autre de 5 centimètres sur l'axe est-ouest). C'est d'ailleurs l'édifice tout entier qui témoigne de cet incroyable souci d'exactitude : ainsi y a-t-il à peine 20,5 centimètres de différence à la base entre le côté le plus long et le plus petit, et les coins sont-ils pratiquement à angle droit [1]. On peut encore citer une foule d'exemples de la sophistication qui a présidé au choix de l'emplacement et à la construction de la Grande Pyramide, notamment le fait qu'elle se trouve sur le 30ᵉ parallèle – dont l'importance sur le plan géodésique n'est plus à établir –, et le recours à des notions géométriques complexes, telles que π et φ (inconnues des Égyptiens, aux dires des spécialistes). Évidemment, pour les égyptologues patentés, tout cela n'est qu'une coïncidence [2]...

Toujours sur le site de Gizeh, on trouve d'autres exemples de l'ingéniosité de ses bâtisseurs. En général, les touristes se contentent de traverser le Temple bas, un curieux bâtiment qui a perdu sa toiture, pour se rendre au Sphinx, dont il jouxte la face sud de l'enceinte. C'est regrettable, car ce lieu de culte mérite que l'on s'y attarde : il est en effet constitué de blocs de calcaire mesurant pour certains 9 mètres de long et pesant jusqu'à 200 tonnes (ils proviennent de l'enceinte du Sphinx, qui a jadis été démantelée). À l'intérieur, murs et piliers, carrés à leur base, sont taillés dans le granit, et l'on trouve, là aussi, des blocs de 200 tonnes. Or, il faudra attendre les années 70 pour que l'on mette au point des grues capables de soulever des charges de 100 tonnes au maximum, soit deux fois moins lourdes que les plus gros blocs utilisés pour édifier les monuments de la Vallée des Temples [3]. Comment les Égyptiens sont-ils parvenus à les mettre en place, plus de mille ans avant Jésus-Christ ?

L'habileté des constructeurs du Temple bas ne se juge pas seulement à l'aune des dimensions de l'édifice, car on relève d'autres extravagances, à nos yeux, dans la façon de monter les murs. Ainsi, au lieu de disposer en équerre deux pierres dans les coins, on a installé un bloc massif qui fait l'angle et ne déborde que de quelques centimètres sur l'autre côté, la pierre suivante étant découpée en conséquence, de manière à boucher le vide. C'est d'autant plus incroyable que les blocs en question ont été taillés après avoir été mis en place, selon la même technique que celle qui prévaut dans la construction en pierres sèches, à laquelle on a eu recours pendant des siècles dans les campagnes, et qui demande d'avoir le coup d'œil. Seule différence, dans ce dernier cas on utilise en général des pierres de taille modeste, et donc faciles à manipuler, alors que celles du Temple bas ne pourraient même pas être soulevées par les plus grosses grues actuelles, et encore moins être facilement ajustées une fois posées. Comment les Égyptiens ont-ils réussi à les manœuvrer ?

Et pourquoi ont-ils opté, sans raison valable, pour la méthode la plus difficile et la plus compliquée qui leur est venue à l'esprit ? Tout se passe comme s'ils avaient voulu nous impressionner en faisant étalage de leurs talents...

Les blocs de granit recèlent eux-mêmes un mystère. L'intérieur du Temple bas n'est pas le seul à être taillé dans le granit, il en va de même dans une partie de la Grande Pyramide, la chambre du Roi en étant pour sa part tapissée. Comme l'on ne trouve que du calcaire dans la région, il a fallu les faire venir d'Assouan, situé à presque mille kilomètres au sud, puis les mettre en place (ils servent parfois de linteaux et sont à ce titre posés en haut des piliers de granit).

Les bâtisseurs de Gizeh se sont inutilement compliqué la tâche, à supposer qu'ils n'aient pas agi de façon absurde, comme on peut en juger en d'autres occasions. Pour que la pyramide de Khâfrê (Khéphren, la « deuxième » du lot) ait une assiette stable, il a fallu tailler une sorte de « marche » dans le sol, légèrement en pente, et consolider la partie la plus basse avec des blocs de calcaire, alors qu'il aurait suffi d'ériger le monument quelques centaines de mètres plus loin, en allant vers l'ouest, pour disposer d'un sol plat [4]. Moralité, ou bien les Égyptiens multipliaient à plaisir les difficultés, ou bien ils ont délibérément choisi cet emplacement, en fonction de celui de la « première » pyramide (celle de Khéops).

Les mystères des monuments de Gizeh sautent aux yeux, mais l'intérieur de la pyramide de Khéops est encore plus étonnant. On est tout d'abord frappé par l'étroitesse des couloirs et des ouvertures, dans lesquelles on a du mal à se glisser, même si l'on est de petite taille. La tête rentrée dans les épaules, on remonte des boyaux conduisant à l'impressionnante Grande Galerie qui débouche sur la chambre du Roi, et c'est plié en deux que l'on pénètre dans l'antichambre. On a désormais fiché dans le sol de la Grande Galerie des lamelles de bois, pour empêcher les gens de déraper ; auparavant, on marchait sur de la pierre lisse. Aujourd'hui, la Grande Pyramide n'est guère accueillante, et seuls les dieux savent quelle agilité surhumaine il fallait jadis déployer pour se déplacer à l'intérieur de l'édifice.

Comme ses deux sœurs de Gizeh, ainsi que toutes celles que l'on trouve en Égypte, la pyramide de Khéops aurait servi de tombeau à un pharaon : pour les égyptologues orthodoxes, cela ne fait pas l'ombre d'un doute. Malheureusement, rétorquent les « fanas des pyramides », on n'a jamais retrouvé de restes humains dans aucun de ces monuments. On a beau invoquer les déprédations ou les incursions de pilleurs de tombes, le sarcophage intact et même scellé que l'on a découvert dans la pyramide à degrés de Saqqara, attribuée à Sekhemket, était vide [5]. Pas trace d'enterrement non plus dans les trois pyramides de Gizeh, et s'il y avait des restes dans la Pyramide de Khéphren, c'étaient de ceux d'un taureau [6] ! Quant à la pyramide penchée de Daishur, elle abritait, dans une sorte de caisse, une chouette démembrée et le squelette de cinq chauves-souris, mais pas d'ossements humains [7]. Autrement dit, les pyramides n'étaient pas des tombeaux, et l'on ne sait toujours pas pourquoi ni comment on les a construites, même si l'on a avancé à ce sujet plusieurs hypothèses. (D'ailleurs, aussi étrange que cela puisse paraître, elles ne passionnent pas vraiment les égyptologues : « Je dois admettre que les pyramides ne m'ont jamais fascinée [8] », déclare Vivan Davies, spécialiste de l'Égypte au British Museum, et nombre de ses collègues tiennent le même langage.)

Il est en outre hautement improbable que les pharaons aient eu recours à des milliers d'esclaves pour haler les énormes blocs de pierre à travers le désert et les mettre en place, en utilisant la force brute. Les récentes découvertes archéologiques indiquent au contraire que l'on a fait appel à des hommes libres, logés dans d'immenses campements et qui participaient d'eux-mêmes à la construction de ces édifices. On imagine les difficultés que devait poser le ravitaillement en eau et en nourriture de cette armée de volontaires, d'autant plus que ceux-ci pouvaient théoriquement s'en aller quand ils le voulaient. Il reste aussi à comprendre comment tous ces hommes, fussent-ils extrêmement robustes et déterminés, ont réussi à manœuvrer d'énormes blocs de pierre et à les mettre en place avec autant de précision.

La Grande Pyramide présente une inclinaison de 52 degrés et elle culmine à près de 150 mètres. Comment ces « primitifs » ont-ils réussi à la bâtir ? Cela défie l'entendement. Il leur fallait monter des échafaudages extrêmement solides, et réglables de surcroît. Car il fallait prendre en ligne de compte le labeur ardu et physiquement éprouvant requis pour mettre en place l'une après l'autre, toujours plus haut, ces énormes pierres, en respectant l'angle d'inclinaison, de sorte que les parois se rapprochent jusqu'à se toucher. Un échafaudage de ce type devait être d'une solidité incroyable, pour supporter des blocs de pierre pesant au moins 2,5 tonnes, en sus des ouvriers et de leurs outils. Les universitaires pensent que l'on a construit de gigantesques rampes pour amener les pierres, et qu'on les a ensuite détruites. Là encore, les parois sont en pente, et elles convergent vers un sommet pointu. Comment se débrouiller pour que les rampes ajustables épousent l'angle d'inclinaison ? Si une rampe fixe peut faire l'affaire, dans un premier temps, en raison de la déclivité, il se crée rapidement entre elle et la paroi un vide, qui ne cesse de s'agrandir, ce qui n'est pas, loin s'en faut, la façon la plus facile et la plus sûre de manipuler d'énormes blocs de pierre. À supposer que l'on ait construit de cette façon une partie d'un côté de la pyramide, au fur et à mesure que l'on se rapproche du sommet, l'écart se creuse entre l'extrémité de la rampe et la maçonnerie. Comment les bâtisseurs ont-ils procédé ? En jetant les pierres à la volée ? En construisant des séries de rampes, qui se rapprochent chacune davantage de la paroi, pour tenir compte de l'angle d'inclinaison, comme le suggèrent certains ? Ces rampes auraient alors dû mesurer plusieurs kilomètres de long, de manière à offrir une pente suffisamment faible pour que l'on puisse y faire monter les pierres.

Mark Lehner, l'égyptologue américain que nous avons déjà rencontré, a édifié récemment une pyramide de Gizeh miniature, dans le cadre d'une émission de télévision intitulée *Secrets of Lost Empires* («Les Secrets des empires disparus»), coproduite par la BBC, NOVA et WGBH-Boston, et qui a fait appel à divers spécialistes pour reconstruire, en modèle réduit, plusieurs grands monuments de l'Antiquité. En trois semaines, les intéressés ont dû ériger une pyramide, un monolithe de Stonehenge et réparer une fortification inca. Apparemment leurs efforts ont été couronnés de succès, même si, dans le cas de l'équipe dirigée par Mark Lehner, le résultat s'est révélé moins probant. Pour commencer, on n'a pas demandé à ces gens d'extraire, puis de déplacer des blocs de pierre en se servant de fragiles outils de cuivre, les seuls dont disposaient (dit-on) les Égyptiens. S'ils n'avaient pas utilisé des instruments modernes pour haler les blocs de la carrière et les amener sur le chantier, à Gizeh, nul doute qu'ils n'en auraient toujours pas taillé un seul !

Après avoir rassemblé les matériaux de construction, il leur a fallu recourir aux méthodes prétendument « primitives » des bâtisseurs égyptiens. L'équipe de Lehner, dans laquelle figuraient des ouvriers de la région, a découpé 186 blocs de calcaire pesant au plus 3 kilogrammes, et non 2,5 tonnes, et elle les a mis en place à la force des bras, en utilisant des leviers, des cordes et de l'eau comme lubrifiant. Il en résulte une pyramide présentant une inclinaison de 52 degrés très exactement, recouverte de dalles et surmontée d'un pyramidion en calcaire. Très fier de lui, Lehner annonce que « ce simple test démontre que les pyramides sont des monuments tout ce qu'il y a de plus humains, fruits d'une longue expérience et d'un immense savoir-faire, sans qu'intervienne aucun secret ni aucune sophistication ».

Fort bien, mais l'on constate que Lehner a réalisé une réplique miniature du monument original, qui n'est guère plus haute qu'un homme tendant les bras en l'air. De fait, on pourrait facilement installer cette espèce de maison de poupée au sommet de la Grande Pyramide. Ce n'est pas la même chose de construire un bâtiment dans un endroit où il est facile de déplacer de grands blocs de pierre, au besoin en les sortant de la terre et en les tirant sur le sol, et d'édifier le monument le plus haut du monde sur un site où l'on n'a plus aucune marge de manœuvre, une fois que l'on a posé les premières pierres...

Si le plus grand objet fabriqué de l'ancienne Égypte suffit à remettre en cause notre technologie ultra-sophistiquée, penchons-nous un instant sur certains d'entre eux qui sont parmi les plus petits du genre. Le musée du Caire en recèle quantité qui, sans attirer l'attention des visiteurs, n'en sont pas moins aussi mystérieux que les pyramides, lorsqu'on les regarde de près. Une foule de bouteilles et de petits récipients en pierre restent énigmatiques, si l'on s'en tient aux explications avancées par les universitaires. On prétend que les Égyptiens ne disposaient que d'outils en cuivre, mais nous voilà confrontés à des vases de dimensions modestes, faisant pour certains moins de 10 centimètres de haut, et qui sont fabriqués dans des matières très dures, comme le granit. Ils ont un bel orifice régulier, avec un rebord très fin, un goulot étroit et un corps rebondi, sans doute évidé et façonné à la perceuse. Mais comment, au juste ? Avec quelle foreuse à mèche en diamant pourrait-on réaliser, aujourd'hui, d'aussi belles pièces ? Et pourquoi se donner tant de mal pour fabriquer un malheureux vase ?

D'autres exemples de forage de précision se trouvent sous le nez même des égyptologues et des touristes qui arpentent le site de Gizeh. On remarque ainsi, au milieu des ruines, des trous de sonde creusés dans des colonnes en granit. Faisant parfois 30 centimètres de profondeur, ils sont parfaitement circulaires et de la même taille tout du long. Les archéologues et les égyptologues affirment haut et fort qu'il n'existait pas, à l'époque, de perceuses ou de tours, et ils font observer que l'on n'en a jamais retrouvé. C'est peut-être dommage, mais il y a ce que nous avons vu de nos propres yeux, et nous avons également recueilli le témoignage d'un expert américain, Charles Dunn, qui conçoit et réalise des outils : quand on lui a soumis des objets fabriqués sous l'Ancien Empire, il en a conclu que non seulement les Égyptiens possédaient des foreuses, mais que seuls des instruments tournant cinq cents fois plus vite que les modèles actuels les plus modernes, équipés de mèche en diamant, pouvaient creuser de tels trous dans du granit[9]. Il se pourrait, dit-il, que les Égyptiens aient utilisé une perceuse à ultrasons, dont la mèche tourne à une allure phénoménale. Dans *Gods of Eden*, Andrew Collins imagine lui aussi que, pendant l'Antiquité, on ait eu recours, en Égypte et ailleurs, à des techniques soniques, et il est en effet probable que les intéressés s'en soient remis à ce que les mages appelaient le « Mot », autrement dit le son, pour obtenir des résultats qui nous laissent pantois.

Ces hypothèses nous font entrevoir comment les Égyptiens ont réussi à forer du granit avec une telle aisance, en réalisant un travail de précision qu'il nous serait très difficile, voire dans certains cas impossible de reproduire avec nos engins à faisceaux laser assistés par ordinateur. Mais il reste à savoir qui leur a enseigné ces techniques, ou comment ils les ont mises au point. En clair, puisque nous sommes confrontés aux pyramides et à d'autres preuves troublantes de leurs étonnantes compétences, ils ont dû disposer de moyens de cet ordre, même si l'on n'a jamais retrouvé aucun reste de tour ou de foreuse.

Nous nous retrouvons donc une fois de plus devant un scénario « impossible » : des exemples concrets de l'emploi d'une technologie avancée, mais aucune trace de ces fameux dispositifs. Moyennant quoi les universitaires en reviennent à l'idée selon laquelle les Égyptiens utilisaient des outils en cuivre, même si aucun instrument de ce genre ne pourra jamais forer des trous parfaitement circulaires dans du granit...

Ce mystère a pour conséquence de déplacer le problème. Les pyramides et ces milliers objets fabriqués avec tant d'art nous renvoient à un peuple qui semble être brusquement sorti du néolithique (encore appelé l'âge de pierre) pour donner naissance, en à peine cinq cents ans, à une civilisation évoluée, capable de réaliser de véritables tours de force en matière d'architecture. Pour autant que l'on sache, aucune période intermédiaire n'a précédé la construction des grands monuments !

Il n'y a que deux façons de résoudre ce paradoxe : ou bien ce ne sont pas les Égyptiens qui ont édifié les ouvrages en question, qu'il faut par conséquent « rajeunir » et attribuer à une autre civilisation perdue mais plus récente ; ou bien l'Égypte a été envahie par des gens très en avance, qui ont appris aux autochtones à construire ces bâtiments, à moins qu'ils ne s'en soient chargés eux-mêmes.

Réviser la datation des grands monuments de l'Égypte devrait permettre de comprendre pourquoi l'on a si peu d'informations sur la période transitoire entre le néolithique et les cultures ultérieures, beaucoup plus développées. Si, par exemple, on suppose que les pyramides et le Sphinx ont été érigés par une civilisation perdue, alors que les peuples du Nil se trouvaient encore à l'âge de pierre, on détient la clé du mystère. C'est la thèse avancée par Graham Hancock dans *L'Empreinte des dieux*. D'après l'auteur, il existait sans doute, depuis la fin de la dernière glaciation, une civilisation très avancée sur les bords du Nil, qui a disparu de la surface du globe, balayée par une catastrophe naturelle. Les survivants se seraient alors retrouvés à un stade de développement très fruste, et ils auraient dû recommencer pratiquement à zéro.

Cette hypothèse d'une civilisation qui atteint dès le début son apogée avant de décliner laisse rêveur. C'est un peu comme si l'on avait construit le premier gratte-ciel en moins de cinq cents ans, dans une Angleterre dont les habitants avaient le visage recouvert de guède, cette teinture bleue dont s'enduisaient les Celtes bretons vivant dans l'actuelle Grande-Bretagne. Pour que l'analogie soit exacte, il aurait fallu que les descendants de nos Bretons se soient trouvés incapables de construire une réplique de cet édifice, et qu'ils ne comprennent toujours pas à l'heure actuelle – où l'on voyage dans l'espace et où l'informatique fait des merveilles – comment ses bâtisseurs ont jadis procédé.

Il va sans dire que les historiens et les égyptologues affichent un mépris souverain pour de telles spéculations, en faisant observer que l'on n'a jamais trouvé aucune preuve de l'existence d'une quelconque civilisation perdue, et qu'il n'y a donc pas lieu d'envisager cette hypothèse. Il existe pourtant de fortes présomptions laissant penser qu'il a effectivement existé une ancienne civilisation, qui a mystérieusement disparu. Ainsi, de nombreux portulans, dont les plus connus sont ceux de Piri Re'i, attestent que l'on a très tôt effectué des relevés hydrographiques et que l'on disposait de cartes marines très précises, établies par des gens possédant une culture très évoluée [10]. Les innombrables monuments et objets fabriqués, disséminés sur toute la surface du globe, plaident également en faveur de cette thèse.

Dans le cas de l'Égypte, les choses ne sont pas si simples. Si l'on connaît effectivement l'âge approximatif des pyramides de l'Ancien Empire, et si par conséquent ces édifices ont au plus cinq mille ans, cela pose problème : ce n'est pas, loin s'en faut, une période suffisamment longue pour que l'on perde toute trace d'une civilisation avancée, même si d'aucuns prétendent que certains monuments de Gizeh sont en réalité beaucoup plus anciens qu'on ne le croit, ce qui présente l'avantage de laisser le temps aux vestiges de disparaître.

Il faut bien reconnaître, par ailleurs, que dans certains cas les dates avancées par les historiens sont exactes, et que, au vu des éléments dont nous disposons, rien ne permet d'affirmer que les pyramides de Gizeh soient plus anciennes. Ceux qui défendent la thèse d'une civilisation perdue se voient donc contraints d'imaginer qu'il a existé des contacts entre ces mystérieux inconnus et les Égyptiens de l'Ancien Empire, qui s'est épanoui à une époque relativement récente. Mais comme l'on n'a en la matière aucune preuve, ces gens en reviennent à leur point de départ.

Le manque de logique risque aussi de porter un coup sévère à cette belle théorie. Selon Robert Bauval et Graham Hancock, c'est en 10500 av. J.-C. (date qui revêt, on le verra, une grande signification pour eux) que les représentants d'une brillante civilisation installée en Égypte décident de construire des monuments sur le site de Gizeh [11]. Il s'agirait là, pour les auteurs comme pour d'autres spécialistes, des survivants de l'Atlantide, rayée de la surface du globe par un cataclysme. Extrêmement développés, ce seraient eux qui auraient permis de réaliser les prouesses techniques de l'Antiquité.

Comme les éléments cités par Bauval et Hancock corroborent les dates avancées par les spécialistes pour l'édification des monuments de Gizeh, il faut croire que cette civilisation, fondée en 10500 av. J.-C., s'est perpétuée au moins jusqu'à l'érection de la Grande Pyramide, aux alentours de 2500 av. J.-C., c'est-à-dire pendant huit mille ans. Comment se fait-il que nous n'en ayons trouvé aucun vestige ? Et qu'en est-il advenu, après 2500 av. J.-C. ?

Andrew Collins imagine que, après la destruction de leur territoire par une catastrophe naturelle, les représentants de cette ancienne civilisation ont trouvé refuge dans les montagnes du Kurdistan, où ils ont créé des sites fabuleux, comme la ville souterraine de Çatal Hühük. Plusieurs centaines d'années plus tard, ils auraient alors transmis leurs connaissances aux Égyptiens et aux Sumériens. Cela expliquerait l'éclosion brutale et simultanée de la civilisation en ces deux régions du monde. Mais là encore, on ne voit pas pourquoi ils seraient brusquement sortis de leur cachette pour construire des édifices aussi impressionnants que ceux de Gizeh, avant de disparaître à nouveau.

Une autre théorie veut que ce ne soient pas des hommes qui aient communiqué aux Égyptiens la science et la technique leur permettant de construire les pyramides, mais des extraterrestres. Cette thèse a connu son heure de gloire dans les années 60 et 70, grâce au succès phénoménal rencontré par les livres d'Erich von Däniken. Même si l'on n'y croit plus guère, faute d'éléments probants, *Présence des extraterrestres* et les ouvrages qui ont suivi ont eu à l'époque un impact considérable ; ils sont entrés dans la conscience collective. Depuis lors, d'autres écrivains ont pris le relais, à commencer par Zecharia Sitchin et, dernièrement, Alan Alford. De ce point de vue, les mythes de l'Antiquité ne seraient que des récits romancés des rencontres de nos ancêtres avec les extraterrestres, qui disposeraient d'une technologie stupéfiante, et les dieux seraient des êtres de chair et d'os, vivant dans une civilisation tellement avancée que les voyages dans l'espace y sont monnaie courante. Cela expliquerait également les anomalies des réalisations techniques de l'Antiquité, comme les pyramides.

Il se peut qu'il existe dans l'univers une multitude de planètes habitées, dont les habitants ont, dans certains cas, atteint un tel niveau de développement que les voyages intersidéraux soient pour eux une simple routine. Reste que les preuves avancées par les avocats de cette théorie ne sont guère probantes, et que tout cela repose sur des suppositions. En outre, cette interprétation passablement matérialiste et mécaniste des mythes de l'ancien temps, selon laquelle les dieux sont des voyageurs de l'espace, est pour le moins tirée par les cheveux, et elle ignore complètement la dimension mystique et ineffable de la religion.

Enfin, si nous ne voyons personnellement aucune objection à ce que l'on invoque l'Atlantide, une civilisation disparue ou l'intervention d'extraterrestres, la « nouvelle orthodoxie » défend une thèse inquiétante : à l'en croire, tout ce que l'on découvre sur le passé de l'humanité ne servirait pas seulement à corriger certaines erreurs de l'histoire, mais pourrait aussi avoir des répercussions sur notre vie quotidienne. Ainsi, la civilisation égyptienne ne serait pas sans rapport avec la nôtre, car elle nous aurait légué un « message » qui devrait bientôt amener des changements...

Un nouveau regard sur Sirius

Robert Temple nous a légué, avec *The Sirius Mystery*, un livre consacré aux mystères de l'Égypte ancienne qui a fait date.

L'auteur rappelle d'abord l'énigme des Dogons, ce peuple africain vivant au Mali, et qui possède un système de croyances très élaboré dans lequel Sirius, une étoile relativement proche de nous, joue un rôle central. Située à 8,7 années-lumière de la Terre, elle est le deuxième astre de notre galaxie, du point de vue de la proximité. Deux ethnologues français, Marcel Griaule et Germaine Dieterlen, qui se sont spécialisés dans l'étude des Dogons et ont longtemps vécu parmi eux avant et après la Seconde Guerre mondiale, ont remarqué que ces gens pensent que Sirius est flanquée d'une autre étoile extrêmement lourde, et de surcroît invisible, qu'ils appellent *po tolo* (c'est-à-dire l'étoile *po*, terme désignant une graine de céréale, qui symbolise cet astre aux dimensions très modestes). Or, l'on sait maintenant que Sirius est un système d'étoiles double, sinon triple, et que l'étoile que l'on voit depuis la Terre a une compagne invisible à l'œil nu, que l'on ne distingue qu'à l'aide de télescopes extrêmement puissants. Ce n'est qu'au début du XIXe siècle que les astronomes ont commencé à se demander s'il n'existait pas une seconde étoile, car l'orbite de Sirius A, l'étoile bleue, présentait quelques anomalies, en raison de la présence à ses côtés d'un corps céleste doté d'une gigantesque force de gravitation.

On sait également que la seconde étoile, Sirius B, est une naine blanche, d'une densité extrême et qui, en dépit de sa taille modeste, exerce sur sa voisine une force de gravitation considérable. Aussi incroyable que cela puisse paraître, les Dogons savent aussi bien que nous que Sirius B gravite autour de Sirius A en l'espace de cinquante ans environ.

Mieux, les Dogons sont persuadés que Sirius est un système d'étoile triple, et qu'une troisième étoile, *emme ya tolo*, l'« étoile des femmes », gravite aussi autour de la première. Lors de la sortie du livre de Robert Temple, en 1976, les scientifiques n'avaient pas encore prouvé l'existence de Sirius C, alors que celle-ci est désormais établie, nous dit l'auteur, ce qui prouve que les Dogons ont des connaissances très poussées en matière d'astronomie.

Le fait qu'ils n'ignorent pas que Sirius A est dotée d'une compagne est déjà stupéfiant, mais leur science du cosmos est encore bien plus développée que ne le dit Robert Temple [12], car ils connaissent les anneaux de Saturne, les principales lunes de Jupiter, et ils savent que la Voie lactée bouge en décrivant une spirale, que notre lune est une planète morte, que la Terre tourne sur elle-même et que les étoiles sont des soleils (à telle enseigne que Sirius C, l'« étoile des femmes » ou *emme ya tolo*, s'appelle aussi chez eux *yau nay dagi*, « le petit soleil des femmes »).

Pour les sceptiques, ce sont des missionnaires qui, en traversant l'Afrique, ont éprouvé le besoin de communiquer aux Dogons ces notions d'astronomie très pointues, et pour le moins anachroniques. Les Dogons les auraient alors intégrées à leur religion. En réalité, il faudra attendre 1936 pour que des protestants américains fondent la première mission chez les Dogons, qui vénéraient déjà Sirius depuis belle lurette [13]. D'autres, comme Robert Bauval et Graham Hancock [14], imaginent que Sirius B était peut-être visible à l'œil nu il n'y a pas si longtemps. Faux, nous expliquent les astrophysiciens, cela n'est plus possible depuis dix millions d'années. Et même si c'était le cas, ajoutent-ils, vu la distance qui nous sépare de ces étoiles, nous aurions l'impression, en les regardant à l'œil nu, qu'il n'y en a qu'une [15].

D'après les Dogons, ce sont les Nommos, des demi-dieux, qui leur ont apporté la civilisation. Émissaires du dieu Amma, descendu jadis sur Terre dans une « arche », les Nommos sont des esprits de l'eau ressemblant à des poissons, qui habitent les mers, les lacs, les étangs...

Robert Temple observe que les mythes dogons font état de la visite d'êtres amphibies originaires d'une planète appartenant au système d'étoile de Sirius, ce qui nous éclaire sur l'origine de cette légende, et montre comment nos Africains ont eu connaissance des astres en question. Dans cette perspective, on peut très bien imaginer que ce sont les Nommos qui ont aidé les hommes à devenir des êtres civilisés, et rien ne dit qu'au départ les Égyptiens et les Sumériens étaient détenteurs des secrets des Nommos, avant de les transmettre aux

Dogons, qui en sont aujourd'hui les seuls dépositaires. À l'appui de sa thèse, Robert Temple développe une argumentation précise et rigoureuse, qui dénote apparemment le spécialiste et s'appuie sur la mythologie égyptienne, parallèlement à celle des Grecs, des Sumériens et des Babyloniens. Sobre, de facture universitaire, cet ouvrage rencontrera un écho beaucoup plus favorable que celui d'Erich von Däniken, quelques années plus tôt.

Il n'en referme pas moins des zones d'obscurité. Pour commencer, les Dogons ne font pas explicitement le rapprochement entre les Sirius et les Nommos, c'est Robert Temple qui interprète ainsi leurs récits mythologiques. Rien ne dit, en effet, que les Nommos ne viennent pas d'un autre sytème stellaire et qu'ils ne se soient pas contentés d'expliquer à nos ancêtres ce qu'était réellement Sirius, cette étoile, la plus brillante de toutes, qui les intriguait tant. Les Dogons auraient d'ailleurs répertorié quatorze systèmes solaires dans lesquels gravitent des planètes, dont un grand nombre sont des « Terres » habitées [16]. Mais les astrophysiciens ne pensent pas qu'il y ait des planètes autour de Sirius, étant donné les difficultés que poseraient la lumière, la chaleur et la force de gravitation de deux, sinon trois soleils [17].

Temple ne s'en dit pas moins persuadé que Sirius se compose de trois étoiles. Il en veut pour preuve un article intitulé « Sirius est-elle une triple étoile ? », publié en 1995 dans la revue *Astronomy and Astrophysics* par deux astronomes français, Daniel Benest et J.-L. Duvent. Mais comme l'indique le titre, rédigé sous forme de question, les auteurs se montrent beaucoup moins affirmatifs que ne le suggère Temple. En se fondant sur le résultat des observations effectuées avant 1976, date de la sortie de la première édition de *The Sirius Mystery*, les deux scientifiques se sont demandé s'il était effectivement possible qu'il existe une troisième étoile, et à quoi celle-ci devrait alors ressembler. Ils en ont conclu que les anomalies relevées dans le comportement de Sirius A et Sirius B peuvent en effet s'expliquer par la présence dans les parages d'un troisième astre possédant une masse équivalente à 5 % de celle de notre soleil, ce qui en fait une étoile minuscule, et orbitant autour de Sirius A en un peu plus de six ans. Mais cela reste une hypothèse, qui demande à être confirmée. Enfin, si d'aventure il se trouve bien un Sirius C, celui-ci doit posséder, en vertu des lois de la mécanique céleste, des propriétés complètement différentes de celles que lui prêtent Temple et les Dogons. Qui plus est, c'est depuis la Terre que l'on a mesuré les déplacements de Sirius A et Sirius B, auxquels se réfèrent Daniel Benest et J.-L. Duvent, ce qui laisse une marge d'erreur importante. Les observations réalisées depuis le satellite Hipparque seront beaucoup plus précises [18]. Vérification faite auprès de l'Agence spatiale européenne, on n'a toujours pas dépouillé les données enregistrées par Hipparque, afin de savoir s'il existe bien un troisième astre auprès des deux autres. Nous avons cependant rencontré Martin Barstow, un astrophysicien de l'université de Leicester qui a étudié le système stellaire de Sirius (et tout particulièrement celui de Sirius B, car il est spécialiste des naines blanches). Selon lui, si rien ne permet d'écarter l'hypothèse fascinante de l'existence d'une troisième étoile, nous n'avons toujours aucune preuve à ce sujet.

On ne saurait donc se montrer aussi catégorique que Robert Temple, pour qui la réalité de Sirius B ne fait plus l'ombre d'un doute [19]. Même si c'est un jour le cas, l'étoile en question ne ressemblera que de loin à celle dont il nous parle, à la suite des Dogons.

Les Égyptiens attachaient, à l'évidence, une grande importance à Sirius, pour des raisons qui ne sont pas entièrement élucidées, n'en déplaise aux spécialistes. Au sujet du lever héliaque de Sirius intervenant chaque année juste avant le début de la crue du Nil, qui fertilise la terre, on entend dire que les Égyptiens pensaient que c'était grâce à l'étoile que le fleuve débordait. Cela ne tient pas, car si l'année commençait bien, dans l'Égypte ancienne, avec le lever héliaque de Sirius, les inondations du Nil pouvaient se produire à pratiquement n'importe quelle époque de l'année et durer plus de deux mois [20], voire débuter avant que l'astre ne monte dans le ciel. Le lever et le coucher des astres correspondant de moins en moins aux saisons, on cessera d'établir un lien entre les deux événements. Le calendrier aurait, paraît-il, été dressé à une époque où le lever héliaque de Sirius coïncidait avec la crue du Nil. Cela reste à prouver. On ne sait pas pourquoi au juste Sirius jouissait d'un tel prestige aux yeux des Égyptiens, mais il se peut que ce soit tout simplement parce qu'il s'agit de l'étoile la plus brillante.

Robert Temple affirme que cela venait de ce que les êtres vivants originaires de cet autre système solaire auraient apporté la civilisation aux ancêtres des Égyptiens. Mais cela suppose que ces derniers aient su, comme les Dogons, que Sirius se composait d'au moins deux étoiles. Or, sa thèse est loin de nous convaincre.

Pour expliquer que les Égyptiens aient été détenteurs des « secrets de Sirius », Robert Temple recourt à la linguistique et à la sociologie comparées, et il rapproche ainsi les mythes et les termes utilisés dans les diverses langues de l'époque. Là encore, les résultats sont très décevants. Pour commencer, Robert Temple se réfère beaucoup trop aux auteurs anciens, et pas assez aux Égyptiens eux-mêmes, ce qui l'amène à commettre plusieurs erreurs, dont la plus importante est de se focaliser sur le fait que les Grecs appellent Sirius « le Chien », car cette étoile, figurant dans la constellation du Grand Chien, suit celle d'Orion* comme un chien de chasse [21]. Or, c'est là un mythe typiquement grec, et donc étranger à la religion de l'Égypte ancienne, dans laquelle Sirius/Sothis est l'étoile d'Isis (il est aussi parfois associé à Horus, le fils de cette dernière) [22]. Cela n'empêche pas Robert Temple de l'identifier à Anubis, le dieu égyptien à tête de chacal qui gouverne les enfers, ainsi qu'à d'autres divinités figurant dans diverses religions, même si tout cela ne repose sur rien de sérieux.

Robert Temple s'est taillé une telle réputation que l'on n'hésite pas à reprendre ses thèses, si discutables soient-elles, comme on vient de le montrer. C'est le cas de Robert Bauval et d'Adrian Gilbert qui, dans *Le Mystère d'Orion*, affirment à leur tour qu'il existe un lien direct entre Sirius et Anubis, en s'abritant derrière l'autorité de l'auteur de *The Sirius Mystery* [23]. Ils ne peuvent citer d'autre source, pour la bonne et simple raison que les Égyptiens n'ont jamais pensé une chose pareille...

Robert Temple va jusqu'à prétendre que le Grand Sphinx n'est pas la statue d'un lion, mais celle d'un chien couché, autrement dit le dieu Anubis, une fois de plus [24]. Ce dernier est certes fréquemment

---

* Dans la mythologie grecque, Orion est un chasseur mythique, dont on vante la beauté et l'adresse. *(NdT)*

représenté allongé, mais les Égyptiens se sont toujours montrés très précis dans leur iconographie, et ils se sont donné beaucoup de mal pour la codifier. À cet égard, Anubis se caractérise par une longue queue touffue, ressemblant à celle d'un renard. On dira ce qu'on voudra, la queue du Sphinx ne peut être que celle d'un lion !

On trouve aussi, sous la plume de Robert Temple, une autre énormité que personne n'a relevée, pour une raison que l'on s'explique mal : il fait, dans sa démonstration, le lien entre Hermès* et certains passages des livres hermétiques – ces ouvrages dispensant une sagesse ésotérique, qui sont apparus dans l'Égypte hellénisée – sous prétexte qu'Hermès n'est que le nom donné à Anubis par les Grecs [25]. C'est complètement faux, car Hermès est associé, sans la moindre équivoque, à Thot, le dieu égyptien de la sagesse et de la connaissance, représenté sous forme d'un homme à tête d'ibis [26]. Mieux, pour jeter un pont avec la mythologie sumérienne, il affirme qu'Anubis n'était pas vraiment dépeint sous les traits d'un chien ou d'un chacal, mais qu'il se contentait d'avoir la tête de l'un de ces deux canidés [27] (en oubliant apparemment qu'il a aussi reconnu Anubis dans le Sphinx !). Là encore c'est inexact, puisque l'on représente souvent Anubis sous forme d'un chien couché qui monte la garde, le meilleur exemple en étant la statue figurant dans le tombeau de Toutânkhamon.

Ce sont des erreurs de ce genre, alliées à une série d'incohérences, qui affaiblissent considérablement la thèse de Robert Temple, selon laquelle les Égyptiens savaient que Sirius est composé de plusieurs étoiles, et que c'est par l'intermédiaire des Garamantes – une tribu vivant jadis en Afrique du Nord et qui a migré vers le sud au XIe siècle [28], en traversant le territoire des Dogons – que ceux-ci ont appris l'existence de Sirius B et des visites qu'ont effectuées ses habitants sur notre planète. L'ennui, c'est que les ethnologues estiment que les Dogons, provenant du sud-ouest, ne sont arrivés au Mali qu'au XIVe ou au XVe siècle, en traversant le Niger [29].

---

* Fils de Zeus et de Maia, messager et interprète des dieux, Hermès protège les voyageurs, les voleurs et les marchands. Assimilé à Thot, il prendra le nom d'Hermès Trismégiste à l'époque romaine, et son culte sera à l'origine de l'alchimie. *(NdT)*

Robert Temple commet aussi une autre erreur, insignifiante à première vue, mais en réalité lourde de conséquences, dans le cadre de son étude. Cherchant l'étymologie du mot « arche », il le fait remonter à *arq*, signifiant « fin » ou « achèvement » dans la langue de l'Égypte ancienne, et il affirme que l'on appelait le Sphinx *arq ur*[30], idée reprise par d'autres auteurs qui l'utilisent dans un contexte différent. Malheureusement, *arq ur* n'a jamais désigné le Sphinx, et Robert Temple a été victime d'une méprise, car il a mal interprété une adresse de l'ouvrage de sir E. Wallis Budge, *An Egyptian Hieroglyphic Dictionary*. En face de *arq ur* figure effectivement la mention « Sphinx, 2, 8[31] », sauf qu'il ne s'agit pas de la définition du terme, mais d'un renvoi à une publication française consultée par l'auteur, et intitulée *Sphinx : Revue critique embrassant le domaine entier de l'égyptologie*. « Sphinx, 2, 8 » renvoie donc à la page 8 du volume 2 de ce bulletin. *Arq ur* signifie en réalité « argent » (le métal), et c'est un mot qui est entré très tard dans la langue égyptienne, car il vient du grec *argyros* (et non l'inverse, comme l'affirme Robert Temple[32]). Cette étourderie, apparemment sans gravité, a des répercussions importantes sur les croyances partagées par des milliers de gens aujourd'hui.

L'enquête de Robert Temple présente aussi la caractéristique étonnante d'avoir attiré l'attention des services secrets britanniques et américains, ainsi que celle des francs-maçons. Dans la seconde édition, parue en 1998, Robert Temple raconte que c'est son directeur de thèse, Arthur Young, professeur de philosophie aux États-Unis, qui lui a fait part, en 1965, des connaissances paradoxales des Dogons en matière d'astronomie, avant de lui prêter la traduction qu'il avait faite du *Renard pâle*, l'ouvrage de référence sur ce peuple africain, écrit par Marcel Griaule et Germaine Dieterlen[33]. Or, ne voilà-t-il pas que ce manuscrit est subtilisé par quelqu'un dont Robert Temple apprendra par la suite qu'il travaille pour la CIA, et cela sans doute afin de le gêner dans son travail[34] !

On se perd en conjectures. Pourquoi la CIA aurait-elle voulu lui mettre des bâtons dans les roues ? S'agissait-il de se procurer une traduction inédite de cette étude ethnologique, car l'énigme de Sirius représente un enjeu vital pour la sécurité des États-Unis ? La CIA ne doit pourtant pas manquer de traducteurs...

Mais ce n'est pas tout, car Robert Temple va être la cible d'une campagne de dénigrement orchestrée par la CIA lors de la sortie de *The Sirius Mystery* en 1976[35]. Ainsi va-t-on faire pression sur l'un de ses associés pour qu'il mette fin à leur collaboration, et ce, pendant quinze ans. Dans quel but ? Si l'on voulait l'empêcher de poursuivre ses recherches, c'est raté, et de surcroît fort maladroit : à quoi bon l'ennuyer, alors que son livre est déjà dans les rayons des librairies ? On comprend d'autant moins l'attitude de la CIA que Robert Temple admire ce service secret, comme on le verra au chapitre 5. Le mystère s'épaissit lorsqu'il s'avère que le contre-espionnage britannique, le MI5, est lui aussi de la partie (de nationalité américaine, Robert Temple vit en Grande-Bretagne depuis la fin des années 60). Robert Temple découvrira qu'il a fait l'objet d'un rapport, et qu'on le tient à l'œil[36].

Il sera aussi contacté par un vieil ami de sa famille, Charles Webber, un dignitaire franc-maçon qui occupe des fonctions importantes au sein de l'ordre (il serait détenteur du 33e grade, ou degré, le plus élevé dans le Rite Écossais Ancien et Accepté*, l'obédience la plus répandue aux États-Unis). Il invitera, en ces termes, Robert Temple à rejoindre les rangs de cette organisation, afin de pouvoir discuter avec lui de son ouvrage, sans risquer de révéler les secrets de la franc-maçonnerie à un non-initié :

> Votre livre *The Sirius Mystery* a retenu notre attention. Sachant que vous l'avez écrit sans connaître les traditions de la franc-maçonnerie, nous vous signalons, si cela vous a échappé, que vous avez fait des découvertes qui ont trait à des pratiques qui jouent un rôle déterminant, à un niveau très élevé, et mis à jour des choses que nul d'entre nous ne connaissait[37].

Pourquoi la CIA, le MI5 et les francs-maçons s'intéressent-ils autant à ce livre ? Car ces gens pousseront la curiosité jusqu'à suivre

---

* Ceux qui se sont hissés à ce grade font partie du « Suprême Conseil », à la tête duquel se trouve un Souverain Grand Commandeur. *(NdT)*

pas à pas les progrès de notre propre enquête, et il deviendra évident que tout cela participe d'un vaste complot.

La « nouvelle égyptologie »

L'égyptologie nouvelle manière suppose que l'on revoie la datation du Grand Sphinx, cet hybride de pierre qui se dresse au pied des pyramides de Gizeh, protégé par une enceinte taillée dans la pierre. Au départ, le Sphinx a été sculpté dans un promontoire qui se dressait au-dessus d'un soubassement de calcaire, moyennant quoi les bâtisseurs ont dégagé le mur pour façonner la statue en question.

Appelé au départ *Chesep-ânkh-Atoum*, « Image vivante d'Atoum », le dieu créateur, le Sphinx n'est sans doute que la forme abrégée de Chesep-ânkh [38]. Entre autres noms, on peut citer Rê-Horakhti, qui signifie « Horus de l'horizon » (Horus, le dieu à tête de faucon, représenté sous la forme du dieu soleil Rê), et Horus-em Akhet, « Horus à l'horizon », devenu Hamakhis [39] chez les Grecs. Il existe quantité d'autres combinaisons du même genre entre le nom d'Atoum et celui d'Horus, les dieux de l'ancienne Égypte étant des principes mobiles et dynamiques.

On pense généralement que le Sphinx est l'œuvre de Khâfrê (ou Khéphren), l'architecte qui a construit la seconde pyramide, où il figure sous forme de bas-relief. On en veut pour preuve la prétendue ressemblance entre le visage mutilé du Sphinx et une statue du même Khâfrê, exposée au musée du Caire. Or, les analyses des chimistes démontrent – ce qui saute aux yeux – qu'il n'y a aucun rapport entre les deux [40]. En réalité, le seul point commun entre le Grand Sphinx et Khâfrê est la stèle du Sphinx, une pierre plate recouverte d'inscriptions et placée entre ses pattes, qui nous explique comment lors d'une partie de chasse, Touthmôsis II (IIe siècle av. J.-C.), endormi au pied du Sphinx, a reçu en rêve l'ordre de dégager ce gigantesque lion de pierre aux trois quarts enfoui dans le sable. En bas de la stèle, on déchiffre, parmi les hiéroglyphes rongés par l'érosion : « Khâf... statue réalisée pour Atoum-Hamakhis ». Voulant absolument que ce Khâf corresponde à Khâfrê, les égyptologues en ont conclu que c'était

Khâfrê en personne qui avait fait construire le Sphinx. Malheureusement, c'est faux. Des copies de la stèle nous apprennent que le nom de Khâf ne figure pas à l'intérieur d'un cartouche [41], cet ornement de forme ovale qui désigne toujours en Égypte un monarque.

On a émis l'hypothèse que le Sphinx avait, au départ, une tête de lion, ce qui est logique, et que celle-ci a été retaillée ultérieurement pour épouser les traits d'un pharaon ou d'un roi en exercice. Il suffirait, dit-on, de remarquer qu'elle est trop petite par rapport au corps pour en avoir la preuve. N'oublions pas, toutefois, que le Sphinx était enseveli jusqu'au cou, de sorte que l'on a très bien pu en retoucher ensuite la tête sans savoir qu'il s'agissait à l'origine de celle d'un lion. Toutefois, comme elle est en meilleur état que le corps, enfoui pendant des lustres dans le sable, on peut imaginer qu'on lui a fait subir des modifications ultérieurement.

L'érosion du Sphinx a soulevé une vive controverse, ces derniers temps, ce qui a entraîné la parution d'ouvrages à succès dans le monde entier. C'est un Américain n'appartenant à aucune école, John Anthony West, qui a effectué les premières recherches sur l'enceinte du Sphinx, en partant des observations réalisées au milieu du siècle par Schwaller de Lubicz.

Catalogué comme « philosophe », celui-ci était en réalité un spécialiste de l'occultisme, qui a vécu en Égypte de 1938 à 1952, où il a étudié la symbolique des temples, en s'attachant à celui de Louxor. Alchimiste, il se consacrait à l'hermétisme et à l'ésotérisme, dont les principes ont trouvé, selon lui, une traduction concrète dans les lieux de culte de l'Égypte des pharaons. Il s'est tout particulièrement intéressé à la numérologie, à la mathématique et à la géométrie de ces édifices, dont la construction obéit à certaines règles, que son étude des sciences occultes lui a permis d'élucider. Il a exposé dans plusieurs ouvrages, dont le plus complet reste *Le Temple de l'homme*, sa conception de la civilisation égyptienne. Se rattachant à l'école pythagoricienne, qui accorde une grande importance au nombre 9, il s'est passionné pour la Grande Ennéade et la religion d'Héliopolis, qui exprime, sous forme mythologique, certains principes fondamentaux (ainsi, le *neter*, qui signifie « dieu », désigne en réalité un principe [42]). Voilà pourquoi il évoque souvent les « neuf principes », qui revêtiront une grande signification au fur et à mesure où nous avancerons dans notre enquête.

C'est en écrivant *The Case for Astrology* que John Anthony West découvrira les travaux de Schwaller de Lubicz. Il se plongera aussitôt dans la lecture de ses œuvres, dont il rédigera plus tard une synthèse, intitulée *Serpent in the Sky*, Schwaller de Lubicz n'étant traduit que tardivement dans la langue de Shakespeare.

Or, d'après Schwaller de Lubicz, ce n'est pas le vent qui a dégradé le Sphinx, mais l'eau, ce qui inspire ce commentaire à John West :

> Rien ne s'oppose, en principe, à ce que le Sphinx ait subi l'érosion de l'eau, puisque l'on sait que l'Égypte a été jadis sujette à des changements de climat et à des inondations périodiques, qu'elles soient dues aux marées ou à de terribles crues du Nil (comme il s'en est produit il n'y a pas si longtemps). Celles-ci correspondent sans doute à la montée des eaux consécutives à la fin de l'ère glaciaire. On situe généralement à environ 15 000 ans av. J.-C. ce dernier épisode, mais il a dû se produire par la suite d'importantes crues du Nil, la dernière ayant eu lieu aux alentours de 10 000 ans av. J.-C. [43].

Non seulement on peut vérifier le bien-fondé de cette thèse, mais il se pourrait qu'elle ait des conséquences de taille, comme s'en est aperçu John West. « Autrement dit, l'on est désormais en mesure de prouver que "l'Atlandide" a existé, et en même temps que le Déluge décrit par la Bible a bel et bien eu lieu [44]. » À noter que Schwaller de Lubicz et John West attribuent à une inondation, ou à une série d'inondations, l'érosion du Sphinx.

À force d'insister, John West finira par attirer l'attention d'un géologue, en la personne de Robert Schoch, professeur à l'université de Boston. Après avoir examiné la façon dont le Sphinx est érodé, celui-ci en conclura que c'est dû à l'eau, l'eau de pluie [45], très précisément, diagnostic confirmé par d'autres spécialistes. En 1994, les experts chargés par la BBC d'étudier ce monument, auquel la télévision britannique va consacrer un reportage (dans la série *Timewatch*), parviendront à la même conclusion. Si les géologues se rangent volontiers à l'analyse de Robert Schoch, les égyptologues font la sourde oreille et refusent de prendre en compte les preuves qu'on leur apporte. Zaï Hawass, ancien directeur général du site de Gizeh, déclare ainsi :

> Même si les géologues arrivent à prouver que Robert Schoch a raison, je ne reviendrai pas, en tant qu'égyptologue, sur l'âge du Sphinx, qui demeure en ce qui me concerne solidement établi [46].

Les climatologues étant en mesure de déterminer précisément les périodes pendant lesquelles il a plu, cela devrait nous permettre de donner un âge au Sphinx, voire de lui en assigner un autre que celui que l'on admet communément. Robert Schoch estime que le corps du Sphinx et le mur d'enceinte ont été exposés aux éléments naturels entre 7000 et 5000 av. J.-C. Voilà qui vieillit considérablement ce monument, par rapport aux dates avancées habituellement par les égyptologues.

Graham Hancock et John West s'appuieront sur les travaux de Robert Schoch pour reculer encore l'âge du Sphinx. Universitaire, soucieux de ne pas ternir sa réputation, Schoch s'est montré très prudent, nous disent-ils, en faisant remonter l'érosion du Sphinx à la période humide précédant immédiatement l'époque à laquelle on pense en général qu'il a été construit [47]. En réalité, Schoch estime que l'usure du bâtiment cadre parfaitement avec les précipitations qui se sont abattues à ce moment-là, ce qui l'amène à écrire en 1995 que les parties les plus anciennes de la gigantesque statue ont été sculptées entre 7 000 et 5 000 ans avant notre ère [48].

En revanche, John West est persuadé que c'est une inondation qui a abîmé le grand Sphinx, même si Schoch a montré qu'il n'en est rien, et que notre homme commet une erreur aussi grave que celle des égyptologues. Cela ne n'empêchera pas d'invoquer, à titre de « preuve », les travaux de l'universitaire américain pour affirmer que le Sphinx est encore plus vieux. « Il faut remonter plus de 10 000 ans avant notre ère, écrit-il, pour trouver en Égypte une humidité suffisante et des intempéries capables d'occasionner ce genre de déprédations. Le Sphinx a donc été construit il y a plus de 10 000 ans [49]. »

À quoi Schoch répond que c'est là une estimation fantaisiste [50]. Graham Hancock, qui s'appuie également sur les travaux de Schoch, écrit dans *L'Empreinte des dieux* : « Il a effectivement énormément plu entre 13 500 ans av. J.-C. et 9 000 ans av. J.-C. [51]. » Cela va passer pour une évidence, aux yeux des représentants de la Nouvelle Égyptologie, tout comme les égyptologues conventionnels ne doutent pas une seconde que c'est Khâfrê (Khéphren) qui a construit le Sphinx. Il n'en est que plus intéressant de constater qu'il n'y a jamais eu de période pluvieuse au onzième millénaire av. J.-C. Graham Hancock ne cite d'ailleurs pas ses sources, alors que l'on dispose d'une multitude d'indices prouvant que le climat était alors très sec [52]. Sarah O'Mara, qui travaille dans un prestigieux laboratoire de climatologie de l'université de Sheffield, où l'on étudie les zones désertiques, déclare que « l'on n'a relevé aucune trace de présence humaine en Égypte avant 8 000 ans av. J.-C. C'était alors une région aride et très froide, car l'on se trouve à l'époque de la dernière glaciation [53] ». Celle-ci, qui a commencé aux alentours de 20 000 ans av. J.-C., s'est poursuivie jusqu'en 8000 av. J.-C., date à laquelle on a connu alternativement un temps sec ou humide. Dans *Egypts' Making*, Michael Rice note pour sa part que « le sol de la vallée du Nil ne pouvait vraisemblablement pas permettre, il y a dix mille ans (c'est-à-dire 8 000 ans av. J.-C.) le développement d'une véritable civilisation [54] ».

L'Ancien Empire, qui édifie les pyramides, connaît un climat beaucoup plus humide que celui de l'Égypte actuelle. De fait, jusqu'à 500 av. J.-C., la pluviométrie sera la même sur les bords du Nil que dans plusieurs régions de la Grande-Bretagne aujourd'hui [55]. Entre 7 000 et 5 000 ans av. J.-C., il règne là-bas une grande humidité, puis le climat s'assèche progressivement, jusqu'à ce qu'il se stabilise, peu après 2 500 ans av. J.-C., et revête le même aspect qu'aujourd'hui. Les crues du Nil deviennent beaucoup moins importantes entre 3100 et 2700 av. J.-C., ce qui explique peut-être l'apparition de la civilisation égyptienne, alors qu'auparavant les gigantesques inondations ne permettent pas à une population importante de s'installer dans la vallée du Nil. « Entre 7 000 et 2 500 ans av. J.-C., le désert s'est couvert de fleurs », observe Michael Hoffman, l'un des meilleurs spécialistes de l'Égypte prépharaonique [56].

D'aucuns, tel Robert Temple [57], imaginent que l'on a rempli d'eau l'enceinte du Sphinx, en faisant monter le niveau jusqu'au cou de la statue, pour transformer le tout en bassin sacré, ce qui aurait, à la longue, détérioré le monument. C'est oublier que Schoch explique que la pierre a été ravinée par le ruissellement de l'eau de pluie.

Des travaux de Schoch, il ressort que le Sphinx est plus ancien que ne le pensent les égyptologues patentés, et qu'il a peut-être été construit 7 000 ans avant notre ère. Mais cela ne suffit pas à des gens comme John West et Graham Hancock, qui voudraient le faire remonter à 10500 av. J.-C. Voilà assurément une date cruciale pour ces chercheurs, et en laquelle ils veulent absolument – leurs confrères et eux – nous faire croire. Mais dans quel but ?

Sur terre comme au ciel ?

Robert Bauval, écrivain britannique d'origine belge, né à Alexandrie, qui s'intéresse depuis toujours à l'Égypte ancienne, et tout particulièrement aux pyramides, a proposé récemment une autre explication, qui a fait couler beaucoup d'encre.

En 1994, Adrian Gilbert et lui publient *Le Mystère d'Orion*, ouvrage qui reprend l'une de ses thèses, selon laquelle les trois pyramides de Gizeh représentent les trois étoiles du Baudrier d'Orion, et qu'elles ont été construites à cet effet. Effectivement, ces édifices reproduisent la position des étoiles du Baudrier d'Orion. Mais était-ce voulu ? Robert Bauval et Adrian Gilbert s'efforceront de le démontrer.

Pourtant, il n'existe pas de correspondance parfaite entre les pyramides et les étoiles, comme on peut le constater lorsqu'on superpose une carte de la constellation d'Orion et le plan au sol des pyramides : la conjonction entre les deux reste approximative. Lorsque les deux étoiles les plus brillantes se trouvent respectivement au-dessus de la Grande Pyramide et de celle de Khâfrê (Khéphren), la troisième est légèrement décalée par rapport à la pyramide de Menkaourê (Mykérinos), la plus petite du lot. En fait, elles ne sont véritablement alignées avec les astres que dans le graphique produit par Robert

Bauval et Graham Hancock devant les caméras de télévision. Bref, suivant le degré d'exactitude que l'on attend de la part des bâtisseurs des pyramides, on croit ou non qu'il existe une conjonction entre la nébuleuse d'Orion et la nécropole de Gizeh...

Robert Bauval a encore moins de chance lorsqu'il essaie d'appliquer ce schéma à d'autres pyramides. Il évoque ainsi celle de Zaouyet-el Aryan et celle d'Abou Roach, situées respectivement au nord et au sud de la nécropole de Gizeh (elles sont d'ailleurs restées inachevées), alignées toutes les deux, nous dit-il, sur d'autres étoiles de la nébuleuse d'Orion [58]. Pourtant, on n'observe pas en la matière de correspondance parfaite, ce qui n'est pas en soi très grave, puisque rien ne prouve que les architectes voulaient reproduire sur le sol la carte de la constellation d'Orion, ni même qu'ils la connaissaient aussi bien que nous. Peut-être ont-ils seulement cherché à représenter à Gizeh les trois étoiles du Baudrier...

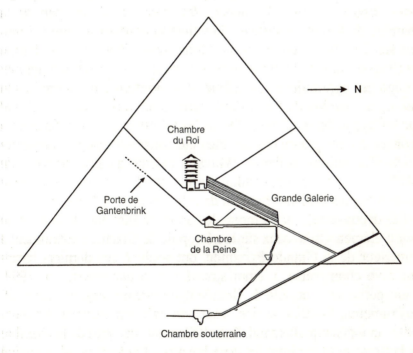

Coupe de la Grande Pyramide, montrant ses principales caractéristiques et les conduits les plus importants.

L'alignement des quatre conduits partant des deux pièces principales de la Grande Pyramide (la chambre du Roi et la chambre de la Reine, qui s'ouvrent chacune sur deux couloirs étroits, orientés au nord et au sud) étaye apparemment la thèse de Bauval. Ces boyaux exigus, qui mesurent à peu près 20 centimètres carrés, traversent les murs, bifurquent vers le haut et traversent le bâtiment dans toute sa largeur. Ceux qui partent de la chambre du Roi (située plus haut que sa contrepartie) coupent l'édifice à la diagonale et débouchent à l'extérieur, ce qui leur a valu d'être baptisés « bouches d'aération ». Les deux autres présentent cette particularité de ne donner ni à l'extérieur ni dans la chambre de la Reine. C'est en 1872 qu'on les découvrira derrière les murs de la pièce.

On peut très bien imaginer que ces conduits ont été conçus de manière à ce qu'ils pointent vers des étoiles importantes aux yeux des Égyptiens [59]. C'est une idée qui trotte dans la tête des spécialistes depuis le début des années 60. Ainsi, celui qui part de la chambre du Roi et remonte en direction du nord est semble-t-il braqué sur Thouban (autrement dit Alpha, située dans la constellation du Dragon), qui était l'étoile polaire à ce qu'il est convenu d'appeler l'« âge des pyramides ». De même, il se pourrait que l'autre boyau issu de la chambre du Roi, orienté quant à lui vers le sud, soit dirigé sur les astres du Baudrier d'Orion. Si tel est le cas, cela tendrait à prouver que les pyramides ont bien été construites pour représenter ces configurations stellaires. Bauval a calculé qu'aux alentours de 2475 av. J.-C. ce dernier conduit visait Alnitak, l'étoile la plus basse et aussi la plus brillante figurant dans le Baudrier d'Orion [60].

Les découvertes, ou du moins les bruits faisant état de la mise au jour d'éléments nouveaux sur la nécropole de Gizeh, et notamment à l'intérieur de la Grande Pyramide, ont soulevé ces derniers temps une vive controverse. L'émoi suscité par la découverte, en 1993, d'une petite porte au sein de Grande Pyramide est toujours aussi vif. Les rumeurs, fondées ou non, vont bon train sur Internet. En mars 1993, un ingénieur allemand, Rudolf Gantenbrink, part de la chambre de la Reine pour explorer les deux boyaux à l'aide d'un robot équipé d'une caméra vidéo. Cet engin, baptisé Oupouaout (du nom d'un dieu égyptien signifiant « celui qui ouvre la voie »), va se heurter à une minuscule porte, munie de poignées et présentant un curieux jour en bas, qui obture le conduit. Qui dit porte dit quelque chose dont on cherche à interdire l'accès. Mais quoi ? Les spéculations vont bon train, mais l'on pense généralement qu'il y a une salle ou une « chambre » derrière la « porte de Gantenbrink ». À l'heure où nous écrivons ces lignes, il s'est déjà écoulé six ans depuis sa découverte, et l'on ne sait toujours pas ce qui se trouve de l'autre côté.

Les nouveaux éléments recueillis par Gantenbrink seront mis à contribution d'une autre façon : Bauval y verra la confirmation de sa thèse, formulée à la fin des années 80, qui veut que le boyau partant de la chambre de la Reine et orienté au sud ait été braqué à l'époque sur Sirius. En vertu de l'angle de ce couloir, on a pu calculer le point du ciel qu'il visait au temps de la construction de la pyramide, ce qui a permis, par contrecoup, d'évaluer l'âge de cette dernière, qui aurait été bâtie aux alentours de 2450 av. J.-C.[61]. L'ironie veut qu'on la rajeunisse ainsi de cent ans, par rapport à ce que nous disent les égyptologues conventionnels, ce qui est gênant pour les chantres de cette nouvelle orthodoxie. Notons en passant que les dernières datations au carbone 14 indiquent au contraire que la Grande Pyramide est sans doute plus ancienne qu'on ne le croyait, et qu'il faut la vieillir d'environ quatre siècles[62]. Bauval était tellement ravi de la découverte de Gantenbrink qu'il a pris la liberté de l'annoncer aux médias internationaux, au début du mois d'avril 1993[63].

Cependant, les thèses de Bauval sont parfois discutables. Il se fonde par exemple sur l'alignement des conduits sur les étoiles pour établir la date de la construction de la Grande Pyramide, alors que dans le même temps il part de cette date pour prouver que les conduits sont braqués sur des étoiles, ce qui est un raisonnement circulaire. On constate également un décalage dans les dates indiquées par deux de ces fameux couloirs : d'après les calculs de Bauval, celui qui part de la chambre de la Reine devait viser Sirius aux alentours de 2400 av. J.-C., tandis que celui qui est issu de la chambre du Roi était braqué sur Alnitak soixante-quinze ans plus tôt. Ils ne peuvent donc pas avoir été pointés en même temps sur leurs étoiles respectives. Mais peut-être est-ce là demander une trop grande précision aux Égyptiens de l'Antiquité... Après tout, le déplacement de l'étoile dans le ciel est infime, en soixante-quinze ans, et il ne représente qu'un écart minuscule, de l'ordre d'une fraction de degré. Il s'agit là de thèses audacieuses et stimulantes, sur le plan intellectuel, même si l'on est en droit d'émettre de sérieuses réserves sur ce qu'elles impliquent, à un niveau plus général.

Devenue l'un des chevaux de bataille de la « nouvelle égyptologie », cette thèse n'est presque jamais remise en question par les lecteurs ou les chercheurs qui travaillent dans ce domaine. Reste que l'un de ses critiques les plus virulents n'est autre que Rudolf Gantenbrink lui-même, qui reproche à Bauval de se servir des résultats auxquels il est parvenu pour prouver que l'un de ces conduits était effectivement braqué sur Sirius, ce qui d'après lui est faux. Il nous fera, à ce sujet, la déclaration suivante, en août 1998 :

> Il s'agit là d'une véritable absurdité, comme on a pu, en grande partie, le montrer. [Bauval] se base sur des données erronées pour calculer l'angle d'inclinaison des conduits [...] et il s'appuie sur des données astronomiques encore plus fantaisistes. Sa thèse ne repose sur rien de sérieux [64].

Gantenbrink relève que, pour que les conduits soient dirigés sur une étoile, quelle qu'elle soit, encore faut-il qu'ils soient eux-mêmes rectilignes. Or, ils ne sont droits que sur le papier, lorsqu'on réalise une coupe transversale de la Grande Pyramide dans le sens nord-sud, car en réalité ils décrivent des virages de droite à gauche, c'est-à-dire d'est en ouest. On constate ainsi que les orifices des deux couloirs partant de la chambre du Roi (donnant dans la salle et dehors) ne sont pas dans le même axe (rappelons que les conduits menant à la chambre de la Reine ne débouchent pas à l'extérieur).

Bref, la thèse de Bauval suppose que ces fameux couloirs soient droits comme des « i », et qu'ils visent dans le ciel un point bien déterminé. Si en revanche ils ondulent, ils n'étaient probablement pas destinés, au départ, à viser un quelconque corps céleste. « L'alignement sur les étoiles [...] n'est possible que dans un dessin en coupe, mais pas dans la réalité à trois dimensions », observe Gantenbrink. Après avoir fait le compte de toutes les inexactitudes qui se sont glissées dans les données citées par Bauval, il en conclut de façon péremptoire que « cet alignement sur les étoiles n'est rien d'autre qu'une escroquerie ! ».

L'annonce en fanfare de la découverte de la porte s'est également attirée un commentaire acerbe de la part de Gantenbrink. Il est évident que Bauval n'a pas respecté la procédure habituelle, et qu'il aurait dû attendre d'avoir l'autorisation des organismes pour lesquels travaillait alors Gantenbrink – l'Institut archéologique allemand du Caire et le Conseil suprême égyptien des antiquités – avant d'en parler. Bauval justifie cette initiative personnelle par le fait que les autorités allemandes et égyptiennes ont mis très longtemps à réagir et faisaient, à l'entendre, preuve de mauvaise volonté. Pourtant, il a contacté les médias quinze jours seulement après que Gantenbrink a effectué sa découverte ! Comment expliquer pareil empressement ?

Gantenbrink ne doute pas une seconde des raisons qui l'ont poussé à agir ainsi. « C'était, dit-il, une habile campagne de relations publiques de sa part. Si je n'avais rien trouvé, personne n'aurait jamais entendu parler d'un certain Robert Bauval. » Gantenbrink ne s'arrête pas en chemin, puisqu'il attribue à cette annonce prématurée, dont Bauval a pris l'initiative sans demander l'aval des autorités compétentes, le fait qu'on lui ait interdit de poursuivre ses recherches sur la Grande Pyramide.

Nous avons appris avec surprise que des textes maçonniques de la fin du XIXe siècle affirment déjà que le conduit partant de la chambre de la Reine et qui est orienté vers le sud vise en réalité Sirius[65]. Cela nous a vivement impressionnés. Serait-ce la preuve que les francs-maçons disposent depuis longtemps d'informations secrètes sur les pyramides ? Les travaux de Bauval ne confirmeraient-ils pas que ces textes disent vrai ? « Pas du tout, répond Gantenbrink. Cela montre seulement où Bauval est allé chercher cette idée. »

Le prétendu alignement des conduits des pyramides sur les étoiles fait partie d'une stratégie visant à établir un lien entre cette thèse et une époque très reculée de l'histoire de l'Égypte. Bauval admet que les pyramides de Gizeh ont été construites aux alentours de 2450 av. J.-C., ce qui correspond grosso modo à la date avancée par les égyptologues (qui vieillissent en réalité ces monuments d'un siècle). Il note

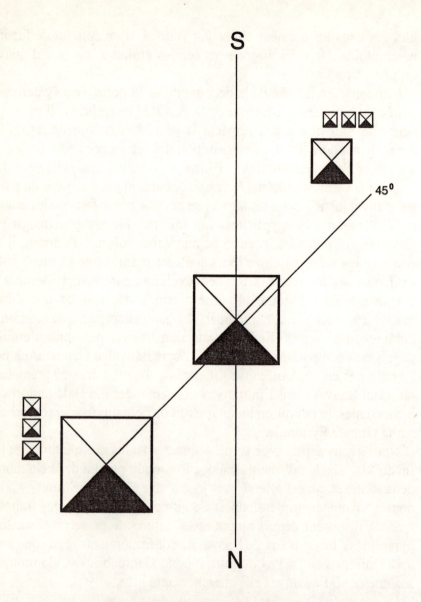

*Plan au sol des pyramides de Gizeh.
Elles se trouvent approximativement à 45 ° de longitude.
Ci-contre, en haut : le point culminant de la constellation d'Orion
en 10500 av. J.-C.
En bas : La constellation d'Orion, lorsqu'elle décalque le plan du site
de Gizeh, ce qui ne s'est pas produit depuis environ 12 000 ans.*

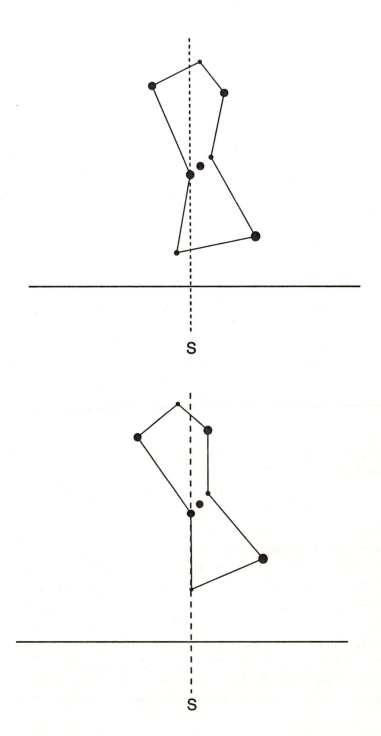

toutefois que les trois pyramides ne coïncident pas, à l'époque, avec les étoiles du Baudrier d'Orion, car elles sont orientées à 45° sur un méridien nord-sud qui traverse la nécropole de Gizeh, de sorte que, pour que les astres en question reflètent la configuration des édifices, il faudrait qu'ils se situent à un angle de 45° par rapport au méridien céleste [66]. Les étoiles « passent » le méridien céleste quand elles sont plein sud et atteignent leur plus haut point dans le ciel (lorsqu'elles « culminent », pour parler comme les astronomes). Seulement, Bauval observe qu'à l'époque où sont, d'après lui, construites les pyramides, le Baudrier d'Orion ne se trouve pas à une hauteur de 45°.

Cependant, à cause de la précession des équinoxes, les constellations changent d'orientation au fil des siècles. Partant du principe que les architectes ont délibérément décalé les pyramides par rapport aux étoiles, il a voulu savoir quand les astres et ces édifices se sont trouvés alignés sur le même plan. Voici ses conclusions :

> Ce n'est qu'en 10500 av. J.-C. [...], soit 8 000 ans avant l'« âge des pyramides », que l'on observe une conjonction parfaite entre le Nil et la Voie lactée d'une part, les trois pyramides et les étoiles du Baudrier d'Orion d'autre part, les uns comme les autres étant disposés de la même façon par rapport au méridien [67].

Il en vient donc à émettre deux hypothèses : ou bien la configuration des pyramides a été dessinée à cette époque, même si les édifices n'ont été construits que huit mille ans plus tard, ou bien les architectes ont voulu nous renvoyer en l'an 10500 av. J.-C. et nous dire quelque chose à ce sujet.

Cela pose problème. Même Robin Cook, qui a travaillé avec Bauval et réalisé les diagrammes pour *Le Mystère d'Orion*, conteste ces conclusions. Dans *The Horizon of Khufu*, il déclare solennellement : « Tel n'était pas le cas en 10450 av. J.-C. [68] » En fait, il relève bien une telle conjonction entre le Baudrier d'Orion et les pyramides de Gizeh, mais en 2450 av. J.-C. [69]. Les pyramides, ajoute-t-il, ne font jamais référence, dans l'esprit de leurs bâtisseurs, à l'an 10450 avant notre ère. Force est de reconnaître que c'est beaucoup plus convaincant que ce que nous dit Bauval. Faut-il pour autant croire Robin

Cook sur parole ? Vérification faite (c'est facile), nous avons pu constater qu'il a raison. En recourant à la même simulation informatique que Bauval, a savoir SkyGlobe 3.6, nous avons découvert que les étoiles du Baudrier d'Orion n'étaient pas à l'aplomb du site de Gizeh lors de l'équinoxe de printemps de l'an 10500 av. J.-C. (ni à aucun moment où il a culminé à cette époque [70]). Il est, en réalité, très facile de savoir quand le Baudrier d'Orion atteint la hauteur de 45° par rapport au méridien, puisque, à ce moment-là, Saïph, la « jambe gauche » de la nébuleuse, se trouve juste en dessous d'Alnitak, l'étoile située le plus à l'est [71]. Pour que le Baudrier culmine à l'aplomb du site de Gizeh, il faut remonter à 12 000 ans avant notre ère, et encore, sa « culmination » ne se produit pas à l'aube, moment significatif de l'équinoxe de printemps.

Faut-il en conclure que Bauval s'est trompé de mille cinq cents ans dans ses calculs ? Tout le monde peut commettre une erreur. Cela signifierait-il alors que la civilisation qui aurait existé à l'époque, si l'on en croit Bauval, aurait dressé le plan des pyramides en 12000 av. J.-C., et non en 10500 av. J.-C. ? Aussi tentant puisse-t-il être d'attribuer ce « décalage » à la faillibilité humaine, il faut bien comprendre qu'il y a ici tout autre chose en jeu. Une fois de plus, comme avec le climat sec qui aurait prétendument prévalu pendant le onzième millénaire avant notre ère, d'après Hancock, l'on voit un héraut de la « nouvelle égyptologie » remuer ciel et terre pour prouver, contre toute évidence, que 10500 est une date à marquer d'une pierre blanche.

Alors que l'on dispose apparemment d'un faisceau d'indices (relevant aussi bien de l'astronomie que de la géologie) qui convergent sur cette année, on s'aperçoit vite qu'ils reposent sur une manipulation des faits. La conviction de Bauval que ces deux axes de recherche se recoupent est patente dans le documentaire intitulé *The Mysterious Origins of Man* (« Les origines mystérieuses de l'homme ») qu'il a réalisé en 1996 pour la télévision britannique, et dans lequel il déclare :

> Grâce à l'astronomie, on sait que le Sphinx a été construit en 10500 av. J.-C., ce qui correspond parfaitement aux résultats de

l'analyse géologique du monument. Ce sont désormais deux sciences exactes qui nous indiquent que ce monument est très ancien, et qu'il date sans doute du onzième millénaire avant notre ère.

Or on a vu que l'astronomie ne dit rien de tel, et qu'elle n'est d'aucun secours à ceux qui veulent attribuer un autre âge au Sphinx.

Une date fatidique

En 1996, Robert Bauval s'associe à Graham Hancock pour écrire *Le Mystère du Grand Sphinx*, ouvrage dans lequel ils affirment que cette gigantesque statue a été construite en 10500 av. J.-C., avant d'en tirer les conclusions. Dans l'ensemble, leurs hypothèses reposent sur la conjonction entre la nécropole de Gizeh, la description des mouvements célestes figurant dans les *Textes des Pyramides*, et l'aspect du ciel, tel qu'il était en 10500 av. J.-C. Parvenus à cette date cruciale à partir de raisonnements discutables (la prétendue correspondance entre les pyramides de Gizeh et le Baudrier d'Orion, l'érosion du Sphinx, due au ruissellement des eaux causé par l'humidité qui aurait prévalu à cette époque), ils multiplient les conjectures.

L'un de leurs arguments chocs consiste à dire que, le Sphinx étant un lion couché, il représente précisément la constellation du Lion, ce qui suppose que les Égyptiens connaissaient déjà les signes du zodiaque. Rien ne le prouve, mais admettons, pour les besoins de la cause, que tel puisse être le cas. En soi, ce n'est pas absurde.

Le Sphinx étant orienté à l'est, Bauval et Hancock en déduisent que l'on a voulu qu'il fixe la partie du ciel lui correspondant, quand elle se lève en même temps que le soleil, ce qui ne se produit que deux fois par an, lors de l'équinoxe d'été et de l'équinoxe d'hiver (la plus importante des deux, au regard de l'astrologie). Les ères astrologiques (l'ère du Poisson, l'ère du Verseau, etc.) sont définies par la partie du ciel (ou « maison ») dans laquelle le soleil se lève lors de l'équinoxe de printemps, à une époque déterminée. En raison de la « précession des équinoxes », on change de constellation tous les deux mille cent soixante ans. Pendant deux mille ans, le soleil s'est levé en Poisson, et nous nous trouvons par conséquent à l'ère du Poisson. Viendra ensuite l'ère du Verseau. Or, en l'an 10500 av. J.-C. on se trouvait déjà à l'âge du Verseau, raison pour laquelle le Sphinx revêt la forme d'un lion, nous disent Bauval et Hancock.

Leur raisonnement s'appuie, à chaque étape, sur des hypothèses qui demandent à être vérifiées et n'ont donc pas, jusqu'à plus ample informé, valeur de preuve. Nous sommes prêts à les accepter « à titre d'exemple », tout en restant très prudents sur les conclusions que l'on peut en tirer, car elles ne reposent sur rien de solide.

Hancock et Bauval prétendent que 10500 av. J.-C. correspond au « Premier Temps » *(tep zepi)*, époque mythique qui, d'après les Égyptiens, aurait vu naître leur civilisation. Sur la stèle du Sphinx il est dit, entre autres, que « le lieu splendide du Premier Temps [...] a été placé sous le signe du Sphinx [72] », ce qui prouve bien qu'il existe un lien entre *tep zepi*, le temps originel, et le site de Gizeh. Bauval et Hancock étayent leur démonstration sur des simulations informatiques permettant de reconstituer l'aspect du ciel, tel qu'il était 10 500 ans av. J.-C. Ils découvrent ainsi de nouvelles conjonctions survenues cette année-là ou à la même époque. En réalité, dans certains cas, il ne s'agit pas d'événements uniques, mais de coïncidences observées à plusieurs reprises, avant et après 10500 av. J.-C. Pourquoi se focaliser sur cette année-là ?

Leur méthode consiste à repérer les conjonctions ayant pu exister entre des étoiles et des constellations déterminées (Orion, le Lion, Sirius, notre soleil), pour y voir une preuve supplémentaire que le site de Gizeh a été conçu de telle façon qu'il « code » l'importance de l'année 10500 av. J.-C. Une fois de plus, leur prétendue démonstration est un cercle vicieux, puisqu'ils ne s'intéressent qu'aux corrélations survenues cette année-là, ce qui est une erreur, d'un point de vue logique.

Pour en avoir le cœur net, nous avons utilisé le même programme informatique de cartographie spatiale (SkyGlobe 3.6), afin de savoir si l'on a observé en 8700 av. J.-C. des conjonctions aussi significatives que celles qu'observent Hancock et Bauval en 10500 av. J.-C. Il s'avère, par exemple, que cette année-là le soleil s'est levé en même temps que Régulus, l'étoile la plus brillante de la constellation du Lion, dont Hancock et Bauval disent qu'elle est le « point nodal ». À dire vrai, le soleil masque carrément Régulus, au lever du jour. Or, le Baudrier d'Orion se trouve pendant ce temps-là aligné sur le site de Gizeh (d'après les données fournies par Robin Cook). Si cela s'était produit en 10500 av. J.-C., Hancock et Bauval y auraient certainement vu une preuve supplémentaire qu'il s'agit là d'une date cruciale.

Il est d'ailleurs étonnant qu'ils échafaudent un raisonnement aussi laborieux (et tiré par les cheveux) pour établir la signification astronomique du Sphinx et de ses relations avec la constellation du Lion, car il existe une explication beaucoup plus simple, que l'on doit à Schwaller de Lubicz en personne.

Celui-ci a remarqué que jadis, lors du premier lever héliaque de Sirius (ce qui correspondait, alors, au premier jour de l'année, le plus sacré de tous), le soleil se levait dans la constellation du Lion [73]. SkyGlobe 3.6 nous a permis de vérifier que c'était bien le cas, grosso modo entre l'an 6000 av. J.-C. et l'an 2500 av. J.-C. Si donc le Sphinx représente la constellation du Lion, et si c'est pour cette raison qu'il est orienté à l'est, le regard braqué sur sa contrepartie céleste, on comprend beaucoup mieux pourquoi on l'a construit que si l'on invoque le désir de nous renvoyer à l'an 10500 av. J.-C. Sans oublier que cela cadre aussi très bien avec la thèse de l'érosion due au ruissellement des eaux de pluie avancée par Schoch, phénomène intervenu selon lui entre 7000 et 4500 avant notre ère, époque à laquelle on a construit, dit-il, le Grand Sphinx.

Oui, mais nous nous retrouvons là devant un problème insoluble. Comme c'est à Schwaller de Lubicz, dont Bauval, Hancock et West nous chantent les louanges, que l'on doit ces observations, celles-ci ne devraient pas avoir de secret pour les auteurs du *Mystère du Grand Sphinx* et leur collègue. Or, aucun d'eux ne mentionne cette interprétation, préférant sans doute s'en tenir à la thèse de l'an 10500 av. J.-C.

Le temps fort de l'ouvrage d'Hancock et Bauval consiste en la prétendue découverte d'une salle secrète sous les pattes arrière du Sphinx, rendue possible grâce à une série de correspondances astronomiques [74]. Malheureusement, ce qui se voudrait la grande révélation du livre en est en réalité la plus grande faiblesse. Il y a dix mille cinq cents ans, lors de l'équinoxe de printemps, la constellation du Lion se levait à l'est, droit devant le Sphinx, qui assistait donc à la scène. Pendant ce temps-là, le soleil disparaissait à l'horizon, décrivant un angle de 12 degrés sous les membres inférieurs de l'animal. Bauval et Hancock en concluent que c'est là-dessus que les Égyptiens voulaient attirer notre attention. À les en croire, la « chambre de la Genèse » doit se trouver dans les parages, ensevelie une trentaine de mètres sous le Sphinx. Quels secrets ne doit-elle pas receler !

À supposer qu'ils aient raison d'insister sur la signification de l'année 10500 av. J.-C. (et l'on vient de voir que rien ne les y autorise), pourquoi aller imaginer que cela soit lié à un quelconque message codé lancé à la face des siècles pour nous révéler la localisation d'une salle dont l'existence demeure une simple hypothèse ?

Les conclusions de Bauval et Hancock, basées sur des coïncidences astronomiques, ont fait l'objet de nombreuses critiques. En 1998, lors d'une croisière débat au large de l'Alaska, Hancock aura la surprise de se voir contesté par l'un de ses confrères, E. C. Krupp, archéo-astronome à l'observatoire Griffith, en Californie. Si l'on voulait assimiler Horakhti (autrement dit le Sphinx) à la constellation du Lion, il faudrait, expliquera-t-il, que ce monument se trouve sur la rive du Nil opposée à celle sur laquelle il se dresse. C'est là que le bât blesse. Krupp regrette ensuite que son interlocuteur ait invoqué une « licence artistique » pour expliquer que l'on ait choisi de construire l'édifice à cet endroit précis [75].

Le scénario d'Hancock suppose qu'il ait existé, avant la dernière ère glaciaire, une société développée, qui aurait disparu à la suite d'un cataclysme affectant toute la surface du globe, aux alentours de 10500 av. J.-C., provoquant la fonte des glaces et l'élévation du niveau des mers. Selon lui, la science de ces gens ne s'est pas évanouie dans la nature, mais elle a imprégné les civilisations postérieures et permis, par exemple, l'édification des pyramides quelque huit mille ans plus tard.

Hancock développera sa thèse, en insistant sur la prétendue signification de l'année 10500 av. J.-C. dans *Heaven's Mirror* (« Le miroir du ciel »), écrit conjointement avec son épouse Santha Faiia, ainsi

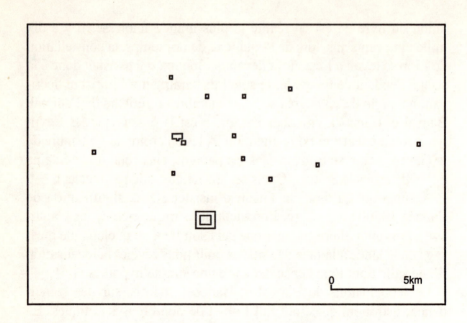

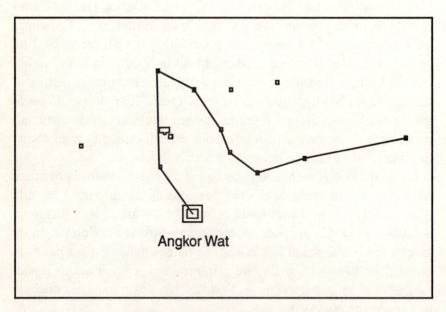

En haut : plan au sol des temples d'Angkor.
En bas : corrélation entre la constellation de Draco et les temples d'Angkor.
Page suivante : correspondance possible entre Draco et Angkor Wat.

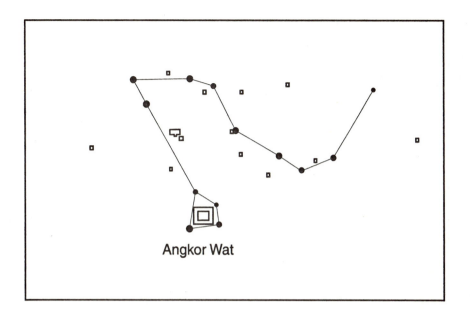

Angkor Wat

que dans l'émission *Quest for the Lost Civilization* (« À la recherche de la civilisation disparue »), produite par Channel 4/Discovery Channel. Il s'agit de montrer que cette date revêt partout une signification particulière durant l'Antiquité, en examinant les sites les plus mystérieux d'Europe, d'Amérique centrale, d'Amérique du Sud, d'Égypte et du Proche-Orient. Il notera à chaque fois que ces endroits sont alignés sur des astres, ce qui confirme le bien-fondé de sa théorie. Pourtant, lorsque nous procéderons aux vérifications qui s'imposent, ces correspondances nous apparaîtront bien hasardeuses et discutables, pour ne pas dire tout simplement erronées.

On en a un bon exemple avec les temples d'Angkor, dont le joyau est celui d'Angkor Wat, le plus grand monument religieux jamais construit, initialement dédié à des divinités hindouistes (le bouddhisme n'apparaissant que plus tard dans cette partie de l'Asie du Sud-Est). Angkor était alors la capitale de l'Empire khmer, qui a dominé l'Indochine entre le IXe et le XVIe siècle. La ville elle-même est entourée de temples et de lieux du culte, qui sont de véritables splendeurs.

Hancock y voit une autre illustration de la vieille thèse selon laquelle on retrouve, sur terre, une image de ce qui existe dans le ciel.

Il prétend en effet que certains temples d'Angkor sont disposés de telle façon qu'ils représentent la constellation du Dragon, tout comme les pyramides renvoient, selon lui, au Baudrier d'Orion. Non seulement ces édifices correspondraient, trait pour trait, aux étoiles de la constellation du Dragon, mais leur plan au sol nous montrerait celle-ci telle qu'on l'apercevait à l'aube, lors de l'équinoxe du printemps, voici 10 500 ans av. J.-C. (comme on pouvait s'y attendre [76] !).

Il suffit de réfléchir un instant pour comprendre que nous sommes là devant le cas de figure le moins susceptible de confirmer cette théorie fumeuse qui voudrait faire de l'an 10500 av. J.-C. une date fatidique. Tout d'abord, Angkor était à l'époque une ville toute récente, fondée par les Khmers après leur arrivée au pouvoir, au IXe siècle de notre ère. La plupart des temples ont été construits après l'an 1000 : Angkor Wat, par exemple, date du XIIe siècle. Hancock nous dit que la construction des pyramides a suivi un plan tracé huit mille ans plus tôt. Qui croira chose pareille ? Même les « écoles du mystère », dans lesquelles on se transmet des secrets de génération en génération, auraient eu beaucoup de mal à faire en sorte qu'un tel programme demeure à l'ordre du jour après tant d'années. Et voilà que maintenant on nous raconte que c'est le même principe qui a présidé à l'édification des temples d'Angkor, trois mille cinq cents ans après la construction des pyramides, et onze mille cinq cents ans après qu'on en a arrêté le plan !

L'alignement d'Angkor sur la constellation du Dragon est purement imaginaire. Hancock ne fait figurer sur son plan au sol que certains temples soigneusement choisis, en laissant de côté ceux qui ne cadrent pas avec son schéma. Malgré tout, il n'obtient qu'un dessin ne ressemblant que de très loin à la constellation du Dragon. On ne relève aucune corrélation entre un quelconque lieu de culte et une étoile déterminée, même si Hancock prétend que l'on s'est débrouillé pour qu'ils se correspondent précisément.

La fragilité des thèses d'Hancock ne plaide pas en faveur de son projet, qui consiste à engager une discussion sérieuse sur les mystères qui ont, de toute évidence, jalonné notre lointain passé. À les écarter d'emblée, on risque cependant de jeter le bébé avec l'eau du bain, de rester sourd à toute nouvelle hypothèse et de faire l'impasse sur les indices qui lui ont mis, au départ, la puce à l'oreille – ces fameuses anomalies qui l'ont tant intrigué. Il serait fort dommage de laisser des théories fumeuses discréditer ce domaine dans son ensemble : on ne compte plus les énigmes qui remettent en question la vision traditionnelle de l'histoire. Les universitaires n'ont pas la science infuse.

Les travaux d'Hancock et Bauval manquent d'objectivité, ce pourquoi ils insistent tellement sur l'an 10500 av. J.-C., même si cela ne repose sur rien de solide. En dépit des failles dans leur raisonnement, ils restent persuadés qu'il s'est alors passé quelque chose de fondamental, qui nous concerne encore aujourd'hui.

L'hypothèque Edgar Cayce

Les prédictions d'Edgar Cayce (1877-1945), le « Prophète endormi », médium américain de son état, sont peut-être en mesure de nous fournir quelques indices. Bauval et Hancock mentionnent son nom en passant, sans reprendre à leur compte ses communications métapsychiques.

Si l'on en croit sa biographie, qui reste, nous le verrons, très allusive, Edgar Cayce, natif du Kentucky, était un homme très pieux, qui n'a pas pu devenir pasteur, faute d'avoir les aptitudes intellectuelles suffisantes. Il travaillera alors comme vendeur dans une papeterie, mais sa propension à entrer en transe, ce curieux « sommeil », et à exercer, alors qu'il se trouve dans cet état second, le métier de guérisseur (en pratiquant des diagnostics et en prescrivant des traitements), le rendent très vite célèbre. Il donnera par la suite des consultations, ou « lectures », à ses disciples et à des particuliers, dans lesquelles il prédit l'avenir et fait des révélations sur le passé. Lorsqu'il se trouve dans un état normal, il défend des thèses très conventionnelles, pour un chrétien, mais une fois qu'il entre en transe il a coutume d'évoquer ses vies et de parler de la réincarnation. Il prétendra même avoir jadis été un grand prêtre égyptien, du nom de Ra-Ta.

D'après lui, il s'est épanoui, dans l'Atlantide, une civilisation brillante entre 200 000 ans et 10 500 ans avant notre ère. Des rescapés de l'île engloutie se seraient réfugiés en Égypte, où ils auraient érigé le Sphinx et la Grande Pyramide, entre 10490 et 10390 av. J.-C. Parallèlement, un peuple « à la peau jaune » aurait quitté sa terre, située dans les montagnes du Caucase, pour venir s'installer en Égypte. Cet exode se serait accompli sous la conduite de Ra-Ta lui-même, l'une des incarnations d'Edgar Cayce, justement [77].

L'influence d'Edgar Cayce sur les tenants de la « nouvelle égyptologie » ne se limite pas à nous donner des bribes d'informations sur l'une de ses vies antérieures (qui demeure elle-même sujette à caution), car c'est aussi lui qui est à l'origine de la seule et unique idée susceptible de soulever des passions, et que l'on retrouve souvent dans les livres à succès sur l'Égypte : celle qui fait état de l'existence, quelque part dans ce pays, d'une « Salle des archives », dans laquelle seraient conservés des documents très importants, voire les secrets de l'Atlantide. Après que leur île fut engloutie par l'océan, les survivants seraient arrivés en Égypte en 10700 av. J.-C., en apportant avec eux de précieux documents relatifs à leur civilisation, qui auraient, deux siècles après, été déposés dans la « Salle des inscriptions », encore appelée la « Pyramide des inscriptions », et qui n'est autre qu'une pyramide souterraine. C'est là que seraient conservés les « écrits du peuple d'Un Seul Dieu, remontant à l'apparition de l'homme sur Terre [78] ». Aménagée à l'intérieur de la pyramide souterraine, cette pièce se trouverait, nous dit Edgar Cayce, entre le Nil et le Sphinx, auquel elle serait reliée par un tunnel débouchant dans la patte avant droite de l'animal.

Dans l'atmosphère fin de siècle qui prévaut actuellement, les livres, les cassettes et les films vidéo, ainsi qu'Internet, qui permet de répandre instantanément toutes sortes de ragots, entretiennent à dessein une véritable hystérie au sujet de cette « Salle des inscriptions ». Où se trouve cette pièce mythique ? Que renferme-t-elle ? Qui la découvrira, et que va-t-il alors se passer ? C'est déjà devenu, dans tous les sens du terme, une nouvelle quête du Graal : cet objet vénérable et vénéré, qui demeure introuvable, attend d'être découvert par quelques privilégiés prêts, comme les légendaires chevaliers du Graal, à souffrir et à se battre pour en dévoiler les secrets. Certains périront dans l'aventure, mais les Élus finiront par l'emporter, et lorsque l'on découvrira le lieu où repose le « Graal » nouvelle manière, notre civilisation tout entière en sera transformée. Nous comprendrons le passé, nous déchiffrerons l'avenir, nous verrons le genre humain tel qu'il est, et nous connaîtrons la vérité sur les dieux. Imaginez notre joie, et la gratitude que nous témoignerons à ces « Chevaliers de la Salle du Graal », qui nous auront révélé ces secrets ! Mais ne faisant pas partie, comme eux, des élus, ils feront pour nous figure de dieux...

Tout cela vient au départ d'Edgar Cayce, qui pensait que la découverte de la « Chambre des inscriptions » entraînerait de profonds bouleversements pour l'humanité : « Une fois que ce cycle sera achevé [en 1998], la terre changera encore une fois de position, et l'on assistera au retour du Grand Initié et à l'accomplissement des prophéties [79] ». À l'entendre, 1998 est « le début d'une époque pendant laquelle on se prépare à accueillir le Maître du Monde [80] ». Beaucoup ont cru que cela signifiait le second avènement du Messie, Jésus-Christ, même si Cayce n'a, fait étrange, jamais dit chose pareille, pensant au contraire que l'on verrait apparaître une nouvelle race d'êtres humains [81]. En fin de compte, conclut le « Prophète endormi » :

> Avec les changements qui interviendront, l'esprit américain, cette pensée universelle qui s'exprime et se manifeste dans la fraternité des hommes, comme par exemple dans la franc-maçonnerie, sera finalement devenu la règle permettant de résoudre les affaires du monde [82].

Il se peut qu'il ait vu juste, et qu'aient raison tous ceux qui osent s'en remettre à ses prophéties. Nous ne voyons aucune objection, l'un et l'autre, à ce que l'on pense que la prédiction d'un médium se révèle exacte ou qu'il existe une dimension miraculeuse, ni à ce que l'on soit convaincu qu'une information venue d'un passé lointain ait, à notre époque, des répercussions concrètes, voire apocalyptiques. Si donc Edgar Cayce dit vrai, tous les regards devraient être braqués sur les diverses expéditions qui, ouvertement ou dans le plus grand secret, tentent de localiser cette « Salle des inscriptions ». Mais encore faut-il que notre voyant ait raison...

De toutes les « communications » qu'il a effectuées et que l'on a consignées à partir de 1909, il nous en reste 14 209. Or, n'en déplaise à ses disciples qui affirment que ses prédictions se sont vérifiées dans presque cent pour cent des cas [83], on n'en trouve pratiquement aucune qui se soit réalisée ! Edgar Cayce est sans doute l'un des prophètes qui s'est le plus souvent trompé.

Exemple : en février 1932, on lui demande de dire ce que seront les événements les plus marquants des cinquante prochaines années. Il annonce alors l'effondrement en 1936 de plusieurs pays, la Russie, les États-Unis, le Japon et le Royaume-Uni [84]. On s'étonne que ses partisans voient là une preuve de ses pouvoirs, en assurant qu'il a prévu l'engrenage qui allait conduire à la Seconde Guerre mondiale... Dans *Edgar Cayce Prophecy*, ouvrage réalisé sous le patronage de l'ARE (Association for Research and Enlightenment), Mary Ellen Carter observe qu'en 1936 on a assisté au début de la guerre d'Espagne, aux premières grandes purges en URSS, à la constitution de l'axe germano-italien, et à l'abdication d'Édouard VIII en Grande-Bretagne, au profit de son frère, George VI [85]. Remarquons tout de suite que seuls deux de ces événements se sont produits dans les pays cités par Edgar Cayce, et que l'on peut se demander si l'abdication d'Édouard VIII a réellement ébranlé la Grande-Bretagne. Les faits les plus graves, car ils renvoient à l'imminence d'un conflit généralisé, concernent l'Espagne, l'Allemagne et l'Italie, trois pays dont Edgar Cayce ne souffle mot. Et même dans ce cas, aucun d'entre eux ne débouche sur l'effondrement d'un pays. Quant à la Seconde Guerre mondiale, Edgar Cayce n'en parlera jamais.

Si ses « lectures » dont on nous vante l'exactitude sont éminemment suspectes lorsqu'on les examine de près, Edgar Cayce peut, à l'occasion, se montrer encore plus vague. Lorsqu'on lui demande, en 1932, ce que donnera la campagne entreprise par Gandhi pour obtenir l'indépendance de l'Inde, il répond que « cela dépend des gens [86] ». De même, à la question de savoir quel sort attend Hitler, le grand prophète répond, pendant la guerre : « La mort [87] ! » Au moins a-t-il ici « pratiquement cent pour cent de chances » d'avoir raison ! Et pourtant, cela passe, une fois de plus, pour l'un de ses succès... Autre exemple, en 1943 il annonce que dans vingt-cinq ans la Chine sera démocratique et convertie au christianisme. Le plus surprenant est que cette prédiction figure dans un ouvrage de l'ARE publié en 1968, qui explique à mots couverts qu'Edgar Cayce voulait dire que ce pays se serait alors débarrassé du système communiste instauré par Mao et que la religion chrétienne et le système démocratique s'y implanteraient [88]. Nous pouvons également rayer aussi cette prophétie de la liste de ses exploits.

Une autre prédiction qui lui a valu des éloges dithyrambiques concerne la réapparition de l'Atlantide, jadis engloutie par l'océan. Le 28 juin 1940, Edgar Cayce fait une déclaration restée célèbre entre toutes : « Poseidia [l'un des noms qu'il donne à l'Atlandide] va sortir des flots. En 1968-1969. Ce n'est pas si loin de nous [89] ! » La prophétie se serait accomplie, dit-on, en 1969, le jour où l'on a découvert, au large de l'île de Bimini, dans l'archipel des Bahamas, une sorte de route en pierre au fond de l'eau, qui pourrait être l'œuvre de l'homme. Serait-ce donc la confirmation qu'Edgar Cayce a vu juste ? Peut-être, mais Andrew Collins et Simon Cox observent que cette découverte a été effectuée par des gens qui étaient tout sauf objectifs, car ils appartenaient à l'ARE et cherchaient à corroborer les déclarations de leur gourou [90]. Qui plus est, cela fait des lustres que les gens de Bimini connaissent l'existence de cette « route ». Ce sont d'ailleurs des insulaires qui ont proposé aux prétendus découvreurs de les conduire sur les lieux. En tout cas, le fait que l'on aperçoive, au large des Bahamas, d'étranges structures sous-marines qui ont de quoi, il faut bien le reconnaître, enflammer notre imagination, n'a rien à voir avec la « remontée » de l'Atlantide.

Edgar Cayce a également prédit que l'on lèverait le voile, en 1958, sur le secret des bâtisseurs des pyramides [91]. Si vraiment l'on a découvert la technique employée, c'est sans doute là le secret le mieux gardé de toute l'histoire, puisque la plupart d'entre nous attendent encore qu'on leur explique ce qu'il en est exactement.

Au fil des siècles, quantité de prédictions, formulées par des gens de toutes confessions et de tous les horizons, se sont révélées exactes. Pour que les prophètes soient reconnus en tant que tels, il leur faut cependant prouver la véracité de leurs dires. En ce qui concerne Edgar Cayce, on n'est malheureusement pas en mesure de confirmer la justesse de ses vaticinations, à l'exception de quelques « lectures » au cours desquelles il a établi des diagnostics stupéfiants. En d'autres termes, on peut très bien être doté de certains dons métapsychiques sans les posséder tous pour autant.

C'est en 1931 qu'il fonde l'ARE, organisation dont le siège se trouve à Virginia Beach, en Virginie, et qui assure la promotion de l'œuvre de sa vie. Longtemps après 1945, date à laquelle disparaît Edgar Cayce, cette association restera de taille modeste, et manquera d'argent. Il faudra attendre le début des années 70 pour qu'elle attire des gens fortunés. Aujourd'hui, c'est une société riche et puissante, qui a financé des recherches archéologiques en Égypte et ailleurs, afin de prouver le bien-fondé des déclarations d'Edgar Cayce. Elle a même contribué de façon déterminante à façonner le nouveau visage de l'égyptologie, traditionnelle ou non conventionnelle (dans ses diverses variantes). On sait maintenant que des ouvrages de premier plan, qui sont l'œuvre d'auteurs s'inscrivant dans la mouvance de la « nouvelle orthodoxie », accordent, à la suite d'Edgar Cayce, une importance capitale à l'an 10500 avant notre ère, et que la plupart de ceux qui publient des livres du même acabit abondent dans leur sens et reprennent à leur compte les mêmes arguments spécieux, comme s'il s'agissait de faits établis. Mais Edgar Cayce et l'ARE ont également servi de caution à deux personnages de premier plan qui figurent, apparemment, dans le camp adverse.

Mark Lehner, qui a construit les pyramides miniature pour l'émission de télévison *Secrets of Lost Empires* (voir le prologue), est à l'heure actuelle, de tous les égyptologues américains qui se sont installés sur les bords du Nil, le plus coté. À sa sortie, *The Complete Pyramids* est salué comme étant une étude magistrale consacrée à ce sujet épineux, et de nombreux musées, dont le British Museum, lui font de la publicité. On sait moins qu'en 1974 notre homme a fait paraître un livre intitulé *The Egyptian Heritage, based on the Edgar Cayce Readings*, qui tente de concilier les déclarations d'Edgar Cayce avec les découvertes des égyptologues. D'après Lehner, la Grande Pyramide renfermait au départ toutes les connaissances de l'Égypte ancienne, et elle faisait office de « temple initiatique pour la Fraternité des hommes en blanc [92] ».

C'est qu'en 1973 Hugh Lynn Cayce, le fils d'Edgar Cacye, a choisi de faire suivre une formation d'égyptologue à ce jeune étudiant très doué, de manière à infiltrer ce milieu pour le compte de l'ARE [93]. C'est aussi cette même organisation qui financera les datations au carbone 14 des objets ramenés de l'intérieur de la Grande Pyramide [94] (ce qui a permis de reculer l'âge de l'édifice de quelque trois ou quatre cents ans, et non de huit mille ans comme l'escomptait l'ARE). Aujourd'hui Mark Lehner a révisé sa position, et il ne défend plus les thèses d'Edgar Cayce et de ses disciples, sans pour autant proposer de solution de rechange, n'ayant rien d'un égyptologue conventionnel. Aussi, quand il critique « l'archéologie New Age, fondée sur des révélations », il vise peut-être à mots couverts les liens qu'il a naguère entretenus avec l'ARE [95].

Il n'est toutefois pas le seul à devoir, malgré tout, une fière chandelle à l'ARE. L'ennemi juré des « fanas des pyramides », Zaï Hawass, qui supervise depuis 1987 le site de Gizeh et vient d'être nommé sous-secrétaire d'État, responsable des monuments de Gizeh, est lui aussi devenu égyptologue grâce à l'ARE. Par l'entremise d'adhérents de cette organisation, Hugh Lynn Cayce lui a obtenu une bourse d'études pour l'Université de Pennsylvanie, dont il sortira avec un doctorat en égyptologie [96]. Depuis lors, Zaï Hawass reste en contact avec l'ARE, et il donne régulièrement des conférences au siège de la société, à Virginia Beach.

Bref, il est pour le moins curieux que les deux représentants les plus en vue de l'égyptologie orthodoxe présents à Gizeh soient liés à l'organisation créée par Edgar Cayce...

Les premiers et les derniers temps

Robert Bauval et Graham Hancock aimeraient bien nous convaincre que 10500 av. J.-C. est une date cruciale, peut-être à cause des prophéties d'Edgar Cayce, qui a aussi multiplié les prédictions concernant l'avenir. Bauval et Hancock attachent également une grande importance à l'an 2000, même si l'on peut trouver, une fois de plus, leurs raisons discutables.

Ils estiment, comme tant d'autres, que l'an 2000 correspond à la fin de l'ère du Poisson et au début de celle du Verseau, et que cela ne sera pas sans conséquences sur la marche du monde. L'ère du Poisson, représentée par deux poissons, a vu la prépondérance de la religion chrétienne, dont l'un des symboles est justement le poisson*. À l'ère du Taureau, c'étaient les cultes du taureau (comme celui d'Apis, dans l'Égypte ancienne) qui étaient en vogue, tandis que l'on vénérait les béliers à l'ère du Bélier.

En réalité, c'est là une vision très occidentale, car si l'Europe a été essentiellement chrétienne pendant presque toute la durée de l'ère du Poisson, les Amériques n'ont été christianisées qu'à partir du XVIe siècle, les premiers missionnaires ne répandront la bonne parole en Asie qu'à la fin du XVIe siècle et au début du XVIIe siècle, et il faudra encore attendre pour que le christianisme s'implante en Afrique. Par ailleurs, si l'on assiste également au développement d'une autre grande religion, l'Islam, son émergence, au VIIe siècle, ne correspond à aucun changement d'ère astrologique.

Les astrologues ne s'accordent toujours pas sur le moment précis où l'on change d'ère, car les constellations sont toutes de taille différente et le soleil ne met pas le même nombre d'années à les traverser. Lorsqu'il se trouve à mi-chemin entre deux constellations, quand passe-t-il d'une « maison » à l'autre ? En fait, il n'y a pas, en astrologie, de changement brutal, mais l'on assiste à une période de transition, voire à une époque pendant laquelle les deux ères se chevauchent, l'une s'effaçant progressivement, pendant que l'autre s'affirme peu à peu. Il est donc absurde de parler de « l'année » du changement : nous ne sommes pas, le 1er janvier 2000, entrés dans l'ère du Verseau, après avoir passé la nuit à faire la fête. Seuls quelques rares astrologues situent l'arrivée de l'ère du Verseau aux alentours de l'an 2000, même si l'on estime en général, dans le milieu, que son influence se fait déjà sentir. La plupart des astro-

---

* À Rome, le Christ était parfois représenté par un monogramme *Iesous Christus Theou Yios Sô* ter (Jésus-Christ fils de Dieu Sauveur), dont les initiales, *Ichtys*, désignent en grec le poisson. Les premiers chrétiens dessinaient donc des poissons dans les catacombes, en signe de reconnaissance. *(NdT)*

logues estiment qu'il faudra encore attendre trois siècles pour entrer effectivement dans l'ère du Verseau, et que cela n'interviendra qu'aux alentours de 2300 – certains parlent même de 2700 [97].

Bauval et Hancock veulent absolument nous convaincre que l'an 2000 revêtira une grande signification, astrologiquement parlant, même si leurs chiffres paraissent étranges, quand on les rapporte aux ères révolues. Voici les dates qu'ils nous livrent dans *Le Mystère du Grand Sphinx* [98] :

Ère du Poisson :	160 av. J.-C. – 2000 ap. J.-C.
Ère du Bélier :	2320 av. J.-C. – 160 av. J.-C.
Ère du Taureau :	4480 av. J.-C. – 2320 av. J.-C.
Ère des Gémeaux :	6640 av. J.-C. – 4480 av. J.-C.
Ère du Cancer :	8800 av. J.-C. – 6640 av. J.-C.
Ère du Lion :	10960 av. J.-C. – 8800 av. J.-C.

Ils ont dressé cette table en reculant à chaque fois de 2160 ans, à partir de l'an 2000 de notre ère. Cela donne des résultats curieux. Ainsi, en 8800 av. J.-C., année correspondant, nous disent-ils, à la fin de l'ère du Lion, le lever du soleil s'effectuera dans la constellation du Lion, et il continuera à en être ainsi pendant trois cents ans, comme on peut le vérifier.

Mais ce n'est pas tout, puisque Bauval et Hancock se contredisent d'un chapitre à l'autre. Ainsi, ils affirment qu'en 10500 av. J.-C., où l'on a pu observer une conjonction entre les pyramides, le Sphinx et l'aspect du ciel, on se trouvait à l'époque du « Premier Temps », qui correspondait au début de l'ère du Lion. Si tel est cas, alors, toujours en vertu du même raisonnement, et conformément à la chronologie rappelée plus haut, l'ère du Verseau ne commencera pas avant 2460 ! Ils tiennent tellement à nous prouver que ces deux dates, 10500 av. J.-C. et l'an 2000 de notre ère, sont à marquer d'une pierre blanche qu'ils recourent pour ce faire à deux arguments différents, sans apparemment se rendre compte qu'ils sont exclusifs. Pourquoi s'évertuer à défendre ces dates ? Cela serait-il lié aux prophéties d'Edgar Cayce, dans lesquelles elles jouent toutes les deux un grand rôle ?

C'est également l'astronomie qui amène Bauval et Hancock à se focaliser sur l'an 10500 av. J.-C. Il s'avère, en effet, que depuis lors il s'est écoulé un peu moins de treize mille ans, soit quasiment la moitié d'une précession des équinoxes. Cela signifie que les constellations se trouvent actuellement dans une position inverse de celle qu'elles occupaient lors du « Premier Temps », même s'il faut encore attendre quatre ou cinq siècles pour que le processus soit achevé. Pourtant, Bauval et Hancock y voient la preuve que nous nous acheminons vers le « Dernier Temps ». Si l'on ne sait pas ce qu'ils entendent au juste par là, cette expression a une connotation explicite. Précisons toutefois qu'elle était inconnue des Égyptiens, puisque c'est une invention de Bauval et Hancock.

Le passage à l'an 2000 est chez bien des gens une véritable idée fixe. Pour Hancock et Bauval, cette année est d'autant plus importante que la Terre va connaître, pensent-ils, de profonds bouleversements. Ils vont jusqu'à imaginer, dans *Le Mystère du Grand Sphinx*, que la Grande Pyramide « déclenche » à cette occasion l'avènement de l'ère du Verseau, lors du passage à l'an 2000. On pouvait évidemment s'attendre à ce que cette prédiction « se réalise », tout comme les adeptes d'Edgar Cayce ont accompli sa prophétie en croyant découvrir l'Atlantide en 1968. Voici ce qu'ils nous disent :

> Nous nous demandons si, à l'aube de l'histoire, les sages d'Héliopolis n'auraient pas mis au point un « dispositif » archétypal, destiné à déclencher l'apparition d'événements messianiques à travers les « Âges » : l'Âge des pyramides, où le point vernal se situait en Taureau, l'Âge chrétien des Poissons, voire le « Nouvel Âge » du Verseau [99]...

Tout est possible. Nous éprouvons, nous aussi, une admiration sans bornes pour les « sages d'Héliopolis », mais vu la façon dont il est rédigé, le paragraphe que nous venons de citer suggère que l'on ait su, au préalable, qu'il existait un tel « dispositif », ou bien que Bauval et Hancock estiment être les gardiens d'une connaissance secrète qu'ils nous transmettent si ça leur chante, tandis qu'ils nous font miroiter pour bientôt des révélations grandioses.

Les chambres des enfers

La désormais légendaire « Salle des inscriptions », qu'elle existe ou non, fait partie intégrante de cette opération destinée à mettre un peu d'animation dans le passage au troisième millénaire. Si la manœuvre réussit, il y a toutes les chances de croire que, avant même que l'on en informe les médias, l'existence de cette pièce faisait déjà l'objet d'une manipulation de la part des quelques privilégiés qui poursuivent un objectif précis. Même si cela représente la plus grande découverte archéologique de tous les temps, ce ne sera qu'une révélation noyée au milieu de toutes celles que l'on nous prépare.

Cette « Salle des inscriptions » existe-t-elle ? L'idée que l'on ait conservé les documents d'autrefois est un serpent de mer dans l'histoire de l'Égypte, l'un des meilleurs exemples en étant le fameux papyrus Westcar, qui nous rapporte une légende concernant le grand Khoufoui (Khéops) lui-même [100]. Désireux de se voir communiquer certains secrets découverts dans le sanctuaire de Thot, à Héliopolis, pour qu'ils facilitent la construction de la Grande Pyramide, le pharaon apprend de son fils Hardadaf qu'un mage nommé Ded'e « sait tout ce qui était caché dans la maison de Thot ». Il le convoque, et celui-ci lui explique que ce qu'il cherche se trouve à Héliopolis. Il n'en faut pas plus pour que des égyptologues en concluent qu'il s'agit là des originaux, à partir desquels on a rédigé les *Textes des Pyramides* [101]. (Signalons que, dans cette perspective, on situe la « Salle des inscriptions » à Héliopolis.)

Plus tard, notamment pendant l'époque arabe, il circulera des rumeurs faisant état de la présence en Égypte d'écrits secrets, ce qui n'a rien d'étonnant, quand on sait le prestige dont jouit alors l'antique civilisation des Égyptiens. On parlera aussi d'inscriptions sur des piliers, ce qui deviendra l'une des traditions de la franc-maçonnerie [102].

Hérodote, l'historien grec du IVe siècle av. J.-C., nous parle d'« appartements souterrains creusés dans la colline sur laquelle se dressent les pyramides, aménagés sur ordre de [Koufoui/Khéops] pour lui servir de caveau, dans une île formée par un canal partant du Nil ». On croit souvent que cela signifie que Koufoui/Khéops est enseveli sous la Grande Pyramide. En y regardant de plus près, on s'aperçoit qu'Hérodote nous dit simplement que l'on a creusé sous le site de Gizeh un système de chambres funéraires, qui ne sont pas nécessairement reliées à la Grande Pyramide.

Andrew Collins pense, lui aussi, qu'il existe un lacis de tunnels et de salles sous le plateau de Gizeh, en faisant remarquer que, la roche étant calcaire, elle est naturellement trouée de cavités.

Il court une multitude de bruits sur un lieu dans lequel seraient entreposés des textes rassemblant les connaissances des Égyptiens de l'Antiquité. Les Grecs, les Arabes et plus tard les francs-maçons parleront tous d'inscriptions codées, ou de manuscrits cachés quelque part en Égypte (sous forme de rouleaux), de sorte que les « prophéties » d'Edgar Cayce sont des vieilles lunes. Cela dit, il ne sera pas le seul médium de renom à avancer cette idée.

En effet, dans les années 20, un voyant britannique du nom de H. C. Randall-Stevens divulgue des informations sur le Sphinx et la Grande Pyramide, qui lui ont été transmises par des moyens parapsychiques, et qui sont très proches de celles que nous a données sur le même sujet Edgar Cayce. Tout comme le « prophète endormi », il affirme tenir ces renseignements de survivants de l'Atlantide qui se sont réfugiés en Égypte, sous la conduite d'un astronome appelé Mizrahiml. Randall-Stevens nous déclare ainsi :

> Dans les innombrables passages creusés sous le Sphinx sont toujours cachés des papyrus et des reliques. On ne devrait pas tarder à les mettre au jour, puis à les déchiffrer [103].

> Les manuscrits d'Osiris me disent que cet immense et grandiose colosse est un ornement surmontant une salle, qui communique avec les pyramides par un réseau de souterrains [104].

Page ci-contre : différentes vues de ce qui se trouve sous le Sphinx.
Au-dessus : le plan établi par l'Anglais H. C. Randall-Stevens en 1927.
Au centre : la version du rosicrucien H. Spencer Lewis en 1936.
Hormis l'addition d'une salle à l'arrière du Sphinx,
elle est quasiment identique à celle de Randall-Stevens.
En bas : localisation de la « Salle des inscriptions » selon Bauval et Hancock.

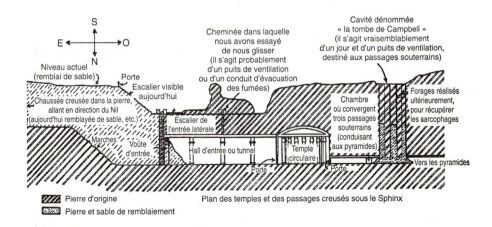

Plan des temples et des passages creusés sous le Sphinx

▨ Pierre d'origine
▨ Pierre et sable de remblaiement

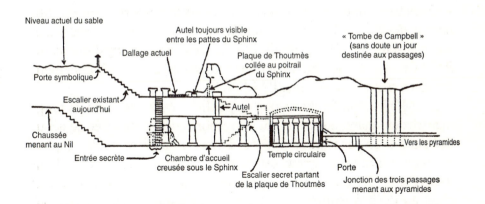

81

> On finira par trouver un temple enseveli à l'arrière du Sphinx, relié à d'autres pièces et à un grand temple ou à une grande chambre sous la Grande Pyramide. C'est que les mystères cosmiques et divins seront révélés à ceux qui seront désignés [105].

Randall-Stevens nous montre, sur un schéma, les salles et les tunnels en question, qui courent sous le Sphinx et le site de Gizeh, avant d'ajouter ces quelques lignes éloquentes :

> Les émigrés venus de l'Atlantide sont des gens obéissant aux lois de la franc-maçonnerie cosmique, et ceux d'entre eux qui ont débarqué en Égypte ont construit des centres d'initiation maçonnique, à partir desquels on administrait le pays [106].

Randall-Stevens et, avant lui, Edgar Cayce ont-ils réellement reçu ces informations du monde des esprits, ou bien ont-ils bénéficié de sources beaucoup plus prosaïques ? Nos recherches ne nous ont pas permis de faire la lumière sur une tradition dont les deux médiums ont peut-être eu vent, celle de l'Ordre vénérable et mystique de la Rose-Croix – la Société rosicrucienne américaine –, généralement désignée par son acronyme, l'AMORC.

L'AMORC, qui fait beaucoup de publicité et donne, avec un pragmatisme étonnant, des cours par correspondance, a été créée au début des années 20 par Harvey Spencer Lewis, disparu en 1939, et qui a été reçu à Toulouse, grand centre d'occultisme, dans l'ordre de la Rose-Croix. Si l'on en croit un prospectus, la fondation de l'AMORC obéit au désir d'étudier « les mystères du temps et de l'espace ; la conscience humaine ; la nature de la matière ; le moyen de perfectionner le corps humain [...] et de développer la volonté ; les importantes découvertes effectuées par les membres de la Rose-Croix dans le domaine de la physique et de la chimie ». Fait révélateur, l'AMORC prétend se rattacher directement aux « écoles du mystère » de l'ancienne Égypte.

Spencer Lewis affirme savoir, en tant que membre de la Rose-Croix, ce que recèle le plateau de Gizeh : l'existence d'un réseau de tunnels et de salles sous la nécropole de Gizeh (reliant très précisément le Sphinx aux trois pyramides) est effectivement l'un des thèmes de prédilection de l'AMORC. Spencer Lewis nous dit avoir puisé cette information dans les archives des Rose-Croix, sans nous donner d'autres précisions [107]. Or, le schéma de ces pièces et passages souterrains figurant dans les documents de l'AMORC ressemble étrangement à celui que nous donnait jadis Randall-Stevens, ce qui n'est sans doute pas une coïncidence, et la description de l'arrivée en Égypte des rescapés de l'Atlantide ressemble aussi beaucoup à celle que nous fait Edgar Cayce (même si celui-ci nous brosse un tableau différent de la « Salle des inscriptions »).

La « chambre de la Genèse » se trouvant, sur le croquis de Bauval et Hancock, pratiquement au même endroit que sur les dessins proposés par l'AMORC, il semblerait que nous ayons ici la confirmation éclatante, à partir de données astronomiques, que ce que nous disent depuis quatre-vingts ans les médiums et les sociétés occultes est exact. Mais nos deux auteurs nous révèlent-ils vraiment des connaissances ésotériques permettant d'avoir accès aux mystères de l'Antiquité ? Hélas, non. Hancock et Bauval voudraient nous faire croire qu'ils nous apportent des éléments nouveaux. Nous savons pourtant qu'il faut se méfier de la localisation de la « chambre de la Genèse » qu'ils nous proposent.

La nouvelle orthodoxie, qui ne date pas d'hier, ne nous resservirait-elle pas, sous une autre forme, les thèmes traditionnels de l'occultisme ? Il n'y a pas de mal à se prévaloir de conceptions mystiques, qu'elles soient issues de la Rose-Croix ou de la franc-maçonnerie. Mais dans ce cas, pourquoi ne pas dire d'où elles viennent ?

En voulant établir un lien entre le « Premier Temps » des Égyptiens (le fameux *zep tepi*) et l'ère du Verseau, Hancock et Bauval plongent leurs lecteurs dans l'expectative. Tout ce qu'ils ont écrit depuis lors semble destiné à prouver qu'il existe bien une corrélation entre les deux, et que l'on va bientôt nous révéler un grand secret, dont ils sont les détenteurs. Autrement dit, tout se passe comme s'ils faisaient partie, volontairement ou non, d'un programme qui doit atteindre son paroxysme lors du passage au troisième millénaire, et dans les premières années du XXIe siècle...

On pressent ce qu'ils nous préparent en lisant leurs derniers messages diffusés sur Internet, et qui adoptent un ton messianique. Voici par exemple ce nous disait Robert Bauval, le 29 juillet 1998 :

> Le troisième millénaire approche à grands pas. Ceux qui s'associent à notre démarche, visant à faire connaître à la Terre le renouveau spirituel et intellectuel dont elle a grand besoin, ont du pain sur la planche. Gizeh a, sans nul doute, un rôle essentiel à jouer [108].

Graham Hancock lui fera écho le 14 août 1998 :

> À l'aube du troisième millénaire, au terme d'un siècle de sang et d'une cruauté sans précédent, qui a donné libre cours à l'appétit du lucre, l'humanité a le choix entre la matière et l'esprit – entre les ténèbres et la lumière [109].

Ce messianisme n'est pas fortuit : comme d'autres groupes et d'autres individus, Hancock et Bauval poursuivent, avec un zèle missionnaire, un objectif qui leur est propre.

La magie du troisième millénaire

En octobre 1998, Bauval annonce le lancement du projet « Équinoxe 2000 », élaboré par douze écrivains (et lui), qu'il appelle les « douze êtres magiques ». On ne connaît toujours pas, alors que nous écrivons ces lignes, l'identité des gens qui font partie de ce groupe, sinon que Graham Hancock, John Anthony West, Andrew Collins, et bien sûr Robert Temple figurent parmi les membres fondateurs, et que Bauval a évoqué Colin Wilson, Michael Baigent, Christopher Knight et Robert Lomas.

Il s'agirait de permettre à ces douze personnes de donner chacune une série de conférences en divers endroits du globe, à l'occasion des dates cruciales, sur le plan astronomique, c'est-à-dire lors des deux solstices et des deux équinoxes. On a pour cela sélectionné des lieux très importants, d'un point de vue ésotérique. Citons entre autres

Gizeh, Alexandrie, Stonehenge et San José (ville de Californie, située un peu au sud de San Francisco, où se trouve le siège de l'AMORC). Bauval affirme que cela consiste avant tout à « accomplir un rituel mondial », symbolisant le retour aux traditions magiques de l'occultisme égyptien [110]. L'apothéose interviendra le 31 décembre 1999 à minuit, lorsque, juchés sur une plate-forme installée devant le Grand Sphinx, Bauval et ses acolytes donneront lecture d'un « message à la planète », ce qui marquera « le retour des Dieux en Égypte [111] ».

Que la grande Ennéade se plie ou non aux indications scéniques de Bauval, et que son éventuel retour serve de couronnement à la déclaration de notre homme, il est stupéfiant que Zaï Hawass ait donné à ce monsieur l'autorisation de prendre la parole en public devant le Sphinx. Des multinationales comme IBM et Coca-Cola n'auraient pas hésité à payer une fortune pour obtenir le droit de tourner ici une séquence publicitaire destinée à devenir le clou du spectacle, lors du passage au troisième millénaire. Comment se fait-il que Bauval ait bénéficié d'une telle aubaine ?

Cette cérémonie à grand spectacle comprendra aussi un concert de Jean-Michel Jarre, avec animation laser (il débutera au crépuscule et ne prendra fin qu'au lever du soleil), au milieu duquel Bauval délivrera, à minuit, son « Message à la Planète ». L'enregistrement de Jean-Michel Jarre, dont la sortie est prévue pour la fin de l'année 1999, serait, dit-on dans le milieu, la suite d'*Équinoxe*, l'album qu'il a réalisé dans les années 80, raison pour laquelle il devrait s'appeler *Équinoxe 2000*, tout comme le projet de Bauval. Le fait qu'ils portent tous les deux le même nom indique que leurs auteurs se sont concertés.

Le projet « Équinoxe 2000 » est financé par Concordium, une société philanthropique qui parraine des recherches dans le domaine des technologies alternatives et des philosophies susceptibles d'« apporter au monde des lumières et de la spiritualité », nous dit Bauval [112]. Celui-ci a également présidé à l'installation de la base expérimentale Phénix, destinée à surveiller jusqu'à la date fatidique ce qui se passe sur le site de Gizeh.

Il n'y a pas de mal à organiser, dans un cadre grandiose, un spectacle magnifique pour le passage au troisième millénaire, ni à adresser aux Terriens des vœux d'amour et de paix. N'oublions pas toutefois que l'on doit, à cette occasion, annoncer le retour des dieux de l'Égypte ancienne. Certes, il peut s'agir d'une simple formule poétique ou bien d'une métaphore, mais le plan secret que nous avons éventé exige, entre autres, que ces divinités existent bel et bien, et qu'elles reviennent.

Robert Bauval et Graham Hancock ne sont pas les seuls, loin s'en faut, à prévoir pour bientôt le second avènement des divinités antiques, qui doit s'accompagner de bouleversements planétaires, puisque dans *The Sirius Mystery*, Robert Temple nous dit que les Nommos, ces dieux amphibies du temps jadis qui n'ont pas donné de signe de vie depuis des lustres, et qui gravitent autour de Saturne, ne vont pas tarder à débarquer sur Terre. Tout cela, dit-il en oiseau de mauvais augure, « risque de nous affecter plus tôt que prévu [113] ».

À en croire les nouveaux missionnaires de l'âge du Verseau, c'est sur le site de Gizeh que vont bientôt se produire des événements d'une portée considérable, ou du moins c'est dans les parages qu'ils vont converger.

Chapitre 2
Gizeh, ou le règne de l'étrange

On raconte tout et n'importe quoi sur le site de Gizeh. Il circule en permanence des rumeurs contradictoires faisant état de fouilles clandestines, de manœuvres diverses et variées pour étouffer l'affaire et – ce qui est de loin beaucoup plus excitant – de découvertes tenues secrètes mais susceptibles de changer la face du monde. Les bruits et l'agitation allèrent croissant, au fur et à mesure que l'on se rapprochait du troisième millénaire, en vertu d'une stratégie bien arrêtée. Quel est donc l'instigateur de cette campagne ? Et qui saura distinguer le vrai du faux, dans tout ce qui se dit sur la nécropole de Gizeh ?

Officiellement, il ne se passe rien sur le site de Gizeh, si ce n'est que la Grande Pyramide est fermée au public depuis le 1er avril 1998, car l'on procède à une réfection générale, ce qui en soi n'est pas absurde, l'haleine et la sueur des visiteurs pouvant effectivement s'avérer dommageables pour le monument. Sans compter qu'il faut procéder à des rénovations, comme celle de l'éclairage, par trop capricieux. Outre ces travaux d'entretien et de modernisation, nous tenons de bonne source (et ce ne sont pas les témoignages qui manquent) que l'on ne reste pas inactif sur le site de Gizeh : on creuserait discrètement des galeries, entre autres à l'intérieur de la Grande Pyramide ; des groupes mystérieux se livreraient à des recherches clandestines pour retrouver des secrets et des salles légendaires ; il se tramerait toutes sortes de complots... Nous avons donc, avec un certain cynisme, porté nos regards vers Gizeh, sans nous douter de ce qui nous attendait.

Les responsables égyptiens font preuve d'une certaine hypocrisie dans leur façon de traiter les gens qui visitent la Grande Pyramide. On se moque souvent, et non sans raison, des touristes, car les chantres européens et américains du New Age ont accaparé les pyramides, qu'ils considèrent un peu comme leur propriété, et ils n'ont pas l'intention de laisser les autorités locales ou quiconque freiner leur ardeur et les empêcher de méditer, jour et nuit, à l'intérieur et à l'extérieur des vénérables monuments. Ils débarquent ici comme en terrain conquis, l'Égypte étant le plus beau fleuron du colonialisme version New Age. On les voit partout escalader et psalmodier, sans avoir la moindre considération pour la population locale. Il y a une dizaine d'années, 350 énergumènes sont ainsi allés méditer et appeler de leurs vœux la « convergence harmonique » *(sic)*, ce qui représente un nombre considérable d'individus, vu l'exiguïté de la chambre du Roi, à l'intérieur de ce gigantesque édifice en pierre mal aéré.

Cela dit, il est de notoriété publique que des groupes « métaphysiques » peuvent pénétrer à l'intérieur de la Grande Pyramide, moyennant le versement d'un droit d'entrée. Lorsqu'il a annoncé la fermeture du site, le conservateur, Zaï Hawass, a précisé que l'on continuerait à procéder ainsi [1].

Cependant, les visiteurs de la Grande Pyramide ne s'abîment pas toujours dans leurs méditations, comme ils ne suivent pas tous servilement leur guide touristique. Des gens avertis, et qui ont l'habitude de se rendre sur les lieux, font état de travaux en cours dans les « chambres de décharge », ces salles à plafond bas (elles font moins d'un mètre de haut) situées au-dessus de la chambre du Roi (et qui servent, pense-t-on, à réduire la pression qui s'exerce sur le plafond de cette dernière, même si certains spécialistes ont déclaré récemment ne pas savoir quelle était leur fonction exacte [2]). Alléchés par ces bruits, nous nous sommes précipités en Égypte, pour apprendre que la Grande Pyramide serait fermée pendant huit mois, le temps de nettoyer l'édifice et de procéder à des travaux de réfection. Mais le monument n'a pas rouvert ses portes comme prévu le 1er janvier 1999, et l'on nous dit, au Centre culturel égyptien de Londres, qu'il n'est pas certain que le public puisse à nouveau y accéder.

Une histoire de tunnel

On connaît l'existence d'une chambre, dans laquelle personne ne s'est encore aventuré : si l'on part du principe que la porte de Gantenbrink ferme un passage, elle doit en effet donner sur quelque chose. Mais quoi ? Là encore, comme dans tout ce qui concerne le site de Gizeh, cela s'inscrit dans un contexte politique.

C'est le 22 mars 1993 que l'ingénieur allemand la découvre, soit vingt-quatre heures après que Zaï Hawass a été congédié, car l'on a dérobé une statue datant de la Quatrième Dynastie (même si Hancock émet l'hypothèse que sa mise à pied est liée aux résultats des recherches de Gantenbrink [3]). Celui qui a renvoyé Zaï Hawass, Mohammed Bakrd, président du Conseil suprême des antiquités, est lui-même remercié trois mois plus tard, à la suite, dit-il, des intrigues d'une « mafia » qui contrôle tout ce qui se passe à Gizeh depuis une vingtaine d'années [4].

Zaï Hawass ne restera pas longtemps absent, puisqu'il retrouvera son poste en avril 1994, un mois seulement après son éviction. Il en a profité pour se rendre en Californie, ce qui n'est peut-être pas fortuit si, comme l'a écrit Chris Ogilvie-Herald dans la revue *Quest for Knowledge*, dont il était alors directeur de publication, c'est à la suite de pressions américaines que notre homme a réintégré son poste [5].

Robert Bauval ayant prévenu les médias, le 16 mars 1993, que Gantenbrink venait d'effectuer une découverte, l'Institut allemand d'archéologie du Caire s'efforcera aussitôt d'en minimiser la portée (par dépit?), Mohammed Bakr n'hésitant pas, quant à lui, à parler de coup monté [6]...

On interdit à Gantenbrink de poursuivre ses recherches, car il n'a pas respecté la procédure habituelle dans la façon d'annoncer la nouvelle à la presse. Gantenbrink, comme on l'a vu au chapitre 1, en attribue l'entière responsabilité à Robert Bauval, ce qui n'empêche pas Graham Hancock de faire de lui un martyr de la cause et une victime de l'égyptologie officielle, et d'ajouter que cela participe d'un complot. « Officiellement, les autorités égyptiennes [...] reprochent à Gantenbrink d'avoir contacté la presse britannique, contrevenant ainsi à l'une des règles de l'archéologie », écrit-il dans le magazine *Nexus* à la fin de l'année 1996 [7].

Une fois retombée l'émotion soulevée par l'annonce de cette découverte, on ne parle plus de la salle et du conduit qui y mène jusqu'à ce que l'on charge en 1996 une autre équipe, égyptienne cette fois, de reprendre les recherches. Les travaux sont placés sous la responsabilité d'un proche de Zaï Hawass, Farouk El Baz, géophysicien et spécialiste en télédétection, qui a travaillé sur le programme Apollo de la NASA (il s'occupait des alunissages). On fait appel à une société canadienne, l'AMTEX, qui envoie sur place, par avion, un million de dollars de matériel. L'objectif est alors d'ouvrir en direct, devant les caméras de télévision, la porte de Gantenbrink [8]. Mais il ne se passe rien. En janvier 1998, Zaï Hawass s'engage à procéder à l'ouverture avant le mois de mai [9]. Non seulement il ne tient pas sa promesse, mais il ne donne aucune explication.

Le bruit court avec insistance que l'on essaie d'atteindre la « chambre de Gantenbrink » en creusant secrètement un tunnel à partir de la « chambre de décharge » la plus basse, celle dite « de Davison », du nom de Nathaniel Davison, le diplomate britannique qui l'a officiellement découverte en 1765, même s'il est vraisemblable que l'on en connaissait déjà l'existence [10] (les chambres homologues seront explorées en 1837 par le colonel Howard Vyse, qui leur donnera le nom de grands personnages de l'histoire britannique : Wellington, Nelson, etc.). On accède difficilement à la chambre de Davison : une échelle en bois est posée contre un mur de la Grande Galerie qui mesure près de neuf mètres de haut mais, comme elle est trop courte, il faut grimper à la corde les derniers centimètres, puis ramper dans le tunnel, avant de déboucher dans la salle proprement dite. Comme les chambres de décharge, celle-ci fait à peine un mètre de haut, et l'on ne peut donc pas s'y tenir debout. Sans compter que l'on marche sur des dalles en granit, qui servent de voûte à la chambre du Roi et n'ont donc pas été polies, n'étant pas destinées à être vues.

Creuse-t-on vraiment, comme on le dit, un tunnel entre la chambre de Davison et celle de Gantenbrink ? Le responsable, en l'occurrence, est un certain Thomas Danley, ingénieur en acoustique, qui a travaillé comme consultant pour la NASA sur deux missions de la navette spatiale, et qui est spécialiste de la « lévitation acoustique » (technique consistant à soulever des objets en utilisant le son et les vibrations). En octobre et novembre 1996, il participe à un projet de la fondation Joseph M. Schor, en compagnie d'une équipe de télévision dirigée par un producteur américain, Boris Said, consistant à filmer en direct des expériences acoustiques réalisées à l'intérieur de la Grande Pyramide, dans laquelle ils ont l'autorisation de passer quatre nuits.

Ravis de l'aubaine, Danley et les siens se rendent dans la chambre de Davison, où ils remarquent un tunnel creusé au début du XIXe siècle par Giovanni Battista Caviglia (1770-1845), l'un des égyptologues les plus étranges de son époque. Gênois, capitaine au long cours, versé dans l'hermétisme et l'occultisme, il était convaincu que les pyramides recelaient des secrets d'une importance capitale sur le plan ésotérique, raison pour laquelle il a réalisé des fouilles autour du site de Gizeh entre 1816 et 1820, qui sont les premières grandes excavations entreprises dans le secteur.

Curieusement, Caviglia voulait creuser un tunnel à partir de la chambre de Davison et couper le conduit d'aération de la chambre de la Reine, car il pensait que c'était là que l'on trouverait une salle [11]. Aussi incroyable que cela puisse être, la découverte effectuée par Gantenbrink en 1993 lui a donné raison. Caviglia interrompra vite son forage (il n'avancera en tout que de trois mètres), sans doute en raison des effroyables conditions de travail qui sont les siennes. La galerie sera rebouchée, et l'on n'en parlera plus, ou presque. Or, lorsque Danley s'y introduit en rampant, en 1996, il constate qu'on l'a déblayée et prolongée de trois mètres, et que l'on continue d'y travailler ! Il trouve aussi des sacs de gravats empilés dans les chambres de décharge et montre le tout à l'inspecteur égyptien qui accompagne son équipe. Surpris, celui-ci lui dit qu'il n'a jamais entendu parler de fouilles en cours sur le site, mais il promet d'avertir son supérieur direct, Zaï Hawass. Danley lui raconte également ce qu'il a appris, de retour aux États-Unis, sur Internet et en écoutant la radio [12].

Quelques mois plus tard, il effectue une autre visite sur les lieux, et il découvre cette fois un câble grimpant le long du mur de la Grande Galerie, et longeant le tunnel qui donne dans la chambre de

Davison, signe que l'on continue à faire des travaux, à l'abri des regards. Lorsque nous avons visité la Grande Pyramide au printemps 1998, en compagnie de Simon Cox, nous avons nous-mêmes aperçu une caméra vidéo installée en haut de la Grande Galerie, et dirigée non pas vers le bas, pour surveiller le va-et-vient des touristes, mais braquée sur l'échelle conduisant à la chambre de Davison.

En juillet 1997, un certain Larry Dean Hunter, « égyptologue indépendant » venu des États-Unis, se rend à son tour sur les lieux pour vérifier les dires de Danley. C'est Richard Hoagland qui l'envoie (lequel est surtout connu pour défendre la thèse selon laquelle on apercevrait un visage sur la surface de Mars, et aussi pour avoir divulgué les résultats de notre enquête) [13]. Hunter n'est pas entré dans la chambre de Davison, mais il a photographié le câble, la caméra vidéo et des sacs de gravats empilés en haut de la Grande Galerie. Or, il ne rapportera de son expédition que quelques photos de ces sacs et un malheureux morceau de calcaire. On ne voit pas très bien ce que Hoagland et lui avaient en tête, sinon que l'on a fait tellement de tapage à ce sujet que le témoignage de Danley sur les travaux en cours dans la chambre de Davison a été relégué dans l'ombre.

Hunter impliquera également Mohammed Sherdy, le rédacteur adjoint de *El Wafd*. Zaï Hawass jurant ses grands dieux qu'il n'y a rien à signaler dans les chambres de décharge, à part quelques « travaux de nettoyage », Hunter se dit que tout cela cache quelque chose : ou bien les responsables ne sont pas au courant de ce qui se passe, ou bien ils veulent étouffer l'affaire. Pourtant, lorsqu'il discute avec Hunter et Sherdy dans son bureau, Hawass montre un fax de Boris Said (qui supervisait l'équipe de Danley), dans lequel celui-ci affirme ne pas avoir d'informations à ce sujet [14]. Quant à Sherdy, s'il admet être entré dans la chambre de Davison, il déclare n'y avoir vu aucune galerie.

Rien n'est jamais simple à Gizeh. Lorsqu'on l'interroge à ce sujet, en janvier 1998, Boris Said confirme que l'on fore effectivement un « nouveau tunnel » depuis la chambre de Davison, mais il précise aussitôt, ce qui prête à confusion, qu'il ne voit pas matière à s'inquiéter, sans donner d'autre explication. « On est en train de percer des galeries sous le site de Gizeh », conclut-il [15].

Pourquoi, me direz-vous, les Égyptiens n'auraient-ils pas le droit de réaliser, secrètement ou non, des excavations sous la nécropole de Gizeh ? Après tout, ils sont chez eux, et ils peuvent disposer librement de leurs monuments historiques. Peu de voix s'élèveraient, à l'étranger, s'ils creusaient sous d'autres monuments emblématiques, comme la Grande Citadelle de Saladin, qui surplombe le Caire. Le problème tient au fait que l'on admet communément que les vestiges de l'Égypte ancienne appartiennent au patrimoine de l'humanité : le président Hosni Moubarak lui-même l'a reconnu officiellement [16]. L'opinion publique doit donc être informée sans délai de ce qui se passe sur ces sites antiques : Karnak, Louxor, Gizeh, en vertu d'un accord tacite. L'Égypte ancienne appartient à tout le monde, et chaque fois que l'on y entreprend des fouilles, on exige d'en être averti ; c'est la règle lorsqu'on exhume quelque chose d'important. S'il s'agit de découvertes majeures, la logique scientifique qui anime l'égyptologie prime sur les considérations d'ordre politique, de sorte que le fait de signaler que l'on fore en catimini des tunnels, pas n'importe où, mais sous la Grande Pyramide, revêt une importance capitale.

En mars 1997, soit plusieurs mois après que Danley a publié son rapport, Hawass déclare que l'on n'entreprend pas de travaux secrets sur le site de Gizeh [17]. Pour nous, c'est clair : « on » prend des libertés avec les us et coutumes en vigueur dans le monde de l'archéologie et « on » ne veut pas le reconnaître.

En février 1998, Simon Cox aura la preuve indiscutable qu'il existe bien un tunnel, quoi qu'en disent les autorités. À dire vrai, en soudoyant les personnes concernées il a réussi à pénétrer dans la chambre de Davison, où il a vu et photographié la galerie que l'on est en train de creuser, à partir du mur orienté au sud. On aurait ainsi rouvert le souterrain percé jadis par Caviglia, et l'on serait en train de le prolonger. Si l'on continue en ligne droite, en restant au même niveau, on finira par couper le conduit sud de la chambre de la Reine, et l'on se trouvera pratiquement à la même hauteur que la porte de Gantenbrink. Chercherait-on, en cachette, à savoir ce qu'il y a derrière cette cloison ? Tout l'indique, étant donné qu'officiellement les responsables égyptiens ne jugent pas utile de s'y intéresser, sous prétexte qu'elle est minuscule et a la taille d'une feuille de papier A4. Ils vont même, comme c'est étrange, jusqu'à suggérer qu'il n'y a rien de l'autre côté. N'en font-ils pas trop ?

Secrets dans le sable

Lors de notre séjour à Gizeh, nous avons pu mesurer à quel point il est difficile de rendre publique une découverte exaltante. Nous avons appris, de source digne de foi, que l'on avait déjà trouvé, autour de la chambre du Roi, trois salles dans la Grande Pyramide [18]. Bien que nous ne puissions, pour des raisons diverses, donner l'identité de la personne qui nous a avertis, l'information s'est révélée erronée. En tout état de cause, il convient de faire preuve de la plus grande prudence lorsqu'on s'intéresse à ce qui se passe à Gizeh. Du jour au lendemain circulent les rumeurs les plus folles sur des découvertes étonnantes qui devraient, comme c'est devenu la règle dans ce genre d'histoires, avoir des répercussions dans le monde entier.

Voilà au bas mot vingt-cinq ans que l'on cherche sans relâche à découvrir des salles cachées sur le site de Gizeh. L'une des premières tentatives date de 1968, et concerne la pyramide de Khâfrê (Khéops). Cette année-là, sous la direction de Luis Alvarez, prix Nobel de physique, on essaiera de détecter l'emplacement de salles souterraines en mesurant le passage des ondes cosmiques à travers l'édifice [19]. Ce projet regroupera douze organismes américains et égyptiens, dont la Commission à l'énergie atomique des États-Unis, le Smithsonian Institute et l'université Ain Shams du Caire. Au terme d'une analyse informatique réalisée par les spécialistes de ce dernier établissement, Amr Goneid, le directeur de projet, en a conclu (dans *The Times*) que « les résultats défient les lois de la physique », et qu'il existe à l'intérieur de la pyramide « une force qui échappe à toute explication scientifique »[20]. Mais là encore, on s'est ingénié à semer la confusion, puisque de retour aux États-Unis, Alvarez lui-même déclarera que les chercheurs ont fait chou blanc et qu'ils n'ont rien détecté du tout.

La deuxième phase concerne le Sphinx. Cela fait des lustres que l'on pense que quelque chose d'essentiel est enfoui sous le Sphinx.

Lors de l'expédition de Bonaparte en Égypte (1798-1801), où des savants accompagnent l'armée du Directoire, on aurait retrouvé une porte à l'intérieur du Sphinx, mais à l'approche de l'ennemi, les Français auraient quitté précipitamment les lieux, sans avoir le temps de poursuivre leurs explorations. Ce sont des Arabes, témoins oculaires de la découverte, qui en informeront par la suite Mariette, le célèbre égyptologue parisien du XIXe siècle. Serait-ce la stèle du Sphinx, comme on en a émis l'hypothèse ? Probablement pas, car la plaque de pierre n'est pas au même niveau que le sol, comme ce serait le cas s'il s'agissait d'une porte [21].

Au XIXe siècle, les égyptologues étaient nombreux à penser qu'il existait plusieurs salles sous le Sphinx. Mariette lui-même était persuadé qu'il s'y trouvait une tombe, car on représentait toujours, en sculpture ou sur les papyrus, le Sphinx juché sur un socle, qui recouvrait une chambre ressemblant à une sépulture [22].

On s'intéressera de nouveau à la question au début du XXe siècle. En 1926, à l'initiative d'Émile Baraize, un égyptologue français, on pratiquera des fouilles à l'intérieur même de l'édifice, puis de l'enceinte. Réalisés à la hâte et avec des moyens rudimentaires, ces travaux laissent penser que notre homme cherche quelque chose, et qu'il ne contente pas de creuser pour le plaisir, en respectant les précautions d'usage. Il atteindra en partie son objectif, puisqu'il découvrira un tunnel auquel on accède par la croupe du Sphinx. Il l'explorera, avant d'en condamner l'entrée, mais il n'informera personne de cette découverte sensationnelle, ce qui est tout de même incroyable. Cet endroit, on l'a vu, intéresse tout particulièrement le médium Randall-Stevens, ainsi que l'AMORC. À les entendre, c'est juste derrière l'arrière-train du Sphinx que l'on risque de trouver l'une de ces chambres. Le plus curieux, c'est qu'aucun des rapports de Baraize, qui a fouillé les lieux onze ans durant, n'a été rendu public [23].

S'ensuit alors une longue période d'inactivité, jusqu'à ce qu'en 1973 le Standford Research Institute (SRI), prestigieux institut de recherche californien lié au Pentagone et aux services de renseignement américains, reprenne le flambeau. À son initiative, on organisera trois campagnes de fouilles à Gizeh, placées sous la responsabilité d'un physicien, Lambert Dolphin, et qui ont pour mission de retrouver les salles creusées sous le Sphinx. Pourquoi s'intéresse-t-on soudain à ces pièces souterraines, alors que l'on n'y pensait plus depuis un demi-siècle ? En fait, Lambert Dolphin expliquera que la première expédition s'inscrit dans le prolongement des travaux menés cinq ans plus tôt par Luis Alvarez [24].

Dolphin est lui-même un personnage intéressant. Après des études à l'université de San Diego puis à celle de Stanford, il entre au SRI, dont il deviendra l'un des plus éminents physiciens. Mais ce n'est pas tout, et l'intérêt qu'il porte aux sites antiques obéit aussi à d'autres motivations, car notre homme est un chrétien intégriste, qui a quitté le SRI en 1987 pour, dit-il, se consacrer, « à l'étude de la Bible et des Écritures, sans interrompre ses activités de psychologue conseil, fondées sur les enseignements de la religion chrétienne [25] ». Son site Internet révèle aussi un autre aspect de ses convictions religieuses, qui l'amènent à faire campagne contre l'avortement, à condamner l'homosexualité et l'islam. D'après lui, « la Bible nous donne des informations exactes, elle a été écrite sous inspiration divine et elle fait autorité dans tout ce qui concerne la vie et la foi [26] ».

Comme la plupart des siens, c'est paradoxalement l'Ancien Testament qui le fascine, et non le Nouveau Testament, car c'est là que l'on trouve la plupart des textes évoquant l'apocalypse (exception faite, bien entendu, de l'Apocalypse selon saint Jean). La damnation et les flammes de l'enfer exercent une fascination irrésistible sur les gens de cette obédience, ainsi que sur les juifs orthodoxes (ce qui ressemble au mariage de la carpe et du lapin). À l'époque où il dirigeait les travaux de l'équipe du SRI sur le site de Gizeh, il utilisait également la télédétection dans le cadre d'un programme de recherches très controversé sur le dôme du Rocher, où se dressait jadis le Temple [27].

Travaillant de concert avec une organisation israélienne de droite, la fondation du Temple de Jérusalem, dirigée par un dénommé Samuel Goldfoot qui réclame la construction d'un troisième Temple, Dolphin met à profit ses compétences pour localiser et dégager les fondations de l'édifice aujourd'hui disparu. On se trouve là dans un secteur très sensible, au sens propre comme au sens figuré, car le dôme du Rocher est désormais placé sous administration musulmane.

Par mesure de précaution, ils effectueront donc leurs forages la nuit, mais les autorités israéliennes y mettront vite le holà pour éviter des complications. Le *Jerusalem Post* résume ainsi la situation :

> Il existe des liens révélateurs, et que certains trouvent inquiétants, entre une poignée d'évangélistes américains et des membres de l'extrême droite israélienne comme Goldfoot. On note la présence, dans le conseil d'administration, de personnalités de premier plan. Lambert Dolphin dirige un département clé du plus grand institut de recherche du monde, le Stanford Research Institute, qui brasse chaque année 200 millions de dollars, et dont les principaux clients sont Bechtel et le gouvernement américain [28].

Si l'on en croit Dolphin, le Stanford Research Institute aurait utilisé à trois reprises la télédétection en 1976 : à Saqqara, pour essayer de retrouver la tombe du grand scribe Imhotep ; à Alexandrie, dans l'espoir de localiser la bibliothèque ; et enfin à Gizeh, où les sismographes indiquaient la présence éventuelle de salles sous la pyramide de Khâfré (Khéops [29]). Dolphin et son équipe retournent sur place en 1977, dans le cadre d'un projet financé au départ par l'US National Science Foundation [30]. Un an plus tard, on voit débarquer les adeptes d'Edgar Cayce, regroupés dans l'ARE, qui débloquent des crédits pour participer aux travaux du SRI [31].

Entre alors en scène un individu qui va jouer, à son niveau, un rôle déterminant (bien que largement méconnu) dans notre enquête : James Hurtak, une sorte d'esprit universel, philosophe mystique américain, fondateur de l'Academy for Future Sciences, organisation dont les personnes influentes que nous serons amenés à rencontrer, dans ce livre, suivent bien souvent l'enseignement. Titulaire de diplômes en études orientales, en histoire, en sciences sociales, en linguistique, en patristique et en grec ancien, notre homme est polyglotte et passe pour être « un consultant en technologies avancées, basé dans la Silicon Valley [32] ». En 1986, à l'occasion d'un congrès sur la télédétection organisé au Brésil, il publie un article recommandant l'utilisation de radars aéroportés et de satellites radars pour repérer les vestiges archéologiques [33].

Hurtak explore le site de Gizeh jusqu'à la fin des années 70, ce qui n'est pas sans rapport avec la présence du SRI sur les lieux à la même époque. S'il n'a jamais officiellement travaillé pour le compte de ce dernier organisme, il a toujours entretenu des relations étroites avec ses dirigeants [34], et il s'est lié d'amitié avec Lambert Dolphin, avec qui il aurait, paraît-il, discuté en 1976 du site de Gizeh [35] (il connaît également Mark Lehner [36]). Entre 1977 et 1978, il entreprend, avec des collègues dont il ne nous donne pas les noms, une expédition privée sur le plateau de Gizeh, afin de mesurer, à l'aide de lasers, l'inclinaison des conduits débouchant dans la chambre du Roi et la chambre de la Reine, et de voir s'ils sont bien alignés sur Sirius et les constellations d'Orion et de Dracon [37]. Malheureusement, les résultats de l'enquête n'ont jamais été rendus publics.

N'oublions pas que l'on a émis, au début des années 60, l'hypothèse qu'il existe une corrélation entre ces fameux passages et la position dans le ciel des constellations d'Orion et de Dracon, alors qu'il faudra attendre la publication en 1994 (dans les pays de langue anglaise) du *Mystère d'Orion* par Robert Bauval pour envisager un alignement des mêmes conduits sur Sirius (exception faite des textes d'obédience maçonnique). Or, dès 1973, Hurtak s'interrogeait sur une éventuelle correspondance entre les pyramides de Gizeh et le Baudrier d'Orion [38]. Nous verrons par la suite qu'il est souvent en avance sur son temps.

Le SRI sera l'un des principaux organismes à effectuer des recherches sur le plateau de Gizeh au cours des années 70. Son équipe aura recours à diverses techniques – la photographie aérienne, l'imagerie thermique, la mesure de la résistance électrique et celle des variations du champ magnétique autour du Sphinx et de son enceinte – pour déceler la présence d'éventuelles anomalies dans le sous-sol. On découvrira bien des indices curieux, mais qui s'avèreront n'être que des grottes naturelles (ce qui n'a rien d'étonnant, dans un terrain calcaire). Certains évoqueront l'existence éventuelle d'un tunnel, orienté sur un axe nord-ouest sud-ouest, derrière le Sphinx, ainsi que celle d'une anfractuosité devant ses pattes [39].

En 1978, la société Recovery Systems International participera à un projet consistant à effectuer des forages, pour voir ce qu'il en est exactement (d'après Mark Lehner, elle a été créée dans ce seul but [40]).

On commence donc à creuser. À environ vingt mètres sous terre, on rencontre du granite, ce qui est étrange dans la région (on prétend même que l'armée égyptienne est intervenue pour faire cesser les travaux). En 1980, une équipe locale chargée d'évaluer les dimensions de la nappe phréatique bute elle-même sur du granite, à seulement seize mètres de profondeur [41]. Il est curieux de trouver cette roche dans un terrain calcaire, sauf si l'on est entré en contact avec une salle souterraine entièrement tapissée de granite, pour éviter qu'elle ne soit inondée : le calcaire est très poreux, alors que le granite est une pierre très dure, qui ne laisse pas filtrer l'eau. La même année, Zaï Hawass fait réouvrir le tunnel de Baraize, situé à l'arrière du Sphinx, et que tout le monde a oublié, à l'exception de ceux qui ont eu accès à ses notes et aux rapports qu'il a rédigés. Parmi les personnalités présentes, on note Mark Lehner et un certain Mohammed Adb al-Mawgud Fayed, dont le père a jadis aidé Baraize, et qui a lui-même participé dans son enfance aux travaux de dégagement de l'enceinte du Sphinx. Zaï Hawass observe que le vieux monsieur est capable, cinquante-quatre ans après, de désigner à l'arrière du Sphinx la petite pierre qui dissimulait jadis l'entrée du tunnel [42]. Son fils deviendra par la suite le représentant de l'ARE au Caire.

Le SRI et l'ARE entreprendront ensemble en 1982, avec l'appui de Mark Lehner, une autre campagne de recherches faisant appel à la télédétection, axée cette fois sur les techniques acoustiques. Il n'existe manifestement pas de pièces souterraines sous les pattes de l'animal, même s'il peut s'en trouver sous l'enceinte [43].

En 1990, Hawass donne le feu vert au désormais célèbre Projet Sphinx, conçu et animé par John West et Robert Schoch, avec le soutien de l'université de Boston, où travaille ce dernier (les autorités égyptiennes mettent un point d'honneur à exiger que toutes les recherches entreprises dans le secteur aient reçu l'aval d'un organisme universitaire ou aient bénéficié de sa collaboration). Le directeur de projet est Boris Said, producteur américain dont la NBC diffusera en 1993 le documentaire *Mystery of the Sphinx*, qui a reçu l'Emmy Award. Le financement est assuré par deux membres éminents de l'ARE, Joseph Jahoda et Joseph Schor, lequel se trouvait également sur place en qualité d'observateur officiel de cette association [44].

Joseph Jahoda, qui occupe des fonctions importantes au sein de l'ARE et a tenu à ce que cet organisme participe au projet, est aussi président de l'Astron Corporation, une société d'équipements radio, qui travaille pour la NASA et le Pentagone.

C'est à cette occasion, nous l'avons vu, que l'on comprendra que l'érosion du Sphinx est due au ruissellement des eaux de pluie. On réalisera également des relevés à l'aide d'un sismographe, afin de déceler la présence éventuelle de salles creusées sous le Sphinx (c'est un certain Thomas Dobecki qui dirige les opérations). On détectera bien une sorte de grotte mesurant neuf mètres sur douze, située à quelque cinq mètres de profondeur, sous les pattes du Sphinx, mais une fois de plus, des recherches qui s'annoncent prometteuses sont brusquement interrompues : Zaï Hawass (qui est alors le grand patron du site de Gizeh) interdit la poursuite des travaux, sous prétexte qu'ils n'ont rien de scientifique !

En 1995, une nouvelle équipe arrive sur les lieux avec des sismographes et des radars. Officiellement, on cherche à détecter les failles qui provoquent l'affaissement des monuments et font courir un danger aux touristes [45], mais la télédétection aurait pu aussi permettre de découvrir des anomalies dans le sol, par exemple des salles. Il s'agit d'un programme cofinancé par l'Université de Floride et la fondation Schor, présidée par son créateur en personne, Joseph Schor, témoin oculaire des fouilles réalisées en 1990. Aujourd'hui à la retraite, il était alors directeur et vice-président des laboratoires Forest (spécialisés dans les vitamines). Si l'on en croit Robert Bauval, la fondation Schor est « un organisme bénévole, qui entend prouver que l'Atlantide, cette mythique civilisation disparue, et la Salle des archives ont bien existé, conformément aux déclarations d'Edgar Cayce, le prophète endormi [46] ». Doté d'une fortune colossale, Richard Schor est membre à vie de l'ARE, et c'est aussi l'un de ses principaux bailleurs de fonds. En faisant équipe avec l'Université de Floride, la fondation Schor s'assure une caution intellectuelle qui devrait lui permettre d'obtenir le feu vert des autorités égyptiennes.

On retrouve Thomas Dobecki dans l'équipe, ainsi que Joseph Jahoda (qui est aussi membre de la fondation Schor), Boris Said dirigeant pour sa part une équipe de prise de vues. La recherche de poches susceptibles de provoquer des glissements de terrain n'est qu'un prétexte, et Boris Said a expliqué depuis qu'il a été engagé pour filmer la découverte de la Salle des inscriptions de l'Atlantide, ce qui était le véritable objectif de l'équipe de Joseph Schor.

Il règne, dit-il, le plus grand secret au sujet de cette entreprise, Joseph Schor ayant donné à cet égard des instructions précises :

> Je suis désormais convaincu, explique-t-il, que Joseph Schor ne voulait pas que l'on rende public le résultat de ses travaux, et qu'il entendait garder le silence sur la chambre et sur ce que l'on a trouvé à l'intérieur. Il s'est visiblement servi de moi, oui, il a profité de moi pour obtenir un permis et parvenir à ses fins. Je suis persuadé que depuis le début il voulait que tout cela reste confidentiel [47].

Suite à l'intervention de Robert Bauval et Graham Hancock, les autorités égyptiennes suspendent brusquement les travaux [48].

L'équipe de Joseph Schor fouillera également sous la Grande Pyramide, ce qui semble indiquer la présence d'une galerie sous le mur ouest de la chambre du Roi. Zaï Hawass en donnera la confirmation en août 1997, dans une conférence de l'ARE [49].

On fera ensuite courir le bruit que l'on a découvert non pas une, mais neuf chambres sous le Sphinx, dont certaines renfermaient des objets en métal. Le responsable de la fuite n'est autre que Graham Hancock qui, lors d'une émission de radio diffusée en juillet 1996, explique aux auditeurs américains qu'il a été mis au courant par des gens qui ont participé à la campagne de fouilles patronnée par Joseph Schor. Graham Hancock se montre catégorique : on a bel et bien trouvé neuf salles, mais sans ébruiter la nouvelle. Il tient, ajoute-t-il, cette information de bonne source et ne doute pas de son exactitude. À l'époque, Robert Bauval raconte la même chose dans ses conférences. Or, les voilà maintenant qui repoussent de telles allégations et prétendent que l'on n'a rien trouvé du tout à Gizeh ! Pour faire bonne mesure, ils couvrent de leur mépris ceux qui répandent des bruits pareils...

Autre rebondissement, la NBC envisagera de filmer en direct l'entrée des archéologues dans les chambres situées sous le Sphinx, prévue à la fin de 1996 ou au début de 1997. On se fonde en l'occurrence sur les travaux menés conjointement par la fondation Schor et l'Université de Floride. Parmi les personnes invitées à assister à l'aventure figure Richard Hoagland [50]. Mais voilà, après avoir fait tout ce battage médiatique il ne se passe rien, sans doute parce que Graham Hancock et Robert Bauval se sont débrouillés pour faire annuler l'autorisation accordée aux deux organismes en question. Si une chaîne de télévision américaine aussi respectable que la NBC s'est engagée à assurer la retransmission en direct de l'événement, serait-ce faire montre d'une candeur excessive que d'imaginer qu'il y ait effectivement là-bas quelque chose de sensationnel ? Pourquoi n'a-t-on jamais filmé ces chambres, si elles existent, et pour quelle raison attendons-nous toujours que l'on nous confirme leur présence ?

Depuis, le centre d'attention s'est déplacé. Boris Said, qui ne travaille plus avec la fondation Schor, affirme que l'on s'est intéressé, lors de cette expédition, à un tunnel creusé au fond d'une citerne de quarante mètres de profondeur (appelée communément la « citerne de l'eau »), qui court sous la chaussée reliant le Sphinx et la Grande Pyramide. Lorsque nous nous sommes rendus sur les lieux, nous avons effectivement aperçu une sorte de puits qui descend à environ six mètres et débouche sur une galerie orientée au nord. Ce puisard est fermé par une grille, ce qui évite les accidents, mais il est évident que l'on continue à creuser en dessous : une pioche, qui n'a rien d'antique, voisine au fond avec d'autres outils, à côté des inévitables bouteilles d'eau et autres emballages de chocolat...

Ce conduit est très intéressant. Il descend par paliers à 40 mètres de profondeur, comme Boris Said a pu s'en rendre compte lorsqu'il est venu sur place avec Thomas Dobecki en 1996. Ce dernier effectuera un sondage par ultrasons, pour savoir ce qui se cache sous le couvercle d'un gigantesque sarcophage en basalte noir. Said et lui avaient détecté un trou de 3 mètres de long, relié à un tunnel de 2,5 mètres de large, qui se dirige vers le Sphinx, situé à plusieurs encablures de là [51]. Zaï Hawass est lui-même très excité par cette découverte, qui pourrait bien être, dit-il, la tombe (symbolique) d'Osiris [52].

Il est curieux que l'on s'intéresse autant, depuis quelque temps, à ce conduit et à son débouché, car on le connaît depuis belle lurette. Tout se passe comme si l'on revivait actuellement des événements qui se sont déroulés dans les années 30. Ce conduit est mentionné dans les livres d'Harvey Spencer Lewis, fondateur de l'AMORC, où l'on nous explique qu'il sert d'entrée à un réseau de souterrains et de pièces reliant les pyramides et la chambre située sous le Sphinx [53]. Or, le médium H. C. Randall-Stevens disait exactement la même chose dans ses « communications ». Cela coïncide avec la découverte en 1930 du tunnel et du puits par l'éminent égyptologue autochtone Sélim Hassan, à moins que ce n'en soit le résultat.

Randall-Stevens prétend que Sélim Hassan a aussi mis au jour « un ensemble de pièces et de salles, dont aucune n'est liée aux tombes et aux chambres funéraires. Il s'agit de sanctuaires et d'entrées reposant sur des colonnes, autrement dit, des temples et des chambres où l'on accomplissait les rituels [54] ». C'est incroyable. Si Sélim Hassan a effectué l'une des plus grandes découvertes archéologiques de tous les temps, comment se fait-il que personne n'en ait entendu parler ? Car Randall-Stevens nous décrit un immense lacis souterrain dont on ne soupçonnait pas l'existence. On nous explique bien sûr que Sélim Hassan aurait été contraint d'interrompre ses travaux pendant la Seconde Guerre mondiale. Mais cela n'explique pas pourquoi l'on a observé, jusqu'à notre époque, un silence complet sur la question. Qu'attendait-on ? Pourquoi tenir secrète la découverte d'un trésor égyptien ?

En réalité, cela s'avère n'être qu'un effet d'annonce, ou presque. Randall-Stevens nous fait une description tellement dithyrambique de ce « complexe souterrain » qu'elle en devient grotesque. En effet, les sarcophages et des chambres que l'on y trouve remontent seulement à la dynastie des Saïtes (qui ont régné entre le VIIe et le VIe siècle av. J.-C.), et ils n'ont rien d'extraordinaire, si l'on en croit des chercheurs indépendants comme Chris Ogilvie-Herald et Ian Lawton, qui ont obtenu le droit de se rendre sur les lieux en septembre 1998 [55]. L'on n'y voit pas non plus un ensemble de pièces et de tunnels, contrairement à ce qu'affirme Randall-Stevens, et les articles de journaux faisant état de la découverte de Sélim Hassan, dont nous parle Randall-Stevens, ne mentionnent pas l'existence d'un tel lacis [56]. Dans ces conditions, pourquoi Boris Said et Joseph Schor accordent-ils autant d'importance à cet endroit ? S'agit-il, une fois de plus, d'envelopper les lieux d'un parfum de mystère ? Après tout, peu de gens ont la possibilité de se rendre sur place pour vérifier d'eux-mêmes si ce qu'on leur dit est vrai. D'autre part, Zaï Hawass s'est intéressé récemment à ce périmètre, qui abrite, dit-il, le tombeau symbolique d'Osiris.

Malheureusement, rien n'est simple à Gizeh. Le film tourné en 1996 par Boris Said à l'intérieur du puits a donné lieu à d'âpres tractations juridiques, qui ont eu le mérite d'accroître encore la fascination de ce documentaire pour tout ce qui touche à la nouvelle égyptologie. Boris Said explique que Joseph Schor et lui ont essayé de vendre leur reportage à Fox Television, mais que les discussions ont achoppé sur les termes du contrat, et que jusqu'à plus ample informé le film ne peut pas être commercialisé. Mais cela n'a pas empêché Robert Bauval de le projeter lors d'une conférence organisée à Londres, en octobre 1998, sans doute avec l'aval de Boris Said et Joseph Schor [57].

Pourtant, il faut reconnaître que la séquence vaut le détour, même si ce n'est pas pour les raisons initialement prévues par ceux qui l'ont tournée. Des 4 x 4 pilent net sur le plateau de Gizeh, désert, en soulevant un nuage de poussière ; des « archéologues » sautent à terre, se précipitent vers le Sphinx et descendent en rappel un puits impressionnant. Ils se faufilent dans un tunnel ensablé et se retrouvent à l'intérieur d'une salle plongée dans l'obscurité : apparemment, ils sont les premiers à y pénétrer depuis des siècles (exception faite, bien entendu, de l'équipe de tournage qui attend à l'intérieur pour filmer leur arrivée). Là, ils découvrent le couvercle d'un sarcophage fiché dans le sol. Ils l'aspergent avec l'eau de leurs gourdes, pour chasser la poussière des ans.

Il s'agit là, bien sûr, d'une mise en scène, destinée à mettre en évidence le côté spectaculaire de l'aventure, la preuve en étant que le conduit dans lequel ils s'engagent ne ressemble pas du tout à celui qui abrite le sarcophage, car celui-ci repose au fond d'un puits dans lequel on ne peut pas descendre en rappel, mais seulement à l'aide d'une échelle métallique. Autrement dit, on les voit entrer dans un endroit et sortir d'un autre, ce qui est censé corser l'affaire. Sans compter que l'on connaît depuis des lustres le fameux sarcophage qu'ils ont prétendument découvert en direct devant les caméras.

Pourquoi vouloir absolument faire de cet endroit un lieu de légende, quand il n'a rien d'extraordinaire, même s'il n'est pas dénué d'intérêt sur le plan archéologique ? Serait-ce tout simplement parce que c'est l'enfance de l'art ? Bigre ! Nous voilà à présent avec un nouveau mythe attaché au plateau de Gizeh !

La confusion qui règne sur le plateau de Gizeh est plus le résultat d'une politique concertée que le fruit du hasard. Mais, en raison des agissements et des déclarations des personnes jouant un rôle clé dans l'affaire, il est impossible de distinguer les simples rumeurs des informations authentiques.

Attaque et contre-attaque

L'on s'ingénie, semble-t-il, à brouiller les cartes. Il y a quelques années, les choses paraissent simples : il y avait d'un côté la nouvelle égyptologie, dont les chefs de file sont Graham Hancock et Robert Bauval, de l'autre les adeptes de l'ésotérisme, Joseph Schor, l'ARE, etc. La situation est désormais beaucoup plus complexe, car l'on voit les protagonistes se livrer à des intrigues machiavéliques, se disputer les bonnes places, et s'allier avec tous ceux qui peuvent leur être utiles, quitte à former des tandems bizarres.

Au mois de mai 1998, on peut lire sur Internet une déclaration commune de Graham Hancock et John West. À première vue, c'est là un geste magnanime de leur part, puisqu'ils font un pas dans la direction de Zaï Hawass. Après lui avoir cherché querelle pendant des années, ils lui témoignent soudain une approbation sans réserve :

> Les précieux monuments de Gizeh ne peuvent être placés sous la responsabilité de quelqu'un de plus compétent que M. Hawass. Nous l'avons vu à l'œuvre. Il éprouve, c'est évident, une véritable passion pour les pyramides et le Sphinx, et nous témoignons qu'il

fait de son mieux pour conserver ces monuments en bon état. Il n'y a pas là-bas d'intrigues, ni de découvertes restées clandestines ou de manœuvres suspectes [58].

Robert Bauval donne lui aussi son opinion sur Internet :

> Nous nous félicitons, Graham Hancock, John West et moi-même, qu'il ne se passe rien de secret à Gizeh, que l'on n'y entreprenne pas de fouilles clandestines et/ou que l'on n'y poursuive en sous-main aucun programme parallèle [59].

Ils opèrent une volte-face analogue à propos de Mark Lehner : après avoir expliqué, dans *Le Mystère du Grand Sphinx*, que l'ARE et lui trempent dans une machination, ils se déclarent à présent d'accord avec lui [60].

Mark Lehner et Zaï Hawass, dont ils ont dit pis que pendre des années durant dans leurs livres, leurs articles et leurs conférences, en leur reprochant d'avoir fait courir le bruit que l'on nous ment et que l'on poursuit en secret d'autres objectifs, trouvent – surprise ! – brusquement grâce à leurs yeux, et ils dénoncent maintenant ceux qui colportent des rumeurs infondées... Il n'est pas moins surprenant que Zaï Hawass leur retourne la politesse. En mai 1997, il organise une conférence à l'Association de la presse étrangère du Caire, dans laquelle il déplore que des « éléments marginaux » viennent le distraire dans son travail, et regrette que Bauval et Hancock exercent une influence néfaste sur le public. On annonce alors que Zaï Hawass sera le prochain directeur du Conseil suprême des antiquités, l'organisme égyptien qui a la haute main sur les fouilles entreprises dans le pays, lorsque l'actuel titulaire partira à la retraite en 1999 [61]. Cela signifie qu'il était en poste lors du passage à l'an 2000, ce qui fait de lui un allié précieux. Nous savons maintenant qu'il n'a pas vu d'objections à ce que Bauval, Hancock et les autres membres de Magic 12 (les auteurs qui ont reçu son aval) puissent ce soir-là délivrer, face au Sphinx, un « message à la planète ».

Ce n'est pas la première fois qu'ils changent d'avis. Si l'on en croit le bulletin qu'ils éditent *(Hieroglyph: The Hancock and Bauval*

Newsletter), les deux acolytes estiment que les travaux entrepris sous le Sphinx par la fondation Schor et l'Université de Floride, et qui ont reçu l'aval du Conseil suprême des antiquités, « laissent à désirer, à bien des égards [62] ». On ne sait pas très bien ce qu'ils leur reprochent, au juste, si ce n'est qu'ils tiennent un langage contradictoire. Au départ, ils déploraient que la fondation Schor ne dise rien de ces neuf salles localisées sous le Sphinx, dont eux, Bauval et Hancock, avaient fait état dans les médias et dans leurs conférences. Or, ils durcissent encore leurs critiques lorsqu'ils apprennent que l'on envisage d'ouvrir en direct, devant les caméras de télévision, ces fameuses chambres. C'est tout de même curieux : ils commencent par regretter que l'on observe le silence sur une découverte de première importance, et ensuite ils se plaignent qu'on veuille la rendre publique !

Ils organisent aussitôt une campagne pour obtenir l'annulation du permis accordé à la fondation Schor et à l'Université de Floride, en s'appuyant sur leur notoriété auprès de lecteurs [63]. Zaï Hawass va alors recevoir « des milliers de lettres » venues du monde entier [64], qui dénoncent le projet. Celui-ci finit par être abandonné, les autorités revenant sur l'autorisation précédemment accordée.

Deux ans plus tard, Bauval et Hancock écrivent qu'à leur avis « il conviendrait que le Conseil suprême des antiquités se demande à nouveau s'il ne serait pas possible d'autoriser la fondation Schor et l'Université de Floride à reprendre leurs travaux [65]. Comme on pouvait s'y attendre, le projet redémarre, et en octobre 1998 les deux organismes sont autorisés à entreprendre des forages à côté de la Grande Pyramide (où l'on pense trouver des souterrains), afin d'évaluer la fiabilité des moyens de télédétection mis en œuvre [66].

Nous voilà confrontés à une situation invraisemblable : le SCA, qui est seul habilité à délivrer un permis, a peut-être autorisé la fondation Schor et l'Université de Floride à entreprendre des fouilles sur le plateau de Gizeh, Hancock et Bauval jugent que c'est une erreur, et ils s'agitent jusqu'à ce que cet organisme revienne sur sa décision. En revanche, lorsqu'ils estiment qu'il est temps de permettre à l'équipe de reprendre ses travaux, ceux-ci redémarrent sans plus attendre. Il est incroyable que ces deux individus se croient autorisés à donner des ordres au Conseil suprême des antiquités, tout comme on ne s'explique pas que cet organisme accepte de les confirmer dans l'image qu'ils veulent donner d'eux-mêmes. Pour quelle raison les autorités égyptiennes se plient-elles à leurs caprices ?

Il semblerait toutefois que l'on soit désormais prêt à jouer la carte de la transparence à Gizeh, puisque Bauval fait pression sur Hawass pour qu'il autorise Gantenbrink à revenir sur les lieux.

On assistera ensuite à l'épisode Nigel Appleby et à son « opération Hermès ». Appleby dira être parvenu à localiser la Salle des inscriptions dans la banlieue du Caire, en se fondant sur des alignements géométriques et des calculs astronomiques – il prétendra effectivement avoir détecté la corrélation entre le plateau de Gizeh et le Baudrier d'Orion plusieurs années avant Hancock et Bauval. Au milieu d'un intense battage médiatique, il se dit résolu à lancer une expédition de grande envergure pour enfin pénétrer à l'intérieur de cette fameuse salle : c'est l'opération Hermès, organisée par l'armée britannique (notre homme fait partie des Territoriaux), censée fournir des 4 × 4 et un avion de transport de type Hercules, permettant d'acheminer le matériel.

Pourtant, l'affaire va se solder par un véritable désastre : son livre *Hall of the Gods* a beau figurer en juin 1998 parmi les dix meilleures ventes au Royaume-Uni, il ne restera pas longtemps en rayon, car sa commercialisation sera interrompue en moins d'une semaine, son auteur étant accusé de plagiat par plusieurs de ses collègues[67]. Au départ, c'est Ralph Ellis, à qui l'on doit *Thoth : Architect of the Universe*, qui formule les premières accusations, mais il est vite rejoint par Robert Temple, Andrew Collins, Christopher Knight et Robert Lomas (qui ont écrit ensemble *La Clé d'Hiram* et *Le Second Messie*). Il n'en demeure pas moins que les instigateurs de cette campagne, ceux qui battent le rappel et font paraître une déclaration sur Internet, ne sont autres que Graham Hancock et Robert Bauval. Aux dires d'Appleby, ils vont jusqu'à offrir de payer les frais de justice que certains des auteurs, eux, risquent d'avoir à débourser.

Ce n'est certainement pas un hasard si *Hall of the Gods* est retiré de la vente au bout de quelques jours. Cela fait une publicité monstre à Appleby (qui doit en même temps être dans ses petits souliers), et l'opération Hermès capote définitivement. Hancock et

Bauval expliquent ensuite sur Internet qu'ils n'ont aucun lien avec ce personnage et l'opération Hermès, « et n'entendent pas en avoir à l'avenir [68] ». Or, voilà – comme c'est étrange – que l'on annonce quelques semaines plus tard que Robert Bauval et Nigel Appleby organisent, en novembre 1998, une croisière conférences sur le Nil ! Robert Bauval demande également aux auteurs qu'il avait dressés contre Nigel Appleby de passer l'éponge [69]. Lequel Nigel Appleby s'est félicité publiquement, voici peu, de l'objectivité dont fait preuve Robert Bauval...

À première vue, tout va pour le mieux, Bauval apparaissant comme un être noble et magnanime, qui s'efforce d'apaiser les esprits. Mais là encore, la situation est plus complexe qu'il ne paraît. Lorsque l'on commence à parler du livre de Nigel Appleby, en 1997, Hancock et Bauval chargent Simon Cox, un chercheur, de dresser un compte rendu des travaux et des théories d'Appleby. Ce texte figurera dans la déclaration commune diffusée sur Internet. Maintenant que le calme est revenu, c'est Nigel Appleby qui publie dans la revue *Quest* une réponse à ses détracteurs, citant nommément le texte de Simon Cox comme un exemple de dénigrement systématique [70]. Le plus étrange, c'est qu'il conclut son article en remerciant Robert Bauval d'avoir réglé le problème et de lui avoir permis de s'entendre avec les autres auteurs, même si ce sont Hancock et Bauval qui ont au départ demandé à Cox de rédiger ce rapport, et qui l'ont ensuite rendu public (en fait, ils en détiennent les droits).

L'histoire se complique encore. Après avoir insisté pour que l'on tienne l'opinion publique au courant des nouveaux développements, Hancock, Bauval et leurs amis décident avec Appleby de mettre un terme à leur différend, et ils signent un protocole d'accord. Faute d'en connaître les termes, on en est réduit à croire Hancock et Bauval sur parole, lorsqu'ils disent que tout est rentré dans l'ordre. Ralph Ellis est le seul à ne pas signer ce document, ce qui lui vaudra d'être la cible de leur animosité. On assiste aussi à une nouvelle volte-face de la part de Robert Bauval, qui commence par faire siennes les récriminations de Ralph Ellis contre Nigel Appleby, avant de prendre le parti de ce dernier contre le précédent. Diviser pour régner, tel semble être leur mot d'ordre.

Désormais, Hancock et Bauval se sont taillé la réputation de spécialistes attitrés concernant les fouilles entreprises sur le plateau de Gizeh en dehors de tout cadre officiel, et ils s'affirment plus que jamais comme les chefs de file d'une nouvelle école de pensée égyptologique. Nous ne sommes pas les seuls à déplorer qu'ils cherchent à exercer un monopole sur cette nouvelle orthodoxie. D'autres gens, comme Alan Alford et Ralph Ellis, s'inquiètent de leurs tendances despotiques.

Quant à Bauval et Hancock, ils sont revenus sur les accusations de complot qui forment la trame du *Mystère du Grand Sphinx*, et dont ils ont longuement parlé dans leurs conférences et dans les médias. C'est dommage. Ils avaient des arguments solides, et il ne leur restait plus que quelques points à éclaircir. Ils ont d'eux-mêmes soulevé des interrogations qu'ils ont laissées sans réponse, en déclarant brusquement, et sans la moindre conviction, que leurs soupçons et leurs allégations ne reposaient sur rien, ceux qu'ils critiquaient s'étant, à l'expérience, révélés être des gens irréprochables.

La réaction du public est encore plus troublante. Quelque temps auparavant, nos deux acolytes se sont taillé un franc succès en dénonçant les manœuvres de Zaï Hawass, qui voulait garder secrètes les découvertes effectuées sur le plateau de Gizeh, et en reprochant à l'ARE et à la fondation Schor de poursuivre en secret leurs propres objectifs. Or, l'on constate que leurs lecteurs et disciples avalisent sans broncher ce brusque revirement et l'appui qu'ils apportent désormais à Zaï Hawass et consorts, et qu'ils ne doutent pas que tout soit rentré dans l'ordre sur le plateau de Gizeh, comme on le leur dit.

Au bout du compte, on ne sait plus très bien qui se trouve dans quel camp, ni même ce que défendent au juste les groupes en question. Si Bauval et Hancock ont parfaitement le droit de changer d'avis, leur attitude trahit certaines collusions. Alan Alford, par exemple, croit savoir que Graham Hancock « obéit, consciemment ou non, à des impératifs maçonniques [71] ».

Les agissements et les déclarations du représentant de l'égyptologie officielle, Zaï Hawass, rendent la situation encore plus confuse. Tout se passe comme si ses multiples et flagrantes contradictions faisaient partie d'une stragégie complexe, ce qui explique que l'on ne s'étonne guère de le voir figurer dans un film promotionnel réalisé à la fin de l'année 1995 par Boris Said et la fondation Schor [72], consacré aux fouilles entreprises pour retrouver la Salle des inscriptions, alors que par ailleurs il n'a que mépris pour les « francs-tireurs ». Debout au milieu d'un tunnel creusé sous le Sphinx, il déclare : « Cette galerie n'a encore jamais été ouverte, et l'on ne sait pas ce qu'il y a à l'intérieur. Mais nous n'allons pas tarder à être fixés. » Quand on apprend, l'année suivante, l'existence de cette séquence, cela met en émoi tous ceux qui suivent le drame de Gizeh, et qui attendent avec impatience la suite du film. Mais il ne s'agit que d'un « bout d'essai », tourné en prévision d'un long métrage qui ne manquerait pas d'être réalisé si d'aventure l'on découvrait les salles en question...

Il est difficile de connaître exactement les attaches des divers protagonistes. On sait cependant déjà que Zaï Hawass est très proche de l'ARE, et qu'il entretient aussi des liens avec une autre société ésotérique qui accorde une grande importance à l'existence de salles secrètes dans le sous-sol du plateau de Gizeh, car il a été dans les années 80 expert conseil et conférencier au musée des Antiquités égyptiennes de l'AMORC, à San José, en Californie [73].

Cet embroglio encourage la propagation des rumeurs les plus folles. Larry Den Hunter, un ancien officier des services de renseignement de l'US Navy, celui-là même que Richard Hoagland a chargé d'aller vérifier avec Amargi Hillier que l'on était bien en train de creuser une galerie sous la chambre de Davison, a fait courir le bruit, sur Internet, que l'on a découvert à l'intérieur de la Grande Pyramide une salle de 80 mètres de haut, qui servirait de tombeau au roi Osiris lui-même, et qu'il a baptisée pour cette raison la « salle d'Osiris ». C'est absolument stupéfiant, ne serait-ce que parce que cela sous-entend qu'un dieu de la mythologie puisse avoir réellement existé. On se trouve là devant un exemple typique de la production apocalyptique d'Hunter et Hillier.

> Pour la première fois depuis des milliers d'années, l'énorme population mondiale va commencer à entrevoir quelque chose de très profond, que Dieu a caché à l'humanité, et qui a trait à la Grande Pyramide. Nous sommes certains que ces révélations

vont nous aider à passer à la vitesse supérieure. Dieu parle à voix basse à tout un chacun, pour lui expliquer que viendra bientôt le moment où s'accomplira la prophétie d'Isaïe (19,19) : « Ce jour-là, il y aura un autel dédié à Yahvé au milieu du pays d'Égypte, et près de la frontière une stèle dédiée à Yahvé [74]. »

Cette déclaration met du baume au cœur des gens chez qui le fondamentalisme chrétien va de pair avec une passion pour l'Égypte ancienne. À première vue, ils réalisent là un syncrétisme approximatif entre l'Ancien Testament (Yahvé) et la mythologie égyptienne (Osiris), curieux mélange, assurément. En règle générale, les divinités païennes ne représentent rien du tout pour ceux qui adorent le Dieu de l'Ancien Testament. On aurait ainsi du mal à trouver un rabin, l'exemple même d'un adorateur de Yahvé, attendant avec impatience que l'on retrouve le corps d'Osiris, ou croyant qu'il est dans les desseins de son Dieu de provoquer, à l'échelle de la planète, des bouleversements faisant intervenir la divinité d'un peuple qui a réduit le sien en esclavage, comme nous le dit la Bible. Sans compter qu'Hunter et Hillier rattachent tout cela à la prophétie d'Edgar Cayce, selon laquelle on découvrira en 1998 la Salle des inscriptions. L'ironie de la chose veut qu'ils se réfèrent à cette prédiction pour affirmer qu'il existe des chambres secrètes sous la Grande Pyramide, alors qu'Edgar Cayce dit précisément le contraire [75].

Tout le monde ayant accès à Internet, il ne faut pas s'étonner que les rumeurs les plus folles se progagent à la vitesse de la lumière. Mais certains indices laissent aussi penser qu'on les fait parfois délibérément circuler, dans un objectif précis, et qu'elles sont alors issues des milieux officiels.

À la fin de l'année 1997, notre amie Georgina Bruni, qui tient une rubrique dans la revue *Sightings*, fait la connaissance d'un célèbre journaliste politique égyptien, dans une réception londonienne. Au détour de la conversation ils en viennent à parler de la Salle des inscriptions. Quelle n'est pas la surprise de Georgina d'entendre son interlocuteur lui expliquer que l'on a découvert, quelques mois plus tôt, des pièces sous le Sphinx (c'est une équipe financée par la fondation Schor qui aurait eu cette chance), mais que les autorités égyptiennes auraient interdit que l'on ébruite l'affaire, allant jusqu'à convoquer les représentants de la presse pour qu'il ne subsiste aucun malentendu à ce sujet [76] ! Ce n'est pas tout : si l'on en croit notre homme, on aurait trouvé, à l'intérieur de ces « chambres », la momie d'une reine, peut-être Néfertiti, l'épouse d'Akhénaton, ainsi qu'une statue de Sekhmet, la déesse à tête de lionne. Dans les salles voisines, on aurait découvert des textes écrits en hiéroglyphes ou dans une langue décrite comme de l'« altéen », que l'on aurait en partie traduits, et qui expliqueraient qu'Aton est descendu du ciel, et que de lointains ancêtres seraient arrivés en Égypte où ils auraient construit les pyramides.

Ce monsieur, correspondant à Londres d'un organe de presse, est spécialiste des questions d'ordre politique, et non d'archéologie. En tenant ces propos, il n'a fait que répéter ce qu'il avait entendu dans les milieux autorisés du Caire. Il se peut donc que l'histoire ait été lancée par des individus proches du gouvernement de son pays, mais elle est, dans une large mesure, invraisemblable. En effet, comment aurait-on pu déchiffrer des documents rédigés dans une langue inconnue, de surcroît en un temps record ?

Que se passe-t-il donc à Gizeh ? On dirait que l'on y joue à un jeu dont seuls les protagonistes connaissent les règles et la finalité, les autres en étant réduits à l'expectative. Il semblerait que l'on réalise, en catimini, des fouilles sur le plateau de Gizeh. Du moins est-ce ce qui ressort des déclarations de Thomas Danley et de Simon Cox sur le percement clandestin de galeries sous la Grande Pyramide. Par ailleurs, des expéditions fortement médiatisées, comme celle qui entend filmer le conduit d'adduction d'eau, se révèlent dénuées d'intérêt. Dès lors qu'il s'agit de Gizeh, on a tendance à mélanger témoignages d'universitaires, par définition très fiables, et rumeurs ou affirmations grandiloquentes et totalement absurdes. Que conclure de tout cela ?

On peut commencer à se demander ce qui amène autant de monde à se focaliser sur Gizeh. Visiblement, ces gens escomptent retirer un bénéfice de ces fouilles et intrigues, qu'il s'agisse de récupérer un trésor, des objets religieux ou des dispositifs mettant en jeu une technologie fort ancienne. Telle est l'interprétation la plus courante, mais l'on ne prend pas assez garde à un autre aspect du plateau de Gizeh, à savoir le fait qu'il puisse servir de symbole à des religions disparates. C'est là en soi quelque chose d'inestimable, notamment pour ceux qui font profession d'exploiter les systèmes de croyances. Le véritable objectif serait-il Gizeh, et non ce que l'on risque d'y trouver ?

Les protagonistes de ce petit jeu qui se déroule à Gizeh obéissent pour la plupart à des motivations facilement identifiables. Zaï Hawass aimerait devenir la référence mondiale en matière d'égyptologie, Joseph Schor et l'ARE veulent absolument retrouver la Salle des inscriptions, etc. Mais les choses ne sont pas toujours aussi claires, et il est parfois difficile de dire quels objectifs poursuivent les individus et les organismes qui ont joué un rôle déterminant, par exemple l'énigmatique James Hurtak et le Standford Resarch Institute, qui ont sans doute travaillé ensemble sur le plateau de Gizeh dans les années 70. Dernièrement, Hurtak s'est associé à Boris Said, et il fait office de conseiller scientifique au sein de la société Magical Eye.

Le cercle du voyant

Edgar Cayce avait prédit que l'on découvrirait la « Salle des inscriptions » en 1998, raison pour laquelle nous faisons souvent allusion à l'ARE, l'association qu'il a créée. Les membres de cette organisation se sont à l'évidence assigné pour objectif de retrouver ces fameux locaux, ce qui suppose qu'ils aient les moyens de financer leurs recherches, même si l'on ne voit pas très bien pourquoi ils sont obligés d'en arriver là, puisqu'ils partent du principe que de toute façon ils parviendront à leur but.

Le personnage d'Edgar Cayce sort de l'ordinaire : c'est un individu plus complxe que le portrait que l'on en brosse généralement. On nous dépeint un brave type, sans instruction mais plein de bonne volonté et disposé à combler ses lacunes, qui a toujours mené une existence modeste. C'est en 1910 que la presse parle pour la première fois de lui : « Sous hypnose, un analphabète établit des diagnostics [77] », proclame en manchette le *New York Times*. C'est étrange : non seulement cet homme n'est pas illettré, mais il a long-temps travaillé comme vendeur dans une librairie. Ce sera d'ailleurs son premier métier, qu'il exercera sept ans durant [78]. À noter aussi qu'il a une mémoire phénoménale et que, plus de trente ans après, il était capable de réciter le catalogue des éditeurs [79].

Une autre facette de sa personnalité est omise dans les livres qui lui sont consacrés, même si leurs auteurs doivent la connaître, car ils appartiennent à la même mouvance que lui : lorsqu'il entrait en transe, son « double » annonçait que « l'âge d'or » de l'Amérique serait régi par les principes de la franc-maçonnerie. Dans son état normal, il n'y aurait certainement vu aucune objection, puisqu'à vingt-deux ans il est devenu voyageur de commerce pour la compagnie d'assurances dans laquelle travaillait son père, Leslie Cayce (surnommé « le Cavalier »), la Fraternal Insurance Company [80]. Comme son nom l'indique (« Compagnie d'Assurances fraternelle »), elle a pour clients des francs-maçons, et il y a tout lieu de penser que ses employés l'étaient également. Les loges n'acceptant que des adultes, il a sans doute attendu d'avoir l'âge requis pour entrer à la Fraternal Insurance Company. Nous n'avons pas réussi à savoir quels étaient les grades respectifs du père et du fils, mais sachant que le premier avait la possibilité de créer de nouvelles loges et que le second lui donnait un coup de main, on peut en déduire qu'ils devaient être tous les deux assez haut placés [81]. En réalité, Edgar Cayce n'a travaillé que quelques mois dans la même société que son père, car victime de sa première attaque d'aphasie, il a été soigné par hypnose, ce qui a, semble-t-il, révélé ses pouvoirs parapsychiques.

Sa carrière de médium le fera connaître dans les autres sphères de la société américaine. Dans un texte datant de 1932 (mais qui ne sera publié qu'en 1997), il explique qu'en 1918 ou 1919 il est allé à Washington faire profiter de ses lumières un personnage de tout premier plan. « Il a dû trouver très intéressant ce que je lui racontais, ajoute-t-il, car il m'a demandé de revenir le voir un an après, ou un peu plus tard [82]. » Edgar Cayce ne nous révèle pas l'identité de l'individu en question, mais l'on devine aisément qu'il s'agit du président Woodrow Wilson, qui est victime d'une attaque en 1919, et au chevet duquel on l'a sans doute appelé, pour qu'il le fasse profiter de ses talents de guérisseur [83].

Il est en effet probable qu'il a rencontré le président américain, car il a pour ami un certain David Kahn, qui sera l'un des premiers à l'encourager à développer ses pouvoirs, et qui a fait la guerre avec un certain major Wilson, cousin de Woodrow Wilson, précisément [84]. Tous les trois vont fonder la Cayce Oil Company, une société de prospection pétrolière, qui recherche de nouveaux gisements au Texas. Hélas, ils ne découvriront rien du tout, et ils perdent beaucoup d'argent [85]. Même si l'on ne tient pas compte des pouvoirs médiumniques d'Edgar Cayce, ils font partie des rares prospecteurs qui n'ont pas réussi à trouver une goutte de pétrole au Texas, ce qui n'est pas très flatteur pour notre voyant !

C'est David Kahn qui le propulse sur le devant de la scène, et qui le présente à des gens importants. Il fait sa connaissance en 1912 dans le sud des États-Unis, en Alabama, et il se passionne pour ces séances au cours desquelles Edgar Cayce établit des diagnostics. Mobilisé en 1917, il chantera les louanges d'Edgar Cayce auprès de ses supérieurs, tant et si bien qu'un membre de la famille royale italienne, dont l'identité n'a jamais été révélée, lui demandera de venir lire des extraits de ses œuvres [86]. Bref, il n'évolue pas vraiment dans un milieu modeste, comme on a tendance à le croire. Edgar Cayce ne dit pas le contraire. « Grâce à lui [David Kahn], explique-t-il, j'ai fait la connaissance de gens importants : des banquiers, des hommes d'affaires, des avocats, des journalistes ; bref, des individus de tous les horizons [87]. » En 1924, David Kahn le présente également à un petit groupe d'hommes d'affaires, dont la figure de proue est Morton Blumenthal, un agent de change qui accepte de financer un hôpital et un institut de recherches à Virginia Beach, si Edgar Cayce le fait bénéficier de ses lumières. C'est le prototype de l'ARE, même si cet organisme n'existe que pendant deux ans, car des différends surviennent entre Edgar Cayce et Morton Blumenthal et ses amis, qui récupèrent leur mise de fonds et l'investissent auprès d'un autre médium [88].

Au milieu des années 20, trois membres de ce groupe qui ont acheté une propriété à Bimini se mettent en tête qu'un trésor y est enseveli, et ils font appel à Edgar Cayce et aux siens pour les aider à le retrouver[89]. Comme on peut s'y attendre, ils feront chou blanc, mais il faut noter que c'est seulement en revenant de là-bas qu'Edgar Cayce évoquera Bimini et l'Atlantide dans ses lectures.

Son prestige s'étend à la famille royale italienne, au président des États-Unis, à l'état-major de l'armée de terre américaine, et il a même des contacts avec les services secrets des États-Unis. En 1965, David Kahn expliquera que c'est le colonel Edmond Startling, chef du contre-espionnage, qui a organisé la rencontre entre Edgar Cayce et le président Wilson[90]. Il ajoute que le colonel Startling est « un ami de toujours » d'Edgar Cayce, même s'il n'est jamais cité dans les mémoires du « prophète endormi », connu pour sa discrétion. Il faut dire qu'ils sont tous les deux originaires d'Hopkinsville, bourgade du Kentucky, ce qui explique qu'ils soient toujours restés en bons termes, même si Startling est plus âgé que Cayce et l'a probablement connu par l'intermédiaire de son père. On imagine qu'Edmond Startling et le père d'Edgar Cayce appartenaient tous les deux à la loge d'Hopkinsville.

Ces solidarités sont l'équivalent, à échelle réduite, de ce qui se passe sur un plan général. Au cours de notre enquête s'est dégagée une tendance, fondée sur les alliances insolites entre médiums, hommes politiques, francs-maçons, grandes entreprises et services secrets. Peu importe, au fond, que les prédictions d'Edgar Cayce soient exactes ou non. Ce qui compte, c'est qu'une foule de gens importants ont cru, à l'époque, qu'il possédait des pouvoirs. En va-t-il de même aujourd'hui, pour ceux qui occupent des positions analogues ? Faut-il y voir l'explication de ce qui se passe sur le site de Gizeh, en ce début du XXIe siècle, qui doit être marqué par la découverte de la Salle des inscriptions ?

Il peut sembler bizarre que les personnalités du monde politique soient influencées par les prophéties d'Edgar Cayce. Pourtant, les dirigeants égyptiens et les proches du président américain sont persuadés de l'existence de la Salle des inscriptions[91]. Edgar Cayce lui-même rapproche francs-maçons, services de renseignements, hommes politiques et personnages de marque, et il n'est pas le seul à procéder ainsi.

L'œil du voyant

Un autre organisme, appelé à jouer un rôle majeur sur le plateau de Gizeh, notamment dans les années 70, illustre les liens qui peuvent exister entre la parapsychologie, la technologie, les services secrets et les industries de la défense : il s'agit du Standford Research Institute (SRI). « Les gens du SRI recherchaient des chambres secrètes à Gizeh bien avant que nous les rencontrions, moi ou la fondation Edgar Cayce », observe Mark Lehner [92]. C'est tout de même curieux : si l'on comprend très bien pourquoi l'ARE s'intéresse à Gizeh, étant donné les prophéties d'Edgar Cayce, on voit mal ce qui amène le SRI a rechercher des « chambres » à l'intérieur des monuments égyptiens.

Mis sur pied en 1946, dans le cadre de l'université de Standford, en Californie, le SRI devait en principe effectuer des recherches pour l'industrie, afin de récolter des fonds. Ce sera un échec, et pendant des années il sera lui-même subventionné par son organisme de tutelle [93]. On assiste à un renversement de situation lorsqu'il commence à travailler pour le Pentagone et les services de renseignements américains, sur des projets classés « secret défense ». Il participe à la mise au point des armes nucléaires, pour le compte de la Commission à l'énergie atomique, réalise des expériences sur la guerre chimique, et développe des systèmes d'armes encore plus bizarres, à la demande du ministère de la Défense et de la CIA. (C'est d'ailleurs parce qu'elle accepte de collaborer avec le Pentagone, même si la plupart des contrats sont passés avec le SRI, que l'université de Stanford acquiert une envergure nationale aux États-Unis, débordant le cadre de la Californie.)

En 1968, le SRI a atteint des dimensions comparables à celles de l'université, et il a même davantage de personnel. Mais voilà, les étudiants savent désormais que leur établissement œuvre main dans la main avec les services de renseignements et le Pentagone, et en l'espace de trois ans, les reponsables reconnaissent que de nombreux départements, et plus particulièrement le SRI, travaillent sur des projets ultrasecrets, comme l'espionnage électronique, au bénéfice de la CIA. Les jeunes gens s'insurgent. Stuart W. Leslie remarque, dans *The Cold War and American Science* (1993), que « l'envergure du programme de recherches secrètes entreprises à Standford choque les milieux universitaires, toujours confrontés à la guerre du Vietnam, même si les ingénieurs sont pour leur part au courant depuis longtemps [94] ». Dénonçant vigoureusement les liens entre l'université et les militaires, les étudiants organisent des sit-in et des manifestations, en prenant d'abord pour cible le SRI. Ils finiront pas obtenir gain de cause, puisque l'université cessera de travailler sur des projets à caractère secret et coupera les ponts avec l'oganisme qui a eu droit à ce traitement de faveur. Le SRI, rebaptisé SRI International, devient une société privée.

Livré à lui-même, le SRI dépend plus que jamais des contrats passés avec les militaires, et son chiffre d'affaires fera bientôt de lui le plus grand centre de recherches indépendant au monde. En 1993, il réalise 75 % de ses recettes avec le Pentagone [95]. Il possède désormais des succursules dans dix pays étrangers, au premier rang desquels la Grande-Bretagne, et il anime le laboratoire d'intelligence artificielle de l'Université de Cambridge. Il possède également un comité consultatif sur la sécurité du pays, qui regroupe d'anciens « décideurs » du ministère de la Défense, et qui travaille pour le compte de la NASA.

Sur le site de Gizeh, il recourt à la télédétection, une technique de pointe, même si elle n'est pas révolutionnaire, et qui n'a rien à voir avec la vision à distance, thème des recherches entreprises dans les années 70 pour le compte de la CIA. On entre là dans le domaine de la science-fiction, et ces recherches, dirigées par Russell Targ et Harold (« Hal ») Puthoff, ont certainement inspiré les scénaristes de *X-Files* et donné un coup de fouet aux travaux du Pentagone et de la CIA, qui traînaient en longueur.

La vision à distance relève de la parapsychologie et du paranormal, même si elle a fait l'objet d'études poussées, allant même jusqu'à être enseignée dans le cadre de trois programmes financés par le Pentagone et la CIA : le projet Grill Flame, le projet Sun Streak et, ce qui n'est pas anodin, le projet Star Gate, dans lesquels ont été investis quelque 15 millions de dollars en l'espace de vingt-cinq ans – certains avancent un chiffre nettement supérieur [96]. Quant au terme *stargate*, il a été lancé par le film du même nom sorti en 1994, suivi par une série télévisée portant le même titre. On y voit des êtres humains qui recourent à un très ancien procédé pour se rendre sur d'autres planètes. Sans doute le réalisateur et le producteur savaient-ils que, dans l'Égypte ancienne, le mot *sba* signifiait « étoile », mais aussi « porte » et « portail »[97]. Cela dit, on saisit mal pourquoi un projet de recherches sur la vision à distance s'intitule Star Gate.

La vision à distance provoque une expérience de sortie hors du corps, qui permet de se « déplacer » dans des endroits éloignés, en opérant le plus souvent une translation dans l'espace, mais parfois aussi un voyage dans le temps, après quoi l'on revient à son point de départ et l'on raconte ce que l'on a « vu ».

Dans les années 70, ce n'est un secret pour aucun psychologue, le SRI effectue des recherches sur la vision à distance. Dans l'ensemble, ce projet rencontre chez ces personnes un accueil favorable, car ils y voient la preuve que l'esprit, ou la conscience, peut agir indépendamment du corps et du cerveau. Ces recherches ont des conséquences extrêmement importantes, puisqu'elles confirment ce que les mystiques ont entre autres toujours dit, à savoir que la conscience individuelle, l'esprit ou l'âme, peut fonctionner en dehors de l'organisme, et par conséquent survivre à la mort corporelle.

À cette époque, les médias suivent de près les travaux de Targ et Puthoff, car il semblerait que chacun de nous soit capable de pratiquer la vision à distance, après une formation très succincte. On y consacre plusieurs documentaires télévisés, dont l'un nous montre, par exemple, une dame décrivant précisément, et sans difficulté apparente, la « cible » qu'elle a « vue », en faisant voyager sa conscience dans l'espace. On s'aperçoit cependant très vite, au SRI, que certains individus sont plus doués que d'autres. Pat Price et Ingo Swann, respectivement ancien commissaire de police et artiste new-yorkais, figurent au nombre des heureux élus. Le premier travaillera ensuite pour la CIA, et il disparaîtra dans des conditions mystérieuses[98]. Le second formera à son tour des gens, pour le compte du Pentagone, avant d'offrir ses services à une société privée. Mais la vedette incontestée reste Uri Geller, le jeune et séduisant médium israélien, qui entre en scène en 1972, et qui s'est fait connaître en tordant sans effort des petites cuillers et des objets métalliques.

C'est à l'époque où il se produit dans des boîtes de nuit, en Israël, qu'Uri Geller sera remarqué par un chasseur de talents, qui l'invite à faire tester scientifiquement ses étonnants pouvoirs au Standford Research Institute [99]. L'homme en question ne sera pas seulement son mentor pendant un bref laps de temps, mais il jouera aussi un rôle déterminant dans les intrigues qui se nouent autour de lui. Il s'agit d'Andrija Puharich, un nom très prestigieux, comme on le verra.

La publicité qui entoure les recherches sur la vision à distance menées par Targ et Puthoff au Standford Resarch Institute passe sous silence un facteur essentiel, à savoir qu'elles sont financées par les services secrets américains, notamment le Bureau des Services techniques et le Bureau des Recherches de la CIA [100].

En l'espace de deux ans, celle-ci injecte 150 000 dollars dans le Standford Research Institute, à quoi s'ajoutent, nous dit Jim Schnabel dans *Remote Viewers*, « deux petits contrats passés avec la NASA et l'US Navy, ainsi que le restant des sommes précédemment allouées pour financer les recherches d'Uri Geller [101] ».

Au milieu des années 90, le Pentagone, la CIA et le SRI reconnaissent enfin qu'ils financent les recherches sur la vision à distance – cela grâce à la loi sur la liberté d'information en vigueur aux États-Unis, et aux témoignages de deux experts en vision à distance, dont David Morehouse, ancien officier de l'armée de terre, qui a participé à l'opération Sun Streak à la fin des années 80 et au début des années 90. Dans le livre *Psychic Warrior*, il nous décrit sa réaction, lorsqu'il a appris dans quel contexte ont été lancés ces programmes de recherches sur la vision à distance :

> Cela me dépasse. Ce programme a débuté en 1974, il y a presque quinze ans. Ce n'est donc plus un projet expérimental [...] ça marche, on le sait, on en a fait la démonstration à Standford, et ce ne sont pas les preuves qui manquent. Les chercheurs qui ont travaillé dans ce domaine ont écrit des livres ; mais personne n'y a fait attention. Ces ouvrages ne disent pas que les services de renseignements sont impliqués dans l'affaire, mais il est évident que ces travaux sont financés par l'État.

> [...] Les autorités financent les recherches entreprises dans une demi-douzaine d'organismes privés et dans un nombre équivalent de centres dépendant du gouvernement fédéral ou de l'administration locale. Ils injectent des dizaines de millions de dollars dans la vision à distance et les techniques apparentées [102].

Le Standford Research Institute travaillera, dans les années 70, sur plusieurs programmes liés aux phénomènes parapsychiques, celui qui concerne la vision à distance étant de loin le plus important. C'est à la même époque que débutent ses recherches sur le site de Gizeh. Est-ce une simple coïncidence, ou bien se trame-t-il autre chose en coulisses ?

On trouvera peut-être un début de réponse dans ce qu'ont vécu les personnes qui se sont livrées à ce genre d'expériences. Très souvent, elles raconteront avoir entrevu des pyramides pendant les séances, ce qui a été pris très au sérieux par les responsables. Ni le Standford Research Institute ni les services de renseignements ne pouvaient dédaigner ces révélations, puisqu'ils étaient déjà impliqués, directement ou non, dans les fouilles en cours sur le plateau de Gizeh. Cela dit, lorsque Lambert Dophin prend la tête de l'expédition archéologique du Standford Research Institute, dans les années 70, il bénéficie des renseignements qui lui ont été donnés par les spécialistes en vision à distance travaillant pour cet organisme [103]. Son ami, James Hurtak, a sans doute, mine de rien, participé lui aussi à l'élaboration du programme de vision à distance du SRI. Tous les deux ont, au départ, demandé les conseils d'un parapsychologue confirmé, Harold Sherman [104]. Le porte-parole de l'Académie pour les sciences de l'avenir nous explique que son patron, James Hurtak, a parlé de vision à distance avec Harold Sherman [105].

Cependant, le zèle que mettent les militaires et les services de renseignements à expérimenter cette technique n'est pas sans soulever des questions embarrassantes. Alex Constantine, entre autres, observe que l'objectif de la vision à distance n'est pas tant de recueillir des renseignements sur des lieux éloignés que d'agir directement sur notre mental [106]. Il se dit persuadé que ces prétendues recherches sur la vision à distance ne sont que de la désinformation, et que le Pentagone cherche en réalité à mettre au point des techniques de manipulation mentale, « l'espionnage parapsychique » n'étant qu'un prétexte. S'il est indéniable que la vision à distance sert parfois de couverture à des projets moins avouables, il ne faut sans doute pas en tirer des conclusions aussi alarmantes. On est en droit d'imaginer, en effet, que les services secrets essaient de mettre au point des techniques permettant d'influencer un individu qui se trouve physiquement hors d'atteinte : si la vision à distance est un procédé donnant des résultats satisfaisants, il faut alors mettre au point des contre-mesures, de façon à la rendre inopérante, comme l'on brouille, par exemple, les ondes radar. C'est là un sujet rarement évoqué par les spécialistes, et l'on ignore ce qu'il en est au juste, même si tout indique que les processus parapsychiques fonctionnent dans les deux sens, et que l'occultisme a toujours expliqué qu'on pouvait les utiliser pour le meilleur ou pour le pire.

Il faut donc toujours avoir cette hypothèse présente à l'esprit, lorsqu'on parle de vision à distance, et que l'on examine les déclarations surprenantes de ceux qui se livrent à ce genre d'exercice.

À la recherche de la « porte des étoiles »

On ne saura peut-être jamais ce qui se passe exactement sur le site de Gizeh, depuis une trentaine d'années. La présence d'organismes aussi différents que l'ARE and Enlightenment et le SRI, qui opèrent un singulier amalgame entre recherche scientifique et technologie de pointe d'un côté, et parapsychologie de l'autre, ainsi que celle de la fondation Schor, laisse penser que l'on poursuit là-bas des objectifs individuels, voire strictement personnels. Mais à y regarder de plus près, on s'aperçoit que les militaires et les services de renseignements sont directement impliqués.

Il court toutes sortes de rumeurs, plus ou moins pittoresques, sur Gizeh. On entend dire parfois que les États-Unis recherchent un objet ou un dispositif utilisé au temps jadis, et qui a peut-être été apporté par des extraterrestres. S'agirait-il d'une véritable « porte des étoiles », autrement dit d'un appareil nous permettant de nous évader dans l'espace, comme dans le film et la série télévisée ? Suivrait-on, pour ce faire, les instructions de gens qui pratiquent la vision à distance ? L'aurait-on déjà trouvé, ce qui serait encore plus troublant ? Cela reste, pour l'instant, du domaine de la spéculation. Si les Américains s'intéressent à la technologie de la « porte des étoiles », il s'agit là d'un projet ultrasecret, et très peu de gens sont au courant. Ce qui est sûr, c'est que pratiquement tous ceux, groupes ou individus, qui s'activent actuellement sur le site de Gizeh veulent exploiter à leur profit la culture, la religion et même les dieux de l'Égypte ancienne, en se souciant comme d'une guigne des architectes anonymes et néanmoins géniaux qui ont construit le Sphinx et les pyramides, en obéissant à des considérations mystiques.

Si les services de renseignements veulent mettre la main sur un appareil, ou bien sur des documents, cela signifie qu'ils pensent que la civilisation de l'Égypte ancienne était, dans certains domaines, beaucoup plus avancée que la nôtre. On en revient à l'idée d'un peuple disparu, mais qui avait jadis atteint un niveau de développement très avancé, à moins qu'il ne s'agisse d'extra-terrestres, comme l'explique Robert Temple dans *The Sirius Mystery*. N'oublions pas, en effet, que cela intéresse aussi bien les francs-maçons que la CIA et le MI5.

Mais qu'en pensent Bauval et Hancock ? Après avoir écrit *Le Mystère du Grand Sphinx*, ils ont continué à réfléchir sur Gizeh, ce qui leur a permis de faire le lien entre un certain nombre d'individus et d'organismes présents là-bas et les énigmes que nous pose depuis peu la planète Mars [107]. À l'origine, *Le Mystère de Mars* (que Graham Hancock a écrit avec Robert Bauval et John Grisby, mais qu'il est seul à signer dans l'édition parue aux États-Unis) se proposait de faire la lumière là-dessus. Il devait d'ailleurs avoir pour sous-titre *Message at the Edge of the World* (« Message au bord du monde [108] »). Mais lorsqu'il paraît dans les pays anglo-saxons, en 1998, cet ouvrage, qui n'exclut pas qu'il ait pu jadis exister une civilisation sur Mars et que celle-ci ait entretenu des liens avec l'Égypte ancienne, ne souffle mot des liens que cela peut avoir avec les intrigues auxquelles on assiste aujourd'hui à Gizeh, préférant nous mettre en garde contre le risque de collision avec une comète ou un astéroïde...

Sans jamais affirmer que des extraterrestres sont intervenus directement dans l'histoire de l'humanité, Bauval et Hancock accueillent favorablement cette idée. Bauval reconnaît tout ce qu'il doit au livre de Robert Temple, et c'est grâce à lui qu'il en sortira une nouvelle édition en 1998 [109]. Dans ses dernières interviews, Hancock se montre très discret sur d'éventuels rapports entre Mars et l'Égypte ancienne, n'ayant pas besoin de recourir à cette hypothèse. Pourtant, il aurait lui-même supprimé un chapitre de *L'Empreinte des dieux* consacré à ce thème [110]. Sans parler du fait qu'il écrira ensuite avec Bauval *Le Mystère de Mars*, dans lequel ils expliquent qu'il a effectivement existé jadis une civilisation sur Mars, et que celle-ci était en relation avec l'Égypte. Hancock témoigne également toute sa confiance aux travaux et aux déclarations de Whitley Strieber, qui prétend avoir été enlevé par des extraterrestres (voir chapitre 7), ce qui n'est pas anodin.

L'entrée en lice de Bauval et Hancock dans la controverse née autour de Mars marque un tournant.

Chapitre 3
Au-delà de la mission sur Mars

En avril 1998, la dernière sonde spatiale de la NASA, Mars Global Surveyor, envoie des clichés d'une région de la planète rouge appelée Cydonia Mensae (« La table de Cydonia »). On a rarement attendu des photos avec autant d'impatience, car on espère qu'elles donneront des précisions sur le fameux « visage » dessiné à la surface de Mars, en qui certains voient la preuve qu'il a jadis existé là-bas une civilisation comparable à la nôtre. On diffusera donc sur Internet des images d'une résolution dix fois plus fine que toutes celles obtenues précédemment, mais qui ne révèlent aucun détail permettant de conclure à la présence d'une telle figure sur l'écorce martienne : on n'aperçoit que des excroissances rocheuses très érodées, qui ne rappellent en rien les traits d'un individu. La déception, qui vire souvent au désenchantement, est de taille et n'a d'égal, d'après ce que nous avons pu en juger, que celle qui a fait suite à la datation au carbone 14 du suaire de Turin, montrant qu'il s'agit d'un faux. Les personnes qui croient dur comme fer à la présence sur le sol martien d'un tel visage auront beau se rebiffer, l'émotion retombera très vite. Si Mars a un message à nous transmettre, la planète rouge se montre très discrète ces derniers temps.

Les pyramides de Mars

Mars est une proche voisine. Distante de quelque 54 millions de kilomètres de la Terre, lorsqu'elle s'en rapproche le plus, la planète rouge est la quatrième, à partir du soleil, et la plus proche de nous après Vénus. Deux fois plus petite que la Terre, elle connaît un jour d'une longueur comparable (soit un peu plus de 24,5 heures), mais l'année y dure 687 jours, et la température oscille entre – 120° et + 20 °C.

La planète rouge, qui pendant l'Antiquité évoquait les conflits armés (Mars était le dieu de la guerre chez les Romains, ce qui a donné l'adjectif « martial »), nous fascine depuis longtemps. Pourtant, le 9 septembre 1972, la sonde spatiale Mariner 9 la montre telle qu'elle est : sur les images en gros plan qu'elle envoie, on découvre une planète désolée, rocailleuse, et effectivement de couleur rouge.

Ce ne sont pourtant pas ces caractéristiques qui enflamment les imaginations, surtout dans certains milieux, mais le fait que l'on distingue, sur la photo d'une région baptisée le Quadrilatère élyséen (situé à 15 degrés au nord de l'équateur martien) deux grosses pyramides et trois autres plus petites. Un second cliché, pris six mois plus tard, le 7 août, confirmera l'information. Pour certains, dont James Hurtak, professeur d'études orientales à l'Institut des beaux-arts de Californie, qui a entrepris, comme on l'a vu au chapitre précédent, des recherches clandestines à l'intérieur de la Grande Pyramide, c'est bien la preuve qu'il a existé jadis une civilisation sur la planète Mars.

Voici le portrait que nous en brosse un écrivain britannique, Stuart Holroyd, au cours des années 70 :

> Hurtak [...] était moins un professeur qu'un véritable phénomène, un gourou dont l'enseignement n'expliquait pas la réalité objective, mais s'apparentait à un jaillissement d'idées et à une multiplication d'expériences inédites, susceptibles d'amener les étudiants à explorer eux-mêmes et en eux-mêmes de nouveaux domaines. Vêtu d'un costume froissé, un béret vissé à l'arrière du crâne, il donnait des cours qui duraient parfois huit heures, pendant lesquels il alternait lecture des Saintes Écritures et commentaires décousus sur les passages en question [1].

En dehors de ses activités pédagogiques proprement dites, il emmenait, la nuit et pendant le week-end, ses étudiants dans des endroits chargés d'énergie, en plein désert californien, preuve qu'il avait des affinités avec le New Age, qui professe que la Terre est un organisme vivant et qu'il existe des forces invisibles.

Peu de gens ajouteront foi aux images de pyramides envoyées par Mariner 9, même si elles donnent lieu à un reportage télévisé dans la série *Dr Who*[2] et intriguent suffisamment le sceptique incorrigible qu'est Carl Sagan, pour qu'il écrive en 1981 dans *Cosmos* :

> La plus grande [des pyramides] est longue de trois kilomètres à sa base et mesure un kilomètre de haut, ce qui signifie qu'elle a des dimensions beaucoup plus impressionnantes que celles qui se dressent à Sumer, en Égypte et au Mexique. Ce sont sans doute là des petites montagnes érodées, qui se sont recouvertes de sable au fil du temps. Mais elles méritent, à mon avis, que l'on s'y intéresse de près[3].

En 1976, une nouvelle mission spatiale américaine, baptisée Viking, photographie le sol de la planète rouge[4]. Les deux vaisseaux engagés dans l'aventure, Viking 1 et Viking 2, se composent chacun d'un véhicule orbital, chargé de transmettre sur Terre photos et autres données, et d'un module destiné à se poser sur Mars et à rechercher, entre autres, les traces d'une éventuelle forme de vie. On ne trouvera rien de tel, même si les scientifiques ne sont pas tous d'accord à ce sujet[5]. Le voyage durera neuf mois, chaque engin coûtant la bagatelle de 500 millions de dollars. Le module de Viking 1 devait à l'origine se poser sur Mars le 4 juillet 1976, jour de la fête nationale américaine, qui correspondait au bicentenaire de l'indépendance des États-Unis, mais l'on a craint que le site prévu pour « l'atterrissage » ne soit mal choisi, et la mission a été reportée au 20 juillet, date anniversaire de l'arrivée de l'homme sur la Lune, sept ans plus tôt. Le module de Viking II se pose quant à lui le 3 septembre 1976, et les deux engins vont, six ans durant, envoyer des données à la Terre.

Le 25 juillet 1976, à 1 860 kilomètres de distance, Viking 1 photographie une région baptisée Cydonia Mensae, à 40 degrés au nord de l'équateur martien, de l'autre côté de la planète par rapport à l'Élysée. Sur les clichés transmis par le satellite, on découvre ce qui ressemble à un visage fixant l'espace. Mesurant de 1 à 2 kilomètres, cette curiosité est assez grande pour qu'on l'évoque lors de la conférence de presse que donnent le lendemain les responsables de la NASA. Toutefois, comme il peut s'agir d'une illusion d'optique, on n'y prête pas attention et l'on archive la photo, au même titre que les 51 538 autres prises par Viking (aussi incroyable que cela paraisse, on n'analysera que le quart des images envoyées par le satellite, faute de crédits). Ce cliché porte le numéro 35A72, ce qui signifie qu'il s'agit du trente-cinquième pris par Viking lors de sa soixante-douzième révolution autour de Mars.

Le « visage » reviendra sur le devant de la scène lorsque l'on « redécouvrira » quelque temps plus tard cette fameuse image, même s'il y a peu de gens, parmi ceux qui ont suivi la controverse soulevée par l'affaire, qui connaissent le fin mot de l'histoire. On reparlera en effet à deux reprises de cette énigmatique figure, en ne lui attachant vraiment de l'importance que la seconde fois. Au départ, c'est avec H. Guard Hall, responsable des vols au Jet Propulsion Laboratory de Pasadena, en Californie (l'organisme qui gère les missions des sondes spatiales, comme celle de Viking) que l'on s'intéresse de nouveau à cette « physionomie » gravée sur la surface de la planète rouge. H. Guard Hall sort alors avec celle qui deviendra sa femme, Marijke Posthuma, une illustratrice et décoratrice de théâtre hollandaise qui a jadis travaillé pour les Beatles, et qui est l'une des principales « disciples » de James Hurtak. Celui-ci lui a parlé du « visage » en décembre 1976, et elle épluchera avec son futur mari les archives du Jet Propusion Laboratory, jusqu'à ce qu'elle mette la main sur des photos de cette curiosité [6]. Elle les communiquera ensuite à James Hurtak, qui s'en servira pour illustrer ses conférences, dès le mois d'avril 1977 [7].

Or, James Hurtak explique déjà – comme par hasard – que ce « visage » ressemble à la tête du Sphinx, ce qui lui permet d'établir tout de suite un lien affectif avec l'Égypte. Encore plus étonnant, en 1975, soit un an avant que la sonde Viking ne prenne les clichés en question, il prédit que l'on trouvera là-bas quelque chose qui évoquera le Grand Sphinx [8]. Ce sont toutefois les extrapolations auxquelles ces photos donneront lieu de sa part qui auront des répercussions considérables. Hancock et Bauval annonceront que l'on découvrira sur Mars des édifices du même type, y compris un monument qui ressemble au Sphinx, et que ces constructions seront liées aux monuments de Gizeh, dans le cadre d'un projet établi à l'échelle cosmique [9]. Or, le plus étonnant est que cela va se révéler d'une certaine façon exact : les idées de James Hurtak vont être à la base d'une nouvelle idéologie.

L'histoire ne redémarre vraiment qu'en 1979, lorsque Vincent Di Pietro, un ingénieur électricien de la NASA, spécialisé dans le traitement numérique des images et employé au centre des vols spatiaux Goddard, dans le Maryland, tombe par hasard sur un cliché du « visage ». Cette image l'intrigue, comme elle déconcerte son ami Gregory Molenaar, un informaticien de chez Lockheed, travaillant sous contrat pour la NASA. Ils veulent tout de suite affiner cette photographie, afin de voir s'il s'agit bien d'un visage au sens propre du terme, ou d'un simple accident de terrain qui évoque les traits d'un être humain. Mais, à l'époque, les procédés informatiques permettant ce genre d'opération ne sont pas encore au point, et nos deux compères doivent concevoir à cet effet un logiciel, qu'ils baptisent le Starbust Pixel Interleaving Technique (ou SPIT). Les deux hommes épluchent les archives photographiques de la mission Viking, et ils dénichent un autre cliché (code : 70A13) de la région de Cydonia, sur lequel on voit également le fameux « visage ». Il a été pris trente-neuf jours après le premier, à 1 700 kilomètres d'altitude, alors que le soleil se trouvait à un angle différent. On y reconnaît bien la même « physionomie », ce qui indique qu'il ne s'agit pas d'une illusion d'optique, sans préjuger de ce qu'il peut en être par ailleurs.

Di Pietro et Molenaar remarquent également, à une vingtaine de kilomètres du « visage », quelque chose qui ressemble à une pyramide à cinq côtés et mesure environ 2,5 kilomètres de long et 1,5 kilomètre de large. Cette aspérité est aujourd'hui baptisée la « pyramide D & M », du nom des deux hommes qui l'ont observée pour la première fois. Ceux-ci se disent persuadés que ces caractéristiques, très proches l'une de l'autre, ne sont pas le fruit de l'érosion, et que l'on ne peut pas non plus les imputer à un dysfonctionnement des appareils photographiques, mais qu'il s'agit bel et bien de constructions, édifiées sans doute par une civilisation disparue depuis longtemps. Ils rendront publiques leurs conclusions le 1er mai 1980.

C'est un écrivain spécialisé dans le domaine des sciences, Richard Hoagland, qui sera le premier à s'enthousiasmer – et le mot est faible – pour les découvertes de Molenaar et de Di Pietro. En 1997, il enverra un collègue, « l'égyptologue indépendant » Larry Dean Hunter, vérifier que l'on creuse en cachette un tunnel sous la Grande Pyramide.

Né en 1946, Richard Hoagland travaille pour plusieurs musées des sciences, dont le planétarium Hayden de New York, et il est expert-conseil en matière spatiale pour plusieurs chaînes de télévision, dont CBS et la NBC, ce qui lui a donné l'occasion de travailler avec le légendaire journaliste Walter Cronkite. Il a aussi été directeur de publication du magazine *Star & Sky*, et présentateur sur CNN. En 1971, un certain Erich Burgess et lui ont l'idée mémorable d'apposer sur le flanc de Pioneer 1, la première sonde spatiale à quitter le système solaire, une plaque rassemblant, sous forme de symboles, des informations sur le genre humain, y compris une main levée en signe de paix et un croquis expliquant que l'homme est originaire de la troisième planète du système solaire, en partant du soleil. Hoagland et Burgess en parleront à Carl Sagan, et l'on connaît la suite [10].

Entre 1975 et 1980, Hoagland travaille au centre spatial Goddard, dans le Maryland, où il organise des rencontres avec les médias, ce qui lui vaudra le titre de « consultant de la NASA », dont il nous rebat les oreilles. Il est également l'instigateur de la campagne qui a abouti à baptiser *Enterprise* la première navette spatiale, ce qui a une grande importance à ses yeux : comme on l'a vu, il changera également le nom de la Mission Mars en Mission Enterprise, en hommage à son ami Gene Roddenberry, réalisateur de *Star Trek*, la série télévisée culte des années 70, dont le vaisseau spatial s'appelle justement « Enterprise [11] ».

Depuis qu'il a participé aux débats organisés en 1983, il est devenu le principal défenseur de la thèse selon laquelle il existe de véritables constructions sur Mars. Il joue si bien son rôle d'oracle autoproclamé pour tout ce qui touche la planète rouge qu'aux yeux du grand public il représente la principale source d'informations sur ce fameux « visage ».

Quand il s'intéresse aux recherches de Di Pietro et Molenaar, pendant l'été 1983, Hoagland travaille sur les anneaux de Saturne, dans le cadre d'un projet du Standford Research Institute, entrepris au siège de cet organisme, à Menlo Park, en Californie [12]. Au mois de juillet il remarque, sur les clichés retouchés de la région de Cydonia, de drôles d'aspérités : on dirait une série de pyramides et d'édifices, qui occupent une superficie d'environ 19 km^2, et qu'il baptise aussitôt « la cité ». En sus des pyramides, de tailles diverses, on distingue des bâtiments de forme conique regroupés autour d'une sorte d'« esplanade ». À l'angle nord-est de ladite agglomération se dresse un énorme bâtiment, qui repose sur trois murs immenses, et qu'il appelle « le fort ».

L'hypothèse la plus remarquable, et aussi la plus hardie, vu l'état de nos connaissances, consiste à rapprocher, comme le fait Hoagland, ces « constructions » des monuments de l'Égypte ancienne. « Je ne peux m'empêcher de penser à l'Égypte », note-t-il [13]. Il relève ensuite d'autres caractéristiques, comme « la falaise », une muraille de plus de 3 kilomètres de long qui longe un cratère de 23 kilomètres de diamètre, à l'est du « visage », et divers objets de dimensions modestes éparpillés dans la plaine de Cydonia (ils mesurent de 80 à 300 mètres), « les monticules ».

Les relations entre la « cité » et la « falaise » nous offrent un exemple caractéristique de raisonnement circulaire, dont Hoagland est coutumier. Il suppose ainsi que « le visage », qui se trouve à l'est de l'« esplanade », a été construit de telle façon que ses habitants aient l'impression, le matin, que le soleil sorte de la bouche du « visage », lors du solstice d'été. L'axe de rotation de la planète rouge ayant changé au fil du temps, on n'assiste plus à cette scène aujourd'hui, et cela s'est produit la dernière fois il y a cinq cent mille ans. Il n'en faut pas plus pour qu'Hoagland en conclue que ce « complexe » a été construit à l'époque, l'alignement sur le soleil constaté lors du solstice prouvant que cette date est exacte – mais inversement la date démontre que l'on relève bien un alignement sur le soleil au moment du solstice d'été, etc. [14].

Du coup, il va lancer un projet destiné à étudier ce que l'on aperçoit à la surface de Mars. Il contacte le Standford Research Institute en octobre 1993 et rencontre son vice-président, Paul Shay, un ancien membre des services secrets, à l'Institute for the Study of Consciousness de Berkeley (fondé par Arthur Young). Il obtiendra gain de cause, puisque son interlocuteur lui conseille de travailler avec Lambert Dolphin, le physicien qui a dirigé les recherches entreprises à Gizeh sous l'égide du Standford Research Institute entre 1973 et 1982 [15].

En décembre 1983, Hoagland et Dolphin mettent sur pied la Mission indépendante sur Mars, qui reçoit une enveloppe de 50 000 dollars du Standford Research Institute, prélevée sur « la caisse du président », William Miller, qui dispose de fonds propres. Entre autres personnages de marque figurant sur l'organigramme, on relève la présence de Randolpho Pozos (anthropologue), Ren Breck (directeur d'InfoMedia, la société dirigée par Jacques Vallée, spécialiste des ovnis et des extraterrestres), Merton Davies (expert en cartographie de Mars et des autres planètes) et Gene Cordell (spécialiste en imagerie). L'un des premiers à s'associer à ce projet est John Brandenburg, employé au laboratoire de recherches Sandia Research Laboratories (où l'on conçoit des armes nucléaires), et qui jouera un rôle de premier plan dans l'élaboration de l'Initiative de défense stratégique, encore appelée la « Guerre des Étoiles », sous la présidence de Ronald Reagan. Auparavant, il participera à l'étude de Cydonia aux côtés de Di Pietro et de Molenaar.

Hoagland et Pozos donnent au début de l'année 1984, à l'Institute for the Study of Consciousness, leur première conférence consacrée au travail de la Mission indépendante sur Mars. Dans l'assemblée se trouve un spécialiste en sciences humaines, Tom Rautenberg, qui intègrera ultérieurement l'équipe. Les déclarations d'Hoagland concernant la présence d'un « visage » lui inspirent le commentaire suivant :

> Au début, je croyais que c'était une plaisanterie, ou bien une expérience de la CIA, destinée à étudier la réaction des gens en pareil cas. Car enfin, le Standford Research Institute serait dans le coup, on aurait aperçu des « visages » sur Mars ? [...] Comment

auriez-vous réagi, à ma place ? [...] Je me suis demandé s'il s'agissait-il d'une étude de psychologie de masse, financée par le ministère de la Défense [16].

Il suffit que le SRI soit impliqué pour que l'on s'alarme, du moins chez les chercheurs en sciences sociales comme Tom Rautenberg. Le SRI entretient en effet des liens avec la CIA et il participe aux expériences menées sous l'égide du Pentagone, notamment à celles qui ont trait à la « vision à distance ». Ces organismes, on les connaît de réputation. Or, les voilà qui financent les travaux d'Hoagland, après avoir envoyé Dolphin à Gizeh dans les années 70...

Autre recrue, le dessinateur et illustrateur Jim Channon, un ancien lieutenant-colonel de l'armée de terre américaine, en poste au Pentagone. C'est lui qui a créé le « Premier Bataillon Terre », ce qui représente, pour Hoagland, « une proposition pragmatique visant à combiner les objectifs du "guerrier spirituel" du New Age et les méthodes concrètes des militaires [17] ».

Auparavant, Channon a participé à un projet de l'Académie militaire de l'armée de terre, appelé groupe de travail Delta, visant à « étudier les domaines philosophiques alternatifs, afin de voir s'ils peuvent nous être d'une quelconque utilité sur le plan militaire », nous dit Jim Schnabel [18].

La Mission indépendante sur Mars, financée par le SRI, durera sept mois, et elle prendra fin en juillet 1984, date à laquelle les responsables feront part des résultats obtenus lors d'une conférence organisée par l'Université du Colorado, à Boulder. Il en ressort que les anomalies constatées dans la zone de Cydonia laissent penser à des constructions artificielles, et qu'il faut par conséquent retourner le plus vite possible sur Mars, afin de les étudier [19].

Si le dessin qui apparaît à la surface de Mars n'est pas un accident du relief, qui en est l'auteur ? Il y a trois réponses possibles :

1. Il s'agit du vestige d'une civilisation qui a jadis existé sur la planète rouge, et qui a disparu depuis longtemps, peut-être à la suite d'un gigantesque cataclysme, tel que la chute d'une météorite – comme le suggèrent Graham Hancok, Robert Bauval et John Grigsby dans *Le Mystère de Mars* –, même s'il est apparemment resté assez de

survivants pour tracer ce visage long de quelque 2 kilomètres, afin de nous mettre en garde contre le danger qui nous guette.

2. Ce dessin est l'œuvre d'extraterrestres venus d'ailleurs dans l'espace, et qui ont peut-être aussi exploré la Terre.

3. Il se pourrait enfin que ce soit là le travail d'êtres appartenant à une civilisation très avancée qui s'est d'abord développée sur Terre, avant d'émigrer sur Mars, même si cela paraît pour le moins douteux, vu ce que nous savons de la préhistoire sur notre planète.

Au moins sommes-nous fixés sur ce que pense à ce sujet Richard Hoagland !

Le message de Cydonia

Il faut bien distinguer les deux grandes phases des recherches sur Mars menées à l'initiative de Richard Hoagland. Tout d'abord se déroule pendant sept mois, entre 1983 et 1984, le projet « Mission indépendante sur Mars », soutenu par le SRI, dont il ressort qu'il y a tout lieu de croire que les aspérités observées sur Mars sont artificielles. Ensuite vient la « Mission Mars » (rebaptisée ultérieurement « Mission Enterprise »), qui démarre en 1988. On lance l'idée que les structures de Cydonia ont une signification, et qu'elles sont liées aux civilisations ayant jadis existé sur Terre, tout particulièrement en Égypte. Cela part du principe que les bâtisseurs de Cydonia sont de retour.

Entre juillet 1984 et la fin de l'année 1988, il ne se passe pas grand-chose. Le projet retrouve ensuite un second souffle, avec l'arrivée de nouveaux participants et un programme sensiblement différent... La Mission Mars nouvelle manière entretient des relations étroites avec les services de renseignements américains.

Le nouveau projet reçoit l'appui de Robert Roe, président de la Commission pour la science, l'espace et la technologie de la Chambre des représentants. Il prend fait et cause pour Hoagland et son équipe, qui insistent auprès de la NASA pour qu'elle réalise de nouveaux clichés de Cydonia, dans ses prochaines missions sur Mars (car la NASA ne voit pas, officiellement, l'intérêt de photographier le « visage » et les autres édifices censés figurer à la surface de la planète rouge). Robert Roe se montre un allié précieux de Richard Hoagland, dans le conflit qui l'oppose à la NASA. Il va jusqu'à lui dévoiler les raisons pour lesquelles, selon lui, l'agence spatiale américaine ne veut pas entendre parler d'une civilisation sur Mars [20], ce qui est tout de même curieux, car la commission du Congrès, dont il est le président, a droit de regard sur le budget de la NASA et agit comme son autorité de tutelle, ce qui lui permet d'orienter sa politique [21]. À signaler que Robert Roe fait aussi partie de la Commission permanente du renseignement, qui dépend du Congrès [22].

En janvier 1991, soit presque deux ans après avoir participé, avec Richard Hoagland et les autres membres de la Mission Mars, à la réunion décisive, Robert Roe démissionne brusquement de la Commission pour la science, l'espace et la technologie, ce qui fait dire à Richard Hoagland qu'il trempe dans une machination. Serait-il l'objet de pressions, de la part de groupes qui se sentent lésés ? Notons qu'il reste membre de la Commission permanente du renseignement, ce qui n'est peut-être pas anodin.

Les principaux responsables du nouveau projet sont David Myers, Erol Torun et Mark Carlotto. Tous trois vont introduire de nouveaux éléments, grâce auxquels le « message de Cydonia », selon lequel la civilisation qui est jadis apparue sur Mars a beaucoup de choses à nous apprendre, va prendre une tout autre envergure.

Mark Carlotto dirige le secteur renseignement d'une société du Massachusetts, The Analytical Science Corporation (TASC), et c'est en 1985 qu'il commence à s'intéresser aux images de Cydonia, améliorant, pour le compte du Pentagone et des services de renseignements américains, l'analyse des photos prises par les satellites, qualifications très utiles pour la Mission indépendante sur Mars. Recourant à plusieurs procédés, il obtiendra des clichés du « visage » bien plus nets que ceux de Di Pietro et de Molenaar. Il fera ressortir des détails, par ailleurs controversés, comme une dent et la présence d'une seconde orbite, ce qui confirme que cette figure est symétrique. Son travail montre également que ce que l'on a parfois pris pour une coiffe analogue à celle des pharaons (en faisant dire ce que l'on voulait aux données scientifiques) n'était que des rides sur le front.

Mark Carlotto nous donne aussi une image beaucoup plus précise d'autres particularités de Cydonia et, comme par hasard, de la « pyramide D & M ». C'est ce cliché, bien plus détaillé que celui de Di Pietro et Molenaar, qui a permis à Erol Torun, un analyste de systèmes employé au service de cartographie du Pentagone, à Washington, et « prêté » à la Mission indépendante sur Mars, aux dires de Richard Hoagland [23], de réaliser des calculs, à partir des angles existant entre les « édifices » de Cydonia et à l'intérieur de chacun d'eux, notamment la « pyramide D & M ». La géométrie prouve qu'il s'agit là de constructions artificielles, qui codent de surcroît certaines notions mathématiques élaborées, destinées à nous « dire quelque chose [24] ».

David Myers rejoint l'équipe en 1989. Il prend alors la tête des opérations et édite sa propre revue, *Martians Horizons*, qui apportera des précisions supplémentaires sur la signification des rapports géométriques découverts sur Cydonia. Avec son collègue britannique David S. Percy, il conférera à ces travaux une tout autre portée.

La « Mission Mars Enterprise » présentera, après 1988, les caractéristiques suivantes :

• Il s'agit de défendre l'idée que le complexe de Cydonia incorpore des relations mathématiques et géométriques très élaborées, non pas censées être agréables, d'un point de vue esthétique, mais destinées à exprimer d'importantes notions mathématiques, de telle façon qu'elles puissent être « décodées » par d'autres gens, comme nous, par exemple. Cydonia est, en effet, un message que nous a laissé une antique civilisation.

• Ces notions mathématiques se rapportent, dans une large mesure, à la physique hyperdimensionnelle. Correctement décodées, elles nous donneront accès à de nouvelles technologies, telles que des systèmes de propulsion antigravitionnels et l'utilisation d'énergies inconnues. Comme l'écrit Richard Hoagland, dans son style quasiment messianique :

> Car il est évident [...] que, si elles font l'objet de recherches adéquates, et si on les applique ensuite aux problèmes qui se posent actuellement sur Terre, les éventuelles « technologies radicales » susceptibles d'être mises au point grâce au « message de Cydonia »

peuvent aider le monde à opérer une transition spectaculaire vers un véritable « nouvel ordre mondial » [...], sinon vers un Nouveau Monde, au sens littéral du terme [25].

• Les monuments de Cydonia sont directement liés à ceux qui ont été construits par les antiques civilisations terrestres, et en particulier celle de l'Égypte. Ainsi, on nous décrit toujours le « visage » comme étant un « Sphinx », ce qui, en raison de la proximité des « pyramides », renvoie à Gizeh. C'est ce que l'on appelle la « connexion terrestre ».
• Si l'on établit un lien entre le « message de Cydonia » et certaines énigmes contemporaines, comme les cercles dans les cultures, on relève la même information, ce qui laisse penser que les bâtisseurs de Cydonia sont toujours là.

Richard Hoagland, qui ne pense plus que le « visage » sur Mars a été dessiné il y a cinq cent mille ans, mais voici plusieurs millions, pour ne pas dire un milliard d'années, est persuadé que les monuments de Cydonia ont été construits par des êtres venus des confins de la galaxie, qui ont jadis effectué une incursion sur Terre :

> Car, si les « Martiens » ne sont pas orginaires de la Terre [...] ou de Mars [...], ils ne peuvent alors être venus que d'un seul endroit, situé [...] Au-delà du système solaire [...] et en emportant une image humanoïde dans leur esprit ou dans leurs « gènes » [26].

Autrement dit, Richard Hoagland laisse entendre que ce sont ces hypothétiques extraterrestres qui ont créé le genre humain. Si étrange soit-elle, cette idée se répand comme une traînée de poudre dans le monde entier. La NASA a invité à plusieurs reprises Hoagland et ses collègues à présenter leurs conclusions, ce qui est étonnant, puisque depuis quelque temps notre homme se montre de plus en plus virulent à l'encontre de l'agence spatiale américaine, ou du moins de certains responsables, qu'il accuse de nous cacher la vérité sur Cydonia. C'est par exemple lui qui lance l'idée selon laquelle la sonde Mars Observer, qui s'est perdue dans l'espace en août 1993, continue en réalité à nous envoyer en secret des informations. Il suggère également que la NASA « trafique » les données, en refusant de rendre publique l'analyse des dernières photos de Mars Global Surveyor, pour ne nous montrer que des clichés où le « visage » reste très indistinct. Il est donc curieux que la NASA lui fasse des avances et l'invite à expoxer ses thèses sur Cydonia devant un parterre de spécialistes de la maison. Visiblement, il est de son intérêt, ou du moins de celui de certains de ses membres, qu'Hoagland soit le centre de l'attention.

Hoagland donnera son premier exposé en août 1988, au Centre des vols spatiaux Goddard. À l'en croire, lors d'une autre intervention, qui se déroule en mars 1990 au Centre de recherches de Lewis, à Cleveland, le directeur de l'établissement, John Klineberg, l'aurait présenté en ces termes : « Voici l'homme grâce auquel le président des États-Unis a déclaré que l'un de nos principaux objectifs consiste à retourner sur Mars [27]. » Il n'est sans doute pas anodin qu'Hoagland prétende que cette séquence ne figure pas dans le film vidéo diffusé ensuite par la NASA, « en raison de problèmes de synchronisation des caméras », ce qui n'inspire guère confiance dans les compétences des techniciens de ce prestigieux organisme, même si l'équipe d'Hoagland a enregistré la scène sur cassette.

Hoagland prendra aussi la parole en février 1992, lors d'une réunion organisée au siège de l'ONU à New York, devant une salle bondée et électrisée [28]. Sa thèse, dont il faut reconnaître qu'elle est exposée de façon magistrale, et qui veut, désormais, que Mars et les monuments de l'Égypte ancienne soient liés, ne semble heurter personne. Au contraire, les gens boivent cela comme du petit lait. L'enthousiasme de l'orateur est contagieux, puisque deux pays, le Sierra Leone et la Grenade, éditeront des timbres représentant le « visage » sur Mars.

Hoagland participe aussi souvent à une émission de nuit de l'Art Bell Radio, consacrée au paranormal, à la parapsychologie et au New Age, et qui touche 15 millions d'auditeurs. C'est là, à tous égards, un nombre considérable d'individus qui souscrivent à que d'aucuns ont appelé « un mélange de conservatisme et de crédulité New Age [29] ».

Par le truchement du site Internet Mission Enterprise, d'une série de films vidéo, de son livre *The Monuments of Mars* (publié en 1987 dans les pays anglo-saxons, et dont vient de sortir la quatrième édition, revue et corrigée), de fréquentes apparitions dans les médias et de conférences données à travers les États-Unis, Hoagland est devenu la principale source d'informations concernant les énigmes de Mars, rejetant dans l'ombre les travaux beaucoup plus sérieux, mais prudents et peu attrayants, d'autres spécialistes. On en veut pour preuve le titre d'une série de reportages vidéo : *Hoagland's Mars* (« La planète Mars d'Hoagland »).

Regarder la réalité en face

L'un des principaux objectifs de la Mission Mars de Richard Hoagland consiste à obtenir de la NASA qu'elle prenne de nouvelles photos de Cydonia. Pendant longtemps, l'agence spatiale américaine s'y refusera catégoriquement, ou bien elle fera des déclarations contradictoires. Or, en avril 1998, elle prend tout le monde au dépourvu, en annonçant que Global Surveyor, qui vient de se placer en orbite autour de la planète rouge, photographiera effectivement Cydonia et enverra sur Terre des clichés d'une bien meilleure résolution que ceux de Viking. Dès qu'ils seront développés au Jet Propulsion Laboratory (JPL), ils seront diffusés sur Internet.

Mais voilà, lorsque la NASA donne connaissance des images du « visage » et de la « cité », la déception est amère, et certains se frottent les yeux, car il n'y a pas grand-chose qui laisse penser à un visage. Parmi les adeptes inconditionnels de la théorie des « édifices » sur Mars, nombreux sont eux qui révisent leur position, y compris Stanley McDaniel (qui était pourtant l'un des plus ardents défenseurs de l'idée selon laquelle il existe des constructions dans la région de Cydonia, même s'il se démarquait déjà de Richard Hoagland sur bien des points), et Mark Carlotto lui-même. Stanley McDaniel pense désormais que ce que l'on a pris pour des pyramides « relève en fait de la géologie [30] ». C'est notamment le cas des quatre monticules censés délimiter l'esplanade, et qui jouent un rôle déterminant dans le raisonnement de Richard Hoagland : en réalité, ils n'ont pas la même forme et la même taille, et ils ne sont pas disposés de façon symétrique. Cette « pyramide cité » ressemble bien plus, dit-il, à une montagne qu'à une agglomération. Sans exclure catégoriquement qu'il puisse s'agir de constructions artificielles, Mark Carlotto observe pour sa part que sur les photos prises en 1976 par la sonde Viking on voyait indubitablement un visage, ce qui est beaucoup moins net lorsque l'éclairage provient d'en bas [31].

Richard Hoagland n'en démord pas. Il se dit persuadé qu'il existe un « visage » sur Mars, qualifiant, toujours aussi abrupt, de « foutaises » les clichés de la NASA [32]. D'après lui, les photos de Gobal Surveyor ne laissent planer aucun doute : il s'agit là de constructions édifiées par des êtres intelligents, la preuve en étant que l'on distingue des sortes de « cellules de la taille d'une pièce » dans la « pyramide cité ». Tout comme certains ont prétendu que l'on avait truqué les résultats des analyses au carbone 14 du suaire de Turin, on entend dire aujourd'hui que la NASA a délibérément gommé certains détails, avant de diffuser les clichés.

« Il y a bien un visage sur Mars ! » proclame le site Internet Mission Enterprise, animé par Richard Hoagland. En quelques jours, notre homme diffusera sur la toile sa propre version « rectifiée » des photos de la NASA, qui ressemblent étrangement à celles prises par Viking, ce qui n'a rien d'étonnant, puisqu'il s'en est servi pour « compléter » les images envoyées par Global Surveyor [33].

Certain que la NASA nous ment, il ne décolère pas. C'est que, s'il n'y a pas de visage sur Mars, il n'y a pas non plus de support à un quelconque « message ». Or, pour Richard Hoagland et ceux qui pensent comme lui, il doit nécessairement y avoir un visage et un message associé : cela fait partie d'un programme beaucoup plus vaste et insidieux, qui englobe le « message » des Égyptiens et ce qu'ils nous lèguent.

Il se peut en effet que le désintérêt flagrant de la NASA pour l'énigme de Cydonia cache, comme on l'a souvent dit, le fait que le gouvernement américain sait pertinemment que les pyramides de Mars sont artificielles, et qu'il ne veut pas que cela s'ébruite.

Vu la façon dont les choses se passent dans les milieux politiques, il est pratiquement certain que, si les autorités américaines n'excluent pas que se dressent effectivement des édifices à la surface de Mars, elles évalueront au préalable la situation, avant de décider de rendre publique la nouvelle ou de la garder secrète.

Il faut reconnaître que certaines caractéristiques du relief de Mars, et pas seulement à Cydonia, s'expliquent difficilement par l'érosion et les phénomènes géologiques. Ainsi, la « pyramide cratère », qui se trouve dans la région Deuteronilus Mensae [34], à environ 800 kilomètres au nord-est de Cydonia. Sur les photos prises par Viking on distingue, au bord du cratère, quelque chose qui projette une ombre fine et allongée, comme la flèche d'une cathédrale. Si l'on voit mal de quoi il s'agit, car la sonde se trouvait à la verticale lorsque le cliché a été réalisé, l'ombre portée et l'angle du soleil par rapport à la planète rouge permettent de calculer que cette curieuse aspérité fait 600 mètres de haut, ce qui n'a pas grand-chose à voir avec la « pyramide » que Richard Hoagland, toujours aussi impatient de faire le lien entre Mars et l'Égypte ancienne, a cru y voir.

On continue à s'interroger sur ces fameuses protubérances, même s'il se peut qu'on les explique un jour d'une façon très simple. Pour l'heure, il est impossible de se prononcer, car l'on ne dispose pas d'assez d'éléments. S'il ne faut donc pas exclure *a priori* qu'il ait pu exister jadis une civilisation sur Mars, ce ne sera qu'au terme d'une longue enquête que l'on pourra affirmer que ces curiosités sont le fruit de la main, non pas de l'homme, mais du « Martien ». On a tiré le maximum d'informations des photos-satellites, et cela ne nous permet toujours pas de trancher.

Nous pensons néanmoins que les anomalies présentes sur le sol de Mars méritent le détour. Si Richard Hoagland et son équipe ont jusqu'à présent retenu notre attention, d'autres gens ont effectué, en dehors de tout cadre officiel, des recherches passionnantes, qui soulèvent des questions importantes.

Stanley V. McDaniel, par exemple, publie en 1993 une analyse dans *The McDaniel Report* (appelons ainsi ce document, pour abréger [35]). Voulant initialement dénoncer l'attitude de la NASA, qui refuse de poursuivre les recherches sur Cydonia, il a passé en revue les éléments laissant penser qu'il pourrait y avoir là-bas des constructions, et il en a conclu que cela mérite un examen attentif. Il a publié récemment, avec Rix Paxson, *The Case for the Face*, un ouvrage (malheureusement sorti en 1998, quelques semaines après que la NASA a diffusé les premières photos prises par Global Surveyor), qui rassemble une série d'articles scientifiques consacrés à cette énigme. Autre groupe indépendant, la Mars Anomalies Research Society, association créée en 1986 par un ancien astronaute, Brian O'Leary, et qui compte dans ses rangs Vincent Di Pietro et John Brandenberg.

La Mission Enterprise de Richard Hoagland, qui nous promet monts et merveilles à partir de quelques données lacunaires, en s'appuyant sur des alignements géométriques et des « codes » mathématiques élaborés, fait l'objet de nombreuses critiques. Stanley McDaniel fonde en 1994 la Society for Planetary SETI (Search for Extraterrestrial Intelligence) Research (« Association d'études planétaires dans le cadre de la recherche d'une intelligence extraterrestre »), et qui fait pièce à la Mission Enterprise. Di Pietro et Molenaar, qui ont défriché le terrain, ont eux-mêmes critiqué ceux qui ne veulent pas s'en tenir aux faits :

> Nous ne cautionnons absolument pas, il faut le signaler, le travail de ces gens qui mélangent des élucubrations avec des passages tirés de nos livres, écrits à partir d'informations recueillies sur Mars [...] et qui se livrent à des conjectures sur les alignements, alors que d'autres individus ont reconnu par ailleurs avoir tout inventé dans ce domaine, et que cela n'a rien à voir avec les données telles que nous les avons interprétées [36].

Mark Carlotto s'efforce de rester objectif, dans son évaluation du « code géométrique » relevé par Hoagland. « Il est aussi difficile de le réfuter que d'en établir le bien-fondé. Personnellement, je préfère m'en tenir à ce que je peux prouver. En l'occurrence, j'adopte une démarche scientifique, alors qu'Hoagland raisonne en littéraire [37]. » Cela dit, il est le premier à reconnaître qu'Hoagland a tendance à retoucher les photos pour leur faire dire ce qu'il veut [38].

La question reste ouverte. Certaines données sont curieuses, mais elles sont trop lacunaires pour nous permettre d'en conclure quoi que ce soit. Mark Carlotto observe qu'il n'y a pas lieu de s'affoler et de chercher à tout prix à découvrir la signification du « visage » (après tout, cela ne nous mène nulle part), mais d'autres gens font preuve d'une précipitation de mauvais aloi, ceux qui veulent intégrer le mystère de Mars à leur propre programme, centré sur le passage à l'an 2000.

Aux antipodes

Nous aimerions bien savoir pourquoi Hoagland et ses associés veulent lancer l'idée que Cydonia nous délivre un message, lié au lointain passé sur Terre, et qui sera bientôt amené à jouer un grand rôle. Hoagland récupère le mystère de Cydonia à son profit, ou du moins à celui de sa Mission. Mais pourquoi tiennent-ils autant, ses collègues et lui, à nous convaincre ?

Les rapports censés exister entre Cydonia et l'Égypte ancienne jouent un rôle essentiel dans le scénario d'Hoagland. Mais ces liens ne se limitent-ils pas au fait, lui-même discutable, que ces endroits abritent tous les deux des pyramides ? La parution du *Mystère de Mars* d'Hancock, Bauval et Grigsby vient de remettre l'énigme de Cydonia sur le devant de la scène. Les auteurs, qui évoquent l'hypothèse que la Terre soit jadis entrée en collision avec un astéroïde ou une comète, ne remettent pas en cause l'existence de Cydonia et des autres « anomalies » sur la planète Mars, mais ils se disent persuadés que l'on nous délivre, par ce biais, un « message » mathématique codé, lié aux civilisations de l'Antiquité, et en particulier à celle de l'Égypte. En y regardant de plus près, on s'aperçoit que cette thèse ne tient pas. Leur raisonnement consiste à dire que, puisqu'il existe des pyramides et un Sphinx à Gizeh et à Cydonia, ceux-ci sont nécessairement liés. Ce qui suppose, évidemment, que le « visage » sur Mars soit bien celui d'un Sphinx. En réalité, James Hurtak utilisait déjà un langage très connoté, sur le plan affectif, avant qu'on ne le découvre officiellement.

Il est tout de même curieux d'assimiler sans plus attendre ce « visage » à celui d'un Sphinx, car même s'il ne s'agit pas là d'un simple accident du terrain, mais d'une création délibérée, on ne voit jamais qu'une figure, et non un lion couché à tête d'homme. En outre, cela ne « fonctionne » que parce que ce prétendu « visage » contemple l'espace ; il n'apparaît comme tel que si on le regarde depuis un certain angle, alors que le Sphinx ne prend forme que si on l'observe depuis la Terre. Voilà qui ne plaide pas en faveur de la thèse d'Hoagland, qui ne tient le coup qu'au prix de raisonnements tortueux et de suppositions invraisemblables. Si le « visage » dessiné sur Mars est divisé en deux parties, qui sont chacune l'image inversée de l'autre, on obtient en définitive deux images différentes, nous dit Hoagland, l'une d'apparence « simiesque », l'autre de type « léonin », celle d'un anthropoïde et celle d'un lion. Or, le Grand Sphinx de Gizeh est composé d'un corps de lion surmonté d'une tête d'homme. Conclusion : nous sommes bien en présence de deux Sphinx, érigés à chaque fois près de pyramides [39] !

Cela soulève des problèmes insolubles, et pas seulement parce que le visage du « singe » ressemble davantage à un chien de dessin animé, et que l'on distingue à peine celui du lion. L'ennui, c'est que cette figure est pour moitié plongée dans l'ombre. Les techniques actuelles permettent de faire ressortir certains détails, comme la seconde orbite, mais cela prête à controverses. On ne distingue toujours aucun détail précis, et certainement pas une tête de lion !

La situation s'aggrave encore lorsque Hoagland et ses amis (Hancock et Bauval) recourent à l'étymologie pour étayer leur démonstration. Ils attachent en effet beaucoup d'importance au fait que Le Caire, qui en arabe se dit Al Qahira, signifie précisément « Mars [40] ». Hancock, Bauval et Grigsby trouvent « inexplicable » que l'on ait donné ce nom à la ville [41]. En réalité, c'est très simple : Al Qahira signifie « le Conquérant », mot qui désigne également Mars en arabe [42]. Le Caire/Al Qahira est fondée en 969 par le général fatimide Jaouar al-Siqilli, qui vient de s'emparer de l'Égypte. Or, lorsqu'on décide de l'emplacement de la future agglomération, Mars se trouve dans une position favorable, astrologiquement parlant, ce qui, associé au fait qu'on la bâtit en l'honneur d'un conquérant, explique son nom [43]. Cela n'a donc aucun rapport avec ce que l'on aperçoit sur Mars et à Gizeh. Sans compter qu'avant l'époque des croisades la capitale de l'Égypte n'est pas le Caire/Al Qahira, mais

Al Fustat [44]. Il n'y a guère que cinquante ans que la banlieue du Caire s'étend jusqu'au plateau de Gizeh. Auparavant, le site de Gizeh se dressait dans le désert, à 10 kilomètres des premières maisons, ce qui prouve bien qu'il n'y a aucun lien entre Gizeh et Le Caire/Mars...

Hancock, Bauval et Grigsby observent aussi qu'Horakhti, signifiant « Horus de l'horizon », l'un des noms du Sphinx, désignait également Mars, dans l'Égypte antique. Leur principal argument, dans *Le Mystère du Grand Sphinx*, consiste pourtant à dire qu'Horakhti représente la constellation du Lion. Que nous faut-il croire ?

Hoagland, Hancock et Bauval observent ensuite qu'Horus, divinité solaire de l'Égypte ancienne, porte au départ le nom d'Héru, mot qui désigne aussi le visage, de sorte qu'Horakhti peut être traduit par « visage de l'horizon [45] ». Hoagland prétend que depuis la « cité de Cydonia » on aperçoit au loin le « visage ». Une fois de plus, le parallèle est saisissant : sur deux planètes différentes, deux visages se découpent à l'horizon... Mais c'est un argument captieux : si l'on se reporte à un dictionnaire des hiéroglyphes (par exemple celui de sir E. Wallis Budge, *An Egyptian Hieroglyphic Dictionary*), on constate qu'Horus et le terme désignant le visage ont peut-être une consonance identique (encore que cela ne soit pas sûr, car l'on ne sait pas au juste comment se prononçait la langue des Égyptiens), mais que cela s'arrête là [46]. Comme tous les homonymes, ils ont chacun un sens différent, et ils ne sont donc pas plus interchangables que le mot « pain » et « pin », indistincts à l'oreille. Ils ne s'écrivent donc pas de la même façon : Heru et Horus correspondent chacun à un hiéroglyphe bien précis. Enfin, Héru est un pluriel et signifie « les visages », ce qui affaiblit encore la thèse d'Hoagland et de ses amis.

Tous ces gens qui veulent absolument qu'il existe un lien entre Mars et l'Égypte ancienne se copient les uns les autres. On voit ainsi Hoagland reprendre à son compte les thèses de la nouvelle égyptologie, y compris celles de John Anthony West, pour étayer ses argments. Évoquant les travaux de Robert Schoch, il en conclut, comme Hancock et Bauval, que le Sphinx devait déjà exister depuis longtemps en l'an 7000 av. J.-C. [47].

Hancock et Bauval se réfèrent à Hoagland et à son interprétation des données recueillies à propos de Mars, comme s'il s'agissait là de faits établis scientifiquement. Dans *Le Mystère du Grand Sphinx*, ils ne tarissent pas d'éloges sur Hoagland, ce qui laisse penser qu'il a travaillé avec eux, alors qu'ils étaient en train de formuler leur hypothèse.

Hoagland voue, quant à lui, une grande admiration à Robert Temple et à *The Sirus Mystery*, dont il s'est largement inspiré, et dont il fait siennes toutes les erreurs. Il nous explique souvent, par exemple, que *arq ur* signifie Sphinx [48], ce qui procède, comme on l'a déjà vu (p. 45), d'une lecture erronée de l'ouvrage de sir E. Wallis Budge précité. Cette méprise se retrouve dans quantité d'ouvrages cherchant à relier Mars et l'Égypte ancienne.

Doutes à propos de Cydonia

Lors d'une conférence donnée en février 1992 à New York, sous l'égide des Nations unies, Hoagland souligne l'importance de ces « technologies radicalement nouvelles », que le message de Cydonia nous permettra de mettre au point, car nous entrerons alors dans l'hyperdimension.

Les physiciens pensent en effet qu'il existe dans l'univers d'autres dimensions que les quatre dont nous avons une connaissance expérimentale (trois structurent l'espace, une le temps). On ne peut se représenter un monde multidimensionnel que de façon analogique. Imaginons, par exemple, que nous vivions dans un monde à deux dimensions, la grandeur et la largeur, sans hauteur, à l'image d'une feuille de papier [49]. Comment percevrions-nous un objet à trois dimensions qui interfère avec notre monde ? Si, par exemple, une sphère le traversait, nous ne la verrions qu'en coupe transversale : tout d'abord un point, qui grossirait et se transformerait en cercle, avant de décroître et de disparaître (gageons qu'un tel phénomène « paranormal » aurait semé la consternation dans nos rangs, et qu'il aurait donné lieu à des discussions enflammées chez les savants, les sceptiques n'y voyant qu'un effet de notre imagination). Cette comparaison avec ce qui intervient dans des dimensions supérieures, et que seule la physique théorique prend actuellement en compte, aurait des répercussions visibles dans notre monde tridimensionnel, dussent les causes rester hors de notre champ de perception sensorielle, voire inaccessibles à nos intruments de mesure les plus perfectionnés.

Ce sont des phénomènes associés à la physique nucléaire qui amènent les physiciens à s'intéresser à ces dimensions sortant du commun, même si l'on ne sait pas au juste combien de dimensions existent dans l'univers. Si l'on ne peut pas observer directement ces hyperdimensions, puisque nos instruments de mesure se rapportent à un univers tridimensionnel, il est loisible d'en donner une explication mathématique. La thèse d'Hoagland consiste à dire que certaines relations géométriques existant à Cydonia renvoient à de tels concepts mathématiques. Une notion clé, géométriquement parlant, réside dans la prévalence de l'angle de 19,5°. On observe ainsi que deux côtés de la pyramide D & M se situent à 19,5° de latitude, angle qui détermine également l'emplacement géographique des collines de la même région [50].

Si l'on en croit Hoagland, et ceux qui pensent comme lui, 19,5° (19,47°, très exactement) est un angle très important, car il fait référence aux tétraèdres réguliers, solides dont les quatre faces, y compris la base, sont des triangles rectangulaires. Si on place un tétraèdre dans une sphère, par exemple à l'intérieur d'une planète, et que l'un des sommets touche un pôle, les trois autres entreront en contact avec l'enveloppe, dans l'hémisphère opposée, à une latitude de 19,5°. C'est incontestable.

Or, sur toutes les planètes du système solaire dont on voit la surface (celle de Vénus, par exemple, est toujours voilée de nuages), on constate qu'un bouillonnement d'énergie crée des perturbations, à 19,5° de latitude nord ou sud. La grande tache rouge de Jupiter se trouve précisément à cette latitude, ainsi que le mont Olympe, sur Mars (il s'agit, à ce jour, du plus grand volcan connu du système solaire, puisqu'il présente un cratère de près de 600 mètres de diamètre). Sur Terre, le plus grand volcan actif se trouve situé, lui aussi, à 19,5° de latitude : il s'agit de Mauna Loa, qui se dresse sur l'île d'Hawaï.

Cela s'explique, semble-t-il, par la rotation des planètes, et représente « l'ombre » projetée de forces extrêmement puissantes, qui se déploient dans les autres dimensions. Ce qui revient à dire que c'est là un point de contact avec les autres dimensions, qui deviennent perceptibles dans notre univers tridimensionnel, et nous révèlent l'existence des forces hyperdimensionnelles.

Voilà pourquoi, nous dit Hoagland, on relève autant d'angles à 19,5° dans la région martienne de Cydonia. Cela n'aurait d'autre but que de nous faire comprendre que le dégagement d'énergie observé sur la tache rouge de Jupiter et sur le mont Olympe de Mars provient des hyperdimensions, dont nous parviendrons alors à déchiffrer les lois physiques qui les régissent. Ces autres dimensions nous offrent, à supposer que nous sachions les exploiter, une source d'énergie inépuisable, grâce à laquelle il devrait être possible de mettre au point des techniques révolutionnaires, comme les systèmes de propulsion antigravitationnels, et d'effectuer des voyages interstellaires. Cela nous permettra également de résoudre bien des problèmes qui se posent à nous actuellement, et permettra d'instaurer un « nouvel ordre mondial ».

Mais ce n'est pas si simple puisque, même dans ses conférences, où il explique en détail l'importance des angles à 19,5° et de la géométrie de tétraèdres, il reconnaît que les mathématiciens travaillant sur les hyperdimensions ont déjà calculé l'épanchement d'énergie constaté à ces endroits. Le « message » de Cydonia ne fait donc que répéter ce que nos scientifiques terriens savent depuis longtemps...

Plus important, Richard Hoagland et Erol Torun tirent toute une série de conclusions de la latitude de Cydonia, l'une des principales étant que la pyramide D & M n'est pas située par hasard à 40,868° nord, car cet emplacement correspond à une importante notion mathématique (puisqu'il s'agit de la tangente de la constante exponentielle *e* divisée par pi), mais aussi parce que l'on retrouve les mêmes caractéristiques dans la géométrie des autres protubérances de Cydonia. Ils en concluent que le complexe de Cydonia est « auto-référencé », ce qui signifie que la mathématique des « édifices » est liée à la situation géographique du site, montrant bien qu'il ne s'agit pas là d'une coïncidence [51].

Cela soulève une difficulté, dans la mesure où les coordonnées des accidents du relief relevées par la sonde Viking présentent une marge d'erreur et ne sont pas assez précises pour déterminer à trois décimales près la latitude d'un endroit. Beaucoup plus détaillées, les données transmises par Global Surveyor indiquent en revanche que les aspérités en question se situent un peu plus près de l'équateur qu'on ne le croyait, et que nos pyramides se trouvent à 40,7° de latitude nord [52]. En soi, c'est pratiquement insignifiant (cela représente une erreur d'environ 17 kilomètres), et pourtant cela suffit à invalider les relations mathématiques à partir desquelles Hoagland a bâti sa théorie.

En outre, des gens comme Tom Van Flandern, qui travaille à l'Observatoire de la marine américaine, observent que les pôles se sont déplacés, en plusieurs millions d'années, de sorte que Cydonia ne s'est pas toujours trouvée à cette latitude [53]. (Van Flandern a calculé qu'avant ce glissement Cydonia se situait à l'équateur [54].)

L'idée même d'exploiter l'énergie engendrée par les forces hyperdimensionnelles, conformément à l'hypothèse d'Hoagland, n'est pas nouvelle, même si l'on ne sait pas comment faire, au juste, et le « message » de Cydonia ne nous éclaire pas à ce sujet, tout comme il ne nous dit rien des technologies que l'on pourrait mettre au point en procédant à cette exploitation. La « stupéfiante » géométrie de Cydonia n'ajoute rien à ce que nous savons de Mars, des Martiens et du genre humain.

Les amis d'Hoagland n'en continuent pas moins à formuler des hypothèses. Lorsque son collègue David Myers affirme que l'on peut tracer, depuis la pyamide D & M jusqu'à une « larme » coulant sur le « visage », une ligne qui mesure environ 1/360e du diamètre de Mars [55] (ce qui indique, du même coup, que les bâtisseurs ont eu recours au même système que nous pour mesurer les angles), il se trouve en fâcheuse posture. Il n'y a en réalité aucune raison de relier ces deux points, sinon qu'ils se trouvent, aux yeux de David Myers, séparés l'un de l'autre par la distance idoine.

C'est essentiellement à partir des angles qu'Erol Torun a relevés sur la pyramide D & M que l'on a décodé le « message » de Cydonia. Mais là encore, ce que notre homme a découvert est sujet à caution : une pyramide à cinq côtés, qu'il a repérée sur l'agrandissement d'une photo montrant une aspérité érodée et à moitié plongée dans l'ombre. Il convient de rester prudent à propos des mesures qu'il a effectuées, les conclusions qu'il en tire étant, tout au plus, de simples conjectures (Global Surveyor n'a, hélas, pas encore pris de nouveaux clichés de la pyramide D & M !). En réalité, Erol Torun est le premier à reconnaître que les photos envoyées par Viking présentent une marge d'erreur difficile à évaluer, ce qui rend totalement superflus ses arguments en faveur de mesures géométriques exactes [56].

Autre instigateur de la Mission Mars, David Percy, un réalisateur britannique, lauréat d'un prix, et que Hoagland a nommé directeur des opérations (même s'ils se sont ensuite brouillés et ne travaillent plus ensemble). À ce titre, il s'est montré un ardent défenseur du « message » de Cydonia dans toute l'Europe. Il a également filmé le discours prononcé par Hoagland à New York, dans l'enceinte des Nations unies, et il a donné en Grande-Bretagne de nombreuses conférences sur la connexion Mars-Cydonia, en illustrant ses propos avec des images de synthèse. Tout comme Hoagland sait présenter ses idées de façon décontractée et professionnelle, car il a une longue expérience des médias, Percy tire parti de sa connaissance de l'image et nous montre des photos de Cydonia beaucoup plus claires et nettes que celles que l'on avait retouchées auparavant. La pyramide D & M, en particulier, qui revêt une importance capitale, car elle permet de « décoder » le prétendu « message » géométrique et mathématique, se dessine maintenant clairement sous nos yeux – ses arêtes, jadis floues, tranchant avec le sol, dans lequel elles ont l'air gravées. En public, il explique que ce sont là des photos de Mark Carlotto, qui ont, dit-il, été « retravaillées ces derniers temps à Londres [57] ». Il reste très vague sur ce point, mais lorsque nous lui avons demandé des précisions, il nous a expliqué que c'était lui-même qui les avait retouchées [58]. Les autres gens qui ont travaillé sur les photos de Cydonia, Di Pietro, Molenaar, Carlotto, ont expliqué comment ils ont procédé, mais Percy n'a pas jugé utile de le faire.

Un nouvel élément vient se greffer sur l'énigme. Richard Hoagland a déjà noté que Silbury Hill, la plus haute colline artificielle d'Europe, qui se dresse au sud-ouest d'Avebury, dans le Wiltshire, au sud de l'Angleterre, rappelle étrangement une protubérance de la planète Mars, baptisée le « Tholus » (temple rond, en latin), ou le mont Spirale. Un jour, alors qu'il examinait une photo aérienne d'Avebury, dans la bibliothèque de son luxueux appartement londonien, il a eu la révélation, comme si lui revenait ce qu'il appelle, curieusement, un « lointain souvenir [59] ». Son œil nouvellement inspiré a soudain remarqué que le rempart de terre qui entoure la montagne de pierre était calqué sur le grand cratère de Cydonia ! Ne s'arrêtant pas en chemin, il a ensuite montré que le cercle d'Avebury et la colline de Silbury occupent, l'un par rapport à l'autre, une position analogue à celle du cratère de Cydonia et du mont Spirale, si ce dernier est ramené à une proportion de 14 à 1.

Percy et Myers (lequel a dirigé la Mission Mars, avant d'écrire *Two-Thirds* avec son collègue) ont réfléchi à la question, et ils en ont conclu que le complexe d'Avebury a été conçu, voici environ cinq mille ans, pour servir d'« analogie » à Cydonia. Si on les ramène toutes les deux à la même échelle, les cartes de deux régions coïncident, nous dit Percy.

Cela soulève de nouvelles difficultés. En effet, la seule correspondance que l'on observe entre Avebury et Cydonia tient à la position et à la taille respective des deux principales caractéristiques, à savoir le cratère/le cercle d'Avebury et le mont Spirale/la colline de Silbury. Et même dans ce cas, l'analogie n'est pas parfaite, puisque le cratère, ramené à la même échelle que le cercle, est alors plus petit que lui et d'aspect différent. Les corrélations existant entre les autres particularités sont encore plus discutables. Ainsi, sur le site d'Avebury, la pyramide D & M n'est qu'un méchant tertre entouré d'arbres, qui en réalité ne correspond nullement à sa prétendue contrepartie martienne, que ce soit par la taille, la forme ou l'endroit où il est situé ; sans compter qu'il existe quantité de tumulus dans la région. Aucun autre accident du relief de Cydonia n'a d'équivalent sur le site d'Avebury, même si Percy accorde beaucoup d'importance à de curieuses marques, bosses et aspérités qui se trouvent à un endroit correspondant grosso modo à celui de la « cité » sur Mars, et qui ne prouvent pas grand-chose. En outre, Percy oublie de signaler, fait capital, que l'on ne trouve rien, à Avebury, qui ressemble au « visage » de Cydonia. N'y aurait-il pas sur le site préhistorique du Wiltshire quelque chose qui nous rappelle, même de loin et en forçant un peu le trait, cette physionomie, qu'il conviendrait alors d'oublier ?

En réalité, seuls le cercle de terre et la colline de Silbury évoquent Cydonia. On peut s'étonner de trouver sur notre planète la reproduction d'un cratère naturel présent sur Mars, sans que figurent également chez nous les autres accidents du terrain laissés sur la planète rouge par des êtres intelligents. En fin de compte, la plupart des points de repère du site d'Avebury n'ont pas d'équivalent sur Cydonia, le meilleur exemple en étant le grand tumulus de West Kennet.

Malgré toutes ces contradictions et conjectures hasardeuses, Hoagland évoque dans son discours aux États-Unis la découverte d'une prétendue corrélation entre Cydonia et Avebury.

Autre question qui interpelle Hoagland, Percy, Myers et leurs collègues, celle des cercles tracés dans les cultures. À les entendre, ces « glyphes agricoles transtemporels », pour employer leur langage, renferment des « codes » géométriques et mathématiques qui exacerbent le « message » de Cydonia. En faisant le lien entre ce phénomène moderne, qui nous laisse pantois, et les bâtisseurs de Cydonia, Hoagland veut nous dire que ces derniers sont toujours dans les parages, et qu'ils déploient désormais leurs talents sur Terre. Il note ainsi que « quelqu'un, *dont on peut prouver qu'il est d'origine extraterrestre*, cherche maintenant à faire passer le "message de Cydonia" sous forme de "message tracé dans les champs" sous nos yeux même, ici sur Terre [60] ».

Hoagland et Percy réservent une place de choix à l'un de ces mystérieux signaux dessinés dans la campagne, car il renferme un tétraèdre : il s'agit du « Barbary Castle », que l'on découvre un beau matin de 1991 au milieu d'un champ du Wiltshire. Hoagland fait d'ailleurs allusion à ce « glyphe agricole » dans l'allocution qu'il prononce aux Nations unies, car il présente, dit-il, des caractéristiques géométriques correspondant par certains points à celles du code de Cydonia. Si c'était vrai, cela confirmerait qu'il existe bien un lien entre la Terre et Cydonia, dont les constructeurs seraient de retour ici-bas. Hoagland tient particulièrement à ce que ce soit le cas, puisque, avec son équipe, il relève sur ces motifs des angles présents à Cydonia. Percy va plus loin : en superposant le plan du « Barbary Castle » et celui d'Avebury, il entend démontrer que le réseau routier de cette région du Wiltshire est calqué sur les lignes de force du « château » martien !

Quel que soit le fin mot de l'histoire, il ne fait aucun doute que nous sommes là en présence d'une mystification, ou bien, comme nombre d'adeptes de la théorie des « cercles dans les champs » le croient eux-mêmes, d'une œuvre d'art. On sait parfaitement d'où viennent ces curieuses figures dessinées dans la campagne : leurs auteurs se sont inspirés d'un traité d'alchimie du XVIe siècle, *Cabala, speculum artis et naturae in alchymia* (« La Cabale, le miroir de l'art et de la nature en alchimie »), rédigé par un certain Stefan Michelspacher[61].

L'identité de ces gens-là est un secret de polichinelle, dans les milieux autorisés, et Rob Irving, écrivain, photographe et lui-même auteur de plusieurs de ces « cercles », nous a déjà expliqué comment ils ont procédé. Voici ce qu'il déclare :

> Ce n'est vraiment pas sorcier. [...] En 1991, cela pouvait sembler énigmatique. Mais par comparaison à ce que l'on réalise maintenant, à savoir des motifs fractals cinq fois plus grands, dont on a filmé la genèse, ça reste très rudimentaire. Aujourd'hui, on n'en tiendrait pas compte[62].

Il suffit d'avoir quelques outils et des notions élémentaires de géométrie pour réaliser ce genre de motif « en une heure ou deux », assure-t-il.

L'ensemble manque par ailleurs de finesse, puisque les lignes ne sont pas toutes droites et que l'on relève çà et là des erreurs dans la structure géométrique. Fait révélateur, Hoagland et Percy reproduisent ces méprises dans leur reconstruction de l'ambitieux dessein qui a présidé à l'élaboration de ce motif[63] !

Mais alors, qu'est donc le « message » de Cydonia, aux yeux de Richard Hoagland ?

> Cydonia s'avère n'être rien d'autre que l'affirmation architecturale de la physique fondamentale de l'Univers, l'incarnation suprême d'une grandiose « Architecture universelle », [...] au niveau le plus archétypal qui soit [...]. Ce message est « codé » en termes identiques en d'autres endroits du système solaire [...] y compris ici, sur Terre[64].

Ce qui s'en dégage

Il semblerait, et dans le cas d'Hoagland cela ne fait pas l'ombre d'un doute, que l'on ait forcé le trait pour que les données, qui n'ont en elles-mêmes rien de probant, correspondent au postulat selon lesquel il existe un lien direct entre les anomalies observées à la surface de Mars et les monuments de l'Égypte ancienne. Le thème majeur consiste à dire que l'on nous délivre un « message » d'une importance capitale, aujourd'hui et demain. Mais pourquoi ? Où est-on allé chercher pareille idée ?

Il n'y a que deux réponses possibles : ou bien l'on a superposé des notions fallacieuses sur un authentique mystère, afin de les rendre vraisemblables, ou bien ceux qui ont émis cette hypothèse savaient au départ – ou du moins croyaient savoir – qu'il existe effectivement des rapports entre la Terre et Mars.

Peut-être n'a-t-on donné ces informations que pour tromper ou « embobiner » les gens et leur faire accepter certaines thèses, quand bien même seraient-elles démenties par les faits (tels qu'on les connaît aujourd'hui). Tout se passe comme si l'on essayait désespérément de nous faire croire à ce scénario, que nous le voulions ou non, et que cela corresponde ou non à la réalité. C'est très inquiétant.

Le « message » de Cydonia, dont Hoagland est le plus ardent défenseur, avec toutes les incidences qu'il peut avoir sur le regard que nous portons sur notre histoire récente et notre avenir proche, notamment le fait qu'il annonce l'apparition de technologies révolutionnaires et le retour pour bientôt des bâtisseurs du site martien, ne repose sur rien. En clair, il vient se greffer sur ce qui est indiscutablement une énigme, tout comme Hancock et Bauval ont accolé la date de 10500 av. J.-C. aux mystères bien réels de l'Égypte ancienne.

La publicité faite à ces énigmes martiennes présente des similitudes frappantes avec certains travaux concernant l'Égypte ancienne. Voici les points communs :

1. On part d'un authentique mystère. Les splendides réalisations des Égyptiens, telles que la Grande Pyramide, et les connaissances assurément très pointues des *Textes des pyramides* ne correspondent pas à notre vision habituelle de l'histoire. On ne peut pas non plus exclure

qu'il existe des constructions artificielles sur Mars, vu les informations dont on dispose, et même si l'on prend en compte les dernières photos.

2. Sur ce mystère viennent se greffer toutes sortes de « solutions » ou d'« explications » qui ne résistent pas à un examen attentif, par exemple la date de 10500 av. J.-C. avancée par Hancock et Bauval, et les extrapolations d'Hoagland et compagnie sur le « message » de Cydonia.

3. Il s'agit moins, en l'occurrence, de remettre en question l'histoire officielle que de nous faire croire que ces mystères auront des conséquences directes sur notre vie, et laissent présager pour bientôt de véritables bouleversements (susceptibles d'affecter la structure physique du globe lui-même). On prétend, par exemple, que la Grande Pyramide va, d'une façon ou d'une autre, précipiter l'avènement de l'ère du Verseau lors du passage à l'an 2000, et que les constructeurs de Cydonia sont sur le point de revenir.

4. Mine de rien, les autorités sont directement impliquées. Pour une raison mal définie, on recherche apparemment quelque chose sur le site de Gizeh. Il est par ailleurs évident qu'Hoagland bénéficie de l'appui d'individus et d'organisations très proches des services secrets, comme Robert Roe, membre de la Chambre des représentants, ou Paul Shay, qui a participé à l'élaboration de la Mission Mars. (Il va de soi que le fait que certaines personnes soient en contact avec des agents de renseignements n'a rien à voir avec un quelconque complot. Ainsi, il est tout naturel que Mark Carlotto, spécialiste de l'analyse des photos-satellite, et qui travaille pour le Pentagone et les services secrets américains, ait participé aux recherches sur Cydonia. Cependant, le nombre de gens liés à la CIA et à ses homologues suffit à lui seul à éveiller nos soupçons.)

Les travaux d'Hoagland se répartissent en deux phases : tout d'abord, entre 1983 et 1984, notre homme a voulu montrer, avec l'appui du SRI, qu'il a jadis existé une civilisation sur Mars. Il s'est ensuite, après 1989, intéressé au fameux « message », censé concerner le passé, le présent et l'avenir de l'humanité.

S'agissait-il, dans un premier temps, de voir comment l'opinion publique aurait réagi à l'idée qu'il ait jadis pu exister une vie sur

Mars, comme le pense Tom Rautenberg, chercheur en sciences humaines ? Se serait-on ensuite aperçu que l'on pourrait, par ce biais, faire passer un autre message, faisant lui-même partie d'un programme différent mais lié à celui-ci ?

Il se peut aussi que cela ait obéi à une autre motivation. À l'époque, l'Europe était toujours divisée en deux par le rideau de fer, et l'on soupçonnait les pays de l'Est de détenir certains secrets. Et si Hoagland et le SRI avaient cherché à savoir ce que les Soviétiques avaient découvert, ou pressentaient, à propos de Mars ? Il est tout de même étrange que moins d'un mois après la conférence de Boulder, lors de laquelle Hoagland a fait part de ses découvertes, *Soviet Weekly*, revue d'URSS écrite en anglais, ait publié un article de Vladimir Avinsky faisant état du « Sphinx de Mars » et de ses « pyramides »[65]...

Hoagland et les siens ont essayé d'entrer en contact avec l'Académie des sciences de l'Union soviétique. Ils ont pour cela fait appel aux bons offices de Jim Hickman, responsable du programme d'échange de l'institut Esalem de Californie (sur lequel nous reviendrons plus tard[66]). Ce n'est peut-être pas un hasard.

Non seulement l'on constate des similitudes étonnantes entre la façon dont on parle de Mars et de l'Égypte, mais les deux discours se rejoignent pour nous proposer un scénario saisissant. Rares sont aujourd'hui les intéressés, étrangers au milieu universitaire, qui n'associent pas les édifices de Cydonia aux monuments de la vallée du Nil. Ceux qui ont leur petite idée derrière la tête ont enregistré des succès importants : les spécialistes de Cydonia, comme Hoagland, par exemple, ont voulu faire le lien entre le « message » délivré par cette région de Mars et la civilisation de l'Égypte ancienne (entre autres, car l'on pourrait aussi citer les sites préhistoriques de Grande-Bretagne, célèbres pour leurs mégalithes). D'autres, comme Hancock et Bauval, ont effectué la démarche inverse, en partant des mystères de l'Égypte ancienne pour en arriver à Mars. Le tout compose une seule histoire, et non deux, comme le montre le fait que l'on retrouve à chaque fois les mêmes têtes.

On note ainsi qu'en 1996, de retour aux États-Unis après avoir effectué une mission sur le site de Gizeh, des membres de la fondation Schor se sont adressés à Richard Hoagland et à James Hurtak, qui se disent convaincus qu'il existe des pyramides sur Mars et qu'elles renvoient à celles de Gizeh, pour avoir de plus amples renseignements [67]. Boris Said, le réalisateur qui a suivi depuis 1990 les fouilles entreprises là-bas, vient de s'assurer la coopération de James Hurtak, qui dès 1975 voyait dans les liens entre Mars et l'Égypte ancienne un « plan cosmique de grande envergure ».

On observe de curieux échanges de personnes entre le camp des pyramides de Mars et celui de Gizeh. Farouk El Baz a été nommé directeur de l'équipe qui poursuit les recherches de Gantenbrink sur le « conduit de Sirius » existant au sein de la Grande Pyramide. C'est peut-être une simple coïncidence s'il a précédemment travaillé à la NASA, mais l'on connaît les liens du SRI avec les militaires et les services de renseignements. (Depuis qu'il a quitté la NASA, El Baz a fondé un centre de télédétection de l'université de Boston, dont il assure la direction. Dans *Star Trek: The New Generation*, une navette du vaisseau spatial *Enterprise* porte d'ailleurs son nom.) Lambert Dolphin Jr., qui a dirigé l'équipe du SRI sur le site de Gizeh entre 1973 et 1982, et qui a également mis sur pied en 1983 avec Richard Hoagland la Mission indépendante sur Mars, projet financé et doté par le SRI, joue à cet égard un rôle déterminant.

C'est là un scénario qui donne à réfléchir, mais qui devient encore plus étrange lorsqu'on l'interprète à l'aune de ce que nous avons maintenant appris et des conclusions que nous pouvons en tirer.

1. Les services de renseignements britanniques et américains retiennent l'hypothèse selon laquelle ce seraient des extraterrestres qui nous auraient apporté la civilisation, ce qui explique leur réaction devant les travaux de Robert Temple.

2. On entreprend, avec l'aval du gouvernement américain, des fouilles clandestines en Égypte, ce qui indique que l'on pense y découvrir quelque chose d'important, que l'on ne veut pas voir tomber en d'autres mains.

3. Divers écrivains et chercheurs se font les hérauts de messages « messianiques », qui viennent en grande part de leur façon de s'interroger sur les origines de la civilisation égyptienne et des anomalies observées sur Mars. Peu à peu, ces deux aspects finissent par se

confondre, suite à une stratégie délibérée. Il en résulte une version « consensuelle », élaborée par ces auteurs qui ont des millions de lecteurs, selon laquelle des extraterrestres sont intervenus dans l'évolution humaine [68].

4. Hoagland et son équipe, qui défendent les thèses les plus radicales, ont bénéficié, apparemment, de soutiens occultes, de la part de gens et de groupes liés aux milieux du renseignement. Citons entre autres le SRI, impliqué dès le début, et la NASA, qui fait des avances à Hoagland et à son équipe entre la fin des années 80 et le début des années 90.

On relève, dans les quatre points envisagés ci-dessus, un paradoxe flagrant. D'un côté, le fait que des organismes officiels soient mêlés à l'affaire signifie peut-être tout simplement que leurs responsables sont parvenus à la même conclusion que Hancock, Bauval, Hoagland et Temple, et qu'ils attendent avec impatience des révélations sur Mars et l'Égypte. Rien ne dit d'ailleurs qu'ils n'en ont pas déjà l'exclusive... Les autorités constituées auraient-elles appris que des extraterrestres, venus de Mars ou d'ailleurs, ont exercé une profonde influence sur le genre humain ? Chercheraient-elles à en savoir un peu plus ?

À première vue, c'est probable. D'un autre côté, les « messages » messianiques invoqués dans le cas de Mars et de l'Égypte ne tiennent pas debout. Ils reposent sur des sophismes et des documents mal interprétés, à moins qu'ils ne soient délibérément conçus pour satisfaire les visées occultes d'individus ou de groupes divers. Mais alors, pourquoi des organismes officiels et aussi sérieux que la NASA et le SRI, qui jouissent d'une honorable réputation et sont financés par l'État, y attachent-ils autant d'importance ?

On peut envisager deux hypothèses, pour expliquer l'intérêt croissant suscité par ces absurdités : ou bien l'on cherche à nous cacher la vérité, ou bien l'on veut nous faire prendre des vessies pour des lanternes.

• *Première hypothèse :* les « messages à l'humanité », extrapolés des mystères de Mars et de ceux que l'on observe sur Terre, sont fondamentalement faux. Au mieux, on se fait des illusions et l'on prend ses désirs pour des réalités. Au pire, on gauchit les données pour qu'elles correspondent à des idées préconçues, auquel cas on met ces énigmes au service d'une cause quelconque pour défendre, par exemple, une foi religieuse, ou une idéologie quasi religieuse, voire de type maçonnique ; à moins qu'il ne s'agisse d'une expérience de manipulation de masse, comme l'a pensé Tony Rautenberg, lorsqu'il a appris que le SRI s'intéressait à l'énigme de Cydonia et entreprenait à ce sujet des travaux beaucoup plus vastes et inquiétants.

Cette hypothèse expliquerait la plupart des informations recueillies là-bas, mais pas tout ce qui s'y passe. Nous sommes certains, par exemple, que le site de Gizeh est le théâtre d'activités secrètes, dont on attend des résultats tangibles. Autre exemple, concernant les circonstances étranges dans lesquelles la NASA a photographié la « pyramide du cratère » à la surface de Mars. La « flèche » de 200 mètres de haut qui surplombe la dépression est à notre avis l'anomalie la plus fascinante, et celle qui est le moins susceptible de relever d'une explication naturelle, sur la planète rouge. Il est curieux qu'en 1976 Viking ait pris coup sur coup quatre clichés de cette région, sans renouveler l'expérience [69]. Comme l'a remarqué Mark Carlotto, l'orbiteur devait être programmé pour opérer ainsi, car le délai était trop court pour que le centre de contrôle lui donne au dernier moment des instructions par radio. Est-ce vraiment une coïncidence si c'est la seule fois que Viking a pris des photos en rafale ? Mais comment les responsables de la NASA pourvaient-ils savoir qu'il y avait quelque chose d'intéressant à cet endroit-là ?

• *Seconde hypothèse :* ceux qui ont lancé le « message » dans la presse et dans les milieux autorisés ne doutent pas de son authenticité, mais ils savent aussi qu'il ne faut pas ébruiter la nouvelle trop brutalement. On divulgue alors des bribes d'informations, afin de préparer les gens à ce qui les attend, comme si l'on essayait d'évaluer les réactions de l'opinion publique, avant de lui annoncer carrément que des extraterrestres sont jadis intervenus dans l'histoire de l'humanité, et que cela n'est sans doute pas fini.

Dans cette optique, on invoque des preuves fallacieuses pour rendre compte d'un phénomène qui est lui bien réel. C'est là une attitude bizarre et qui ne manque pas d'audace, mais les services secrets ont l'habitude des coups tordus, même s'ils poursuivent leurs objectifs avec une détermination implacable. Cette hypothèse mérite d'être prise au sérieux, ne serait-ce que pour voir où elle nous mène. Elle présente l'avantage de nous expliquer pourquoi des organismes officiels se lancent dans une campagne de recherches, alors que les raisons officiellement avancées ne résistent pas à un examen attentif.

Nous aurons l'occasion de vérifier, au cours de cette enquête, le bien-fondé de ces deux hypothèses. La première part du principe que les prétendus messages destinés au genre humain ont été inventés de toutes pièces ou sont purement illusoires. La seconde reposerait-elle sur quelque chose de sérieux ?

Se pourrait-il que les « autorités constituées » sachent que les extraterrestres sont effectivement intervenus dans l'histoire de l'humanité, et qu'il existe bien des liens entre la Terre et Mars, même s'il leur faut, pour le démontrer, user de raisonnements captieux ? S'ils disposent effectivement de telles informations, qui les leur a données ? Seules des preuves incontestables peuvent avoir emporté l'adhésion d'industriels, de scientifiques et d'agents secrets, qui ne sont pas des gens à s'emballer facilement. Mais en même temps, il n'était pas question de les rendre publiques. Quel genre d'argument a-t-il pu jouer alors ?

On a peut-être un indice dans le fait que Mars a toujours été une cible de choix dans les expériences de vision à distance. Les premiers tests, réalisés sous l'égide du SRI entre 1973 et 1976, comprennent des séances réalisées par Ingo Swann et Harold Sherman, au cours desquelles ils visualisent Mars (ainsi que d'autres planètes [70]). Le résultat n'en a jamais été rendu public [71], mais l'on sait que des spécialistes de la vision à distance ont repéré le « visage » dessiné sur Mars plusieurs années avant que ne soit lancée la sonde Viking.

En 1998, alors que nous évoquions ses états de service au SRI, Uri Geller nous a expliqué que le « visage » a été détecté dès le début des années 70, soit bien avant que Viking ne décolle de Cap Canaveral. Pour diverses raisons, il n'a pas voulu nous donner l'identité de la personne qui eut ce privilège, mais en 1998 nous avons écrit aux responsables de l'Academy for Future Sciences, pour leur demander des précisions sur le fait que le fondateur de cette organisation, James Hurtak, aurait prédit en 1975 que l'on découvrirait sur Mars quelque chose qui ressemble à un visage. « James Hurtak parlait avec Harold Sherman de ce que lui avait appris la vision à distance », nous a-t-on répondu [72]. Cela nous a intrigués, dans la mesure où nous n'avions justement pas évoqué la vision à distance. Or, les déclarations de ces gens revenaient à dire que c'était par ce biais que l'on avait découvert le « visage ». Nos correspondants ajoutaient que Hurtak avait surtout contemplé les structures pyramidales, ce qui signifiait que si d'aventure il n'avait pas aperçu le « visage », Sherman en revanche l'avait vu.

Journaliste sportif, Sherman s'intéressera au paranormal et aux ovnis dès les années 40. C'est à lui que l'on doit l'expression « les petits hommes verts », pour décrire les extraterrestres. En 1975, c'est un homme âgé, spécialiste des phénomènes parapsychiques, auquel le SRI a fait appel pour mettre au point les premières expériences de « vision à distance [73] ».

Parler de « vision à distance », cela revient, nous direz-vous, à se laisser entraîner dans l'univers de la science-fiction, et l'on se croirait dans un épisode de *X-Files*, où l'on croise des espions invisibles et des gens capables de contrôler nos processus psychiques, toutes choses purement imaginaires. Et pourtant, même si cela doit remettre en cause nos belles certitudes, la vision à distance, cela doit marcher – raison pour laquelle plusieurs pays, et notamment les États-Unis, ont investi autant d'argent dans ce domaine. Et lorsque les meilleurs spécialistes américains de la vision à distance donnent invariablement la même description de tel endroit de la surface de Mars, cela finit par intriguer.

Joe McMoneagle, un homme très doué dans ce domaine et qui travaille pour le compte de l'armée de terre américaine, « s'est rendu » plusieurs fois sur Mars et a dessiné ensuite ce qu'il a vu, sans l'aide de ses yeux. On découvre des pyramides, et aussi des tunnels, creusés sous le site de Cydonia, et dans lesquels subsistent les restes d'une ancienne civilisation.

Dans *Pyschic Warrior*, David Morehouse nous décrit les missions qu'il a effectuées « sur » Mars huit ans plus tôt. On lui a demandé de se concentrer sur la planète rouge, sans savoir qu'on attendait de lui qu'il vise la région de Cydonia. Il n'a rien vu de particulier, juste un paysage ocre et désolé. À la fin de l'expérience, on lui a montré un classeur renfermant des photos de Mars, prises en orbite et sur le sol même.

> Il y avait là, dit-il, une analyse de la composition chimique de l'atmosphère et des photographies de la surface, prises à haute altitude, accompagnées de légendes indiquant quelles régions pouvaient laisser penser que Mars avait jadis été habité [74].

Morehouse, qui a aussi dessiné un rêve, dans lequel « le ciel se déchire, laissant apparaître une autre dimension », a coutume de visualiser des scènes chargées de signification, même s'il ne s'en rend pas compte sur le moment. Dans *Psychic Warrior*, il nous explique ainsi qu'on lui a un jour assigné une cible, sans lui dire de quoi il s'agissait, et qu'il s'est alors dirigé vers un objet ressemblant à une boîte, cachée dans un grotte elle-même protégée, semble-t-il, par un halo. Il s'agit, dit-il, de « quelque chose de sacré, doté d'un grand pouvoir, qui se vaporisera si l'on s'en approche », en ajoutant qu'il se sent mal à l'aise dans cette caverne [75]. Une heure environ après sa « mission », on lui montre une interprétation d'artiste de la cible, qui n'est autre que la légendaire arche d'alliance de l'Ancien Testament, capable de décimer des armées entières. Tout se passe comme s'il avait eu recours à des pouvoirs paranormaux pour atteindre son objectif (peut-être a-t-il correspondu par télépathie avec l'expérimentateur). S'est-il pour autant « branché » directement sur l'arche d'alliance ?

On ignore toujours quel processus déclenche la vision à distance, dont on ne connaît que les résultats. Assis dans un bureau quelconque, où on lui pose des questions, le spécialiste laisse s'envoler sa conscience, qui s'en va explorer d'autres lieux, à moins qu'elle ne s'aventure en d'autres époques, puisque le temps n'est pas alors une barrière pour cet individu, qui peut à loisir remonter dans le passé ou se projeter dans l'avenir, par la seule force de sa volonté. Il ne parvient pas toujours à décrire son objectif, qu'il dépeigne un autre lieu que celui qui lui a été assigné ou un paysage imaginaire. Parfois, on a aussi droit à des récits bien étranges.

Malgré les nombreux succès dans ce domaine, il est toujours délicat d'interpréter ce que l'on a sous les yeux. Dans la vie quotidienne, c'est notre cerveau qui attribue une signification aux objets et aux gens que l'on perçoit. Le contexte joue alors un rôle déterminant, et plus il est explicite, mieux l'on comprend ce que l'on voit. Il en va de même dans la vision à distance, et en particulier lorsque l'on s'efforçait de visualiser Mars avant que la sonde Viking n'en photographie la surface, en 1976. L'esprit de l'individu essaie machinalement de se repérer dans un paysage inhabituel, et peut-être réagit-il comme devant un test de Rorschach, en assimilant une protubérance rocheuse à un « visage ».

Personnellement, nous avons pu constater que la vision à distance donne de bons résultats, même si elle n'est pas fiable à cent pour cent. Nous devons un récit édifiant à Courtney Brown, professeur de sciences politiques à l'université Emory d'Atlanta. Formé en 1992 à la vision à distance par un spécialiste de cette technique qui travaillait auparavant pour le Pentagone (il ne donne pas son nom, mais l'on devine qu'il s'agit du major Ed Dames), il a l'idée de s'en servir dans ses recherches scientifiques, afin de savoir si nous avons jamais eu la visite de créatures venues de l'espace.

Notre homme a effectué, par ce biais, plusieurs « missions d'études sur Mars » entre 1993 et 1994, la première dans le cadre de sa « formation » (on lui assigne, sans le lui dire, la planète Mars comme objectif, ce qui semble être la procédure habituelle avec les débutants). À cette occasion, il décrit une pyramide et un volcan en éruption, qui dévaste la région et provoque l'exode des habitants. Une fois l'expérience terminée, on lui montre une photo de l'endroit en question : il s'agit de Cydonia [76].

Courtney Brown affirme que survivent, dans le sous-sol de Cydonia, sous les montagnes du Nouveau-Mexique et dans des villages d'Amérique latine des descendants de ces extraterrestres, car il a pu les « voir ». D'après lui, lorsqu'elle a disparu, suite à un cataclysme planétaire, la civilisation martienne avait atteint un niveau de développement comparable à celui de l'Égypte ancienne, même si l'on ne sait pas s'il s'agit bien du même que celui dont parlent les égyptologues officiels ou se réclamant de la « nouvelle orthodoxie ». Dans cette optique, les survivants auraient été sauvés par des « petits hommes verts », qui les auraient projetés dans le temps, pour qu'ils réapparaissent à notre époque, après leur avoir fait subir des modifications génétiques leur permettant de vivre sur Terre.

Malheureusement, Courtney Brown se trompera à plusieurs reprises. Tout d'abord, il prétendra, suite à une « visualisation » effectuée par des membres de son équipe, que la comète de Hale-Bopp amènera dans son sillage un vaisseau spatial, thèse dont il se fera le chantre lors de l'exposition Art Bell. Cette révélation entraînera des suicides collectifs de la part de membres de la secte de la Porte du Ciel, qui escomptent que leur esprit soit « aspiré » par l'engin spatial qui suit la comète. Parmi les adeptes de cette théorie, on relève le nom de Richard Hoagland, qui la défend avec son zèle habituel [77].

Reste que l'on peut interpréter les choses autrement, lorsque l'on envisage une possible influence à distance...

« Le jour où nous avons ouvert la porte »

On peut sourire des croyances stupéfiantes d'un professeur de sciences politiques pratiquant la vision à distance, et rejeter l'idée encore plus abracadabrante qu'il existe des rapports entre la planète Mars et l'Égypte ancienne. Il n'en demeure pas moins qu'il y a tout lieu de croire qu'il a jadis existé une vie sur Mars, même si cela fait des millions d'années qu'elle s'est éteinte. La situation bascule le 7 août 1996, lorsque la NASA annonce que l'on a retrouvé des traces de micro-organismes, c'est-à-dire des formes de vie primitives, dans une météorite découverte dans l'Antartique et venue de Mars. Baptisée ALH84001 (ALH étant l'abréviation de Allen Hills, lieu où on l'a découverte ; 84 renvoyant à 1984, et 001 indiquant que c'était la première de l'année), elle a environ 4,5 milliards d'années et renfermait des microfossiles vieux de 3,6 milliards d'années. Ce petit corps céleste a sans doute été projeté en orbite suite à la chute d'un autre corps céleste sur la planète rouge voici quinze millions d'années, et a ensuite longtemps dérivé dans l'espace, avant de s'écraser sur Terre il y a treize mille ans. Les microfossiles sont de minuscules organismes du même type que les bactéries, dont le plus grand fait 200 nanomètres (soit 200 milliardièmes de mètre) de diamètre, la météorite, « de la taille d'une pomme de terre », pesant pour sa part moins de 2 kilogrammes.

Il tombe chaque année des milliers de météorites sur Terre. Qu'est-ce qui distingue celle-ci des autres ? Et pourquoi a-t-on fait autant de tapage autour d'elle ? Le battage médiatique et la façon dont l'affaire a été orchestrée avaient de quoi surprendre, sur le coup ; mais avec du recul ils paraissent encore plus étranges.

On organisera une conférence de presse au Johnson Space Center de Houston, où sera conviée la presse internationale, afin de donner le maximum de retentissement à l'événement. C'est Daniel Holdin, l'administrateur de la NASA, qui animera la réunion, en ce « jour qui risque, dit-il, d'être marqué d'une pierre blanche pour les scientifiques américains, et bien entendu pour l'humanité tout entière » (ce n'est visiblement pas la modestie qui l'étouffe). Quelques heures plus tard, Bill Clinton fera une déclaration officielle dans laquelle il qualifiera cet événement d'« historique » et promettra que la NASA « s'efforcera d'apporter des réponses et d'éclaircir des choses aussi vieilles que le genre humain, mais qui seront déterminantes pour notre avenir ». Propos étranges, sans doute vecteurs d'un message implicite destiné à ceux qui connaissent le fin mot de l'histoire, mais qui nous laissent perplexes. En quoi des micro-organismes présents dans un fragment de roche venu de Mars peuvent-ils avoir une incidence sur l'avenir de l'humanité ?

Organisme généralement conservateur et jaloux de son image scientifique, la NASA orchestrera un battage médiatique sans précédent. C'est d'autant plus étonnant que les éléments présentés lors de la conférence de presse ne sont pas suffisamment probants, loin de là, pour qu'on leur accorde autant d'importance. De nombreux scientifiques, notamment en Europe, ont depuis lors tiqué devant l'interprétation proposée par l'agence spatiale américaine. La question de savoir si ces « fossiles » étaient au départ d'ordre biologique prête toujours à controverses dans la communauté scientifique. Ils attestent peut-être, comme on le dit, qu'il a jadis existé une forme de vie primitive sur Mars, mais c'est la certitude dont fait montre la NASA à ce sujet, sans parler de la ferveur quasi évangélique et du battage médiatique auxquels ce scénario donne lieu, qui nous déroute, et laisse penser qu'il poursuit en réalité d'autres objectifs.

Voilà pourquoi on tombe des nues en apprenant que l'on a déjà affirmé la même chose, sans lui faire autant de publicité que pour ALH84001. Il est curieux que ce soient les deux individus qui ont « découvert » le « visage » sur Mars, John Brandenburg et Vincent Di Pietro [78], qui aient signalé quelques semaines plus tôt à Daniel Goldin que l'on avait désormais la preuve qu'il a jadis existé une forme de vie sur Mars. Brandenburg s'efforçait de reconstituer l'histoire de la planète rouge, afin de savoir si la vie avait pu s'y développer à une époque, lorsqu'il est tombé sur un article relatant la découverte, en 1989, par un équipe de chercheurs britanniques, de carbone organique dans une météorite venue de Mars.

Bartholomew Nagy, de l'université d'Arizona, notait déjà, au milieu des années 60, que l'on avait détecté des microfossiles bactériennes dans des météorites, sans se prononcer pour autant sur leur origine. Les résultats de ses travaux, notamment ceux qui établissent le caractère biologique de pareils éléments, seront publiés au cours des années 60 et 70, et ils ont été contestés par d'autres scientifiques. Ces microfossiles, il les a découverts dans une catégorie particulière de météorites, les chrondites carbonées, dont Brandenburg n'aura pas de mal, ensuite, à montrer qu'elles proviennent de Mars, car elles en portent la « signature » (compte tenu de la proportion de certains isotopes observée au sein des différentes sortes de pierres, on peut déterminer si elles sont originaires de la Terre, de Mars, ou d'autres planètes ; cette technique étant désormais bien rodée, il est étonnant qu'on n'y ait pas eu recours plus tôt – à moins que l'on ne s'en soit servi sans le dire). Nagy s'éteindra en décembre 1995, quelques mois avant que la NASA ne fasse paraître le communiqué qui montrera qu'il avait raison, propulsant du même coup cette question sur le devant de la scène.

Brandenburg, quant à lui, exposera le résultat de ses travaux dans un article publié en mai 1996, et il donnera ensuite des conférences en Allemagne pendant le mois de juillet. Quelques semaines avant la parution de son compte rendu, il prendra contact avec Daniel Goldin, pour exposer ses conclusions. En septembre, la NASA fait paraître son communiqué.

On découvre la météorite ALH84001 en 1984 dans l'Antartique, mais ce n'est qu'en 1993 qu'on prouve qu'elle provient de Mars. Elle est analysée en secret au Johnson Space Center de Houston (on recherche des traces de composants biologiques, ce qui amène à s'interroger sur le protocole d'expérience observé). Brandenburg, qui assistait à la conférence de presse de Houston, suppose que l'on a fait pression sur l'équipe de la NASA pour qu'elle annonce la nouvelle avant que son propre travail ne lui vole la vedette, même si leur rivalité soulève un problème d'éthique, puisque son article a été relu par les scientifiques du Johnson Space Center qui travaillent sur ALH84001 ! D'autres pensent que les travaux de Brandenburg ont donné des idées à la NASA, qui cherchait à expliquer son regain d'intérêt pour Mars.

Autre rebondissement : quelque temps après la conférence de presse, une call-girl explique que l'un de ses clients, Dick Morris, qui est l'un des conseillers du président Clinton, lui a dit que l'on venait de relever sur Mars des traces de vie, mais que l'information n'avait pas été divulguée, car elle était classée « secret défense »[79].

On raconte aussi que Daniel Goldin, qui doit son poste à ses sympathies politiques et a animé la réunion avec beaucoup d'entrain, a fait carrière dans le secteur industriel travaillant pour le Pentagone, supervisant des projets ultra-secrets. Nommé par George Bush, lui-même ancien directeur de la CIA, il a présidé à la multiplication des missions de la NASA liées au ministère de la Défense, ainsi qu'à l'affectation de nombreux cadres du Pentagone à des postes clés au sein de l'agence spatiale américaine[80].

La question des micro-fossiles « martiens » et la conférence de presse au cours de laquelle on a annoncé la nouvelle feront naître bien des soupçons, que l'on cherche ainsi à préparer en douce l'opinion publique à l'idée qu'il existe une vie intelligente sur Mars, ou qu'il s'agisse d'un coup monté destiné à provoquer un véritable engouement pour Mars, afin que l'on affecte des crédits supplémentaires à la NASA pour lui permettre de continuer à explorer la planète rouge.

Ces deux cas de figure peuvent d'ailleurs se combiner, même si d'aucuns soutiennent que la NASA poursuit de mystérieux objectifs en s'intéressant à Mars. Ces suspicions sont alimentées par le secret obsessionnel qui entoure les activités de l'agence spatiale à Houston, ainsi que par la façon extravagante avec laquelle la nouvelle a été annoncée, au mépris de la procédure habituelle, qui consiste à faire relire le texte par d'autres scientifiques, pour faire une déclaration fracassante au cours d'une conférence de presse.

Il faut dire qu'on s'est bousculé pour envoyer des sondes sur Mars : on a débloqué des fonds pour financer Mars Global Surveyor, qui nous transmet actuellement des images, après la perte de Mars Observer en août 1993. Le lancement de l'engin interviendra trois ans plus tard. Depuis le communiqué d'août 1996, on envisage de lancer plusieurs sondes spatiales, afin de rechercher d'éventuelles traces de vie sur la planète rouge et de rapporter des échantillons. On projette également d'envoyer des hommes sur Mars, alors que l'on n'en parlait plus depuis longtemps. La Russie et le Japon mettent aussi au point leurs propres missions martiennes.

Que ces microfossiles, sujets à controverses, nous donnent ou non des preuves concluantes, l'excitation grandit lorsqu'il s'agit de Mars, en particulier au sein du gouvernement américain. Les autorités américaines semblent persuadées qu'il y a de la vie, peut-être même des êtres intelligents, sur Mars, et l'on a vu que des gens et des organismes divers (les spécialistes de la vision à distance travaillant pour le Pentagone, le SRI et les amis d'Hoagland) s'efforcent de faire naître en nous des espoirs à propos de Mars.

Chercherait-on une « porte des étoiles », portail physique ou bien existant dans une hyperdimension, qui permettrait d'atteindre Mars plus aisément, voire d'entrer en contact avec les martiens ? Croit-on vraiment qu'un tel objet existe ? Ou bien s'agirait-il tout simplement d'une manipulation à grande échelle, destinée à jauger la façon dont l'opinion publique réagirait si l'on apprenait qu'il y a eu – ou qu'il existe toujours – des martiens ?

Mais le mystère s'épaissit, puisque l'on découvre que des hauts responsables sont persuadés que l'on a déjà ouvert la « porte des étoiles », et que nous sommes désormais en contact avec les extraterrestres.

CHAPITRE 4
CONTACT ?

Ceux qui se réjouissent d'apprendre qu'il existe un « visage » sur Mars sont loin d'imaginer, dans l'ensemble, que Richard Hoagland et James Hurtak, les plus ardents défenseurs de cette idée, l'ont puisée auprès d'une secte puissante qui se targue de correspondre par télépathie avec des extraterrestres. Ces prétendues entités non humaines ont adopté diverses identités d'emprunt, en quelques décennies, et elles se font appeler aujourd'hui le Conseil des Neuf, ou simplement « les Neuf ». On peut trouver cela curieux, sinon bizarre, et en tout état de cause déplacé. Qui peut bien se soucier de ce que pensent vraiment ces êtres mystérieux ?

À mesure que nous avancerons dans notre enquête, nous aurons la surprise, teintée de malaise, de découvrir l'influence exercée par tous ceux qui croient à l'existence des Neuf, et au bout du compte par les Neuf eux-mêmes. Nous nous apercevrons peu à peu que ces fameuses « intelligences non humaines » jouissent d'un grand prestige auprès d'industriels, de scientifiques travaillant dans des domaines de pointe, de fantaisistes, de parapsychologues, de responsables militaires et de dirigeants des services de renseignements. Nous découvrirons même que les Neuf ont l'oreille de collaborateurs du président américain !

Dans la coulisse

Lancée par Richard Hoagland, la Mission Enterprise est animée par David Myers et David Percy, responsables respectivement du secteur États-Unis et du secteur Europe. Ils joueront un rôle crucial dans la promotion du message de Cydonia. Écrivain et ancien officier de la marine américaine, David Myers intègre l'équipe en 1989, suivi peu de temps après par David Percy. Tous deux quitteront la Mission en 1992.

C'est Myers qui « découvre » les dimensions et les relations angulaires des monuments de Cydonia, à partir desquelles Hoagland décodera le fameux « message ». Percy, quant à lui, étudie les cercles de pierre d'Avebury, afin de montrer qu'ils renvoient à Cydonia ainsi qu'à d'autres sites préhistoriques situés en Angleterre, Stonehenge, Glastonbury, etc. Les « lumières irremplaçables » de Myers (comme l'écrit Hoagland dans les « Remerciements » de *The Monuments of Mars*) ne sont pas le résultat de calculs mathématiques ou d'un raisonnement déductif : Percy et lui font en effet partie d'un groupe d'individus qui se disent en contact avec des extraterrestres ayant atteint un niveau de développement très avancé, qui les rend semblables à des dieux.

Myers et Percy ont écrit un gros livre très curieux, intitulé *Two-Thirds*, qui raconte de façon romancée l'histoire de notre galaxie, replacée dans cette optique. Venus d'Altea, une planète très éloignée, seraient arrivés, voici 1,6 million d'années, des êtres extrêmement développés. Ils auraient tout d'abord colonisé Mars (qu'ils auraient rendue habitable, grâce à leur technologie sophistiquée), et construit les monuments de Cydonia. Beaucoup plus tard ils auraient débarqué sur Terre, où ils se seraient livrés à des manipulations génétiques sur les autochtones, créant à la longue des hybrides, les êtres humains. Ils auraient aussi construit à Avebury un pendant au complexe de Cydonia, et bâti le Sphinx et les pyramides de Gizeh. Il s'agit bien entendu d'un ouvrage de fiction, ce qui n'empêche pas Myers et Percy d'écrire, sur la jaquette : « Grâce à *Two-Thirds*, toute notre histoire s'éclaire. Cet ouvrage n'invente rien. »

Abondamment illustré, le livre renferme des photographies et des graphiques montrant le « message » de Cydonia et ses « connexions terrestres », ainsi que les « glyphes transtemporels des cultures ». Autres éléments clés, dans cette perspective, le concept d'« hyperdimensionnalité », ainsi que les technologies susceptibles d'être élaborées à partir du « message » de Cydonia. Ce n'est pas un hasard si ce sont là les chevaux de bataille d'Hoagland, car il les a trouvés chez Myers et Percy à la fin des années 80.

Alors qu'il sait pertinemment d'où viennent les « lumières » de Myers et Percy, Hoagland rechigne à communiquer ses sources, dans ses ouvrages et ses conférences (ce que l'on peut comprendre). David Percy se garde bien, lui aussi, de dire d'où vient sa « sagesse » lorsqu'il s'exprime en public, même s'il lui a fallu un jour donner quelques éclaircissements. Au terme de la communication qu'il a faite 1995 au siège de la British UFO Research Association ou BUFORA (« Association britannique de recherche sur les ovnis »), et à laquelle nous avons assisté, un spécialiste de ce phénomène, John Rimmer, l'a mis au défi de révéler l'origine de ses informations. David Percy a alors reconnu que c'étaient les Neuf eux-mêmes qui les lui avaient en partie communiquées par télépathie. Il a d'ailleurs admis, voici peu, faire partie de leurs « interlocuteurs » privilégiés [1].

De son côté, James Hurtak affirme être lui aussi en contact depuis 1973 avec la même source extraterrestre de sagesse, c'est-à-dire peu de temps avant de lancer l'idée qu'il existe des liens entre les pyramides martiennes de l'Élysée et celles de Gizeh, en Égypte. Il se montre toutefois beaucoup moins circonspect devant l'existence des Neuf, puisqu'il n'hésite pas à écrire un livre intitulé *The Keys of Enoch*, sorti en 1977 aux États-Unis, et paru également sous le titre *The Book of Knowledge* (« Le livre de la connaissance »), qui expose les enseignements spirituels dont il a, dit-il, eu le privilège de bénéficier. Mais voilà, en l'espace de quatre ans, il nous en donne deux versions différentes : dans *The Keys of Enoch*, il nous raconte comment le prophète Énoch (de l'Ancien Testament) lui est apparu dans la nuit du 2 au 3 janvier 1973 [2], alors qu'en 1977 il explique à Jacques Vallée, grand spécialiste des ovnis, qu'un soir où il roulait en plein désert, dans le sud-est de la Californie, une boule de feu a suivi en l'air sa voiture, et un rayon lumineux l'a littéralement « programmé », en lui insufflant les « clés » de son enseignement [3].

Comme Myers et Percy, il nous décrit un système hiérarchisé d'intelligences qui gouvernent le monde, dont il nous relate les interventions tout au long de l'histoire de notre planète. L'Atlantide et le « message » de l'Égypte ancienne jouent aussi un rôle déterminant dans ce scénario. Cependant, *The Keys of Enoch* est écrit dans une veine autrement plus religieuse que *Two-Thirds*. Sous-titré « Enseignement sur les sept niveaux, à lire et à visualiser en préparation de la Fraternité de la Lumière, pour l'éveil du "Peuple de la Lumière" », cet ouvrage ressemble à une Bible, avec le tétragramme YHWH, désignant Yahvé, gravé en lettres d'or sur la couverture jaune et blanche, le texte, présenté en deux colonnes, étant divisé en versets. C'est à l'évidence un livre qui se veut sacré. Les soixante-quatre « clés » de la sagesse spirituelle, qui concernent la totalité du champ de l'histoire et de l'éthique, sont présentées dans une langue aux accents quasiment bibliques, même s'il elle reste obscure. Exemple :

> Pour abolir notre conscience fuseau horaire, il faut violer le spectre des couleurs et s'en remettre à la géométrie des radiations qui feront exploser les capacités à produire du colloïde. Pour cette raison, l'Hôte de la Lumière Vivante vient délivrer ceux qui vivent sous et dans la Lumière de la Rectitude [4].

Hurtak a beau défendre ces idées depuis le début des années 70 et être devenu le type même du gourou New Age, il est parvenu à dissocier cet aspect de sa vie des autres idées non conformistes dont il se fait le chantre, comme celle selon laquelle il existerait un « visage » sur Mars. Ainsi, lorsque Hancock, Bauval et Grigsby citent des extraits de *The Face on Mars* (qu'il a écrit avec Brian Crowley), ils omettent de préciser que Hurtak est un représentant flamboyant du New Age [5]. En fait, Hancock et Bauval le présentent par ailleurs comme un spécialiste de la télédétection [6]. Boris Said, qui réalise désormais des reportages sur l'Égypte ancienne et les civilisations antiques, en s'inspirant des idées d'Hurtak, nous le décrit comme le « conseiller scientifique » de sa maison de production [7].

Ces gens, qui ne tarissent pas d'éloges à son sujet, oublient tout simplement de nous dire que Hurtak se veut, depuis plus de vingt-cinq ans, le prophète d'une nouvelle religion. (Cette négligence a de quoi surprendre, puisque l'on sait que Bauval connaît bien *The Keys of Enoch*[8].) Non content de se tailler une position de choix dans les milieux du New Age, Hurtak a attiré, par son enseignement et ses révélations, une foule d'adeptes, qui sont souvent des gens haut placés, des millionnaires, des politiciens... Pour l'un de ses disciples, il s'agit « quasiment d'un messie » !

Il est tout aussi surprenant que Hurtak et Hoagland, qui défendent à cor et à cri la thèse selon laquelle Mars et la Terre entretiennent des relations spéculaires, s'ignorent, même lorsqu'ils portent un regard croisé sur leurs thèses respectives. Ainsi Hoagland réussit-il, dans *The Monuments of Mars*, le tour de force de parler des pyramides de l'Élysée sans mentionner une fois le nom d'Hurtak, qui est pourtant le premier à en avoir parlé. Ce n'est qu'un prêté pour un rendu, puisque Hurtak ne cite jamais Hoagland dans *The Face on Mars*, alors qu'il examine la « cité » et le « fort » découverts par ce dernier. Sans compter que les deux hommes ont des relations communes, et en particulier des liens avec le SRI, car ils ont travaillé tous les deux avec Lambert Dolphin.

Ce n'est certainement pas un hasard si ceux qui ont lancé l'idée qu'il existe un jeu de miroir entre Mars et la Terre sont liés au Conseil des Neuf, regroupant ces prétendues intelligences extraterrestres. Nous voici en présence d'un scénario troublant : à eux deux, ces hommes exercent une grande influence, ils ont une multitude de contacts et une foule de disciples, intellectuels, scientifiques, responsables politiques, adeptes du New Age, membres des services secrets... Ils n'en sont pas moins convaincus, comme leurs partisans, de communiquer, directement ou non, avec les Neuf. « Qui » est donc, ou plutôt qu'est donc ce Conseil des Neuf ?

Les Neuf entrent en scène

Ce n'est pas la dernière lubie de farfelus qui prétendent communiquer avec les esprits, car on en parle depuis presque cinquante ans ou presque, grâce à un homme que nous avons déjà eu l'occasion de rencontrer, puisqu'il s'agit d'Andrija Puharich. Mentor d'Uri Geller, il créera des systèmes de croyances qui pèseront sur le cours de l'histoire du XXe siècle et risquent encore de nous influencer après l'an 2000.

Médecin d'origine yougoslave, il naît à Chicago en 1918, et il mettra au point divers appareils, acoustiques notamment, qui connaîtront un succès honorable. Mais ce n'est là qu'une facette du personnage, car il se fera aussi connaître comme un pionnier en parapsychologie ou, si l'on préfère, comme l'un de ceux qui étudient les pouvoirs inexplorés du cerveau humain.

Entre 1948 et 1958, il dirige à Glen Cove, dans le Maine, la fondation de la Table Ronde, un centre de recherches sur les phénomènes paranormaux, où il réalise des expériences avec des médiums célèbres, comme l'Irlandaise Eileen Garrett et le Néerlandais Peter Durkos (*alias* Pieter van der Hirk). En 1952, il invite un mystique indien, D. G. Vinod, à venir le voir, non pas tant pour tester ses capacités que pour suivre son enseignement, qui lui est transmis par ce que l'on appelle désormais le « transfert d'informations », technique de communication semblable à la transe, au cours de laquelle le médium sert d'intermédiaire avec des esprits désincarnés.

La première séance a lieu de 31 décembre 1952. Vinod entre en transe à 21 heures précises. « Nous sommes neuf forces et principes », déclare-t-il solennellement. L'un d'eux, « Nefou », qui se présente comme « M » (un second contact, « R », se manifeste dans les mois suivants) donne des renseignements très précis sur une variante de l'équation de transformation de Lorentz-Einstein (qui porte sur l'énergie, la masse et la vitesse de la lumière [9]).

Andrija Puharich travaillera un mois entier avec Vinod, avant de regagner la caserne, car il effectue alors son service militaire, ce qui l'éloigne de la fondation de la Table Ronde pendant plusieurs mois. Il retournera à Glen Cove en 1953 et organisera une dernière séance avec Vinod le 27 juin de cette année, en présence de neuf personnes, réunies pour converser avec ces intelligences désincarnées et non humaines qui se font appeler les Neuf. Dans la salle, on note la présence d'Arthur Young, philosophe et inventeur, et de sa femme Ruth, qui jouent tous les deux un rôle clé dans l'affaire. Alice Bouverie (née Astor), dont le père a fondé le prestigieux hôtel Astoria à New

York, fait également partie de l'assistance. Le message des Neuf s'infiltre déjà dans les hautes sphères de la société américaine [10]...

Les Neuf se présentent comme un collectif d'intelligences ou une « forme » *(gestalt)* rassemblant neuf entités, qui composent un tout. Puharich nous explique que les Neuf sont « directement liés à l'idée que nous nous faisons de Dieu », et que « ceux qui contrôlent l'univers agissent sous leur direction. Entre ces contrôleurs et un nombre indéterminé de civilisations planétaires se trouvent les messagers [11] ». Quant aux Neuf, ils déclarent, par la bouche de Vinod, que « Dieu n'est rien autre que ce que nous sommes, tous ensemble ». Le groupe se sépare lorsque Vinod retourne en Inde. Mais ce n'est pas la fin des Neuf, loin de là [12].

Pour autant qu'on sache, les Neuf, lorsque c'est Vinod qui leur sert de porte-parole, ne prétendent pas être des extraterrestres, mais cela va changer. Trois ans plus tard, Puharich et Arthur Young effectuent des fouilles sur le site préhistorique d'Acámbaro, au Mexique, en utilisant à cet effet les pouvoirs de Peter Hurkos, qui les accompagne [13]. À l'hôtel ils retrouvent deux Américains, Charles Laughead et sa femme Lillian, qui travaillent avec un jeune homme se disant en contact télépathique avec plusieurs sortes d'extraterrestres. Peu après son retour aux États-Unis, Puharich reçoit une lettre de Charles Laughead (dont il envoie une copie à Young), dans laquelle celui-ci lui répète ce que lui ont raconté les extraterrestres, et affirme savoir exactement quand il est entré pour la première fois en contact avec les Neuf par le biais de Vinod. Il lui donne en outre les mêmes renseignements que ce dernier sur l'équation de Lorentz-Einstein [14]. Bref, voilà qui confirme apparemment l'existence des Neuf, et prouve qu'ils sont en mesure de communiquer avec d'autres gens que le médium indien (à noter que la lettre se termine par un « fraternellement vôtre »).

Dans les vingt ans qui suivent, Puharich va se consacrer à la recherche médicale et à la parapsychologie. Il fonde une société, l'Intelectron Corporation, pour commercialiser ses brevets, évalue les pouvoirs médiumniques de plusieurs individus et s'intéresse de près au chamanisme. Ce sont en particulier les techniques utilisées par les chamans pour altérer les états de conscience, y compris les plantes hallucinogènes et les champignons « sacrés », qui retiennent son attention. Ne voulant pas rester sur la touche, Puharich se jette à corps perdu dans le travail, au point qu'il sera initié chaman à Hawaï, et devient donc un *kahuna* à part entière. Tout aussi significatif, étant donné ce qui va suivre : il devient un hypnotiseur émérite à qui sont révélés des mystères comme celui de la « commande instantanée à distance » dont usent, souvent à l'excès, les magnétiseurs dans les spectacles de music-hall. Il dressera le bilan de ses diverses expériences dans deux ouvrages : *The Sacred Mushroom* et *Beyond Telepathy*.

Au cours des années 60, il étudie les étonnants pouvoirs de José Pedro de Freitas, alias Arigó, un Brésilien surnommé « le chirurgien médium », qui administre, lorsqu'il est en transe, des traitements non conventionnels aux malades qui font le siège de sa maison et opère des guérisons miraculeuses. Puharich constate que l'homme n'est pas un charlatan. Cependant, ses succès sont éclipsés par le triomphe réservé à un autre personnage doté lui aussi de pouvoirs paranormaux étonnants, et qui habite à l'autre bout du monde.

En 1970, Uri Geller fait fureur dans les clubs de Tel-Aviv, et déjà il intéresse les autorités israéliennes. C'est un officier israélien, Itzhak Bentov, qui parle de lui à Puharich [15], venu quelques mois plus tôt former le personnel soignant aux procédés qu'il a mis au point, et en particulier à la technique de l'électrostimulation de l'ouïe pour les sourds. Puharich retournera quelque temps plus tard en Israël pour rencontrer Uri Geller et voir s'il convient de le soumettre à de nouvelles expériences. Le reste appartient à l'histoire, même si pendant longtemps bien des choses sont restées secrètes.

En novembre de cette année-là, Puharich examine attentivement Uri Geller. Devant Itzhak Bentov, il hypnotise le jeune Israélien, pour essayer de percer le mystère de ses pouvoirs. Stuart Holroyd note, ce qui est assez inquiétant, que « l'hypnose est chez Puharich une pratique courante, lorsqu'il s'agit d'examiner un médium [16] », ce qui soulève des questions de déontologie. On est loin d'avoir compris ce qui se passe chez un individu plongé dans ce curieux sommeil artificiel, mais l'on sait que le patient cherche à complaire au praticien en abondant dans son sens. L'hypnotiseur et l'hypnotisé forment très vite un couple étrange dans lequel c'est tantôt l'un, tantôt l'autre qui mène le jeu, même si c'est en général le premier qui dirige les opérations.

Sous hypnose, Uri Geller se revoit, à l'âge de trois ans, lever les yeux au ciel, et entrer en contact avec un être brillant. Il explique ensuite (en anglais) qu'on l'a choisi et « programmé », et que Puharich doit s'occuper de lui. On le met aussi en garde d'un éventuel conflit entre Israël et l'Égypte qui, si d'aventure il éclate, risque de déboucher sur la Troisième Guerre mondiale [17]. Au cours des séances suivantes, ces entités répètent qu'Uri Geller a été « programmé » pour accomplir une mission sur Terre. « Il sera le seul de ce genre, dans les cinquante ans à venir [18] », précisent-elles, ajoutant qu'elles sont une sorte d'ordinateur conscient, placé à bord d'un vaisseau spatial appelé Spectra. « Aurai-je affaire, demande un beau jour Puharich, aux neuf principes qui se sont un jour adressés à nous, par l'intermédiaire de D. G. Vinod ? » « Oui [19]. »

Puharich a une autre idée en tête, qui sera très en vogue à la fin du XXe siècle, au point de devenir une véritable religion. À la question de savoir si ce sont ces entités qui ont orchestré l'apparition de neuf soucoupes volantes le 24 juin 1947 aux États-Unis, scène à laquelle a assisté Kenneth Arnold [20], son interlocuteur répond une fois de plus par l'affirmative.

« Je suis désormais convaincu qu'Uri et moi avons été contactés par un être cosmique ; autrement dit, un représentant, ou un appendice, des Neuf Principes », conclut Puharich [21].

Il effectuera un second séjour en Israël, qui se prolongera cette fois près de trois mois, pendant lesquels il verra tous les jours Uri Geller et sera témoin de quantité de phénomènes anormaux. Les Neuf, installés dans Spectra, continuent à envoyer des messages relayés par Uri Geller, lorsqu'il est sous hypnose, ou qui s'enregistrent tout seuls sur des cassettes et s'effacent aussi vite, à moins que la bande ne se dématérialise. Il ne nous reste, hélas, que les transcriptions réalisées par Puharich.

C'est une époque singulière. Andrija Puharich et Uri Geller aperçoivent plusieurs ovnis, ils assistent à la « téléportation » d'objets, qui souvent traversent des murs, et ils relèvent d'étranges coïncidences. Mais ce n'est là qu'une façade. Leur véritable mission consiste à méditer et à prier pour sauvegarder la paix, la tension ne cessant de monter entre l'Égypte et Israël depuis Noël 1971. Or, l'on assiste à une reculade étonnante de la part d'Anouar al Sadate, et les hostilités sont évitées de justesse. Deux ans plus tard, la guerre du Kippour ensanglante la région, mais à la requête de Puharich, les Neuf expliquent qu'il n'y a pas lieu de s'inquiéter outre mesure, car cela ne dégénérera pas en conflit mondial [22].

De retour aux États-Unis, en février 1972, Andrija Puharich entend faire évaluer scientifiquement les incroyables talents d'Uri Geller, et il prend contact avec le SRI. Ce sont Russell Targ et Hal Puthoff qui dirigent les expériences, l'ancien astronaute Edgar Mitchell, qui a effectué une mission sur la Lune, jouant un rôle clé dans l'affaire, puisque c'est lui qui débloque les fonds [23]. On procède à ces tests au moment même où la CIA s'intéresse à son tour à la parapsychologie et finance les recherches sur la vision à distance, dont Ingo Swann est un spécialiste émérite. Avec Uri Geller, les services secrets américains ont sous la main l'enfant chéri du Mossad (leur contrepartie israélienne [24]). Est-il inconcevable de penser qu'il a intrigué les hommes de l'ombre ? Il a lui-même reconnu avoir travaillé pour la CIA [25], à laquelle Puharich rend bien des services, de temps à autre. Hal Puthoff a quant à lui appartenu à la NSA, un service de renseignements encore plus mystérieux que la CIA, et qui a au moins autant de pouvoir [26]. « Toute cette histoire avec Andrija Puharich a dû être financée par les militaires américains », déclare en 1996 Uri Geller, dans une interview [27].

Lorsque celui-ci débarque aux États-Unis, en 1972, les Neuf recommencent leurs pitreries : ils multiplient les messages enregistrés sur bande magnétique et orchestrent des « téléportations ». Or, Uri Geller n'est pas entièrement convaincu, à l'époque, de l'existence des Neuf. Il trouve leurs blagues enfantines, et elles ne l'impressionnent pas. « On dirait que quelqu'un s'amuse à nous jouer des tours. Qui sait, peut-être sommes-nous confrontés à des clowns », philosophe-t-il en août de cette année-là [28].

Les tests débutent en novembre. Les Neuf font alors part de leur intention d'envoyer sous peu une flotte de vaisseaux spatiaux sur notre planète, Puharich et Geller étant chargés de préparer l'opinion publique à l'arrivée en masse d'extraterrestres. Ces mystérieuses entités décrivent le « Livre de la Connaissance », caché en Égypte depuis leur dernière visite sur place, voici six mille ans. Ils font allusion à une autre catégorie d'extraterrestres, les Hoovas, qui sont arrivés sur Terre il y a vingt mille ans, dans une région devenue aujourd'hui l'État d'Israël. Ils y ont fait la connaissance d'Abraham, et ce serait cette rencontre qui aurait donné naissance à l'épisode de « l'échelle de Jacob » reliant le Ciel et la Terre.

Le 27 février 1973, Andrija Puharich demande à Uri Geller d'aller voir Arthur Young chez lui, à Philadelphie, refermant ainsi la boucle commencée vingt-cinq ans plus tôt, lorsqu'il s'est mis à « canaliser les informations » avec D. G. Vinod. On n'a, hélas, conservé, à notre connaissance, aucune trace de cette rencontre.

Malheureusement pour les Neuf, les plans concernant Uri Geller restent lettre morte. En octobre 1973, celui-ci passe à la télévision anglaise dans *The David Dimbleby Show*, et il devient aussitôt une vedette. Andrija Puharich et lui s'engagent ensuite chacun dans une direction différente. Sans écarter l'hypothèse que des intelligences extraterrestres puissent lui avoir conféré ces étranges pouvoirs, Uri Geller ne garantit pas la véracité des propos que les Neuf ont tenus par son intermédiaire, car il était alors hypnotisé, et il risque d'avoir été manipulé par son inconscient [29], ce qui arrive souvent en pareil cas, même s'il confirme par ailleurs certains événements rapportés par Andrija Puharich, comme le fait qu'ils aient tous deux aperçu des ovnis en Israël et dans le Sinaï.

Il s'avère que les Neuf n'avaient pas vraiment besoin d'Uri Geller, même s'ils lui ont raconté qu'il serait « le seul dans les cinquante années à venir ». En effet, ils continueront, après son départ, à délivrer des messages par l'entremise d'autres individus, et à faire de nouveaux adeptes. Ce sont principalement sir John Whitmore et Phyllis Schlemmer qui entrent en lice, et l'on voit apparaître le Lab Nine, une organisation dont le siège se trouve chez Andrija Puharich, à Ossining, dans l'État de New York.

Le Lab Nine et Andrija Puharich recruteront de nombreux adhérents riches et puissants, dont plusieurs membres des Bronfman (famille canadienne à qui appartient la marque de spiritueux Seagram, et qui possède la plus grosse fortune du pays) et un aristocrate italien, le baron Di Pauli. Le tout ressemble, dit-on, à une sorte de « communauté hippie », avec une bande de parasites gravitant autant d'Andrija Puharich, de sir John Whitmore et de Phyllis Schlemmer. Mais quelle communauté hippie attire autant de gens aisés ou travaillant pour les services de renseignements ? Et quelle autre collectivité peut s'enorgueillir de compter dans ses rangs un hypnotiseur qui soit en même temps chaman *kahuna*, comme Andrija Puharich, et dont le second n'est autre, *de facto*, que James Hurtak ?

C'est à la même époque qu'Andrija Puharich réalise une série d'expériences avec des enfants possédant des dons parapsychologiques (surnommés « les enfants de Geller », ou « les enfants de l'espace »). Il s'agit, au départ, de mesurer l'étendue de leurs pouvoirs, et de vérifier s'ils sont capables, par exemple, de tordre des objets en métal. Très vite, les jeunes pratiqueront la vision à distance, et Andrija Puharich les hypnotisera pour savoir d'où viennent leurs singulières facultés [30].

Phyllis Schlemmer (Virtue, c'est-à-dire « vertu », de son nom de jeune fille...) est l'une des personnes les plus pittoresques du lot. Née en Pennsylvanie, de parents d'origine irlandaise et italienne, elle découvre très tôt qu'elle est médium. Élève dans un établissement catholique, les prêtres lui demandent souvent de les accompagner lorsqu'ils pratiquent un exorcisme, afin qu'elle « voie » l'esprit démoniaque quitter sa victime. Plus tard, elle servira de porte-parole à plusieurs « guides spirituels immatériels ». Après l'échec de son premier mariage, elle s'installe en Floride, où elle devient médium attitrée, travaille pour la police et des sociétés minières, et anime une émission de télévision. En 1969, elle crée à Orlando un centre médiumnique, et elle suit les instructions d'un certain « Dr Fiske », jusqu'à ce que se manifeste, en 1970, un dénommé « Tom », en qui elle croit reconnaître son grand-père Thomas, mort quand elle avait cinq ans.

Elle rencontre Andrija Puharich lors d'une conférence, à la fin des années 60, et tous les deux vont ensuite rester en contact. En janvier 1974, un cuisinier de Daytona Beach, qui se fait appeler Bobby Horne dans les ouvrages consacrés aux Neuf, s'inscrit au centre médiumnique de Phyllis Schlemmer, où il manifeste des talents de guérisseur si extraordinaires qu'elle le recommande à Andrija Puharich, pour qu'il étudie son cas. Cela ne sera pas sans conséquences pour le jeune homme.

Andrija Puharich vient le voir à Miami, en mars 1974. Lors de leur première rencontre, il l'hypnotise, évidemment, et son « patient » transmet les propos d'un certain « Corean », un extraterrestre. Andrija Puharich est ravi d'avoir trouvé en ce jeune homme un digne successeur à Uri Geller, ce qui lui permet de correspondre régulièrement avec les Neuf. Il aura donc par ce biais plusieurs « entretiens » avec Corean, mais il refusera de laisser Bobby Horne écouter les enregistrements, son « interlocuteur » ne voulant pas, dit-il, qu'on dévoile son identité ni qu'on révèle la teneur de leurs conversations [31]. Andrija Puharich va alors adopter, en sa qualité d'hypnotiseur, une attitude qui contrevient à toutes les règles de la déontologie : il pose à Corean des questions tendancieuses, en lui demandant par exemple s'il est en contact avec Hoova, la civilisation avec laquelle Uri Geller affirmait communiquer. En réalité, Corean n'y a encore jamais fait allusion, mais cela va être désormais l'un de ses thèmes de prédilection. Andrija Puharich aggrave encore son cas en imprimant dans l'inconcient de Bobby Horne une suggestion post-hypnotique, permettant à Phyllis Schlemmer de l'hypnotiser sans son aide [32].

Au lieu d'entrer en contact avec l'esprit des morts, comme tout médium « traditionnel » qui se respecte, Phyllis Schlemmer se consacrera, à partir du printemps 1974, aux entretiens avec les extraterrestres. Cela résulte de sa rencontre avec le comte Pino Turolla, un ami d'Andrija Puharich, qui mène une vie d'aventurier et d'explorateur [33]. Elle va entrer en transe, dans sa maison de Floride, et communiquer avec Tom, qui lui apprendra qu'il n'est pas son défunt grand-père, comme elle le croyait, mais un être de l'espace. Tom sera par la suite le représentant des Neuf, lorsque Phyllis Schlemmer prendra la succession de Bobby Horne.

Bobby Horne remplaçant Uri Geller à titre d'« élu », il se forme un petit cercle autour de lui, composé d'Andrija Puharich, de Phyllis Schlemmer et de sir John Whitmore, l'héritier d'une famille d'aristocrates britanniques. Sorti de Sandhurst, la prestigieuse école militaire de Grande-Bretagne, il deviendra un pilote de course renommé. À l'époque qui nous intéresse, il se partage entre l'Angleterre et les Bahamas, où il possède des biens. C'est en avril 1974 que notre homme devient membre de cette curieuse organisation. L'année précédente il passera quelque temps en Californie, aux côtés de James Hurtak, dont il est un des proches « disciples », ce qui inspire le commentaire suivant à Stuart Holroyd :

> Il [Hurtak] parlait souvent d'ovnis et des contacts qu'il avait eus avec des extraterrestres qui, à l'entendre, étaient souvent intervenus dans le cours de l'histoire, dès le début, lorsqu'ils ont fondé une civilisation dans la cuvette du Tarim, au nord du Tibet [34].

Tom affirmera lui aussi que c'est là-bas que les premiers extraterrestres ont débarqué, voici quelque trente-quatre mille ans.

Peu après avoir suivi l'enseignement de James Hurtak, sir John Whitmore retrouve Andrija Puharich à Londres, pour discuter d'Uri Geller et de l'audience qu'il mérite, lui qui est doté de pouvoirs extraordinaires. Mais le jeune Isaélien va bientôt disparaître de la circulation, et l'on se rabat sur Bobby Horne. Les Neuf expliquent maintenant, par le truchement de Corean, que le trio a pour mission d'annoncer le retour prochain d'une vague d'extraterrestres. Cela suffit à attirer de nouveaux adhérents. Tous les autres messages en provenance des Neuf seront du même type.

Andrija Puharich, sir John Whitmore, Phyllis Schlemmer et Bobby Horne – de plus en plus réticent – passent le printemps et l'été 1974 à faire du prosélytisme en Grande-Bretagne et aux États-Unis, tout en animant une association aux dimensions modestes, à laquelle ils n'ont pas l'intention, pour l'heure, de donner une plus grande extension. Les Neuf en profitent pour demander à Bobby Horne de tout quitter, séance tenante, et de suivre le groupe dans ses déplacements, de manière à pouvoir transmettre leurs messages jour et nuit, et à déclencher sans cesse des phénomènes étranges. Seul ennui, le jeune homme multiplie les prétextes pour ne pas assister aux séances, il fait faux bond à ses amis au dernier moment, et il adopte un comportement suicidaire, faute de pouvoir satisfaire à ces exigences déraisonnables [35]. Sir John Whitmore le congédiera sans façon quelque temps plus tard, en lui reprochant d'être « instable » [36], et les Neuf eux-mêmes finiront par lui rendre sa liberté. Ce sera leur deuxième échec, après celui enregistré avec Uri Geller. Désormais, déclarent-ils, c'est Phyllis Schlemmer qui prendra le relais.

Lyall Watson, dont le livre *Supernature* (1973) connaîtra un succès monstre dans les pays anglo-saxons et fera de lui une vedette de la culture alternative, est directement impliqué dans l'affaire. Il assiste à quantité de séances de « communication télépathique » avec les Neuf, qui veulent faire de lui leur « biographe officiel » et l'assistant de Phyllis Schlemmer. Mais il se méfie, et il ne s'engagera pas davantage dans ce domaine, pas plus qu'il n'écrira de livre à ce sujet. Visiblement, les Neuf comptent exploiter la célébrité de Lyall Watson, comme ils l'ont fait auparavant avec Uri Geller.

Débute alors une nouvelle phase, lorsque Tom manifeste des tendances autocratiques et congédie des individus réputés « négatifs » comme Lyall Watson et un certain Norman Shealey, neurochirurgien de son état (devenu depuis un célèbre thérapeute se réclamant de l'holisme, celui-ci a été formé à l'ARE). Une fois que l'on a évincé tous ceux qui risquaient de poser des questions embarrassantes, Andrija Puharich est nommé directeur du groupe, et l'on « conseille » à sir John Whitmore de puiser généreusement dans sa fortune pour financer les travaux, « en gage de foi ». Très impressionnés, ils sont aussi extrêmement motivés, car ils ont tous les deux le sentiment d'être promis à une grande destinée, puisqu'on les a choisis pour annoncer au monde que les représentants de l'Ennéade vont débarquer sur Terre en 1976 ! Telle est du moins, à les entendre, la tâche qui leur est assignée par les Neuf.

Le nombre des gens associés au Nine Lab ne cesse de croître, mais on masque souvent leur identité, en les désignant par des pseudonymes. On sait néanmoins que figurent parmi eux des physiciens du SRI et au moins une personnalité de premier plan, puisqu'il s'agit d'un ami du président Gerald Ford [37]. Enfin, Gene Roddenberry, le scénariste de *Star Trek* [38], participe activement aux activités du Lab Nine, au milieu des années 70.

Il est difficile de savoir dans quelle mesure celui-ci a subi l'influence des Neuf. Il rejoint le groupe en 1974, plusieurs années après la diffusion de la série télévisée culte, alors qu'il envisage de réaliser des longs-métrages sur le même sujet. Certains thèmes du premier film de cinéma évoquant cette saga, *Star Trek*, lui auraient été soufflés par les Neuf, qui l'auraient aussi aidé à écrire le scénario et camper les personnages du second volet, *Star Trek Générations*, ainsi que ceux d'une autre série télévisée intitulée *Deep Space Nine* (on voit ainsi apparaître un dénommé Vinod dans un épisode de cette série). On sait qu'en 1974 sir John Whitmore chargera Gene Roddenberry d'écrire un scénario, appelé tout simplement *The Nine*, en s'inspirant de ce qui se passe au Lab Nine. Le film ne verra pas le jour du vivant de Roddenberry, mais en 1995 la presse spécialisée d'Hollywood note que Jon Povill, le producteur de la série télévisée *Sliders*, envisage de le tourner [39].

Andrija Puharich, sir John Whitmore et Phyllis Schlemmer entreprendront avec enthousiasme des missions au nom des Neuf, la plupart du temps au Proche-Orient et dans des endroits en proie à des troubles, où ils méditeront pour la paix, quitte à passer pour des espions, ce qui en soi n'a rien d'étonnant. Ainsi, de novembre à décembre 1974, ils effectueront le trajet Helsinki-Varsovie, où ils installeront un récepteur radio, afin de faciliter les communications avec Tom – ce qui n'est pas très flatteur pour les talents médiumniques de Phyllis Schlemmer... Même s'ils n'ont pas d'intentions délictueuses, comme l'affirme Andrija Puharich, cette façon de procéder pour le moins insolite témoigne d'une grande naïveté de la part de ressortissants américains, à une époque où la tension est très vive entre l'Est et l'Ouest. Plus tard ils essaieront, tous les trois, de débarquer à Moscou, mais ils seront refoulés à l'aéroport, faute de visa [40]. Pendant l'absence des dirigeants, c'est James Hurtak, leur « second », qui assure l'intérim. Promu au rang de « chef spirituel » par les Neuf [41], il relaie des messages extraterrestres qui correspondent souvent aux déclarations des principaux responsables, comme celui qui veut que ce soient les Altéens qui aient fondé l'Atlandide et imprimé ensuite leur marque sur la civilisation de l'Égypte ancienne et sur celle des Aztèques et des Mayas.

En 1975, Andrija Puharich et sir John Whitmore chargent Stuart Holroyd d'écrire l'histoire du groupe, *Prelude to the Landing on Planet Earth*, publiée deux ans plus tard aux États-Unis. Cet ouvrage ressortira dans les pays anglo-saxons en livre de poche, sous le titre *Briefing for the Landing on Planet Earth*, ce qui nous rappelle que, pour Richard Hoagland, la conférence qu'il a donnée à l'ONU était justement un « briefing »... Nos amis ne sont d'ailleurs pas les seuls à communiquer avec les Neuf, il faut citer Jenny O'Connor, une Anglaise qui découvre l'Esalem Institute, un établissement californien où l'on se livre à des recherches de pointe, grâce à sir John Whitmore. Aussi incroyable qu'il puisse paraître, les Neuf animeront, par son intermédiaire, des séminaires [42] !

On voit, à la même époque, apparaître un autre groupe formé par des gens s'intéressant au paranormal. En 1976, après avoir lu *Uri*, la biographie du jeune Israélien écrite par Andrija Puharich, un ancien pilote de ligne, Don Elkins, et son amie, Carla Rueckert, viennent le voir à Ossining. Tous les trois s'en iront l'année suivante, puis en 1978, rendre visite à Pachita, un guérisseur mexicain. Don Elkins et Carla Rueckert, qui animent avec James Allen McCarty un cercle de parapsychologie dans le Kentucky, imaginent déjà que les extraterrestres puissent intervenir sur Terre lorsqu'ils font la connaissance d'Andrija Puharich. Don Elkins s'intéressera d'abord aux ovnis dans les années 50, avant de se pencher à partir de 1962, date à laquelle Carla Rueckert se joint à lui, sur les contacts que l'on peut établir avec les êtres de l'espace. Tous deux fondent en 1970 un groupe de recherches pour étudier ce genre de phénomènes, le L/L Research. De retour du Mexique, Carla Ruckert sert de porte-parole à un nouvel émissaire des Neuf, une entité collective nommée Rê. Le troisième larron, James Allen McCarty, qui collabore depuis 1980 avec le L/L Resarch, a travaillé auparavant avec un groupe de l'Oregon, qui prétend avoir le même interlocuteur que jadis Edgar Cayce [43].

Don Elkins se suicide en 1984, ce qui met un terme aux communications avec les extraterrestres, même si L/L Resarch continue à diffuser les enseignements sprituels de Rê, qui fait référence à une instance appelée le Conseil de Saturne, située quelque part sur l'un des anneaux qui entourent la planète, et qui protège la Terre en la mettant, si l'on peut dire, en quarantaine. Lors de la séance du 25 janvier 1981, Rê explique (en montrant un mépris souverain pour notre grammaire « terrienne ») :

> En nombre, le Conseil qui siège en permanence, même s'il varie dans ses membres d'équilibre, ce qui survient, pour ainsi de façon irrégulière, est neuf. Telle est la Session du Conseil. Pour le soutenir, il faut que vingt-quatre entités proposent leurs services. Ces entités le surveillant fidèlement, on les appelle les Gardiens [44].

Tom évoque lui aussi vingt-quatre entités qui représentent les vingt-quatre civilisations qui coopèrent avec les Neuf. De même, James Hurtak fait allusion au Conseil des Vingt-quatre dans *The Keys of Enoch*.

On demande alors à Rê s'il s'agit du même Conseil des Neuf que celui avec lequel sont en contact Puharich et un dénommé Mark Probert [45]. Il répond, bien entendu, par l'affirmative [46]. La Terre, poursuit-il, est habitée par des êtres venus de Mars, ce qui est une variante de la thèse qui veut que les deux planètes se correspondent. Comme d'habitude, l'Atlandide et l'Égypte ancienne figurent en bonne place dans ce scénario, Rê se disant le bâtisseur de la Grande Pyramide.

En 1978, la résidence de Puharich, à Ossining, est la proie d'un incendie criminel, dont l'auteur reste inconnu, et notre homme se retire un moment au Mexique, où il étudie le cas de Pachita, un « chirurgien médium ». À son retour, en 1980, il a, semble-t-il, perdu contact avec le Conseil des Neuf. Il meurt en janvier 1995, des suites d'une chute dans l'escalier de la maison de Caroline du Sud que lui a prêtée l'un de ses riches clients, Joshua Reynolds III.

Grâce à Schlemmer et à d'autres « émetteurs-récepteurs », le Conseil des Neuf continue à prospérer, malgré la disparition de son ancien mentor. Bénéficiant de soutiens financiers importants et comptant de plus en plus d'adeptes, le groupe animé par Schlemmer et Whitmore se réunit toujours régulièrement. En 1992 sort une compilation des sentences de Tom, *The Only Planet of Choice : Essential Briefings from Deep Space*, rédigée par Phyllis Schlemmer et Mary Bennett, avec un texte introductif de James Hurtak. Ce livre sera très vite un grand succès de librairie. Le texte sera révisé par Palden Jenkins, à partir de la transcription des communications établies par Phyllis Schlemmer depuis 1974, le tout étant émaillé de questions posées par les membres de l'assistance (dont Gene Roddenberry et David Percy [47]). Deux ans plus tard, une seconde édition fera l'objet d'une relecture hâtive de la part de Mary Bennet (qui a aussi révisé *Two-Thirds* de David Myers et David Percy.)

Parallèlement, *The Keys of Enoch*, de James Hurtak, se vend toujours aussi bien. Censé nous livrer les « clés » qu'Énoch aurait transmises à l'auteur, cet ouvrage parle également du Conseil des Neuf, même si James Hurtak prétend que ces révélations viennent d'une entité supérieure aux membres de cet aéropage. Dans cette optique, les Neuf sont des intelligences qui régissent un seul système solaire, le nôtre. Hurtak nous propose une vision de tout autre envergure que celle de Schlemmer, et qui a des répercussions bien plus importantes, puisque chez lui le Conseil des Neuf est susceptible de gouverner notre système solaire et notre « niveau d'existence », tout en relevant lui-même d'instances supérieures, qui culminent avec les « soixante-dix fraternités de la Grande Fraternité Blanche », dite « la Hiérarchie ».

Two-Myths, la version romancée de ce mythe, qui nous a été léguée par David Myers et David Percy, date de 1993. Sans mentionner le Conseil des Neuf, elle décrit le même système de civilisations cosmiques, rassemblant des intelligences supérieures et immatérielles qui ont réalisé les manipulations génétiques dont est issu le genre humain. L'ouvrage s'intéresse tout particulièrement aux Alteans, et à la façon dont ils ont imprimé leur marque sur Terre. Ce sont ici des entités curieusement appelées « Esséniens » (en général sans article), qui jouent le rôle des Neuf et communiquent avec les Alteans par télépathie (l'allusion aux Esséniens, cette secte juive du Ier siècle ap. J.-C., est évidente). Le livre a été entièrement « dicté » par les Neuf à David Myers, qui entend une voix intérieure, au lieu de percevoir des messages lorsqu'il se trouve dans un état second, comme Phyllis Schlemmer et Bobby Horne.

Les gens comme lui ont mauvaise presse, sauf dans le milieu du New Age, où l'on encourage au contraire leurs activités. La plupart du temps, ces messages prétendument envoyés par des guides spirituels immatériels, des personnages historiques ou des individus récemment disparus ne sont que des réingurgitations de l'inconscient du médium ou de celui ou celle qui en tient lieu, quand il ne s'agit pas de pures et simples inventions, effectuées sur le coup, en pleine connaissance de cause. Les déclarations des Neuf méritent toutefois qu'on les examine de près, car elles sont étonnamment cohérentes, ce qui laisse penser qu'elles proviennent toutes de la même source, même si elles émanent d'individus qui ne se connaissent pas. Qui sont donc les Neuf, ou plutôt, qui prétendent-ils être ?

Une révélation capitale

C'est en septembre 1974 qu'est dévoilée leur identité exacte, lors d'une séance mettant en jeu Phyllis Schlemmer. À la question suivante, posée par Gene Roddenberry, « À qui ai-je l'honneur ? Avez-vous un nom ? », Tom répond :

> Comme tu le sais, je suis le porte-parole des Neuf. Je remplis également une autre fonction que je partage avec toi. Je vais essayer de vous donner, à vous tous ici présents, des noms, afin que vous puissiez comprendre sur quoi vous travaillez, et qui vous êtes. Je ne prononcerai peut-être pas le mien de façon intelligible, pour vous, en raison de la façon dont est fabriqué le cerveau de l'Être [= Phyllis Schlemmer], mais je ferai en sorte que le docteur [Andrija Puharich] comprenne. Je m'appelle Tom, mais aussi Hamarkus [Hamarchis], Harenkur, Toum, et Atoum [48].

« Hamarchis » lui ayant mis la puce à l'oreille, Andrija Puharich s'adresse de nouveau le lendemain à l'extraterrestre : « Comment les Égyptiens en sont-ils venus à construire le Sphinx et à lui donner votre nom ? », lui demande-t-il.

> Tu as découvert le secret, répond Tom. [...] Je te communiquerai plus tard la véritable connaissance. Toutefois, je vais déjà te donner quelques informations sur le Sphinx : je suis le début et la fin, je suis l'émissaire. Voici trente-quatre mille ans, selon votre système de calcul, que je suis venu sur la planète Terre. Je suis

l'équilibre. Et quand je dis « je », cela signifie que je suis un émissaire du groupe des Neuf. Ce n'est pas moi, mais c'est le groupe... Nous sommes neuf principes de l'Univers, et pourtant nous ne faisons qu'un [49].

Ainsi, « Tom » dit-il être Atoum, la divinité créatrice à l'image de laquelle le Sphinx (Sheshep-ankh-Atoum) a été construit, et qui est la tête de file de la Grande Ennéade des neuf dieux, en qui les Égyptiens voyaient « Neuf en Un ». « Nous sommes l'univers », ajoute-t-il, ce qui fait bien référence à l'ancienne religion d'Héliopolis. À noter que Rê, le dieu soleil, dont Carla Rueckert nous transmet le message, est un autre nom d'Atoum. (L'étymologie nous donne le principal indice : le mot « Ennéade » dérive d'*ennea*, qui signifie neuf en grec, et qui est l'équivalent de *psit*, dans la langue des Égyptiens. À ce titre, les dieux d'Héliopolis sont « *les* Neuf », pour le pharaon et ses sujets.) Les Neuf désignent aussi Elohim, nom pluriel de Dieu (El) dans la Bible, ainsi que les éons des gnostiques. Jenny O'Connor, qui a servi de porte-parole aux Neuf, lorsqu'elle a animé des séminaires à l'institut Esalem, à la fin des années 70, nous apporte des informations très précieuses. Même s'il nous reste peu de traces de l'enseignement dispensé par les Neuf, on sait qu'ils ont expliqué provenir de Sirius [50].

Tom lui-même, qui se présente comme le dieu Atoum, souligne l'importance des monuments de Gizeh, et en particulier de la Grande Pyramide, mais il refuse d'en dire plus pour l'instant, attendant que les extraterrestres aient débarqué sur notre planète pour nous révéler ce qu'il en est. Cependant, lorsque Puharich lui demande s'il y a, à l'intérieur de la Grande Pyramide, des pièces ou « chambres » que l'on n'a toujours pas découvertes, il répond « oui, si l'on veut », ajoutant aussitôt que l'on y accède par le Sphinx, donnant ainsi raison au Conseil de Neuf, qui affirme qu'il existe des passages sous cet édifice [51]. C'est donc la preuve, si besoin est, que les Neuf s'intéressent à ce qui se passe sur le site de Gizeh (voir le chapitre 1).

On relève d'autres liens entre les Neuf et les complots qui se tramment à Gizeh. Tout au long de notre enquête, nous avons rencontré Altea, et à chaque fois rôde l'ombre des Neuf, qui exercent une influence mystérieuse. En 1997 circulent en Égypte des rumeurs, issues des milieux gouvernementaux, laissant entendre que Joseph Schor aurait découvert la Salle des inscriptions, dans laquelle se trouveraient des documents expliquant comment Atoum est « descendu du ciel », ainsi que des textes écrits en « altean ». Cela fait sans doute partie d'une opération de désinformation, mais le fait d'employer le mot « altean » et d'insister sur Atoum, comme s'il s'agissait d'un extraterrestre, renvoie clairement aux enseignements du Conseil des Neuf. Et pourtant, ce bruit est né, selon toute vraisemblance, au sein des instances dirigeantes du pays. Les Neuf auraient-ils, là aussi, des amis haut placés ? Serait-ce une coïncidence si l'un des noms donnés à l'Atlandide par Edgar Cayce est Altea ?

Il faut aussi reconnaître que la nouvelle se propage de façon curieuse. C'est un journaliste égyptien, spécialisé dans les rubriques politiques, qui en parle à une collègue anglaise, Georgina Bruni. Celle-ci n'a jamais fait partie du cercle des Neuf, mais elle se passionne pour tout ce qui les concerne, et elle connaît sir John Whitmore depuis le début des années 90, car elle a pris contact avec lui après avoir lu *Briefings for the Landing on Planet Earth* de Stuart Holroyd. Cette histoire, avec ses allusions à Atoum et à Altea, revêtirait une signification particulière pour elle ? Serait-ce par hasard qu'on la lui a racontée ? Était-elle visée ?

Un prêtre égyptien parle

Les premières communications, établies par l'entremise de D. G. Vinod, ne sont pas les seuls événements extraordinaires dans lesquels Puharich a joué un rôle déterminant. Dans *The Sacred Mushroom*, paru en 1959 aux États-Unis, il relate toute une série d'entretiens réalisés entre l'été 1954 et le mois de février 1956 (soit moins d'un an après la fin des séances centrées autour de Vinod), par le truchement d'un autre médium exceptionnel. Le plus étonnant, c'est qu'il ne fait nulle part, dans ses écrits, le rapprochement avec le travail effectué avec Vinod, alors que cela tombe sous le sens.

En 1954, Puharich, capitaine de réserve qui a été rappelé sous les drapeaux en raison de la guerre de Corée, se trouve cantonné à la base d'Edgewood, dans le Maryland, où l'on se prépare à la guerre chimique. La fondation de la Table Ronde poursuit ses travaux sous l'égide d'Arthur Young et de ses pairs, dont Alice Bouverie, qui collabore avec un jeune médium hollandais, du nom d'Harry Stone. Le 16 juin, afin d'évaluer ses pouvoirs en matière de radiesthésie, elle lui remet un pendentif ayant jadis appartenu à la reine Tiye (la mère d'Akhenaton). Harry Stone commence par avoir des convulsions, puis il entre en transe, marmonne des paroles incompréhensibles et dessine ce qui ressemble à des hiéroglyphes, avant d'évoquer, en anglais, cette fois, une drogue qui stimule les facultés parapsychiques. Il décrit ensuite un couloir souterrain, dans lequel se trouve une statue à tête de chien, qui s'anime...

Inutile de dire qu'Alice Bouverie est enthousiasmée. Elle prend aussitôt contact avec Puharich, pour lui demander la marche à suivre, et elle lui envoie les dessins d'Harry Stone, avec une transcription de ses propos. Puharich les montre à un ami, comme lui médecin militaire, et qui se trouve être un spécialiste de l'écriture des Égyptiens. Surprise : ce monsieur confirme que ces textes sont bien rédigés dans la langue de l'Égypte ancienne ! Harry Stone a pour interlocuteur un dénommé Rahotep (que Puharich décompose en trois mots Ra Ho Tep), marié à une certaine Néfertiti, ainsi que Téhuti (Thot, le dieu de la sagesse), et il parle de Khoufoui.

Puharich est sidéré d'apprendre que Rahotep est entré dans l'histoire avec son épouse Néfertiti. Et pourtant... Leur tombeau, situé à Meidum, a été découvert au XIXe siècle par Mariette, et l'on peut admirer une statue du couple au musée du Caire. Ils ont vécu au temps de la IVe Dynastie, sous le règne de Khoufoui ou de Snefourou. Mais ce n'est pas tout, car Rahotep était le grand-prêtre d'Héliopolis [52] ! Le collègue de Puharich apporte enfin une précision incroyable :

> Il existe un conduit, sur la face sud de la Grande Pyramide, qui est orienté de telle façon que le premier jour de l'année égyptienne, l'étoile Sirius, représentée dans la mythologie sous forme de la déesse Sept (sic), se trouve, lors de son lever héliaque, à l'aplomb du boyau qui descend dans la chambre du Roi, et se reflète dans l'œil du défunt pharaon [53].

Voilà une information stupéfiante, et extrêmement précise, venant de la part d'un médecin militaire, même s'il a fait de l'égyptologie son violon d'Ingres. Bien entendu, c'est complètement faux. Tout d'abord, ce n'est pas Sept, mais Sothis (ou Isis) qui représente Sirius, dont la lumière ne peut pas éclairer la chambre du Roi, car le passage en question décrit un coude. Pourquoi imaginer que l'un des couloirs du versant sud est aligné avec Sirius ? Ce n'était pas une idée très répandue, à l'époque, même si elle annonce les thèses défendues plus tard par Robert Bauval et James Hurtak. Elle apparaît cependant dans des textes maçonniques, qui ont pu influencer tout ce petit monde.

Quand il est en permission, et ensuite à la fin de sa période de service, en avril 1955, Puharich travaille avec Harry Stone et Alice Bouverie. À plusieurs reprises, le jeune homme sera « possédé » par l'esprit de Rahotep, ce qui lui permettra de transmettre des informations troublantes. Malheureusement, à partir de septembre 1955, il commence à avoir du mal à établir le contact avec Rahotep, dont les messages deviennent incohérents et se tarissent définitivement en février 1956.

Pendant les séances on assiste, comme lors des communications avec les Neuf, à d'étranges phénomènes. Alice Bouverie entre elle-même parfois en transe. Par le biais de l'écriture automatique, elle délivre alors des messages qui concordent avec ceux d'Harry Stone. Rahotep tient particulièrement à leur faire connaître une drogue utilisée par les prêtres d'Héliopolis, car elle leur permet de « s'ouvrir » aux dieux : il s'agit de l'amanite tue-mouche *(amanita muscaria)*, un champignon hallucinogène. Dans l'un des messages qu'Alice Bouverie retranscrit machinalement, il annonce que le trio en trouvera bientôt un spécimen dans les parages. Effectivement, on ramasse peu après un pied d'amanite tue-mouche dans les bois environnant le siège de la fondation de la Table Ronde, ce qui n'arrive pas souvent, dans le Maine, État du nord-est des États-Unis. Tous les trois consomment l'amanite, sans que leurs facultés parapsychiques ne s'en trouvent accrues (sauf peut-être dans le domaine de la pré-connaissance [54]). Or, il s'avère qu'à l'époque Puharich s'intéresse aux drogues susceptibles d'amplifier les dons parapsychiques, et qu'il s'attache tout particulièrement à celles qui sont utilisées par les chamans mexicains. En 1953 il a pris contact avec Gordon Wasson, qui a réalisé la première étude dans ce domaine. Tous deux mettent alors au point une expérience, consistant à savoir si des sorciers mexicains, ou *curanderos*, pouvaient, grâce à ce champignon, se rendre en esprit au siège de la fondation de la Table Ronde. Malheureusement, ce projet restera lettre morte. Il n'en demeure pas moins que Puharich songe déjà à la vision à distance, même s'il n'utilise pas encore ce terme.

On retrouve aussi, dans les messages de Rahotep, des thèmes récurrents chez les Neuf, notamment l'importance accordée au Sphinx. Lors d'une séance, Stone annonce *« Na na ne Hupe »*, ce que Puharich traduit par « nous sommes placés sous la garde de Hupe », précisant, pour notre gouverne, que « Hupe est l'un des noms du Sphinx de Gizeh, près de la Grande Pyramide [55] ». Nous n'avons pas pu vérifier ce point.

Dans cette optique, Sirius joue également un rôle majeur, fusse indirectement : Harry Stone évoque le dieu Sept, que Puharich identifie à Sirius. Mais le plus important est que Rahotep officiait jadis comme grand prêtre à Héliopolis, où l'on vénérait la Grande Ennéade (les neuf dieux). Les communications de Stone avec Rahotep inciteront d'ailleurs Puharich à poursuivre ses travaux sur la religion d'Héliopolis. C'est ainsi qu'il écrit :

> Héliopolis était le foyer d'une religion dont le panthéon se composait de neuf grands dieux, l'Ennéade, terme signifiant justement « les Neuf », c'est-à-dire Atoum, Chou, Tefnout, Geb, Nout, Osiris, Isis, Seth et Nephthys [56].

Le grand-prêtre d'Héliopolis est, selon lui, « le principal porte-parole » de l'Ennéade. Dès 1959, il évoque « les Neuf » : les communications proprement dites auront lieu entre 1952 et 1953, année durant laquelle il entre pour la première fois en contact avec les « Neuf Principes », et en 1956, année où il fait la connaissance, au Mexique, de Charles Laughead et de son épouse, après quoi il instaurera avec les Neuf de nouvelles relations.

Si l'on peut trouver discutables les méthodes employées par Puharich, sa sincérité ne fait aucun doute. Ainsi écrit-il, à la fin de *The Sacred Mushroom* : « Je ne remets pas plus en cause l'existence d'intelligences désincarnées que celle d'intelligences incarnées [57]. » Il n'est pas non plus anodin que tous ces messages tournent autour de l'utilisation par les chamans de psychotropes, sur lesquels il effectuait alors des recherches pour le compte de l'armée de terre américaine. Or, les messages de Rahotep attestent que les prêtres d'Héliopolis avaient bien recours à ce genre de substances.

On a vu à plusieurs reprises, à la fin du XXe siècle, les Neuf, ou du moins des entités liées à l'Égypte ancienne, communiquer avec des individus (Uri Geller, Phyllis Schlemmer, etc.) ou des petits groupes. Ils repètent apparemment toujours la même chose et ils évoquent la survenue imminente d'un événement de taille, qui sera lié aux secrets de l'Égypte ancienne. James Hurtak, sans doute leur plus grand « prophète », explique dans *The Keys of Enoch* que « Gizeh était la patrie du Conseil des Neuf, représenté par neuf pyramides, figurant dans la "Pyramide de Khéops" (Khoufoui) [58] ». Ces entités entrent en contact avec des gens qui ne se connaissent pas, mais les messages qu'elles leur envoient présentent de telles similitudes que l'on en vient à penser qu'elles cherchent à aider les hommes à surmonter les périls qui les guettent.

En tout cas, ces êtres dont on capte ainsi les messages ne sont pas n'importe qui. Si le guide spirituel d'Harry Stone se présente comme Rahotep, grand prêtre d'Héliopolis, les amis de James Hurtak correspondent carrément avec l'Ennéade, autrement dit les neuf dieux de l'Égypte ancienne. Or, ceux-ci tiennent des propos analogues aux déclarations de Rahotep, au point qu'ils semblent se confondre avec lui. Des gens très influents, comme Richard Hoagland, en seront profondément marqués, et ils répandront alors le message avec un zèle missionnaire, frisant le fanatisme. Effectivement, l'ascendant des Neuf se fait sentir bien au-delà du milieu du New Age et du petit monde ultracompétitif des chercheurs indépendants.

Mais les Neuf sont-ils vraiment les dieux d'Héliopolis, ceux que l'on vénérait au temps jadis dans les temples et les écoles du mystère ?

Chapitre 5
Derrière le masque

    Les Neuf ont touché un vaste public, grâce à des livres comme *The Only Planet of Choice* et *The Keys of Enoch*, aux colloques organisés sur ce thème, ou tout simplement par le bouche à oreille, parce qu'ils alimentent les conversations dans le milieu du New Age et dans les cercles alternatifs qui dressent un parallèle entre Mars et l'Égypte ancienne ; à moins qu'on ne les évoque de façon subliminale dans une fameuse série de science-fiction diffusée sur les écrans... On y croit un peu partout, et cela se propage le plus naturellement du monde, les nouveaux « convertis » faisant du prosélytisme, comme toujours lorsqu'il s'agit de convictions de type religieux qui suscitent la ferveur et attisent les passions. Parmi les adeptes des Neuf figurent des scientifiques de haut niveau, des industriels, des ingénieurs de la NASA et des agents de la CIA, ainsi que des gens qui travaillent dans les médias et présentent l'affaire sous un jour favorable.
    Les Neuf se donnent eux-mêmes comme la grande Ennéade, ou les neuf principales divinités d'Héliopolis, de retour sur Terre pour aider le genre humain à traverser un cap difficile dans son évolution. Oublions pour l'instant notre incrédulité, et imaginons qu'ils disent la vérité : frappés de terreur, nous devrions alors les adorer et rester suspendus à leurs lèvres. Car enfin, ne sommes-nous pas des êtres imparfaits, confrontés aux puissances célestes qui nous ont créés ? Il n'est peut-être pas si facile d'écarter l'idée même des Neuf. Peut-être nous faut-il en prendre notre parti, et admettre que les dieux sont de retour..

Ne brûlons pas les étapes. Nous sommes le fruit d'une longue évolution, qui a fait de nous des êtres dotés d'une concience réflexive et de capacités intellectuelles appréciables. Nous avons appris à réfléchir, à opérer des distinctions et à analyser. Les déclarations des Neuf sont donc à prendre au sérieux, car s'ils sont vraiment des dieux, leur retour est un événement capital. Mais nous devons rester sur nos gardes, prêts à déceler la moindre faille qui lézarderait le bel édifice dans lequel ils s'abritent. Existent-ils vraiment, ou bien ne s'agit-il que d'un canular ou d'une illusion ? Et si c'est un coup monté, qui en est l'auteur, et dans quel but ?

Le message caché

Aussi invraisemblable que cela puisse paraître, le Neuf exercent un grand ascendant sur le cœur et l'esprit des principaux protagonistes de cette histoire, puisque leurs enseignements ont modifié notre façon de concevoir de l'espace, que ce soit à travers la série culte *Star Trek* ou, plus récemment, par le biais de la Mission indépendante sur Mars et des résultats qu'elle a engrangés.

Dans cette optique, il existe une multitude de communautés au sein de notre galaxie, parfois regroupées en fédération, comme dans *Star Trek*, mais qui ont toutes plus ou moins conscience de l'existence des Neuf. Certaines coopèrent avec eux, puisque les Neuf se doivent d'entretenir de bons rapports avec les habitants de l'univers «physique», y compris avec les gens d'Altea et d'Hoova, les deux civilisations qui ont joué un rôle déterminant dans l'histoire du genre humain. «Spectra», l'ordinateur intelligent avec lequel Uri Geller aurait été en contact, représente l'une des formes d'intelligence informatique les plus frustes mises au point par ces entités supérieures.

Les Altéens, qui seraient arrivés dans le système solaire voici 1,6 million d'années, se sont installés sur Mars, où ils ont édifié le complexe de Cydonia. La Terre leur est alors territoire interdit, comme si on la gardait en réserve pour y développer une nouvelle sorte de créatures douées de sensation, destinées à devenir leurs

« associés [1] ». Ils seront ensuite autorisés à venir surveiller ici l'évolution génétique des êtres humains, sous le patronage des Neuf.

Altea et Hoova ont participé aux manipulations génétiques effectuées sur les hommes, ou si l'on préfère, à « l'ensemencement » de la Terre. Si l'on en croit les Neuf, ou du moins ceux qui leur servent de porte-parole, il existait déjà des indigènes sur Terre, les Noirs, qui sont donc les seuls dont l'évolution s'est déroulée intégralement sur notre globe [2]. Ce racisme latent a valu bien des critiques à *The Only Planet of Choice*, mais Tom a réaffirmé depuis l'égalité de tous les êtres humains, quelle que soit leur couleur de peau, et mis en garde contre toute interprétation tendancieuse de l'enseignement des Neuf. Ce faisant, il donne l'impression de vouloir limiter les dégâts, et il continue à peser des soupçons de racisme sur lui et ceux qui reprennent ses propos.

Les Neuf prônent clairement la « discrimination positive », même si leur attitude est parfois ambiguë. D'après eux, les juifs ont été créés par Hoova, tout comme Jésus qu'ils appellent, par mégarde, « le Nazaréen ». « Sauveurs de la planète », les juifs descendent par conséquent d'Hoova, ce qui fait d'eux « le Peuple élu », investi de pouvoirs spéciaux et appelé à jouer un rôle déterminant dans l'histoire. Ils ont cependant commis l'erreur de ne pas voir dans le Christ le Messie (originaire d'Hoova), de sorte que pour y remédier et retrouver la place qui leur revient ils doivent au préalable « accepter » Jésus « de Nazareth [3] ».

D'après Tom, Jésus et Jéhovah sont une seule et même personne, et ils entretiennent des rapports privilégiés avec les Neuf. Jésus était, nous dit-il, « le dernier d'entre nous à se rendre sur Terre [4] ». Le Second Avènement interviendra dans le cadre d'un débarquement massif, le Christ revenant cette fois comme le Messie des juifs. Il existerait, en Égypte et en Israël, des documents secrets le concernant : « Le moment venu, on trouvera tous ces textes à six mois d'intervalle [5]. » Les Neuf ont procédé à « l'ensemencement » de la planète afin de réaliser une étude comparative de l'évolution des « autochtones » (les Noirs) et des « colons », arrivés plus tard. Cela n'avait rien d'une partie de plaisir, car des forces maléfiques, originaires des Pléiades et appelées tout simplement les « Autres », contrarient à dessein l'évolution du genre humain (on les classe parfois parmi les suppôts de Satan, la « Bête [6] ».)

D'après les Neuf, c'est au Tibet, dans la cuvette du Tarin, que se sont installés les premiers colons d'Hoova, en 32400 av. J.-C. Ce sont également des êtres venus d'Hoova qui ont fondé l'Atlantide, civilisation florissante pendant quinze mille ans, entre le Yucatán et les Antilles (Edgar Cayce la situe à peu près au même endroit), avant que l'île sur laquelle elle s'épanouit ne soit submergée. L'histoire présente toutefois ici quelques différences, puisque dans cette optique ce sont les Neuf qui, fous de rage, ont détruit l'Atlantide en 10850 av. J.-C., soit à peu près à la même époque que celle qui est avancée par Cayce, Hancock et Bauval [7]. Hurtak pense quant à lui que c'est en 12000 av. J.-C. que l'Atlantide fut engloutie, ce qui ne correspond pas à la date donnée par Tom, mais revêt néanmoins une signification importante.

Après la disparition de l'Atlandide, ceux qui ont réchappé au cataclysme auraient fondé deux civilisations, l'une en Égypte et l'autre en Amérique centrale. Ce seraient donc eux, comme le pensait déjà Edgar Cayce, qui auraient construit la Grande Pyramide : les travaux se seraient échelonnés entre 10700 av. J.-C et 5000 av. J.-C. [8]. On ne compte plus les théories sur l'édification de la Grande Pyramide. Dans bien des cas, on envisage une opération en deux temps, comme le font Bauval et Hancock [9]. Du point de vue des Neuf, ce monument joue un rôle déterminant, puisqu'il sert à acheminer sur Terre l'« énergie » des autres civilisations existant dans l'espace et à regénérer les cellules de notre organisme. Il remplit aussi d'autres fonctions, mais Tom ne nous en dit pas davantage et nous laisse sur notre faim. Pour finir, il a expliqué à Andrija Puharich qu'il existait d'autres « chambres » sous la Grande Pyramide, et que l'on pourra y accéder « en partant du Sphinx ».

Non contents d'édifier la Grande Pyramide, expliquent David Myers et David Percy, les colons d'Altea ont aussi érigé le Sphinx, qu'ils appellent *Ark Hur*, mot composé signifiant dans leur langue « le brillant commencement-épilogue ». James Hurtak pense, quant à lui, que la Grande Pyramide sert de « porte des étoiles ».

> Une fois encore, les astronomes comprendront pourquoi les anciens pensaient que la pyramide était une porte ouverte sur les étoiles, et la forme à travers laquelle les intelligences stellaires ont pu partipicer à la création du genre humain [10].

D'après lui, les pyramides, y compris celles de Mars, servent à canaliser l'énergie provenant de l'espace. En 1973, les Neuf lui expliquent que les conduits circulant au sein de la Grande Pyramide sont alignés sur le Baudrier d'Orion [11], ce que pensent également certains astronomes, qui ne vont cependant pas jusqu'à imaginer, comme Bauval, une corrélation entre le monument et les étoiles. *The Keys of Enoch* fait également allusion à des chambres existant au sein de la Grande Pyramide, et que l'on n'aurait toujours pas découvertes, comme la chambre du Fils, située entre la chambre du Roi et la chambre de la Reine [12].

Tom nous raconte, pour sa part, que la Terre est le champ de bataille sur lequel les Neuf ont affronté les Autres (les partisans de la Bête, appartenant à la Pléiade). On songe au combat entre la lumière et l'obscurité décrit par les gnostiques, qui est de même nature que le conflit qui se prépare, d'après Graham Hancock. Chaque être de l'univers doit un jour s'incarner sur Terre, afin de connaître les joies, les peines et les devoirs attachés au libre-arbitre, qui n'existe nulle part ailleurs, ce qui explique que Phyllis Schlemmer et Mary Bennett aient intitulé leur livre *The Only Planet of Choice* (« La seule planète où l'on a le choix »). Les autres civilisations existant dans le cosmos sont toutes gouvernées par des intelligences supérieures, comme les Neuf. On aurait créé les divers types humains sur Terre dans un but expérimental, les Noirs servant de « groupe témoin ». Constituant la population indigène, ils ne seraient pas, à ce titre, apparentés aux dieux de l'espace. On aurait donc voulu comparer leur évolution à celle des colons [13]... Question : que se passerait-il si l'expérience se soldait par un échec ?

On établit, dans *The Keys of Enoch*, des rapports complexes et intellectuellement stimulants entre les Neuf et la religion. Sous sa couverture rappelant celle d'une Bible, cet ouvrage nous promet enfer et damnation, et il adopte souvent un ton messianique et apocalyptique. En voici un exemple :

> Et mes guides, Enoch et Metatron, m'ont demandé de ne pas me repaître des pouvoirs fallacieux de la terre, ni d'encourager ma descendance à épouser des représentants de ces populations spirituellement déchues [14].

Voilà une déclaration pour le moins troublante. L'idée même qu'il puisse exister des « populations spirituellement déchues » avec lesquelles les gens de bien ne doivent pas convoler distille un poison insidieux et, dans un livre aussi important que celui-ci, pose problème. Aller imaginer des « races » génétiquement déficientes, c'est s'engager dans une direction extrêmement dangereuse. Le thème religieux du livre a ceci de curieux qu'il englobe toutes les grandes religions des États-Unis, ou plutôt de l'Amérique blanche, mélangeant le judaïsme et le christianisme, et manifestant de la sympathie pour les mormons (considérés par l'auteur comme les descendants des prêtres d'Héliopolis, ce qui est une hypothèse bien hasardeuse). En revanche, l'islam est quasiment passé sous silence, même si c'est l'une des confessions les plus répandues chez les Noirs américains. James Hurtak ne fait qu'une allusion voilée aux musulmans (faut-il s'en étonner ?), qu'il appelle « les enfants des Ténèbres [15] », en leur attribuant ainsi le mauvais rôle dans la bataille pour la Terre qui devrait bientôt s'engager. Tom reste évasif à leur propos, mais il dresse toutefois un bilan négatif, en raison de la condition de la femme musulmane, et il affirme que l'islam a – malheureusement, bien sûr – subi l'influence du « Déchu [16] »...

L'attitude des Neuf face à la Shoah est tout aussi inquiétante. Reconnaissant les juifs comme le Peuple élu, ils leur reprochent de ne pas avoir vu dans le Christ « le dernier d'entre nous », le Messie tant attendu. Tom déplore l'Holocauste et ses six millions de victimes, tout en affirmant qu'il s'agit là d'un « acte d'autosacrifice ».

> Ces six millions d'individus en sont venus, pour la plupart, à se sacrifier, afin que l'on s'aperçoive, sur la planète, qu'ils cherchaient bien, au départ, à régenter l'humanité [17].

Tom explique aussi qu'il a fallu en arriver là pour que prenne forme l'État d'Israël. Les victimes auraient ainsi « choisi » de vivre en Europe à cette époque et d'y être massacrées, afin de montrer qu'il existe des méchants ! On a envie de lui répondre qu'il représente peut-être les dieux du système solaire, mais qu'en l'occurrence nous n'avons pas de leçons à recevoir de sa part. Comme si nous ne savions pas déjà que le mal existe ! Est-il indispensable d'assassiner six millions de gens pour nous en faire prendre conscience ?... Sans parler du fait que les nazis ne se sont pas contentés d'exterminer les juifs, mais qu'ils ont aussi massacré systématiquement les tizganes, les homosexuels et les témoins de Jéhovah. Nous ne sommes certainement pas les seuls à vilipender de telles déclarations.

Cette vision péremptoire des choses, qui caractérise les Neuf, se prête à la prose et à la philosophie quasi apocalyptique de James Hurtak. Les divinités de la Grande Ennéade ont exposé en détail à leurs « fidèles », les apôtres du nouvel ordre mondial, les plans qu'elles nourrissent pour l'humanité. Comme l'écrit sir John Whitmore dans la préface de *The Only Planet of Choice* :

> Ce livre participe à l'éveil de la Terre, au même titre que les ouvrages consacrés aux « cercles » dans les cultures, les films de science-fiction d'un genre nouveau, les gens qui tirent la sonnette d'alarme, les phénomènes paranormaux et les fuites, contrôlées ou non [18].

Le message fondamental des Neuf – et la raison pour laquelle ils ont pris contact dernièrement avec certains d'entre nous – revient à dire que notre programme génétique a été mal conçu, ce qui crée des problèmes non seulement à la Terre, mais encore aux représentants des autres civilisations qui doivent venir s'y incarner. Les Neuf sont donc obligés d'intervenir pour y remettre de l'ordre.

Cela cadre parfaitement, on s'en doute, avec la pensée de James Hurtak, qui déplore les « défauts » de notre programme génétique, et annonce que, dans les trente ans à venir (c'est-à-dire entre 1973 et 2003), les intelligences qui gouvernent l'univers y remédieront en développant nos capacités intellectuelles. Bref, nous n'avons pas accompli correctement notre programme génétique et, par le truchement de James Hurtak et des autres, la « Blanche Fraternité » (dont dépendent les Neuf) s'efforce d'y remédier [19].

On se souvient que dans les années 70 les Neuf annonçaient l'arrivée prochaine d'une vague d'extraterrestres sur Terre. Comme rien de tel ne s'est produit, ils répondent maintenant que le besoin s'en fait moins sentir qu'auparavant. De même, Tom expliquait-il, au milieu des années 60, dans ses « communications » avec Puharich, Whitmore et Schlemmer, que les Neuf utiliseraient les ondes radio et télévisées pour entrer directement en contact avec les gens. Une fois de plus, nous sommes restés sur notre faim, car il n'était plus indispensable, aux dires de Tom, que les extraterrestres débarquent chez nous.

En avril 1976, James Hurtak explique à Jacques Vallée que Puharich et lui ont, comme d'autres, accès à des informations « secrètes et confidentielles », et veulent nous faire prendre conscience que la Terre sera contactée par des « êtres hautement évolués » dans les dix mois à venir, c'est-à-dire avant la fin 1978 [20]. Dès le début, les Neuf nous annoncent un grand chambardement, une purge ou un affrontement décisif entre les forces de la lumière et celles des ténèbres, qui ressemble furieusement à l'Armageddon cher aux chrétiens fondamentalistes.

> Il conviendrait que vous notiez tous trois [Schlemmer, Whitmore et Puharich] dans votre chronique que des civilisations viendront élever le niveau de la planète Terre, la décontaminer, la purifier et préparer ses habitants à la conserver dans un état de limpidité qui l'empêchera de retomber dans la déchéance [21].

Comme d'habitude, c'est Hurtak qui emploie un langage terrifiant pour décrire ce prochain cataclysme : « On assiste, dans l'univers, à une guerre galactique, à un "grand nettoyage [22]" qui se produira ensuite sur Terre aux temps de l'apocalypse, à laquelle succédera l'âge d'or, qui verra l'instauration d'un nouveau pouvoir. » Les « fraternités inférieures » de la lumière, qui œuvrent de concert avec les « jeunes maîtres spirituels » de la Terre, sont actuellement « chassées de leurs postes de pouvoir », afin que les « grandes forces de la Lumière puissent s'extérioriser [23] ». Le recours à la force est intéressant, dans la mesure où l'on pourrait peut-être amener par la discussion les « jeunes maîtres spirituels » à renoncer à leur pouvoir, au lieu de le leur enlever brutalement. Ce n'est pas là une attitude très spirituelle, et cela a des relents de totalitarisme. Hurtak ajoute que « les matérialistes qui cherchent à détruire le monde [...] ne seront plus que poussière, lorsque la Terre s'écroulera [24] ». D'abord et avant tout nationaliste, il affirme que le « Nouveau Gouvernement Spirituel » verra le jour en Amérique, héritière de l'Atlantide, et qu'il appelle (en anglais) « Altea-America [25] », tout comme il n'hésite pas à faire un jeu de mots en évoquant l'essor de la « Nouvelle JérUSAlem ».

Les conditions sont réunies pour que l'on assiste à un affrontement décisif entre les forces du bien et celles du mal, qui affectera la galaxie tout entière (Myers et Percy nous disent que le compte à rebours a commencé en octobre 1991 [26]). Nul doute que les milliers d'adeptes se raccrochent à chaque mot en provenance des Neuf, en attendant de prendre part à un drame dans lequel ils auront le beau rôle. L'Occident n'a pas connu de « guerre juste » depuis cinquante ans ; il n'en sera que plus excitant de procéder au « grand nettoyage » ! Le Millénium, l'Apocalypse, l'Armageddon mettent du baume au cœur des frustrés qui se voient déjà jouer un rôle héroïque lors de la prochaine bataille. Ce serait bien entendu épouvantable si rien de tel ne se passait, et si la vie continuait comme auparavant. Ce serait pour eux un véritable cauchemar !

Plus l'enquête avance, plus l'influence des Neuf se fait sentir. Ils ont changé notre façon de penser, et cela vaut également pour de brillants scientifiques et des penseurs de premier ordre. Mais c'est dans les milieux du New Age qu'ils sont en position de force, cette communauté internationale si souvent décriée de mystiques « amateurs » qui visent le développement personnel. Les marottes et les toquades de ces individus peuvent nous paraître inoffensives, elles n'en représentent pas moins une force avec laquelle il faut compter.

Le New Age est moins une « sous-culture » qu'une société alternative qui se développe rapidement mais qui, en dépit de son importance, demeure pratiquement invisible. On ignore combien d'individus exactement se retrouvent dans cette mouvance, qui fait des émules de la Californie à Glastonbury, en Angleterre, et jusque dans les ashrams de l'Inde, mais il doit s'agir de centaines de milliers, sinon de millions, de gens. Vu de l'extérieur, on ne se rend pas compte que cela alimente une économie prospère. Les ouvrages et revues consacrées au New Age se vendent comme des petits pains, et les ateliers sont pleins, les adeptes étant prêts à mettre la main à la bourse pour avoir le privilège de suivre l'enseignement d'un célèbre gourou. Cela dit, ce petit monde est étrangement fragmenté, puisque chaque groupe est indépendant et se veut en compétition avec les autres. Il n'en demeure pas moins qu'une telle communauté offre, sur le plan économique et politique, un potentiel énorme et largement inexploité, si tant est que l'on puisse la rassembler et l'aiguiller dans la bonne direction.

Le New Age voue un véritable culte aux Neuf, en grande partie à cause de *The Only Planet of Choice* de Phyllis Schlemmer et Mary Bennett, qui s'est vendu à plus de 50 000 exemplaires en Grande-Bretagne, et dont le succès ne s'est pas démenti. Theo Paijmans, qui anime toutes les semaines une émission de radio de trois heures consacrée aux ovnis et aux phénomènes inexpliqués, nous raconte qu'il se trouve toujours des auditeurs pour lui poser en direct des questions inspirées par cet ouvrage. Aux États-Unis, *The Ra Material* de Carla Rueckert jouit d'une grande audience. Palden Jenkins, qui a révisé la première édition de *The Only Planet of Choice*, affirme que de plus en plus de groupes de méditation, de communication et de thérapie se réclament des Neuf[27]. Tout se passe comme si l'on s'efforçait, en sous-main, d'opérer une sorte de « coup de force spirituel ».

The Keys of Enoch a séduit de nombreux lecteurs, en vingt ans, et James Hurtak donne des cours et anime des ateliers dans le monde entier. Et pourtant, là encore, il parvient à dissocier cet aspect de sa vie de ses activités plus intellectuelles. Aux dernières nouvelles, il est actuellement conseiller scientifique dans la société de production de Boris Said, Magical Eye, et il travaille sur une « vaste série de documentaires » inspirés de ses œuvres[28].

Hurtak fait allusion à l'ouverture d'une « porte » entre le monde des dieux, ou plus exactement entre celui des Neuf Principes de Dieu et le nôtre. Les disciples des Neuf disent souvent que cette « porte des étoiles » est déjà ouverte depuis quelque temps, et que nous devons nous préparer au retour des dieux égyptiens. C'est une idée extrêmement importante, et qui a des conséquences troublantes, toute la question étant maintenant de savoir si les Neuf sont bien ce qu'ils prétendent être.

L'édifice se lézarde

Les Neuf n'ont pas toujours tenu parole, loin s'en faut. Qu'en est-il, par exemple, de l'arrivée massive d'extraterrestres prévue pour la fin des années 70 ? Comme c'est souvent le cas chez les spirites, les grandes prophéties ne se sont pas réalisées, mais les adeptes, habités de la foi du charbonnier, sont prêts à gober n'importe quoi, et tout rentre dans l'ordre. C'est un syndrome bien connu des psychologues, et que l'on retrouve chez les gens qui croient au retour prochain d'un dieu ou des « Frères de l'Espace ». Combien de fois n'a-t-on pas vu les membres des sectes prendre leurs dispositions et attendre « le matin du grand soir », après avoir vendu tous leurs biens ? Comme il ne se passe rien, épuisés et réduits à la misère, ils recollent vaille que vaille les morceaux de leur vie et se raccrochent aux explications les plus fantaisistes. Les adeptes des Neuf n'ont pas été contraints de liquider leur patrimoine, mais il leur a fallu entreprendre un véritable périple intellectuel, et sir John Whitmore s'est séparé d'une grande partie de sa fortune. Or, voilà que Tom nous explique que les conditions ont changé, et qu'il n'est plus nécessaire que les extraterrestres débarquent chez nous. En quel honneur ? Quel changement est-il donc intervenu ?

Les Neuf échafaudent aussi des plans calamiteux, puisqu'ils ont échoué avec Uri Geller et Bobby Horne. Pourquoi n'ont-ils pas choisi d'emblée Phyllis Schlemmer comme interlocutrice ? Et ils n'ont entraîné dans l'aventure Lyall Watson et d'autres personnes que pour les voir s'enfuir en courant ou poser des questions embarrassantes...

Ce message d'amour et de paix est battu en brèche par l'attitude qu'ils adoptent envers leurs disciples, et par le climat détestable qui prévaut dans le groupe réuni autour de Phyllis Schlemmer. Soumis à des pressions constantes de la part des Neuf, Bobby Horne a failli se suicider, et Don Elkins est carrément passé à l'acte en 1984, après avoir perdu la raison. Ce n'est rien, me direz-vous, comparé à la destruction de l'Atlantide à laquelle auraient procédé les Neuf, car ils étaient « en colère [29] ». Certains individus auraient également été « greffés » à leur naissance, de manière à pouvoir accomplir des missions au nom des Neuf, ce qui contrevient à l'idée même de libre arbitre. Sir John Whitmore a interpellé Tom à ce sujet, qui lui a répondu que l'on a réalisé des « implants » sur ces gens avant leur naissance, de sorte qu'ils ne se souviennent pas avoir conclu un tel accord avec les Neuf [30].

Rien ne permet d'étayer l'histoire de la Terre (et de la galaxie), telle que nous la racontent les Neuf. Cela suppose que l'on croie que l'Atlandide a existé, qu'il se trouve des monuments sur Mars et que le Sphinx est très vieux, thèses qui n'ont rien d'absurde mais restent hypothétiques. Les Neuf s'abritent souvent derrière le fait qu'il est impossible de prouver que l'Atlandide n'a pas existé. En revanche, lorsqu'ils s'aventurent dans le domaine de l'histoire avérée, ils commettent souvent des erreurs grossières, comme celle qui consiste à dire que, lorsqu'il est arrivé sur Terre, Hoova a été accueilli par Abraham, ce qui a donné naissance à l'allégorie de l'échelle reliant le ciel et la terre, alors que cette image figure dans le songe de Jacob [31].

Autre contresens opéré par les Neuf, ainsi que par des millions de gens : on parle de « Jésus le Nazaréen », comme s'il s'agissait d'un habitant de la ville de Nazareth. En réalité, cela procède d'une erreur de traduction du Nouveau Testament, et il faudrait écrire « Jésus le Nazôréen », c'est-à-dire Jésus, membre de la secte des Nazôréens [32]. Si l'on comprend que le commun des mortels commette cette méprise qui, après tout, figure dans les évangiles, il est plus étonnant que les dieux fassent de même...

Tom-Atoum se réjouit par ailleurs que Puharich ait noté le terme « Hamarchis », l'un de ceux qui servent à désigner le Sphinx, car cela représente, à l'en croire, un progrès décisif : « Tu as découvert le secret », déclare-t-il. Il se peut effectivement que l'on ait appelé le Sphinx « Hamarchis », en faisant référence à Atoum (ce qu'à vrai dire les égyptologues savent depuis longtemps), mais Tom précise aussitôt : « Concernant le Sphinx, je vais te le résumer en deux mots : je suis le début, je suis la fin [33]. »

Cela vient, semble-t-il, d'une erreur fâcheuse et très répandue qui voudrait que le Sphinx ait eu, à l'époque, plusieurs noms, dont celui d'*arq ur*. Lorsqu'il prend la parole, en 1992, au sein de l'immeuble des Nations unies, Richard Hoagland confère à ce terme la définition suivante :

> Dans [...] la langue des Égyptiens, on l'appelait [le Sphinx] *arq ur*, ce qui n'est pas anodin, puisqu'étymologiquement ce mot composé signifie « la fin du commencement, liée au commencement de la fin ». C'est pratiquement un cycle, un point final, un processus répétitif, dans la mesure où cela représente la fin de quelque chose, et le début d'autre chose [34].

En réalité, *arq* signifie « fin » ou « achèvement », et *ur* veut dire « grand ». *Arq et ur* ne désignent donc nullement un commencement, même si les Neuf affirment le contraire, ce qui suffit à leurs disciples, dont Richard Hoagland. David Myers va plus loin, puisqu'il s'agit, selon lui, d'un terme emprunté à la langue des Altéens, et qui signifierait « brillant début-dénouement », ce qui fait écho aux informations fournies par Tom au groupe animé par Phyllis Schlemmer [35].

Le principal écueil vient de ce qu'*arq ur* n'a aucun rapport avec le Sphinx. Comme on l'a vu au chapitre 1, Robert Temple a en effet opéré un contresens, propagé par son livre *The Sirius Mystery*, en interprétant de travers une référence donnée par sir Wallis Budge dans *An Egyptian Hieroglyphic Dictionary*. Le mot « Sphinx » figure effectivement en face de la définition d'*arq ur*, sans que ce terme désigne pour autant le célèbre lion de pierre à tête d'homme, car il s'agit de l'abréviation du nom de la revue française à laquelle Wallis Budge s'est référé : *Sphinx : Revue critique embrassant le domaine entier de l'égyptologie*. Dans le deuxième volume de cet ouvrage, à la page 8, Karl Piehl explique qu'*arq ur* signifie « argent » (le métal). Il ne s'agit même pas d'un terme égyptien, mais de l'adaptation tardive du mot grec *argyros* (ce qui, soit dit en passant, nous dispense d'analyser le hiéroglyphe). La méprise de

Robert Temple n'a pas d'incidences sur son travail, puisqu'il ne mentionne qu'en passant cette définition erronée, mais on la retrouve – hélas ! – dans nombre de messages transmis par les Neuf, ce qui nous amène à nous demander s'ils n'auraient pas, d'aventure, lu *The Sirius Mystery*. Richard Hoagland affirme que c'est Robert Temple qui a, le premier, attribué cette sigification au mot *arq ur*, de sorte que ce n'est sans doute qu'une négligence de sa part. Cependant, comme c'est bien Richard Hoagland qui prétend que ce vocable signifie « le début et la fin », et non Robert Temple, il n'a pu l'apprendre que des Neuf.

Les Neuf auraient-ils donc compulsé l'ouvrage de Robert Temple ? Ou, plus charitablement, Phyllis Schlemmer ou l'un des membres de l'assistance en aurait-il pris connaissance, et inconsciemment déformé les messages envoyés par les neuf divinités de la Grande Ennéade ? Et si Tom avait fait appel à leurs lumières ? Ne se dit-il pas limité par les mots et les concepts utilisés par les « émetteurs-récepteurs » (les intermédiaires humains) ? Malheureusement, la communication qui nous intéresse a eu lieu, entre Tom et Puharich, deux ans avant la sortie du livre de Robert Temple (il existait certes déjà sous forme de manuscrit [36], et l'on a pu en communiquer une copie à ceux qui gravitaient autour du Lab Nine, mais l'on ne voit guère Robert Temple le montrer à quelqu'un d'autre que son mentor, Arthur Young). Qui sait, Tom a peut-être commis la même méprise que Robert Temple, en consultant le dictionnaire de Wallis Budge...

Dans ces conditions, que penser des Neuf ? S'agirait-il d'un canular, ou bien d'une illusion collective, de la part d'Andrija Puharich, Phyllis Schlemmer, James Hurtak et leurs associés ?

Des gens extérieurs à ce petit cercle, Stuart Holroyd et Colin Wilson, qui ont réfléchi aux rebondissements de l'affaire, sont persuadés du contraire, et ils affirment que l'on assiste effectivement à des phénomènes paranormaux. Cela ne les empêche pas de douter que ces messages proviennent des neuf dieux de la Grande Ennéade. Stuart Holroyd, que sir John Whitmore a chargé de rédiger l'« histoire officielle » des Neuf, parvient à la même conclusion [37]. On n'assiste en effet à des phénomènes inexpliqués que lorsqu'Uri Geller se trouve dans les parages. Pour essayer d'y voir plus clair,

Stuart Holroyd finit par accepter d'écrire cet ouvrage, après avoir été témoin de manifestations d'esprits frappeurs, alors qu'il écoutait les enregistrements des communications de Schlemmer avec les Neuf[38].

Aussi bien dans *Mystères*[39], ce livre si original, que dans le petit texte qu'il a rédigé pour préfacer *Prelude to the Landing on Planet Earth* de Stuart Holroyd, Colin Wilson range les Neuf dans la même catégorie que toutes ces communications établies en toute bonne foi par le médium, qui répercute les propos d'un mystérieux correspondant. D'après lui, le médium doit se servir inconsciemment de ses pouvoirs innés pour se livrer à ce genre de mise en scène, ou bien des esprits malicieux, qu'il appelle « les escrocs et les aigrefins du monde des esprits[40] », se sont attachés au médium (à moins que ce ne soit un mélange des deux, et qu'un esprit ne cherche à répondre aux espoirs du médium et de son entourage).

Ce sont bien souvent des phénomènes inexpliqués qui emportent l'adhésion d'un indécis et l'amènent à jeter son dévolu sur tel système de croyances, dès lors considéré comme la seule « voie » ou religion possible. Qu'il s'agisse du suaire de Turin, de statues qui saignent ou pleurent, de visions et de coïncidences troublantes, le paranormal nous plonge dans un état de surexcitation propice à la conversion. Les profanes n'imaginent pas que c'est la conviction qui engendre des phénomènes étranges, et non le contraire, comme les parapsychologues le savent depuis longtemps. Les miracles sont presque tous l'œuvre de notre esprit, non qu'il s'agisse de canulars, de fantasmes ou de fruits de notre imagination, mais tout simplement d'exemples de psychokinésie. Cela peut revêtir une multitude de formes, qu'il s'agisse de tordre à mains nues et sans effort des objets métalliques, d'opérer des guérisons inattendues, ou de conférer provisoirement une conscience à des choses. N'importe quel système de croyances s'accompagne de phénomènes étranges (des figurines hindouistes donnent du lait, des statues « catholiques » versent des larmes ou des gouttes de sang), ce qui est censé prouver que l'on est en contact avec un saint ou une divinité, et que l'on pratique bien la véritable religion. En réalité, ce sont nos propres pouvoirs, en grande partie méconnus, pour des raisons psycho-sociologiques, et paradoxalement, pour des motifs religieux, qui créent tout cela.

Dans l'ensemble, on n'accepte le paranormal qu'à titre de nouveauté, et l'on fustige ceux qui en ont fait leur raison de vivre. Seuls les mages, les chamans et les chercheurs honnêtes et courageux qui connaissent depuis longtemps les « règles » du paranormal dérogent à la règle.

Les Neuf peuvent aussi relever d'une autre explication, qui consiste à penser qu'ils sont le fruit d'une manipulation orchestrée par des êtres humains. Colin Wilson pense que la cohérence de leurs messages, depuis les premiers, datant du début des années 50 et transmis par l'intermédiaire de D. G. Vinod, jusqu'à ceux qui nous ont été communiqués dans les années 70 par le biais d'Uri Geller, Bobby Horne et Phyllis Schlemmer, indique que c'est Andrija Puharich qui a fait office de médium et a déclenché ces phénomènes bizarres, sans même s'en rendre compte. Il le lui en a parlé, lors de l'un de ses derniers séjours à Londres, mais Andrija Puharich s'est récrié[41]. Et si Colin Wilson avait raison, du moins jusqu'à un certain point ? Si Andrija Puharich avait créé les Neuf, non pas inconsciemment, mais en pleine connaissance de cause ?

Le grand manipulateur

L'une des principales difficultés vient de ce qu'Andrija Puharich est le seul à nous relater les entretiens qu'il a eus vingt-cinq ans durant avec les Neuf. C'est uniquement par lui que nous savons ce qui s'est passé avec D. G. Vinod, tout comme c'est lui qui a au départ mêlé Uri Geller à l'affaire et qui nous répète, de mémoire, les propos des Neuf que le jeune Israélien a captés lorsqu'il était hypnotisé, les bandes magnétiques s'effaçant ou disparaissant comme par enchantement. Il faut attendre l'entrée en scène de Stuart Holroyd, en 1976, pour que l'on enregistre la première voix « physique », essentiellement lors des séances organisées autour de Phyllis Schlemmer, et encore, on n'entend que ce que le trio a bien voulu nous faire écouter.

Ce n'est sans doute pas par hasard qu'Ira Einhorn, son principal collaborateur, le décrit comme « le grand patron du cirque médiumnique de notre époque[42] ». Andrija Puharich ne rechigne pas à faire parler le lui dans les médias, même si ses travaux sont le plus souvent confidentiels. Au cours des années 60, il jouera dans un épisode de la série télévisée *Perry Mason* le rôle d'un homme qui a été témoin d'un phénomène paranormal. Pourtant, on ne sait par grand-chose sur lui, et le mystère s'épaissit encore lorsqu'il publie une autobiographie lacunaires et pleine d'incohérences. Il vit donc une double vie, au sens propre du terme, se livrant en secret à des recherches appelées à avoir un grand retentissement, ce qui n'est pas étonnant, vu les gens pour qui il travaille...

Après la guerre, il fait des études de médecine à Chicago, dans le cadre d'un programme de formation de l'armée de terre américaine, avant de se spécialiser en neurologie. Diplômé en 1947, il est vite réformé pour raisons de santé, et il crée en 1948 la fondation de la Table Ronde (Round Table Foundation) à Glen Cove, dans le Maine. Il dirige cet organisme dix ans durant, et il travaille avec plusieurs médiums, dont Eilenn Garrett et Peter Hurkos. C'est également là-bas qu'il établit les premiers contacts avec les Neuf par l'intermédiaire de D. G. Vinod, et avec « Rahotep » grâce à Harry Stone. Il effectue en même temps des recherches pour le compte du Pentagone et des services de renseignements, principalement dans deux domaines : les techniques de manipulation mentale, y compris le recours à des hallucinogènes, et l'utilité des dons parapsychiques, d'un point de vue militaire et en matière de renseignement. De son propre aveu, il a dû interrompre pendant quelques mois sa collaboration avec D. G. Vinod, car il a été rappelé sous les drapeaux (même s'il avait déjà bénéficié d'une réforme [43]). Jack Sarfatti, un physicien qui a assisté de loin, dans les années 70, aux travaux de sir John Whitmore, d'Uri Geller et d'Andrija Puharich, explique que ce dernier a travaillé au début des années 50 pour le service de renseignements de l'armée de terre américaine [44], ce qui laisse penser que sa prétendue « réforme » n'a été qu'une couverture, destinée à lui permettre de poursuivre ses travaux incognito. Il semblerait d'ailleurs que certaines de ses inventions résultent de travaux entrepris dans le cadre de projets secrets de l'armée de terre américaine [45].

En 1987, Puharich révèle qu'il a participé en 1948 au projet Penguin [46], un programme de recherches de la marine américaine consacré aux facultés parapsychiques, et dont le responsable était un dénommé Resford Daniels, qui dans les années 50 habitera comme lui à Glen Cove. Deux auteurs, Peter Tompkins et Christopher Bird, nous expliquent que Resford Daniels, qui étudiait les effets sur l'homme des ondes électromagnétiques, restait persuadé, dans les années 70, qu'il existait dans l'univers une force intelligente qui se manifestait par le biais des fréquences électromagnétiques, et avec laquelle on pouvait communiquer par télépathie [47].

Ira Einhorn, proche collaborateur d'Andrija Puharich dans les années 70, déclare pour sa part que son ami a certes travaillé pour la CIA après la guerre, mais que ce n'est plus le cas [48]. Tout indique au contraire qu'il n'a pas coupé les ponts avec son ancien employeur. En 1998, Uri Geller nous a dit, lors d'une rencontre qui s'est déroulée tout près de chez lui, à Reading, en Angleterre, que la CIA a chargé Andrija Puharich de lui faire quitter Israël [49]. Andrija Puharich, ajoute-t-il, est son officier traitant aux États-Unis, sir John Whitmore se chargeant de convoyer les fonds [50]. James Hurtak affirme lui aussi, par le biais de son Academy for Future Sciences, que notre homme a été un agent des services secrets [51]. Comme il a travaillé avec lui au début des années 70, cela ne pouvait être qu'à cette époque.

On sait que Puharich a participé à des expériences visant à modifier nos états de conscience, c'est-à-dire en fait à contrôler notre mental. Uri Geller a vraisemblablement été contacté lui aussi par les mêmes services, afin de vérifier s'il pouvait agir sur des objets et visualiser des endroits éloignés, en d'autres termes, pratiquer la télékinésie et la vision à distance. Les Neuf faisaient-ils partie d'une expérience de la CIA destinée à tester l'empire que l'on peut exercer sur nos processus mentaux ?

Aux horreurs de la Seconde Guerre mondiale succède la guerre froide. Les militaires américains (comme leurs homologues étrangers) commencent à s'intéresser à la guerre psychologique, sous toutes ses formes, et ils entreprennent ou parrainent des recherches destinées à rendre les soldats plus efficaces ou à transformer n'importe qui en assassin, grâce au lavage de cerveau, sans oublier la mise au point de tests évaluant la fiabilité des sérums de vérité ou de substances chimiques permettant de résister à un interrogatoire.

Les militaires ne sont pas les seuls dans le coup, puisque les services de renseignements, au premier rang desquels la CIA, cherchent à mettre au point des techniques de « manipulation du comportement humain [52] », que l'on utilise des médicaments, l'hypnose, les chocs électriques et les radiations, ou que l'on se tourne vers la psychologie, la psychiatrie et la sociologie pour élaborer des statégies adaptées. On examine l'effet de diverses drogues et substances chimiques, et notamment les hallucinogènes, comme le LSD. C'est ce qui amène Thomas Powers à écrire, dans l'introduction à *Main basse sur les cerveaux : objectifs des services sercrets, la manipulation du comportement humain* de John Marks :

> On [la CIA] a dépensé des millions de dollars dans un programme visant à mettre au point des substances ou d'autres moyens ésotériques capables d'amener Monsieur tout le monde, qu'il le veuille ou non, à agir, parler, révéler les secrets les plus précieux, voire à oublier sur commande [53].

Les premières expériences de la CIA ont lieu en 1950, sous le nom de code BLUEBIRD (oiseau bleu), devenu plus tard ARTICHOKE (artichaut), et enfin MKULTRA en 1953. La marine américaine se livre à des recherches analogues : c'est le projet CHATTER (lancé en 1947), réalisé en collaboration avec la CIA. L'armée de terre n'est pas en reste, puisqu'elle est le maître d'œuvre du programme OFTEN, qui se déroulera entre 1968 et 1973 [54].

ARTICHOKE et MKULTRA s'intéressent entre autres aux narcotiques que l'on trouve en Amérique latine. C'est ainsi qu'Andrija Puharich a passé une bonne partie des années 50 à étudier les effets des plantes et des champignons hallucinogènes. L'armée de terre américaine reconnaît d'ailleurs avoir testé à la fin des années 50 le LSD sur près de 7 000 conscrits, dont 1 500 n'ont pas été prévenus de ce qui les attendait [55]. Voilà le genre d'activités auxquelles se livrait Andrija Puharich pour le compte du Pentagone et des services secrets.

Dans les années 70, l'opinion publique dénonce la violation des droits de l'homme par la CIA. Gerald Ford charge une commission d'enquête, dirigée par Nelson Rockfeller, de faire la lumière sur cette affaire. Entendant parler de « manipulation du comportement humain », John Marks obtient, en invoquant la loi sur la liberté d'information, 16 000 pages non classifiées concernant le projet MKULTRA, même si les documents les plus importants ont souvent été détruits, sur ordre du directeur de la CIA.

Ces révélations n'enchantent pas tout le monde. Dans *Open to Suggestion*, Robert Temple déclare qu'il refuse de lire *Main basse sur les cerveaux*, car cet ouvrage, qu'il juge irresponsable, met en danger la sécurité nationale [56], ce qui est faux, puisque c'est en invoquant ses droits constitutionnels que John Mark s'est procuré les documents en question. Robert Temple reconnaît que la CIA a été souvent « méchante [57] », ce qui n'autorise pas pour autant, dit-il, John Mark à la couvrir de boue. Dans son esprit, une simple réprimande suffirait. C'est oublier que la « méchanceté » de la CIA l'a amenée à pratiquer des expériences de manipulation mentale sur des conscrits américains, des détenus et des malades mentaux, qui se sont soldées par plusieurs décès et ont transformé des hommes bien portants en véritables loques. Décidément, la CIA est très méchante...

Et Andrija Puharich, quel est son rôle là-dedans ? Il est évident qu'il a participé aux expérimentations conduites sous l'égide du Pentagone et de la CIA. Il n'est donc pas un simple médecin militaire, qui veille benoîtement à la santé des officiers et des hommes de troupe. Il laisse d'ailleurs lui-même entendre, dans *The Sacred Mushroom*, que la fondation de la Table Ronde n'était qu'un paravent derrière lequel l'armée de terre poursuivait discrètement ses travaux [58].

Remobilisé en février 1953 avec le grade de médecin capitaine, il est affecté au Centre chimique de l'armée de terre d'Edgewood, dans le Maryland, où il demeure jusqu'en avril 1955, date à laquelle il regagne la fondation de la Table Ronde.

Il existe alors, au sein des forces armées, des gens qui s'intéressent aux recherches effectuées par Andrija Puharich dans le domaine de la parapsychologie. Dans *The Sacred Mushroom*, celui-ci explique qu'il a reçu, en août 1952, la visite d'un colonel qui n'a pas décliné son identité, mais qui s'occupe de guerre psychologique [59]. De même, il observe qu'on l'a remobilisé, trois mois plus tard [60], vingt-quatre heures seulement après qu'il a informé le Pentagone des applications possibles de la parapsychologie dans le domaine militaire. S'il bénéficie de l'appui de certains de ses supérieurs, qui ont veillé à ce qu'on le rappelle sous les drapeaux, on l'a aussi mis en garde contre d'éventuelles « réactions politiques défavorables [61] ».

L'armée de terre continue à s'intéresser à la fondation de la Table Ronde après le retour d'Andrija Puharich à la vie civile, en avril 1955. Dans *The Sacred Mushroom*, il nous raconte qu'en septembre un général envisageait de venir avec son état-major à la fondation de la Table Ronde, mais qu'il a annulé sa visite au dernier moment, car on lui a fait comprendre qu'il n'était pas souhaitable, pour des raisons de sécurité non précisées, qu'un militaire de haut rang s'occupe de ce genre de recherches [62]. Des querelles intestines du même ordre ont déjà joué un rôle déterminant, au cours des années 70, lorsqu'il a été question de financer des recherches sur la vision à distance. Ce projet avait de chauds partisans au Pentagone, au sein des services secrets et dans les milieux politiques, mais il comptait aussi des adversaires résolus, pour qui ce n'était là qu'une chimère, voire un sacrilège.

Andrija Puharich prétend n'avoir jamais été qu'un simple médecin généraliste, affecté au centre chimique de l'armée de terre. C'est faux. Si on l'a rappelé sous les drapeaux, ce n'était pas uniquement pour qu'il trouve une application militaire aux perceptions extrasensorielles, mais aussi pour qu'il mette au point un médicament optimisant les facultés parapsychiques. Telle était sa mission, même s'il voulait nous faire croire qu'il ne s'agissait que d'un projet très vague, qui n'a donné aucun résultat. Reste que ça l'a amené à se tourner vers le chamanisme.

Rappelons que les premiers contacts avec les Neuf sont établis entre 1953 et 1955 par le biais de D. G. Vinod et d'Harry Stone. Il est encore plus remarquable, vu ce qui pousse les militaires à s'intéresser à Andrija Puharich, que ce soit à cette époque que Harry Stone entre lui aussi en communication avec les Neuf, qui lui parlent d'une drogue qui servait, dans l'Égypte ancienne, à stimuler les facultés psychiques.

Au début des années 50, la CIA va littéralement se passionner pour les hallucinogènes. Des agents secrets prendront contact avec Gordon Wasson, à qui l'on doit la première étude d'envergure sur les champignons mexicains aux effets psychotropes (que l'on appelle là-bas « la chair de Dieu »), pour l'inviter à participer au projet MKULTRA, mais ils se heurteront à un refus. Cela n'empêchera pas la CIA de l'utiliser : lorsqu'il envisage en 1956 d'organiser une expédition au Mexique, un dénommé James Moore persuade la fondation Geshickter de financer l'opération. Gordon Wasson découvrira ensuite qu'il a en réalité affaire à un agent de la CIA, la Geshickter Foundation étant une société écran permettant aux services secrets de faire transiter de l'argent en toute discrétion. Effectivement, les fonds proviennent alors du sous-projet MKULTRA 58 [63].

En avril 1955, Andrija Puharich rencontre Gordon Wasson pour discuter de ses travaux, après quoi il rédige un compte rendu pour le compte de l'armée de terre américaine [64]. De deux choses l'une : ou bien c'est la CIA qui lui a au départ commandé ce rapport, ou bien c'est ce dernier qui place Gordon Wasson en ligne de mire. (On sait bien que le centre chimique de l'armée de terre, où est affecté Andrija Puharich, a réalisé des expériences avec l'équipe du projet MKULTRA, qui dépend de la CIA [65].)

Banquier, Gordon Wasson est aussi un distingué mycologue. En 1957, il publie dans *Life* un article sur les « champignons sacrés » mexicains qui fait sensation et qui va, dans une large mesure, déboucher sur la vogue psychédélique des années 60. En effet, dès qu'il a lu ce texte, Timothy Leary se rend au Mexique pour s'initier aux fameux champignons hallucinogènes [66]. On peut même dire que le mouvement psychédélique est né dans la nuit du 29 au 30 juin 1955, lorsque Gordon Wasson a goûté « la chair de Dieu », expérience qu'il décrira plus tard dans *Life*. Ce soir-là, il devait en principe pratiquer la vision à distance, en compagnie d'Andrija Puharich, mais il n'était visiblement pas en état [67].

L'intérêt que le Pentagone et la CIA portent à l'époque aux hallucinogènes obéit à des ressorts qui font paraître bien terne la série télévisée *X-Files*. Le centre chimique de l'armée de terre s'est associé à la CIA, dans le cadre du projet MKULTRA, pour essayer de « graver des souvenirs dans la mémoire des amnésiques [68] », John Marks l'a appris à la fin des années 50 de la bouche de quelqu'un qui était directement concerné, et il se demande si l'on a depuis lors fait des progrès dans ce sens. Autre personnage clé, Sidney Gottlieb, directeur des services techniques de la CIA, qui a personnellement supervisé en 1953 les expériences réalisées en collaboration avec le centre chimique de l'armée de terre, lorsqu'Andrija Puharich y était affecté [69]. Il occupera toujours le même poste en 1972, lorsque son service financera les recherches préliminaires sur la vision à distance, entreprises au SRI par Hal Puthoff [70].

Dans les années 50 et 60 Puharich fait partie d'Essentia Research Associates, une association regroupant scientifiques et hommes d'affaires, qui étudie les dons parapsychiques pour le compte du Pentagone, de la NASA et de la Commission à l'énergie atomique. On ne sait pas grand-chose sur Essentia Research Associates, sinon que dès novembre 1952 Andrija Puharich rédige, à la demande du Pentagone, un article intitulé « Évaluation de l'utilité éventuelle de la perception extrasensorielle en matière de guerre psychologique [71] ». C'est d'autant plus étrange qu'officiellement le Pentagone attendra le début des années 70 pour s'intéresser aux facultés extrasensorielles, lorsque le SRI fera des expériences de vision à distance. Pourtant, Andrija Puharich et Essentia se penchent sur la question depuis au moins vingt ans.

C'est sans doute dans le cadre du projet d'Essentia Research Associates, financé par la NASA [72], qu'Andrija Puharich travaille avec Arigó, le guérisseur brésilien, dans les années 60. Andrija Puharich et Henry Belk, un homme d'affaires fortuné, qui a jadis appartenu au service de renseignements de la marine américaine, sont dépêchés en 1963 au Brésil pour enquêter sur Arigó, à la requête d'un certain John Laurance, un ingénieur qui travaille pour RCA et la NASA, et qui a aidé à mettre sur pied l'agence spatiale en 1958 [73].

Andrija Puharich restera en contact avec Essentia jusqu'en 1977 au moins, date à laquelle est publié le compte rendu d'un congrès de parapsychologie qui s'est tenu en Islande, sous sa présidence [74]. Dans les années 60, il mène une vie très mystérieuse. On sait pourtant qu'entre 1958 et 1971 il est directeur de recherches chez Intelectron, la société qu'il a créée pour mettre au point des appareils médicaux, et qu'il a travaillé à l'hôpital militaire de Fort Ort, en Californie (même si l'on ignore ce qu'il y a fait au juste). Il est allé voir plusieurs fois Arigó au Brésil, et il a participé en 1968 aux travaux de la

Commission à l'énergie atomique (sans que l'on sache, là aussi, de quoi il s'agissait exactement), tout en travaillant pour le grand patron de la biophysique aux États-Unis, Paul Henshaw, qui a étudié les effets secondaires de la bombe d'Hiroshima [75]. On a beau ne disposer que d'informations lacunaires, qu'il mentionne au passage dans ses écrits ou que l'on trouve sous la plume d'autres auteurs, il est évident qu'il jouissait alors d'un statut social enviable. On prétend même qu'il fut à l'époque l'un des médecins soignants du président des États-Unis. En tout cas, il faut attendre 1971 et le début de sa collaboration avec Uri Geller pour qu'il occupe des postes moins prestigieux, et que son parcours devienne par conséquent plus facile à suivre. Mais, même dans ce cas, il demeure de nombreuses zones d'ombre, et le personnage reste insaisissable.

En raison des liens qu'elle a tissés avec le programme de guerre psychologique de l'armée de terre américaine, la fondation de la Table Ronde n'a rien d'un centre de recherches sur les phénomènes paranormaux, n'en déplaise à Andrija Puharich. Elle reçoit également l'appui de personnalités de premier plan, à commencer par celle d'Henry Wallace, qui a contribué à son financement [76].

Individu original et homme politique très controversé, Henry Wallace est vice-président de 1941 à 1944, alors que Franklin Delanoe Roosevelt occupe la Maison Blanche. Après la mort brutale de ce dernier, il se fait coiffer au poteau par Truman lors des élections primaires visant à désigner le candidat de chaque parti aux élections présidentielles. Il essuie un deuxième échec en 1946, lorsqu'il démissionne de son poste de secrétaire au commerce, car il désapprouve la politique de défense de Truman (qui met l'accent sur les forces nucléaires) et son attitude de fermeté à l'égard de l'URSS. C'est lui qui forge l'expression « le siècle du peuple » qui, pour beaucoup, correspond parfaitement à l'esprit démocratique de notre époque et à ses aspirations égalitaires.

Chrétien fervent et fondamentaliste, Wallace était persuadé que Dieu avait choisi l'Amérique pour diriger le monde, et qu'il avait à ce titre un rôle de premier plan à jouer. Dwight McDonald écrit ainsi, dans la biographie qu'il lui a consacrée : « Tout comme il pense que l'Amérique a pour mission divine de régner sur le monde, il se considère lui-même comme un messie, un instrument de Dieu, qui permettra à son pays d'aller de l'avant et d'occuper une position dominante [77]. » Franc-maçon de haut grade, Henry Wallace s'intéresse également à la spiritualité et au mysticisme. Voici ce qu'il écrit en 1934 :

> Il faudra que l'on reconnaisse le Grand Architecte de l'Univers pour que la pierre de faîte [celle que l'on aperçoit en haut de la pyramide, sur le Grand Sceau américain] soit mise en place, et que ce pays, dans la pleine jouissance de ses moyens, prenne la tête du concert international des nations et inaugure « le nouvel ordre des siècles » [78].

Il faut dire que c'est lui qui, lorsqu'il est secrétaire d'État à l'agriculture dans les années 30, fait en sorte que le Grand Sceau (c'est-à-dire le symbole maçonnique de l'œil superposé à la pyramide) figure sur le dollar.

Disciple de Nicholas Roerich, un mystique américain, il l'envoie en mission au Tibet et en Mongolie extérieure, où doit se trouver, selon lui, la preuve du Second Avènement du Christ [79]. Dans ces conditions, il ne faut pas s'étonner si ses adversaires, à commencer par Edgar Hoover, le tout-puissant chef du FBI, tirent parti de lettres de Wallace à Roerich commençant par « Cher gourou »...

Dans les années 30, il est de ceux (gens riches et hommes politiques aux convictions religieuses plus ou moins intégristes) qui imaginent de convertir la Chine au christianisme, et selon toute vraisemblance leur émissaire auprès des dirigeants chinois n'est autre que Roerich [80]. C'est peut-être de là que viennent les « prophéties » d'Edgar Cayce concernant la prochaine christianisation de l'Empire du Milieu, et qui sont aujourd'hui parfaitement grotesques. Le « prophète endormi » n'aurait-il pas usé de son influence pour rassembler des fonds permettant à Wallace de mener à bien ses plans ambitieux ? Les déclarations tonitruantes d'Edgar Cayce et celles d'Henry Wallace sur le rôle qu'est appelée à jouer la franc-maçonnerie dans l'Amérique de demain présentent des similitudes troublantes qui confèrent une tout autre dimension à leur idéal commun, et nous permettent de comprendre pourquoi les propos du « prophète endormi » servent en sous-main les intérêts de l'homme politique.

Henry Wallace était à l'évidence l'un des agents de l'ombre, à la fondation de la Table Ronde, comme a pu s'en rendre compte la médium Eileen Garrett. Dans son autobiographie, elle se souvient l'avoir vu là-bas en 1949-1950, alors que l'on y effectuait des expériences [81]. Terry Milner, de son côté, a relevé des accointances surprenantes entre les bailleurs de fonds de cet organisme et la branche de l'armée s'occupant des armes nucléaires, tandis que la fondation de la Table Ronde « sous-traitait » en partie les recherches médicales sur les radiations atomiques [82].

C'est dans ce contexte que s'établissent les premiers contacts avec les Neuf, par l'intermédiaire de D. G. Vinod. Plus on en découvre sur Andrija Puharich, plus il nous apparaît comme un personnage trouble et complexe. Il fait parfois preuve d'un talent et d'une compétence extraordinaires, comme on le constate dans ses travaux portant sur la manipulation mentale (pour lesquels il a recours à l'hypnose et aux drogues, naturelles et synthétiques) et en neurologie. Enfin, il excelle dans un domaine qui concerne directement les communications avec les Neuf, celui de l'électronique.

Dès 1947, nous dit Steven Levy, spécialiste du journalisme d'investigation, il étudie les facultés paranormales, « de telle façon qu'il puisse les décrire, voire les développer, grâce à l'électronique [83] ». Mais c'est aussi parce que l'on pourrait sans doute se servir des ondes radio pour transmettre des pensées à quelqu'un, et les lui « implanter » dans le cerveau, qu'il s'intéresse autant à cette technologie toute récente, à l'époque.

Jeune médecin, il est intrigué par ces gens qui captent accidentellement des ondes radio et entendent les messages « dans leur tête », le plombage de leurs dents faisant office d'antenne. Il poursuit alors ses travaux en collaboration avec Warren McCulloch, l'un des pionniers de la cybernétique, dont les recherches sont en partie financées par la fondation Josiah Macy Jr, une société écran travaillant pour la CIA [84].

À partir de la fin des années 50 et pendant toutes les années 60, il étudie divers procédés électriques et électroniques, afin de mettre au point des appareils acoustiques destinés aux sourds et aux malentendants. Il en conçoit même un qui transmet directement à la peau les ondes radio [85] ! Plusieurs de ses inventions sont brevetées et commercialisées. On commence à tiquer lorsqu'on apprend qu'il est aussi l'inventeur d'une radio miniature que l'on peut cacher dans une dent creuse [86], et l'on comprend mieux pourquoi l'on a accusé Uri Geller d'être équipé d'un tel « mouchard », qui l'aurait aidé à provoquer des « phénomènes paranormaux [87] ».

Tout compte fait, les travaux en électronique d'Andrija Puharich n'avaient, semble-t-il, qu'un seul objectif : faire entendre des voix aux gens, de manière à créer un nouveau système de croyances fondé sur des rencontres prétendument « mystiques » avec des êtres bien de ce monde, sous forme d'hallucinations auditives...

Il va de soi, lorsque l'on examine les contacts qu'il établit avec les Neuf, que Puharich manipule à sa guise les « intermédiaires ». Ainsi, lorsqu'il hypnotise Uri Geller, qui lui parle d'extraterrestres, c'est lui-même qui lui demande s'il s'agit des « Neuf Principes » évoqués par D. G. Vinod une vingtaine d'années plus tôt. Uri Geller répond évidemment par l'affirmative...

Une personne hypnotisée étant par définition influençable et susceptible de dire à l'hypnotiseur ce qu'il désire entendre, mieux vaut jouer franc-jeu avec elle, sinon elle risque d'affabuler, sans même s'en rendre compte. Voilà pourquoi, lorsqu'il s'agit par exemple d'aider quelqu'un à se remémorer une scène dont il a été témoin, la police ne recourt à l'hypnose qu'en prenant les précautions d'usage. Certains scandales récents, mettant en cause l'utilisation de l'hypnose pour « recouvrer le souvenir » de sévices subis ou commis lors de rituels sataniques, montrent que l'on doit utiliser cette technique avec prudence. De même, lorsque Bobby Horne entre en transe et répercute les propos d'une intelllligence extraterrestre qu'il appelle « Corean », Andrija Puharich, qui l'a hypnotisé, lui suggère qu'il s'agit peut-être des Neuf, et « l'entité » acquiesce aussitôt, par la bouche du jeune homme. Ira Einhorn, l'un de ses proches collaborateurs, et qui est lui-même impliqué dans l'affaire, confirme que Puharich tenait absolument à ce que les communications parapsychiques tournent toutes autour des Neuf, et qu'il « gérait en être humain » la forme que revêtaient ces échanges [88].

On ne compte plus les gens qui, sous hypnose, se font l'écho des déclarations d'esprits ou d'entités. En fait, des milliers de gens se disent aujourd'hui en contact avec des personnages historiques, avec le Mahatma Gandhi, par exemple, ou avec des extraterrestres. Qu'il s'agisse là d'un tissu d'absurdités, de créations de l'inconscient ou de propos effectivement tenus par des entités indépendantes, peu importe; c'est la teneur des messages qui nous intéresse. (Eileen Garrett, femme médium dotée d'une vive intelligence, n'a jamais douté posséder des dons de voyante extralucide. Pourtant, elle n'excluait pas qu'Uvani, son guide spirituel « immatériel », ne soit que le fruit de son inconscient [89].) Tout se passe comme si Puharich s'était débrouillé pour que les messages relayés par les fameux « intermédiaires » obéissent toujours au même schéma, conformément à un plan préétabli. Peut-être s'agissait-il de vérifier expérimentalement si l'on obtenait des informations concordantes, en demandant aux « intermédiaires » de s'adresser aux mêmes correspondants...

Les conversations de Don Elkins et Carla Rueckert ave Rê, l'un des Neuf, en sont un autre exemple, même s'il ne se passe rien avant qu'ils ne rencontrent Andrija Puharich. Don Elkins a d'ailleurs lui-même « fabriqué de toutes pièces » de tels intermédiaires [90] : il lui a suffi de réunir une centaine de personnes qui ne connaissaient rien aux ovnis, puis de les faire « communiquer », une fois placées sous hypnose, avec des extraterrestres, et de comparer ensuite les propos de ces derniers, qu'elles relaient, avec ceux transmis par des individus affirmant être réellement, et en pleine connaissance de cause, en contact avec de telles entités, pour constater que les messages « truqués » sont du même ordre que les déclarations « authentiques ». Don Elkins en conclut que cela prouve que l'on peut effectivement correspondre avec les extraterrestres et que les « intermédiaires » ne sont pas d'heureux élus, mais que n'importe qui peut en faire autant, dès lors l'individu se trouve dans un état « second » qui le rend réceptif. (On peut évidemment renverser la démonstration, et dire que cela montre au contraire que ces prétendues communications avec des extraterrestres ne sont que des affabulations d'esprits malades et ne reposent sur rien de sérieux.) D'ailleurs, plusieurs intermédiaires « fabriqués de toutes pièces » par Don Elkins prétendront par la suite avoir aperçu des ovnis, ce qui nous fait aussitôt penser aux travaux d'Andrija Puharich.

Le recours à l'hypnose, de la part de Puharich, soulève de nombreuses interrogations, d'un point de vue éthique, comme lorsqu'il s'agit, par ce biais, d'autosuggestionner l'inconscient de Bobby Horne, afin que Phyllis Schlemmer, qui ne maîtrise pas cette technique, puisse l'hypnotiser toute seule. Andrija Puharich n'a en l'occurrence aucune excuse, puisqu'en tant que médecin il est tenu de respecter une déontologie précise. Or, il n'en a rien fait, comme s'il estimait que son travail était trop important pour qu'il s'arrête à de pareilles broutilles.

Ses activités dans le secteur de l'électronique, où il s'est montré très inventif, inspirent également des inquiétudes. Exemple : les Neuf adjurent Bobby Horne de ne jamais porter sur lui d'objet métallique, ce qui signifie qu'il ne doit plus avoir de dents plombées. Or, avant même qu'il ait eu le temps de se les faire enlever par un dentiste, il se réveille un beau matin avec des dents obturées non plus avec du plomb, mais avec de l'amalgame [91] ! On crierait au prodige si l'on ne se souvenait que Puharich est passé maître dans l'art de dissimuler une radio miniaturisée dans une dent creuse, et qu'il est un hypnotiseur confirmé. Aurait-il par hasard manipulé les communications avec les Neuf, dans le cadre d'une expérience à long terme faisant elle-même partie d'un programme élaboré par la CIA ? Combien d'événements déconcertants, ou qui attestent en apparence que l'on est loin d'avoir tout compris lorsqu'il s'agit des Neuf, s'expliquent aisément une fois que l'on prend en ligne de compte l'intervention des services secrets !

Par exemple, Lyall Watson, un jeune Sud-Africain, est témoin en 1973 d'une série de phénomènes étranges, alors que Puharich et Whitmore tentent de l'amener à plaider la cause des Neuf. Il reçoit un jour une lettre de ses parents, dans laquelle ils disent avoir bien reçu un exemplaire de son testament. Or, non seulement cela fait un moment qu'il n'a pas de nouvelles de sa famille, mais il n'a jamais rédigé ses dernières volontés ! Il prend aussitôt contact avec son avocat de Johannesburg, qui lui dit s'être conformé, pour établir ce document, aux instructions qu'il lui a données au téléphone. Il lui en a ensuite, précise-t-il, envoyé une copie aux Bermudes, où il réside, afin qu'il la lui retourne signée, ce qui a été fait. Stupeur de Lyall Watson, qui n'a pas quitté Londres pendant toute cette période... Les Neuf ont, de leur propre aveu, inventé cette histoire rocambolesque, sans doute pour lui montrer qu'ils sont dotés de pouvoirs quasiment divins. Lyall Watson en prend acte. « Ne voyant pas qui aurait monter pareil canular, et de quelle façon on s'y serait pris, il a fini par admettre que c'était l'œuvre d'un esprit », nous dit Stuart Holroyd [92].

Quelle naïveté ! Il ne serait pourtant pas bien sorcier pour un service secret comme la CIA ou le MI5 de concevoir et d'exécuter un plan de cet ordre, afin d'intimider notre ami et de l'amener à embrasser la cause des Neuf. Faut-il voir une menace implicite dans le fait que ces événements soient liés à la découverte de son testament ?

Les Neuf peuvent, le cas échéant, verser dans l'extravagance. Le 26 novembre 1977 au soir, les émissions télévisées du sud de l'Angleterre sont interrompues par une voix qui parle au nom d'un groupe d'extraterrestres prêts à débarquer sur Terre pour empêcher l'humanité de s'autodétruire. Sur le coup, cela passe pour une blague d'étudiants, et l'on ne prête pas garde à la dernière phrase :

> Nous avons prévenu sir John Whitmore et Andrija Puharich que nous utiliserions vos ondes radiophoniques et télévisées pour transmettre notre message lorsque les civilisations de l'espace s'apprêteront à débarquer sur Terre [93].

Se réaliserait ainsi le premier volet des prophéties de Tom : le « détournement » des ondes radiophoniques et télévisées avant l'arrivée des êtres venus de l'espace. S'il s'agit d'une plaisanterie, on ne comprend pas pourquoi cette déclaration fait référence à sir John Whitmore et à Andrija Puharich, d'autant qu'il faut disposer de moyens sophistiqués pour interférer ainsi avec les programmes télévisés, ce qui laisse penser que l'on est bien en présence d'extraterrestres [94]. En fin de compte, de deux choses l'une : ou bien ce sont réellement des créatures de l'espace qui se sont manifestées en empruntant les canaux de la télévision britannique, ou bien il s'agit d'un canular. On n'a jamais émis l'hypothèse, à notre connaissance, que cela puisse être l'œuvre d'un service de renseignements suffisamment bien équipé pour pirater les ondes.

Tout indique pourtant que l'on n'est pas en présence de phénomènes paranormaux, mais qu'il s'agit d'une mise en scène orchestrée par des puissances extérieures (qui ont imaginé des épisodes invraisemblables, comme celui du testament de Lyall Watson), Andrija Puharich tirant les ficelles.

Quant aux autres personnes concernées, elles ne trempent pas dans cette machination, du moins consciemment. Andrija Puharich était peut-être le seul à savoir de quoi il retournait, Phyllis Schlemmer n'en ayant sans doute aucune idée. « Le Lab Nine a tout l'air d'être une imposture, l'une de ces opérations de désinformation auxquelles les services secrets ont souvent recours », note Bruce Rux [95].

S'il s'agit bien d'un coup monté des services secrets, ou bien d'une couverture derrière laquelle se trament leurs intrigues, quels en sont les mobiles ?

Pour l'amour de nos frères de l'espace

Rien ne dit que tout cela ne fait pas partie d'une expérience de longue haleine mettant en jeu la psychologie des « intermédiaires », comme on en a réalisé une multitude depuis la fin de la Seconde Guerre mondiale. Il s'agirait, par exemple, de savoir s'il est facile de persuader des individus ordinaires qu'ils ont été « choisis » par une entité surhumaine pour délivrer un message à la planète, et si l'on est en droit d'espérer toucher ensuite un large public, en déterminant qui est réceptif et qui se braque d'entrée de jeu.

Les services de sécurité s'intéressent depuis longtemps aux sectes (il suffit d'écouter Jacques Vallée), et ils cherchent à savoir comment ces croyances sont apparues et de quelle façon elles se sont répandues. Les sectes de type religieux et les groupuscules subversifs représentent une menace pour l'ordre public (le parti national-socialiste était au départ ultraminoritaire), et ils se livrent souvent à des activités illégales, trafics d'armes ou de drogue, par exemple. Leur nocivité apparaît parfois en plein jour : les autorités suisses et françaises sont sur le qui-vive, depuis le suicide collectif des adeptes de l'Ordre du Temple (qui croyaient que vivaient parmi nous des extraterrestres originaires de Sirius) et celui des membres de la Porte du Ciel, une organisation inspirée par la série télévisée *Star Trek*. Après l'hystérie déclenchée en 1947 par la vague de soucoupes volantes, aperçues un peu partout dans le ciel des États-Unis, les groupes rassemblant des gens prétendument contactés par les équipages des ovnis gravitent autour de personnages peu recommandables, appartenant à des organisations fascistes. C'est le cas de l'Américain William Dudley Pelley, admirateur d'Hitler avant la guerre, fondateur en 1932 des Chemises d'argent, et qui sera interné pendant toute la durée du conflit. Fasciné par la mystique et l'ésotérisme, il affirme, à la fin des années 40, correspondre par télépathie avec des extraterrestres, et publie sur ce thème un livre intitulé *Star Guests* (publié en 1950 aux États-Unis [96]).

Ces conceptions peuvent aussi servir à mener une véritable guerre psychologique, ce qui est une autre raison pour laquelle les autorités s'y intéressent de près. On peut déstabiliser un pays en répandant ce genre d'idéologie, ou bien s'en servir pour piéger des hommes politiques et faire pression sur eux, à leur insu. Il appartient aux services secrets de dresser la généalogie de ces idées, afin de savoir comment elles sont nées et de quelle façon elles se propagent.

Une autre anecdote indique que les services secrets américains ont délibérément créé des sectes. C'est d'abord par le truchement de D. G. Vinod qu'Andrija Puharich entre en contact avec les Neuf. Ensuite, il reçoit une lettre de Charles Laughead – qu'il a rencontré au Mexique en 1956 – dans laquelle celui-ci lui raconte qu'il correspond à son tour avec la Grande Ennéade. Deux ans plus tôt, le même Charles Laughead a appartenu à un groupe analogue, qui a obtenu des résultats significatifs. Ceux-ci seront d'ailleurs examinés par trois sociologues de l'Université du Minnesota, Leon Festiger, Henry Riecken et Stanley Schaechter, qui réalisent une étude sur les sectes et publient en 1956 un ouvrage intitulé *When Prophecy Fails*.

Tout tourne autour de Dorothy Martin, une femme de Chicago rebaptisée « Marion Keech » dans le livre. Cela se déroule suivant le scénario habituel : en 1953, Dorothy Martin se découvre des dons de médium et commence à recevoir des messages qu'elle retranscrit machinalement, par le biais de l'écriture automatique. Au départ, ce sont des communications spirites tout à fait « traditionnelles », puisqu'elle entre en contact avec son défunt père et d'autres personnes décédées, mais au bout d'un an elle a pour interlocuteurs des extraterrestres vivant sur plusieurs planètes, la plupart d'entre eux habitant toutefois Clarion. Dans sa bouche, ces êtres mystérieux deviennent les « Gardiens ».

Le groupe, composé essentiellement de femmes au foyer, mais où l'on trouve aussi des gens venus d'horizons divers, comme un scientifique, se réunit pour discuter des messages reçus par Dorothy Martin. Charles Laughead et son épouse Lilian (rebaptisés pour la cause Thomas et Daisy Armstrong) débordent d'enthousiasme. Avant et après la guerre, ils ont été missionnaires protestants en Égypte, mais au cours d'un de leurs derniers séjours en Afrique du Nord, Lilian a fait une dépression nerveuse. La prière ne parvenant pas à la remettre sur pied, son mari et elle en sont venus à douter, et ils se sont tournés vers les autres religions et les grands courants ésotériques, pour se raccrocher finalement aux thèses de William Dudley Pelley. Après avoir rencontré George Adamski, un personnage incontournable lorsqu'il s'agit de communiquer avec les soucoupes volantes, ils sont convaincus de l'existence des ovnis, et certains qu'ils ont une signification spirituelle. Les voilà donc qui adhèrent au groupe de Dorothy Martin, dont Charles va devenir l'organisateur et le porte-parole.

Le 27 août 1954, ses « Gardiens » préviennent Dorothy qu'il va se produire une série de catastrophes, et que la côte Est des États-Unis, ainsi que la France et la Grande-Bretagne vont s'enfoncer sous l'eau le 21 décembre. Charles Laughead et sa femme avertissent aussitôt la presse.

Nos trois sociologues décident alors d'infiltrer le cercle, pour voir de leurs propres yeux comment cela se passe à l'intérieur d'une secte, et de quelle façon l'on réagit lorsque les fameuses prophéties ne se réalisent pas. Il va de soi que ni la côte Est des États-Unis, ni la France, ni la Grande-Bretagne n'ont été englouties le 21 décembre de cette année-là. En revanche, les universitaires du Minnesota assistent à l'éclatement progressif du groupe, dont les membres acceptent mal cet échec et se sentent floués. Seuls deux d'entre eux avouent ne plus croire aux « Gardiens », les autres s'en tirant par des rationalisations (au sens psychanalytique du terme, c'est-à-dire en fait des « irrationalisations ») pour expliquer ce fiasco. Certains disent que c'est là une épreuve destinée à éprouver leur foi, ou au contraire que c'est justement leur ferveur qui a permis d'éviter la catastrophe. Humiliés, conscients du ridicule, la plupart des gens s'éclipsent sur la pointe des pieds. Dorothy Martin déménage en Arizona et s'inscrit dans un centre de dianétique, les autres retournent à leurs occupations quotidiennes. Apparemment, seuls Charles et Lilian Laughead retirent quelque chose de cette expérience, si l'on en croit les auteurs de *When Prophecy Fails* :

> En quinze jours, les Armstrong [= les Laughead] vendent leur maison et liquident leurs affaires [...]. Thomas [Charles] se prépare alors à jouer le rôle qui était le sien, celui d'un prêcheur itinérant, qui répand à travers le pays la sagesse des Gardiens [97].

Charles et Lilian Laughead s'adressent alors à d'autres « intermédiaires », ce qui les amène à rencontrer Andrija Puharich deux ans plus tard, et explique que ce dernier en vienne à croire lui aussi à l'existence des Neuf.

Cela peut passer pour l'histoire d'une secte défendant une pseudo-religion qui a pris corps autour de quelqu'un se disant en contact avec des entités désincarnées. C'est en tout cas l'interprétation donnée par les chercheurs de l'Université de Minnesota. Pourtant, on se dit que ça cache quelque chose et qu'il s'agit d'une manipulation opérée par des forces extérieures, certes, mais bel et bien terrestres.

En rentrant chez elle, Dorothy Martin trouvera des lettres de « Clarion », alors que la porte était fermée à clé, et elle recevra ultérieurement des coups de fil des Gardiens, en présence des sociologues, ce qui prouve bien qu'il ne s'agit pas d'un effet de son imagination. La tension est à son comble le 18 décembre lorsque le groupe se réunit en attendant le cataclysme qui doit se produire trois jours plus tard : le chef des Gardiens, qui se présente comme

Sananda, appelle Dorothy Martin et a une longue conversation avec elle, à la suite de quoi débarquent chez elle cinq individus, dont l'un prétend justement être le fameux Sananda. Tout ce petit monde se retire un moment dans une autre pièce en compagnie de Charles Laughead, puis avec Dorothy Martin elle-même, qui en ressort bouleversée. Les cinq mystérieux visiteurs prennent alors congé. Une fois de plus, les chercheurs de l'Université de Minnesota ont assisté à la scène [98].

On s'étonne donc qu'ils concluent à un phénomène d'hallucination collective, car il s'est réellement passé quelque chose, même si ce n'est qu'un canular. Dans ce cas, celui-ci a été soigneusement organisé : les lettres, les coups de téléphone et l'arrivée des cinq inconnus donnent encore plus de poids aux prophéties faites par le truchement de l'écriture automatique. Derrière le petit cercle des disciples, il y a manifestement quelqu'un qui tire les ficelles. Dans quel but ?

Il doit s'agir d'une mystérieuse et puissante organisation, sans doute un service secret, qui étudie les réactions des gens rassemblés autour de quelqu'un censé correspondre avec les extraterrestres. Or, le groupe de Dorothy Martin fait, à son insu, l'objet d'une étude sociologique...

Dans ce cas, d'où viennent ces textes que retranscrit machinalement Dorothy Martin ? S'il s'agit d'un coup monté, dans lequel elle est partie prenante, ainsi que Charles et Lilian Laughead, il ne lui reste plus qu'à écrire tout ce qui lui passe par la tête. Cette histoire ressemble, à plus petite échelle, à celle des Neuf, le rebondissement intervenant chaque fois après la rencontre avec Charles Laughead et Andrija Puharich. L'affaire des Gardiens n'était-elle qu'un banc d'essai ?

L'histoire ne s'arrête pas là, puisque Dorothy continuera à recevoir des messages des Gardiens, qui lui demanderont de se faire appeler « Sœur Thedra » et de s'en aller sur les bords du lac Titicaca, au Pérou. Elle obéit. Une fois là-bas, elle fonde l'abbaye des Sept Rayons avec Charles et Lilian Laughead, ainsi que George Hunt Williamson, célèbre mystique et interlocuteur des extraterrestres. Dorothy Martin va alors prédire la venue d'un « Temps de l'Éveil », qui verra l'Atlantide remonter à la surface et apparaître un sauveur. Elle rentrera aux États-Unis en 1961, où elle continuera à prêcher la bonne parole jusqu'à sa mort, en 1988 [99].

Une expérience sinistre ?

L'hypothèse du coup monté permet de comprendre, par exemple, que l'on n'assiste pas, comme prévu, à un débarquement massif d'extraterrestres en 1978. Pourquoi les Neuf prendraient-ils le risque de décevoir leurs disciples, en ne faisant pas même atterrir chez nous un seul vaisseau spatial ? En revanche, cela devrait permettre d'évaluer la force de conviction qui anime les membres du groupe. S'ils acceptent un tel échec et lui trouvent une explication rationnelle, tout en ravalant leur fierté, contrairement à ce qu'ont fait jadis les gens qui se sont rassemblés autour de Dorothy Martin, ne peut-on en conclure qu'il s'agit là d'une expérience concluante ?

Le fait qu'Andrija Puharich soit mêlé à l'affaire ne présage rien de bon. Vu ses antécédents et la façon dont il a orchestré dans les années 70 le développement des communications avec les Neuf, notre scénario, en dépit de son côté science-fiction, tient debout, et derrière tout ce qui a trait aux Neuf, on devine la présence d'un service secret ou d'une branche de l'armée.

Prenons l'exemple des « enfants de Geller », ou « enfants de l'espace », qu'il teste et forme pendant les années 70. Originaires de sept pays différents, ils sont en tout une vingtaine, et il s'agit de les aider à développer leurs facultés parapsychiques. On sait déjà qu'Andrija Puharich les initie à la vision à distance, mais il ne leur désigne pas n'importe quelles cibles, puisqu'il s'agit du Pentagone, du Kremlin ou de la Maison Blanche, bâtiments qui intéressent au plus haut point les militaires et les services de renseignements [100]. Ces expériences répondent manifestement à des impératifs officiels, car elles se déroulent à une époque (1975-1978) où l'armée et la CIA entreprennent un travail analogue avec des adultes. Ossining a sans doute été choisi car il s'agissait d'un endroit « neutre » : cela aurait certainement éveillé les soupçons si l'on avait parqué des jeunes dans une base militaire pour les soumettre à des tests.

Il y a plus inquiétant : Andrija Puharich cherche au bout du compte à entrer en contact avec des intelligences « non humaines ». Comme il l'a fait avec Uri Geller et Bobby Horne, il hypnotise régulièrement ses cobayes, persuadé que ce sont des extraterrestres qui leur confèrent ces pouvoirs. « Les jeunes décrivent des villes étranges, sorties tout droit d'un roman de science-fiction, et ils se disent les messagers de ces civilisations », note Steven Levy [101].

Andrija Puharich étant littéralement obnubilé par les extraterrestres et l'influence qu'ils sont censés exercer sur nous, comme il a par ailleurs l'habitude d'hypnotiser tous ses sujets, sans exception, il ne faut pas s'étonner que les « enfants de l'espace » brossent des tableaux de ce genre. Reste à savoir s'il les aide à se remémorer des scènes ayant réellement existé, ou s'il les invente de toutes pièces et les leur grave ensuite dans l'esprit. En tout état de cause, ce recours systématique à l'hypnose est fort gênant, comme le reconnaît Ira Einhorn, qui était à l'époque l'un de ses proches collaborateurs [102].

En août 1978, le centre expérimental d'Ossining est la proie des flammes (il s'agirait d'un incendie criminel), et Andrija Puharich disparaît au Mexique, accusant la CIA d'avoir voulu l'empêcher de mener à bien ses travaux avec les « enfants de Geller » [103]. Il dira plus tard que la CIA a essayé à trois reprises de l'assassiner, ce qui est tout de même curieux, car il a travaillé pour elle. L'aurait-il trahie, ou se serait-il fait des ennemis dans la place ? Sans compter que si la CIA a essayé par trois fois de l'éliminer, sans y parvenir, ce n'est pas vraiment glorieux de sa part. À moins qu'on ait simplement voulu l'effrayer. Quoi qu'il en soit, Andrija Puharich n'est pas le seul à pâtir de la destruction de sa résidence d'Ossining, car plusieurs « enfants de l'espace » seront traumatisés de se retrouver brusquement à la rue, après avoir passé trois ans dans une ambiance à la fois familiale et très compétitive [104].

La destruction de la propriété d'Ossining fait partie d'une série de revers essuyés par le groupe d'Andrija Puharich à la fin des années 70 (on assistera même à un meurtre), ce qui jette une ombre sinistre sur les intrigues liées à ces personnages pour le moins douteux.

La Licorne

Autre personnage clé, qui servira de « passeur » entre la contre-culture des années 70 et les Neuf, Ira Einhorn, surnommé « La Licorne » (*The Unicorn,* en anglais), ce qui est précisément la signification de son nom en allemand. Il jouera un rôle de premier plan dans les milieux parallèles issus de la mouvance hippie, et qui donneront naissance à une kyrielle de mouvements alternatifs passionnés par l'écologie, les énergies nouvelles, le mysticisme, l'exploration de la nature et les limites de la conscience.

Devenu un gourou, il mettra en relation des gens importants, se voulant lui-même un facteur de progrès et de changement. Lié à des multinationales, comme AT&T et McDonnell Douglas, ainsi qu'à leurs dirigeants, qui seront aussi ses bailleurs de fonds (citons pour mémoire la famille Rockefeller et celle des Bronfman), il aura aussi ses entrées à la NASA [105].

Sa vie bascule en 1968, lorsqu'il rencontre Andrija Puharich, qui travaille alors pour la Commission à l'énergie atomique, et qui va devenir son mentor (Einhorn emploie souvent ce terme). Ils collaboreront dans les années 70, alors que Puharich s'occupe du Lab Nine, et Ira Einhorn viendra le voir à Ossining, où il réalise des expériences avec les « enfants de l'espace ». C'est grâce à lui qu'Andrija Puharich s'intéresse aux prodigieuses avancées de la physique et de la psychologie. Pour Ira Einhorn, ils appartiennent tous deux à un groupe de scientifiques affiliés à ce qu'il appelle « la mafia des médiums [106] ». Ira Einhorn obtient que l'on publie en 1973 une nouvelle édition de *Beyond Telepathy*, un ouvrage d'Andrija Puharich sorti initialement en 1962, et il corrige les épreuves d'*Uri*, le livre dans lequel son « guide spirituel » relate sa collaboration avec Uri Geller, et qui est moins une biographie du célèbre Israélien capable de tordre sans effort des petites cuillers qu'un éloge des Neuf.

On lui doit surtout d'avoir mis sur pied dans les années 70 un réseau international de scientifiques, de dirigeants d'entreprises, d'écrivains et de philosophes qui s'intéressent aux progrès de la science. Cet organisme regroupe quelque trois cent cinquante savants originaires de vingt pays différents, Ira Einhorn étant le « catalyseur planétaire » qui fait circuler l'information entre les adhérents. Le financement est assuré par la société Bell Telephone (dont Arthur Young est alors l'un des principaux actionnaires), Ira Einhorn dépendant en grande part de ses mécènes [107].

Son initiative fera l'objet d'une étude de la part de la Diebold Corporation, qui rédigera en 1978 un mémoire au titre ronflant et obscur : « L'émergence des réseaux de communication interpersonnelle chez les individus ayant des valeurs communes, et leur usage potentiel dans la sensibilisation à la direction d'exploitation », qu'il compare au « collège invisible », cette association informelle de savants et de spécialistes de l'occultisme, (ce qui n'est sans doute pas anodin), qui deviendra plus tard la Royal Society (l'équivalent britannique de l'Académie des sciences [108]).

C'est alors que son image de marque va se trouver gravement entachée. Il a en effet une liaison orageuse avec Holly Maddux, une ancienne majorette qu'il a rencontrée en octobre 1972, et avec laquelle il s'est installé deux mois plus tard. Pendant l'été 1977 ils effectuent un séjour à Londres, où ils sont hébergés, ainsi qu'Andrija Puharich, par une de leurs disciples fortunées, Joyce Petschek. Après la énième dispute, Holly retourne aux États-Unis, bien décidée à rompre avec Ira. Elle passe le mois d'août à Fire Island, dans l'État de New York, où Joyce Petschek, toujours elle, lui prête une maison. Là, elle fait la connaissance d'un homme d'affaires, Saul Lapidus (qui a auparavant travaillé pour Intelectron Corporation, la société d'Andrija Puharich). Ira Einhorn rentre aux États-Unis le 21 août et passe quelques jours à Ossining, en compagnie d'Andrija Puharich, avant de regagner Philadelphie. Holly Maddux, qui vit désormais avec Saul Lapidus, revient à son tour en Pennsylvanie le 9 septembre, après qu'Ira Einhorn a eu avec elle une explication orageuse au téléphone. On ne la reverra jamais vivante.

Un an et demi plus tard, au terme d'une enquête réalisée par des détectives privés auxquels se sont adressés les parents d'Holly, la police de Philadelphie fouille l'appartement d'Ira et découvre, au fond d'une malle cachée dans un placard fermé à clé, le cadavre de la jeune femme, dans un état de décomposition avancée. Ira Einhorn est arrêté. L'autopsie révèle que la malheureuse a succombé à des coups violents assénés sur la tête.

Lors de l'enquête sur la disparition d'Holly, dans l'entourage d'Andrija Puharich, on serre les rangs autour d'Ira Einhorn. Saul Lapidus s'inquiète de ne pas voir revenir sa nouvelle amie. On lui répond qu'il n'y a pas de raisons de se faire du mauvais sang, ce qui, replacé dans le contexte de l'époque, n'a rien de choquant. Même après l'arrestation d'Ira Einhorn, Andrija Puharich se dit persuadé de son innocence. Il se soucie avant tout de récupérer les comptes rendus d'expériences menées avec les « enfants de Geller » qu'il a prêtés à Holly, avant qu'elle ne disparaisse [109] (Saul Lapidus les retrouvera plus tard chez lui, et il les remettra à Andrija Puharich).

Si l'on en croit un journaliste, Steven Levy, plusieurs collègues d'Ira Einhorn, dont Joyce Petschek, refusent de collaborer avec les détectives privés, de sorte que ces derniers mettront un an à reconstituer les derniers instants d'Holly Maddux, et qu'ils n'apprendront que bien plus tard l'existence de Saul Lapidus, dont la déposition revêt pourtant une importance capitale, puisque la victime habitait chez lui.

Ira Einhorn est mis en liberté provisoire le 3 avril 1979. C'est Barbara Bronfman, mécène en titre des Neuf (elle est citée dans les remerciements de *The Only Planet of Choice* de Schlemmer et Bennett), qui paye sa caution. Il passe alors plusieurs semaines en Californie, où il voit des gens avec qui il est resté en contact, dont Jenny O' Connor de l'Esalem Institute, une interlocutrice de la grande Ennéade, avant de répondre à l'invitation de Barbara Bronfman et de son mari, qui l'hébergent dans leur somptueuse résidence de Montréal, au Canada [110]. Le procès approche. Ira Einhorn quitte alors le continent américain, et il s'enfuit à Londres avec sa nouvelle amie, Jeanne Morrison (la police de Philadelphie lui a pourtant retiré son passeport). En 1983, le tribunal le déclare coupable d'assassinat. On perd ensuite sa trace jusqu'en 1997, date à laquelle on découvre qu'il habite en France sous le nom d'Eugène Mallon. Les Français refusent de l'extrader, car les autorités américaines ne veulent pas le rejuger. Pendant tout ce temps, on apprend que c'est Barbara Bronfman qui subvient à ses besoins (elle quitte son mari, le richissime Charles Bronfman, et obtient le divorce en 1982 [111]). À l'heure actuelle, Ira Einhorn se trouve toujours en France, où il crie son innocence et se dit victime d'une machination des services secrets. En septembre 1998, il est de nouveau interpellé, la Pennsylvanie ayant adopté des dispositions légales permettant de le faire repasser en jugement, ce qui devrait amener la France à l'extrader. Depuis lors, il est ressorti de prison et attend que l'affaire suive son cours.

Il faut cependant reconnaître qu'Ira Einhorn a lui-même entretenu des liens avec les services secrets. Tout d'abord, il a collaboré avec Charlie Rose, membre de la Commission de la Chambre des représentants sur les services de renseignements, qui fut un ardent défenseur du programme de vision à distance lancé par le Pentagone, et prônait également le recours aux facultés parapsychiques en matière de défense nationale. « Pour certains, c'est l'œuvre du Diable, pour d'autres, celle du Saint-Esprit », disait alors ce parlementaire [112]. Jack Sarfatti nous explique que Rose lui a dit qu'Ira Einhorn a travaillé pour le Pentagone [113], même si l'intéressé prétend n'avoir été, à son insu, qu'un pion sur l'échiquier, ajoutant que les services de renseignements s'intéressaient beaucoup à ses relations et aux contacts qui se sont noués, grâce à lui, entre des individus et des organismes divers [114].

Ira Einhorn a contribué, de façon non négligeable, à répandre l'idée que les Neuf existent vraiment. Dans son rôle d'intermédiaire, il est en contact avec une foule de gens importants venus de tous les horizons, et qui sont séduits par sa force de conviction.

Trois semaines avant d'être arrêté, il organise un colloque à Philadelphie, dans lequel, nous dit Steven Levy :

> Il affirme s'être surtout intéressé, pendant des années, aux relations qu'entretiennent les entités immatérielles avec le monde physique. Se sont alors révélées à lui des choses qui ont profondément marqué notre civilisation [115].

Steven Levy ajoute :

> Au fur et à mesure qu'il explore le monde du paranormal, il se persuade que les dernières révélations médiumniques [allusion aux communications avec les Neuf] risquent d'avoir des répercussions dans le monde entier. Dans certains cas, on peut même redouter qu'elles n'aient de graves conséquences [116].

Steven Levy note ensuite qu'en restant ouvert à tout ce qui demeure inexpliqué, Ira Einhorn a été un facteur de changement :

> Grâce aux relations qu'il entretient avec Andrija Puharich, notamment, ce qu'il appelle pour plaisanter la « mafia des médiums », la Licorne a permis d'alerter les gens sur les conséquences de cette révolution [...]. Dans le monde d'Ira Einhorn, cela signifie que l'on ne saurait remettre en cause l'existence des ovnis, que l'on doit prendre en compte les découvertes de la physique quantique, et qu'il va nécessairement s'instaurer un nouvel ordre mondial, vu les bouleversements intervenus lors de l'entrée dans l'ère du Verseau [117].

Il n'est pas le seul, parmi ceux qui gravitent dans la même mouvance qu'Andrija Puharich, à embrasser une vision apocalyptique. Ainsi, son grand ami, le lieutenant-colonel Thomas Bearden (qui était jadis l'un des spécialistes du Pentagone chargés d'analyser les manœuvres militaires), a participé, aux côtés d'Andrija Puharich, à un colloque sur « L'esprit et la matière », organisé en 1977 par l'Université de Pennsylvanie. (C'est d'ailleurs lui qui a rédigé en 1995 la notice nécrologique du même Andrija Puharich, dans le bulletin de l'Association planétaire pour l'énergie propre.) Depuis qu'il a quitté l'armée, notre lieutenant-colonel se consacre en effet aux énergies alternatives. Il déclare ainsi :

> Je suis convaincu que l'instauration accélérée de ce « nouvel ordre mondial », prévue désormais pour l'an 2000, est liée à l'apparition imminente :
> 1) de communications allant plus vite que la lumière ;
> 2) de sytèmes intégrés d'énergie électrique [118].

Thomas Bearden fait partie du conseil d'administration de l'Astron Corporation, une société de recherche et développement qui travaille pour le Pentagone et la NASA [119]. C'est Joseph Jahoda qui en est le vice-président (il était PDG au temps où Thomas Bearden officiait sur place). Or, depuis 1978, notre homme a partie liée avec les fouilles que l'on réalise sur le plateau de Gizeh.

Une science pour le New Age

Le parcours étrange d'Ira Einhorn replace tout ce qui se passe autour des Neuf à l'époque (les années 70) dans un cadre plus général, où l'on assiste à des progrès décisifs en psychologie, en parapsychologie et dans la physique quantique. Les savants s'intéressent désormais à des sujets jadis réputés farfelus. Il s'agit d'en savoir davantage sur la conscience humaine, ce qui la caractérise, ses limites et les rapports qu'elle entretient avec la matière. Du même coup on est amené à s'intéresser à l'inconscient et aux états de conscience aberrants, induits entre autres par des hallucinogènes comme le LSD, et l'on se plonge dans l'univers étrange de la théorie des *quanta*, des énergies parallèles et de la parapsychologie en général. Cette démarche originale donnera naissance à des ouvrages désormais classiques. Ce sera *Le Tao de la physique*, de Fritjof Capra, qui rapproche physique quantique et philosophie orientale; *La Plénitude de l'univers*, de David Bohm; *The Masks of God*, de Joseph Campbell; *Les Royaumes de l'inconscient humain*, de Stanislav Grof, qui passe en revue les recherches sur le LSD.

En règle générale, c'est en Californie, où il existe une multitude de fondations et d'instituts de recherche qui baignent dans le même climat intellectuel et font souvent appel aux mêmes scientifiques, que l'on effectue ces travaux de pointe. On pense évidemment au SRI, situé à Menlo Park, où Russell Targ et Harold Puthoff ont réalisé les premières études sur la vision à distance, alors que cet organisme parrainait aussi des fouilles sur le plateau de Gizeh.

L'Esalem Institute, qui a deux antennes, l'une à Big Sur et l'autre à San Francisco, est lui aussi à l'avant-garde du mouvement. Surnommé « la capitale du développement personnel [120] », il est créé en 1964 par Michael Murphy et Richard Price sur ce qui était jadis le territoire des Indiens Esselen, et l'on y croise des chercheurs en psychologie, en sciences religieuses, en parapsychologie, en physique quantique, etc. Il flottera, autour de ce lieu, un parfum de scandale à la fin des années 60 et dans les années 70, les étudiants qui pratiquent le nudisme faisant les gros titres de la presse locale et ravissant la vedette aux doctes professeurs. Avec la vogue des drogues psychédéliques, cet établissement deviendra un foyer de la contre-culture. En fin de compte son influence s'étendra bien au-delà de la région, et elle se prolongera longtemps après la période considérée.

Ira Einhorn y animera des séminaires et les Neuf, avec qui correspond Jenny O'Connor, seront officiellement intégrés à l'équipe enseignante. Jenny O'Connor va d'ailleurs gérer l'organisme par l'intermédiaire des Neuf [121], nous dit Ira Einhorn, tout comme ce sont eux qui obtiendront le renvoi du directeur financier de l'organisme et une refonte complète de la structure manageuriale [122]. À la fin des années 70 on mettra sur pied un programme d'échanges avec l'Union soviétique, pour effectuer des recherches conjointes en parapsychologie, ce qui sera l'occasion d'inviter aux États-Unis des étoiles montantes de la politique et de l'université du pays adverse. Cela aura des répercussions politiques considérables sur le plan international, dans la mesure où les Soviétiques qui se rendent à l'Esalem Institute dans les années 80 joueront presque tous un rôle décisif dans les soubresauts qui marqueront la fin de la guerre froide et précéderont l'effondrement du communisme. Selon toute vraisemblance, cet organisme, dont les membres se rendront souvent en URSS, alors le monde est toujours coupé en deux, sera manipulé, ou du moins surveillé de près par les services secrets américains. L'Esalem Institute gère aujourd'hui la branche américaine de la fondation Gorbatchev, créée en 1992 par le dernier dirigeant de l'Union soviétique, pour permettre de sortir en douceur de la logique d'affrontement, en passant en revue les nouveaux modèles qui se dessinent en matière politique et religieuse. C'est également cet organisme qui organise et finance les visites aux États-Unis de Boris Eltsine, avant qu'il ne devienne le premier président de la Russie, et il met en relation Richard Hoagland avec les chercheurs soviétiques qui étudient la planète Mars.

Bref, on change brusquement de registre. Grâce aux « intermédiaires télépathes » et à ceux qui les accompagnent, les Neuf ont maintenant accès aux grands de ce monde. C'est absolument stupéfiant.

Un autre établissement d'enseignement fera peut-être encore plus couler d'encre. Il s'agit de l'EST (Erhard Sensitivity Training : « Centre de formation Erhard à la sensibilité »), organisme créé en 1971 par Werner Erhard, un ancien vendeur de voitures d'occasion, qui a jadis appartenu à la Scientologie et a décidé d'en adapter les techniques à sa propre méthode de développement personnel. L'EST, qui a aujourd'hui mauvaise presse, organisera des séminaires auxquels participeront des gens aussi connus que l'astronaute Buzz Aldrin, Yoko Ono, l'épouse de John Lennon, John Denver, chanteur de country-music, et John Mack, qui enquêtera plus tard sur les enlèvements d'êtres humains commis par les ovnis et leurs occupants. Mais l'EST va – hélas ! – se faire une très mauvaise réputation. On est frappé, en effet, par les positions ultraréactionnaires des adeptes, qui ont des têtes de zombies, ainsi que par le despotisme de leur chef, Werner Erhard. Les médias s'empareront de l'affaire, et l'EST se retrouvera classé parmi les sectes dangereuses. Werner Erhard finira par quitter les États-Unis, après que la presse a divulgué des informations sur sa vie privée et sur sa situation financière, et le bruit court qu'il se trouve actuellement en Russie.

Signalons que notre homme s'appelle John Rosenberg à l'état civil, et qu'il a changé son nom en Werner Erhard, « pour troquer, dit-il, la faiblesse des juifs contre la force des Allemands [123] » *(sic)*. (Juif, son père s'est converti au christianisme, d'obédience épiscopalienne.) Très lié à l'Esalem Institute, Erhard participera au financement des recherches sur la vision à distance réalisées au SRI [124]. Plus troublant, c'est sir John Whitmore qui fait connaître l'EST à Jenny O' Connor, en 1977, avant qu'elle ne s'installe à l'Esalem Institute.

Fait aussi partie intégrante de ce mouvement l'Institut des sciences noétiques de Palo Alto, fondé en 1973 par Edgar Mitchell, l'un des astronautes de la mission Apollo 14, où l'on se propose d'étudier la conscience afin de parvenir à « une meilleure compréhension et à une plus grande sensibilisation [125] » (le terme « noétique » désigne tout ce qui a trait à l'acte même de penser). Cet organisme participe aux recherches en psychologie entreprises dans les années 70, il finance en partie les numéros d'Uri Geller, et il prétendra avoir porté à bout de bras les expériences de vision à distance réalisées au milieu des années 90, avant que la CIA ne reconnaisse en être responsable [126]. Cela prouve au moins que l'Esalem Institute acceptait de lui servir de couverture, voire d'être un relais permettant le financement occulte de recherches plus ou moins sulfureuses.

Le fameux Institut pour l'étude de la conscience, fondé en 1972 à Berkeley par Arthur Young, est devenu une tribune pour des esprits les plus audacieux de l'époque. C'est là que Richard Hoagland rencontre Paul Shay, du SRI, et qu'il donne en 1984 sa première conférence sur Cydonia. Richard Hoagland reconnaîtra plus tard tout ce qu'il doit à Arthur Young [127]. (Ce dernier, qui assiste à l'entrée en scène des Neuf à la fondation de la Table Ronde, en 1953, sera bien plus impliqué qu'il ne veut l'admettre dans l'administration de cet établissement, où il « secondera » Andrija Puharich [128]. Peu avant sa mort, il admettra avoir assisté en 1956, au Mexique, à la réunion à laquelle étaient conviés Andrija Puharich, Peter Hurkos, Charles et Lilian Laughead, ainsi que Terry Milner [129].)

Un organisme n'existe que parce qu'on lui donne vie. Jack Sarfatti, physicien de métier et premier directeur du groupe de recherches sur la physique et la conscience à l'Esalem Institute, et par lequel transitent les fonds en provenance du Pentagone, jouera à cet égard un rôle déterminant [130]. Il organisera des séminaires auxquels assisteront Stanislas Grof, Russell Targ, Timothy Leary et Saul Paul Sirag (appelé à succéder à Jack Sarfatti), Robert Anton Wilson, Fritjof Capra et Ira Einhorn (qui servira aussi d'agent littéraire à Jack Sarfatti).

Nous voilà donc en présence d'organismes effectuant un travail original, propre à remettre en cause l'arrogance des scientifiques, tout en étant animés par l'esprit pionnier et l'idéalisme de la jeunesse des années 60, qui rêve de changer le monde. Mais l'entrée en scène du Pentagone, de la CIA et des autres services de renseignements, conscients de ce que peuvent leur apporter les progrès fulgurants réalisés par ces jeunes chercheurs, notamment en matière de vision à distance, change la donne et jette un froid. Il ne leur échappe pas non plus que les recherches sur les états aberrants de conscience, induits par la prise de LSD ou d'autres drogues, peuvent servir à manipuler les esprits. Ces travaux sont financés, souvent secrètement, par la CIA et le Pentagone. John Lily, l'un des premiers à étudier les effets de l'acide lysergique, a travaillé plusieurs années à l'Esalem Institute et il a également collaboré avec la CIA, en veillant toutefois à ce que cela ne concerne pas des dossiers classés

« secret-défense ». Mais ça lui a posé de nombreuses difficultés sur le plan professionnel, en raison du climat de méfiance qui s'est instauré entre ses collègues et lui [131].

Autre personnage qui poursuit en coulisses des objectifs qui lui sont propres, Brendan O'Regan, directeur de recherches à l'Institut des sciences noétiques, conseiller scientifique au SRI et assistant de Buckminster Fuller, scientifique et philosophe de formation. C'est lui qui décide, en 1975 de mettre à l'épreuve Uri Geller, au Birkbeck College de Londres, et qui s'implique dans le petit groupe de communication avec les Neuf, gravitant autour d'Andrija Puharich et de sir John Whitmore. Il disparaît en 1992. Jack Sarfatti prétend qu'il était aussi un agent de la CIA. Écoutons-le :

> J'étais alors [en 1973] un « petit con à la manque », embringué dans une opération de guerre psychologique secrète aussi compliquée que fructueuse, dirigée par Brendan O'Regan, de l'Institut pour les sciences noétiques, et le regretté Harold Chipman, responsable des études sur la manipulation psychologique réalisées dans la région de San Francisco [132].

Une fois de plus, comme dans le cas des communications avec les Neuf, directement liées aux recherches de pointe menées essentiellement en Californie, se profile l'ombre des services secrets.

Qui tisse la toile ?

Les messages des Neuf, transmis lors des séances de télépathie, ont aussi ceci de curieux que l'on va en recevoir pendant très longtemps. Quel intérêt les services de renseignements auraient-ils à se livrer à une telle expérience ?

Il s'agit peut-être de voir dans quelle mesure il est possible de faire naître ce genre de croyances, puis de les manipuler. Lorsqu'on a affaire à un intrigant aussi doué qu'Andrija Puharich, cela mérite qu'on y regarde de près. Mais rien ne dit que l'on s'est contenté d'observer, et qu'Andrija Puharich n'avait pas une autre idée en tête.

Et si ce système de croyances obéissait, dès le départ, à un objectif radicalement différent ?

Dans un cas comme dans l'autre, les Neuf sont une pure et simple invention, un canular. Mais ça n'explique pas tout. Ainsi, on continue à recevoir des messages des Neuf après qu'Andrija Puharich a tiré sa révérence, en 1995. L'expérience se prolongerait-elle, supervisée par quelqu'un d'autre ? Ou bien le système de croyances aurait-il acquis une existence propre, et se perpétuerait-il de lui-même ? Rares sont ceux qui ont établi, de leur propre initiative et sans l'aide de personne, la communication avec les Neuf, à l'image de Carla Rueckert et de James Hurtak. Les autres, exception faite de David Myers, étaient habituellement en relation avec Andrija Puharich.

Quant à ce dernier, toute la question est de savoir s'il a purement et simplement inventé ces contacts avec les Neuf, ou bien s'il essayait de les provoquer. Un parapsychologue anglais, Kenneth Batcheldor, a montré que l'on peut donner naissance à d'authentiques phénomènes paranormaux en recourant à ce qu'il appelle « le déclenchement orchestré », c'est-à-dire en trichant, tout bêtement [133]. Il s'est aperçu, par exemple, que dans un groupe pratiquant la télékinésie, il suffit que quelqu'un fasse délibérément bouger la table avec ses genoux pour que les autres pensent qu'elle s'est déplacée toute seule, et que cela entraîne l'apparition de nouveaux phénomènes, paranormaux cette fois. Or, non seulement Andrija Puharich était sans doute au courant de cette découverte, mais Don Elkins lui-même pensait qu'en disant à des gens placés sous hypnose qu'ils étaient en communication avec des êtres invisibles on parvenait à dialoguer avec ces mystérieuses entités.

En tout cas, Andrija Puharich sera toujours persuadé qu'il existe des facultés parapsychiques. Très tôt, il se passionnera pour la religion de l'Égypte ancienne, dont le principal foyer se trouvait à Héliopolis, et par la communication directe avec les neuf dieux de la Grande Ennéade, comme il l'explique dans *The Sacred Mushroom*. Tout se passe comme s'il estimait possible de nouer ce genre de contacts, même si cela pose de nombreux problèmes : on risque en effet de recevoir un message brouillé par le bruit « intérieur », ou déformé par les peurs et les attentes du médium. Mais nous avons toujours le loisir d'ouvrir la « porte des étoiles » et d'inviter les dieux dans notre dimension, comme le montrent les expériences qu'il a réalisées avec les « enfants de l'espace ». Ira Einhorn nous explique que Puharich sera, toute sa vie durant, obnubilé par les dieux de l'espace, les seuls susceptibles, selon lui, de nous aider à corriger ce qui ne va pas sur Terre. Lui-même pense que les Neuf sont de véritables entités, mais il ne croit pas, en revanche, qu'ils soient prêts à nous rendre service. Ce fut un sujet de discussion avec Andrija Puharich [134].

Ce dernier a-t-il pris l'initiative de contacter les divinités de l'espace, ou bien s'est-il conformé aux ordres de ses supérieurs ? Les responsables de la CIA ont peut-être cru possible de communiquer avec des extraterrestres, et donc cherché à ouvrir une « porte des étoiles ». Les services de renseignements savent bien, eux aussi, ce qu'autorisent les facultés parapsychiques, et ils n'ignorent pas que des pouvoirs analogues à ceux des chamans permettent d'entrer en communication avec des entités désincarnées.

On en a un exemple dans la série de phénomènes étranges qui surviennent au milieu des années 70 après que l'on se fut livré, avec Uri Geller, à des expériences décevantes au laboratoire Lawrence Livermore (l'un des principaux centres de recherches californiens, où les Américains mettent au point leurs armes nucléaires [135]). On craint en effet que le jeune Israélien, s'il est vraiment doté de pouvoirs paranormaux, ne mette en péril la défense du pays, en déclenchant par exemple une explosion atomique ou en perturbant le système de guidage d'un missile. Bref, il s'agit de savoir si la télékinésie existe, et si tel est le cas, ce qu'elle permet exactement de réaliser, afin de trouver les parades nécessaires.

On teste donc les pouvoirs d'Uri Geller (en tenant toutefois ce dernier à l'écart du laboratoire, par mesure de précaution), et l'on en conclut, nous dit Jim Schnabel, qu'ils ne représentent aucune menace pour la sécurité des États-Unis, car ils ne sont pas assez puissants ni suffisamment contrôlables. Cela donne pourtant naissance à toute une série de phénomènes connexes. Un jour, pendant les expériences, on entend, sur un magnétophone, une voix métallique égrener des paroles décousues. Christophe « Kit » Green (rebaptisé « Richard

Kennet » dans le livre de Jim Schnabel), et qui travaille à l'époque sur la vision à distance au SRI, s'aperçoit brusquement que ce mystérieux correspondant donne le nom de code d'un programme ultrasecret de la CIA, qui n'a aucun rapport avec Uri Geller !

Mais ce n'est pas tout. Au cours des semaines suivantes, les physiciens seront témoins d'étranges apparitions, aussi bien chez eux que sur leur lieu de travail : ils verront soudain surgir des « soucoupes volantes » miniatures et de drôles de bêtes, telles que des oiseaux ressemblant plus ou moins à des corbeaux, bref, « des animaux fantastiques sortis tout droit de l'univers des chamans », pour citer Jim Schnabel [136]. Ils ne sont d'ailleurs pas les seuls, puisque dans certains cas les membres de leur famille ont droit au même spectacle. Tout se passe comme si le laboratoire Lawrence Livermore était hanté : un chercheur qui répond au téléphone entend une voix caverneuse dans le combiné... Cela finira par s'arrêter, comme si le voile séparant notre monde de l'autre dimension s'était soudain déchiré, puis refermé aussi vite. À signaler toutefois que d'autres personnes travaillant pour le compte du Pentagone et de la CIA assistent elles aussi, en dehors de leurs heures de bureau, à des scènes étranges, et qu'elles entrent en contact avec des extraterrestres.

Cela nous amène à penser que la CIA et ses homologues savaient que leurs programmes d'« espionnage parapsychique » faisaient appel à des éléments issus d'un « autre monde », grâce auxquels se manifestaient des entités non humaines.

Quand un prestigieux centre de recherches où l'on met au point des armes nucléaires est « hanté » et que les ingénieurs, sceptiques de nature et animés d'un réalisme à toute épreuve, en viennent à piquer des crises de nerf, à force d'être importunés, on est bien obligé de prendre en compte ces phénomènes et de chercher à savoir ce qu'il en est, ne serait-ce que pour éviter qu'ils n'interfèrent avec leurs travaux sur « l'espionnage parapsychique ». Ces entités connaissant par ailleurs le nom de code de programmes ultrasecrets, il conviendrait de voir également s'il ne serait pas possible d'établir avec elles des contacts plus réguliers. Si les Neuf sont bien les « dieux de l'espace », on imagine tout l'intérêt que cela représente, pour les États-Unis, de les avoir pour alliés en pleine guerre froide.

Dans un article, Alex Constantine cite Rod Lewis, membre de la Fédération des scientifiques américains, qui explique que les gens pratiquant la vision à distance « sont en relation avec le monde des démons », ce dernier terme désignant, précise-t-il, les génies ou « intelligences désincarnées » chez les Grecs. Ces personnes prennent la chose très au sérieux, le seul ennui étant qu'elles lui cherchent une application militaire [137].

En règle générale, ceux qui communiquent avec les Neuf n'excluent pas de s'entretenir un jour avec des extraterrestres, cela en raison de leur expérience personnelle (certains, par exemple, sont médiums). Les « dialogues » avec les Neuf n'avaient, semble-t-il, d'autre objectif que de vérifier qu'il était possible d'établir ce genre d'échanges, tout en gardant la tête froide.

Les travaux de pointe réalisés dans les organismes évoqués précédemment reposent sur l'idée que l'on est en mesure de dialoguer avec des extraterrestres. Des personnages importants y ont ajouté foi, comme Stanislav Grof, le psychiatre tchèque qui a étudié, à Prague, les effets du LSD, avant de continuer ses recherches aux États-Unis à partir de 1965. Il a travaillé dans plusieurs cliniques et centres de recherche, et il est l'auteur de nombreux ouvrages, dont *Les Royaumes de l'inconscient humain*, écrit à l'Esalem Institute (qui en a publié la première édition aux États-Unis, en 1975).

Il y passe en revue ce que l'on ressent lorsque l'on a pris du LSD, y compris le fait de se souvenir de ses vies antérieures, d'être doué de préconnaissance, de double vue et d'avoir des expériences mystiques, comme celle de « sortie hors du corps » ou de vision à distance. Il arrive aussi fréquemment que l'on entre en contact avec un « guide spirituel immatériel » ou d'autres entités supérieures et bienveillantes, dont certaines se prétendent originaires « d'ailleurs dans l'espace » [138].

Cela déborde le cadre universitaire, puisque les personnes interrogées disent souvent avoir eu elles-mêmes des contacts avec les extraterrestres. Jack Sarfatti raconte qu'en 1952, alors qu'il avait quatorze ans, il a reçu un coup de téléphone et entendu, dans l'écouteur, une voix mécanique lui expliquer qu'il était en communication avec un ordinateur conscient, placé dans un vaisseau spatial venant du futur. Son interlocuteur lui a expliqué qu'on l'avait choisi parmi

« quatre cents esprits brillants et réceptifs », et qu'il commencerait à « rejoindre » les autres dans une vingtaine d'années [139].

Effectivement, Jack Sarfatti deviendra un brillant chercheur en physique théorique, même s'il reste un anticonformiste. Il se passionne depuis toujours pour les limites de la pensée scientifique et les aspects les plus exotiques de la physique quantique, comme l'essence du temps (il est coauteur d'un ouvrage important intitulé *Space-Time and Beyond*), la possibilité de se déplacer plus vite que la lumière et de transmettre des messages à cette allure démentielle, ainsi que ce que la théorie des *quanta* peut signifier pour nous. Après avoir dirigé l'unité de recherches sur les rapports entre la physique et la conscience de l'Esalem Institute, il travaille actuellement sur le concept de « physique postquantique », qui nous permettra de comprendre, dit-il, des phénomènes étranges comme la vision à distance. Il nous a récemment adressé un e-mail dans lequel il apporte les précisions suivantes :

> J'ai développé la physique des *quanta* de David Bohm, de façon à ce qu'elle concerne également les phénomènes psychiques. C'est là ce que j'appelle « la physique postquantique ». Celle-ci va à l'encontre de l'idée d'Einstein, selon laquelle le futur ne peut pas avoir d'incidences détectables et contrôlables sur le présent [...]. La physique postquantique se veut l'explication unifiée de la conscience ordinaire et des phénomènes extraordinaires tels que la vision à distance, mis à profit pendant la guerre froide [...]. J'imagine qu'une fois que l'on aura compris que la nature physique de la conscience fait partie d'un champ situé hors de l'espace-temps nous serons capables d'aller jusqu'aux étoiles, concrètement et par la pensée. *Star Trek* entrera bientôt dans les faits [140].

C'est sans doute l'énigmatique coup de téléphone qu'il a reçu en 1952 qui l'a amené à s'intéresser à des choses comme « l'essence du temps ». En tout cas, il est persuadé d'être, sous une forme ou une autre, guidé par son interlocuteur extraterrestre. Se pourrait-il que des intelligences non humaines cherchent à peser sur le destin de l'humanité, par l'intermédiaire de quelques individus sélectionnés pendant leur enfance ? Sinon, comment ces entités savaient-elles que Jack Sarfatti deviendrait un brillant physicien ?

Car ses talents sont également reconnus par des êtres humains. Lorsqu'il reçoit ce mystérieux coup de fil, il fait partie d'un groupe d'enfants surdoués qui prennent l'après-midi des cours particuliers avec Walter Breen [141]. Avec ses camarades, il a droit à des leçons de patriotisme, à fort relent d'anticommunisme, dispensées par des membres de la Sandia Corporation, une société qui joue alors un rôle majeur dans la mise au point des armes nucléaires. Walter Breen se débrouillera pour que Jack Sarfatti, à tout juste dix-sept ans, décroche une bourse pour étudier à la prestigieuse université de Cornell, brossant de lui un portrait élogieux, dans lequel il explique qu'il réalisera « des découvertes révolutionnaires, en matière de physique [142] ». Bref, il se fait l'écho des déclarations de l'ordinateur qui estimait déjà que le petit garçon était destiné à devenir un brillant scientifique.

Vingt ans plus tard, il se produit des phénomènes étranges autour de Jack Sarfatti, mais uniquement après que celui-ci a commencé à intégrer l'univers grisant de la recherche fondamentale. En 1973, il rencontre Brendan O'Regan au SRI, et tous les deux discutent pendant dix-sept heures d'affilée, après quoi notre ami commence à se remémorer cet énigmatique coup de fil qu'il a reçu autrefois. Employé à l'Esalem Institute, il est nommé directeur de l'unité de recherche sur les rapports entre la physique et la conscience (financée par Werner Erhard et le Pentagone), et il fraye à Ossining, au milieu de gourous, de médiums et d'autres « catalyseurs », parmi lesquels on reconnaît les noms d'Andrija Puharich, de sir John Whitmore, d'Uri Geller et d'Ira Einhorn. En 1975, il réalise également, au Birkbeck College de Londres, des expériences avec Uri Geller, à l'invitation de Brendan O'Regan, ce qui donne lieu à toute une série de phénomènes sortant de l'ordinaire. À la même époque, on lui remet un exemplaire d'*Uri* d'Andrija Puharich. En lisant les pages consacrées aux communications d'Uri Geller avec les Neuf, sa mère se souvient brusquement du fameux coup de téléphone reçu jadis par son fils, à la seule différence que d'après elle le mystérieux correspondant l'a appelé plusieurs fois en trois semaines.

On imagine facilement que Jack Sarfatti ait fait partie, à son insu, d'une expérience consistant à « programmer » des enfants, dans le cadre d'un projet gouvernemental s'étalant sur des années. Jack Sarfatti lui-même ne l'exclut pas, même s'il pense qu'il demeure trop de zones d'ombres pour se prononcer. En mars 1998, lors d'un dialogue sur Internet avec Mark Thornally, il reconnaît que Walter Breen a très bien pu mettre en scène ce coup de téléphone et la voix métallique qu'il a entendue au bout du fil, mais il ajoute que rien ne prouve non plus que l'auteur n'en est pas Andrija Puharich, qui se trouvait alors sous les drapeaux.

Il lui paraît toutefois invraisemblable que Walter Breen ou Andrija Puharich ait pu prévoir et organiser ce qui allait en découler, vingt ans plus tard. On ne saurait lui donner tort. C'est ici l'un des aspects les plus déroutants de l'affaire, ce qui vaut également pour les événements liés aux communications avec les Neuf. Ils ont pu être orchestrés par des êtres intelligents vivant dans l'espace, mais l'implication des autorités dans l'histoire apparaît éminemment suspecte. Reste que cela défie parfois l'entendement, s'il s'agit simplement d'expériences de psychologie réalisées en secret par des organismes gouvernementaux.

On observe aussi d'autres similitudes entre ce qui arrive à Jack Sarfatti et les scènes étranges qui ont un rapport direct avec les Neuf. Dans un cas comme dans l'autre, cela se passe en 1952, sans avoir de répercussions notables avant les années 70 (Jack Sarfatti n'imaginait pas que les Neuf se soient manifestés si tôt, avant que nous ne le lui disions).

Les phénomènes paranormaux mettant en cause les Neuf ont fait grande impression, et gagné de nombreux individus à la cause. On en a un exemple supplémentaire avec Saul Paul Sirag, qui succédera à Jack Sarfatti à la tête de l'unité de recherches sur les rapports entre la physique et la conscience à l'Esalem Institute. À Ossining, il assiste à plusieurs séances de communications centrées autour d'Uri Geller, et il est témoin d'autres échanges, organisés cette fois à l'Esalem Institute, et mettant en jeu Jenny O'Connor. Il se souvient avoir demandé à Uri Geller s'il pouvait l'aider à voir Spectra. Uri Geller lui a répondu qu'il lui suffisait de le regarder dans les yeux.

Sitôt dit, sitôt fait, et voilà que la tête du jeune Israélien se transforme en celle d'un faucon [143] ! Cette histoire revêt une importance particulière, dans la mesure où Ray Stanford, qui appartient également au groupe gravitant autour d'Andrija Puharich et d'Uri Geller, déclare communiquer lui aussi depuis 1954 avec des extraterrestres, et avoir à ce titre aperçu des êtres ressemblant à des rapaces [144]. (Dans les années 50, Ray Stanford collabore avec un autre individu douteux, George Hunt Williamson, qui se targue d'avoir établi des contacts de ce genre, et qui est lui-même proche d'un fasciste notoire coutumier des mêmes échanges, William Dudley Pelley.)

Cette histoire de faucons revient avec insistance dans la bouche d'Andrija Puharich, à qui les Neuf auraient expliqué qu'il était la réincarnation d'Horus, le dieu égyptien à tête de faucon, et qui aurait lui-même souvent aperçu ces oiseaux de proie en Israël et aux États-Unis, lorsqu'il travaillait avec Uri Geller. D'après lui, cela signifiait que les Neuf l'avaient pris sous leur protection.

On peut s'étonner que des savants, qui n'ont habituellement que dédain pour tout ce qui touche au paranormal, soient persuadés d'être en contact avec des extraterrestres (ou d'autres entités non humaines), et pourtant les disciples les plus fervents des Neuf sont bien souvent des physiciens. Faisant écho à Jack Sarfatti, qui raconte avoir discuté au téléphone, dans son enfance, avec un ordinateur venu du futur, Bredan O'Regan dit avoir entendu parler de plusieurs cas analogues, et Saul Paul Sirag affirme qu'il se trouve, rien qu'aux États-Unis, une centaine de scientifiques, au bas mot, qui communiquent avec des extraterrestres [145]. John Lily, l'un des premiers à s'être intéressé aux états de conscience aberrants et aux effets du LSD, et qui a travaillé quelque temps à l'Esalem Institute à la fin des années 60, raconte qu'il est entré en contact avec des intelligences ou entités qui lui étaient supérieures, s'agissant là « d'un aspect partagé de l'univers [146] ». Il les décrit comme des « programmeurs », et développe l'idée que les êtres humains sont des « ordinateurs biologiques ». « Nous sommes tous des ordinateurs biologiques. Nul ne peut se soustraire à sa nature, qui est d'être une entité programmable. Chacun de nous peut accomplir, au sens propre du terme, son programme, ni plus ni moins [147]. » En dépit des connotations mécanistes ou béhavioristes d'une telle position, Lily demeure fermement convaincu de l'existence de ces intelligences supérieures, qui « programment » les ordinateurs biologiques que nous sommes et contrôlent la marche des choses sur Terre. C'est, à peu de chose près, ce que dit James Hurtak dans *The Keys of Enoch*.

Autre personnage marquant, dans cet aréopage de scientifiques qui tutoient les extraterrestres, Buckminster Fuller, dont le principal conseiller était Brendan O'Regan [148]. Si certains ne prétendent pas être entrés directement en contact avec des créatures de l'espace, il en est d'autres qui figurent en bonne place dans cette enquête, pour affirmer que non seulement c'est possible, mais que ça leur est effectivement arrivé. En 1996, dans une émission de radio, un ancien astronaute, Edgar Mitchell, se dit ainsi convaincu que des extraterrestres sont venus sur Terre. Enfin, Jerry Mishlove nous brosse le portrait suivant d'Arthur Young (mort en 1995) :

> Il était friand [...] des livres les plus rocambolesques parlant des ovnis. Il était curieux de savoir ce que les gens en contact avec des extraterrestres, et les extraterrestres eux-mêmes, pouvaient avoir à nous dire sur la science et la cosmologie des civilisations de l'espace. Cela devait, espérait-il, l'aider à approfondir et affiner ses théories. Je ne connais personne qui ait su autant de choses qu'Arthur dans ce domaine [149].

Arthur Young donnera également aux États-Unis une série de conférences consacrées aux bases que les extraterrestres auraient, d'après lui, implantées sur le territoire des États-Unis [150], même si cela ne cadre pas vraiment avec son statut d'universitaire, aux yeux de ceux pour qui seuls les imbéciles se réclamant du New Age peuvent croire aux « martiens ». Or, c'est l'inverse. Arthur Young, qui a inventé le rotor, dispositif qui a permis au premier hélicoptère (conçu par Graham Bell) de voler, sera l'un des grands esprits de notre époque, et il sera témoin, en 1952-1953, de la première apparition des Neuf à la fondation de la Table Ronde.

De grands savants disent ainsi avoir communiqué avec des extraterrestres. Ils font pratiquement tous partie d'un réseau regroupant des individus et des associations qui, dans la Californie des années 70, gravitent autour des laboratoires de recherches, et où l'on voit réapparaître régulièrement les mêmes têtes. Ainsi Brendan O'Regan, qui prétend avoir lui-même eu affaire à des extraterrestres, « fait remonter à la surface » le souvenir de l'étrange coup de fil reçu jadis par Jack Sarfatti, et il travaille avec Andrija Puharich et Uri Geller, alors qu'ils communiquent régulièrement avec les Neuf (c'est-à-dire Spectra).

Il ne s'agit donc pas d'une simple coïncidence. Mais cela ne fait que compliquer encore les choses. Ce programme si complexe, qui s'étend sur des années et concerne des centaines, voire des milliers de gens, aurait-il été conçu par des extraterrestres ? Serait-on en présence d'un plan à long terme élaboré par des intelligences non humaines, comme les Neuf, par exemple ? Hypothèse séduisante, qui ne doit pas nous faire oublier que plusieurs services secrets sont impliqués dans l'affaire et tirent les ficelles. Il ne reste plus qu'à envisager un dernier cas de figure : et si les hommes de l'ombre et ces intelligences non humaines s'étaient donné le mot ?

Une chose est sûre, les Neuf ont exercé un grand ascendant sur des gens qui ont eu un rôle de pionnier, ce qui n'est pas un succès négligeable pour des entités invisibles. Mais les Neuf font eux-mêmes partie d'une tapisserie bariolée, où tous les fils ont leur importance. En 1996, Thomas Jenkins, un scientifique qui dirige aujourd'hui la fondation Gorbatchev, et Jack Sarfatti se sont aperçus qu'au moment où des physiciens s'intéressaient à la conscience, aux intelligences extraterrestres, à la vision à distance et à d'autres sujets du même ordre on assistait, sur le plan politique, à des bouleversements qui allaient mettre un terme à la guerre froide [151]. « Il n'en demeure pas moins, ajoute-t-il, qu'une bande de Californiens cinglés du New Age, passionnés par les ovnis et les phénomènes paranormaux, moi le premier, font désormais partie de la classe dirigeante, et qu'ils sont aujourd'hui à la tête de la fondation Gorbatchev. [152] »

C'est un scénario troublant : des personnages très en vue dans les milieux du New Age en sont venus à occuper des postes de responsabilité aux États-Unis et en Union soviétique, et à ce titre ils ont fait cesser l'affrontement des blocs, et peut-être même contribué à l'effondrement du communisme. Il se peut donc que, tout en occupant des postes importants, ils restent, dans une certaine mesure, sous l'emprise des Neuf.

Rien que pour cette raison, il faut prendre ces derniers très au sérieux, en dépit de toutes les invraisemblances que l'on constate ici ou là. Peut-être sont-ils ce qu'ils prétendent être, les dieux de l'Égypte ancienne, mais c'est douteux. On peut alors imaginer que, sans qu'il s'agisse là d'un canular ou d'un délire collectif, et sans que l'on ait non plus affaire à des monstres créés par Andrija Puharich, « le Frankenstein des temps modernes », l'on soit en présence d'êtres intelligents non humains qui veulent nous faire croire, pour des raisons qui leur appartiennent, qu'ils sont la grande Ennéade jadis vénérée à Héliopolis [153].

On a déjà noté que le New Age a été profondément marqué par les Neuf, mais ceux-ci exercent également une influence très forte dans d'autres domaines, ce qui n'est pas forcément bon signe. Richard Hoagland, on l'a vu, a pris la parole lors d'un colloque qui s'est tenu dans l'immeuble des Nations unies, et qui a été organisé par la Société pour l'illumination et la transformation, dirigée par Susan Karaban et Mohammed Ramadan. Cette association subit l'influence des Neuf, comme l'indique le fait que ce sont James Hurtak et Andrija Puharich qui ont précédé Richard Hoagland à la tribune. Le bulletin de l'organisation a également publié plusieurs articles de James Hurtak consacrés au « visage » sur Mars et aux intelligences extraterrestres.

Mohammed Ramadan s'est également exprimé lors de la « Première conférence sur les intelligences extraterrestres et l'avenir de l'humanité » organisée à Helsinki, en novembre 1996, ce qui lui a donné l'occasion de citer longuement les Neuf. Partant du principe que l'on estime en général possible de communiquer avec les extraterrestres, il s'est intéressé aux répercussions que leur arrivée pourrait avoir sur notre destin. Pour montrer ce que les extraterrestres eux-mêmes en pensent, il a lu certaines de leurs déclarations, tout en nous prévenant qu'elles ont pu être déformées par les « intermédiaires ». Afin d'y remédier, il propose une solution inédite, consistant à ne citer que les messages en provenance de ses interlocuteurs qui se trouvent en haut de l'échelle et qui relèvent de la cinquième dimension, ceux que James Hurtak appelle les « ultraterrestres [154] ».

Mais qu'est-ce qui prouve qu'ils appartiennent bien à cette élite ? Il nous faut les croire sur parole, et seuls James Hurtak et Phyllis Schlemmer sont apparemment en mesure de déterminer lesquels d'entre eux sont de bonne foi.

On voit de temps à autre ressurgir les mêmes noms, comme celui d'Henry Belk, une richissime américain (ancien officier du service de renseignements de la marine de son pays) qui a travaillé auprès d'Andrija Puharich dans les années 50 et 60, et fera partie des quelques personnes qui assisteront à son enterrement en 1995. Il est cité dans les « Remerciements » de *The Only Planet of Choice* de Bennett et Schlemmer, où l'on explique que c'est « grâce à lui que tout a commencé », sans nous donner d'autres précisions. On sait cependant qu'il a financé les travaux de Jim Hurtak [155], et qu'ils ont tous les deux appartenu à la fondation pour le Potentiel humain, mise sur pied en 1989 par le sénateur Clairborne Pell, et présidée par l'un de ses proches collaborateurs, « Scott » Jones, lui aussi un ancien des services de renseignements de la marine américaine.

Jim Schnabel nous dit qu'il était en contact avec divers médiums disséminés à travers les États-Unis, qu'il lui arrivait de présenter à des membres des services secrets s'occupant de questions opérationnelles [156]. Dans ce domaine, il s'adressait de préférence à Alex Tannous, qui a participé au projet GRILL FLAME de l'armée de terre américaine, et qui a été sollicité en 1984 par la CIA pour retrouver la trace de l'un de ses agents enlevé à Beyrouth. (Il révélera effectivement l'endroit exact où on l'a détenu, avant de le « liquider », ce qui, pour le coup, sera difficile à accepter à l'époque [157].) « Scott » Jones l'invitera ensuite à « visualiser » le Sphinx en ayant recours à la vision à distance, mais l'on ne sait pas ce que cela a donné (« Scott » Jones a toutefois communiqué les résultats de l'expérience à l'ARE [158]).

La fondation pour le Potentiel humain profitera de la générosité de riches mécènes comme Laurence Rockefeller, et Dick Farley figurera dans son organigramme, puisqu'il sera pendant trois ans directeur de projet, jusqu'à ce qu'il donne sa démission en 1994.

Connaissant cet organisme de l'intérieur, Dick Farley a pu constater que le Conseil des Neuf exerce une influence croissante sur les hommes politiques et les décideurs en général. Les Neuf, observe-t-il, « disposent d'un réseau opérationnel de physiciens, de médiums, d'agents secrets et de milliardaires, qui s'intéressent moins à la nature et à l'étrangeté de leur source d'informations qu'au bénéfice qu'ils peuvent en retirer dans ce qui, à leurs yeux, est une bataille pour le contrôle de la planète [159] ».

Il nous relate l'entretien qu'ont eu un beau jour « Scott » Jones, Henry Belk et James Hurtak pour discuter du financement de la fondation [160]. On en déduit que les conceptions d'Hurtak et des Neuf ont gagné les hautes sphères de la politique américaine. Le sénateur Claiborne Pell, le supérieur direct de « Scott » Jones, est un personnage important à Washington. Ancien président de la Commission des Affaires étrangères du Sénat, c'est un politicien chevronné, très estimé par Al Gore, l'ex-vice-président des États-Unis (ils ont d'ailleurs travaillé ensemble, à l'époque où Al Gore était sénateur). Or, ils se passionnent, l'un et l'autre, pour tout ce qui touche au paranormal, et ils défendent avec ardeur les recherches en psychologie qui sont financées par l'État. Claiborne Pell est un ami de longue date d'Henry Belk, explique Dick Farley [161], et il fait partie du conseil d'administration de l'Institut des sciences noétiques, fondé par l'ancien astronaute Edgar Mitchell. Uri Geller nous dira, pour sa part, que Pell, Gore et Anthony Lake (le futur conseiller en Sécurité nationale du président Clinton) lui ont demandé d'« influencer » les négociateurs soviétiques lors des discussions sur la limitation des armes nucléaires stratégiques qui se sont déroulées à Genève, en 1987 [162]. Pell fera aussi en sorte que le même Uri Geller raconte aux collaborateurs du président George Bush ce qu'il a appris, grâce à la télépathie, sur la stratégie soviétique. Cela se déroulera à la Maison Blanche, en présence de sénateurs et de hauts responsables du Pentagone [163].

On éprouve ici un certain malaise, car non seulement Al Gore et Claiborne Pell se sont ralliés à l'ésotérisme, mais celui-ci fait des émules chez leurs alliés politiques. On peut donc raisonnablement en conclure qu'Al Gore sait très bien à quoi s'en tenir quand on lui parle des Neuf, toute la question étant de savoir quel ascendant ceux-ci exercent sur lui, et en mettant les choses au pire, dans quelle mesure il leur obéit. Il n'est visiblement pas le seul homme politique américain à avoir été attiré dans leur sphère d'influence...

Les habituels suspects

Il est désormais évident que les Neuf sont à l'origine des messages de Gizeh et de Cydonia, mais voilà que ces trois histoires enchevêtrées constituent une espèce de « vérité » à laquelle nul ne saurait se dérober. Elles sont indissociables, grâce au travail remarquable des services de renseignements, qui se débrouillent pour que chaque système de croyances fasse constamment l'objet de rumeurs contradictoires, de sorte que l'on est tenu en haleine par le déroulement des événements. Mais à l'intérêt légitime que l'on porte aux mystères de Mars et aux secrets de l'Égypte ancienne vient également se greffer la présence insidieuse des Neuf et de leurs disciples, à l'enthousiasme inépuisable.

Tout comme dans le cas de la « nouvelle égyptologie » et du « message » de Cydonia, on se trouve devant une situation où les autres hypothèses, très controversées, nous renvoient à la CIA et à ses homologues. Ces trois histoires, différentes au départ, en finissent par perdre toute autonomie et être collées les unes aux autres comme des poissons pris à la nasse. Grâce à Richard Hoagland et David Myers, les déclarations des Neuf sont désormais intégrées au message de Cydonia, l'ensemble étant lui-même lié à la grande énigme de l'Égypte ancienne, dont on cherche à percer le secret.

Chaque fois, ce sont toujours les mêmes qui figurent en haut de l'affiche, le meilleur exemple en étant celui de James Hurtak, le gourou à la mode qui communique avec les Neuf, assiste Andrija Puharich à la tête du Lab Nine, est le premier à expliquer que Mars et l'Égypte ancienne sont solidaires, et continue à jouer un rôle de premier plan à Gizeh.

Le SRI est également impliqué, ce prestigieux centre de recherche qui collabore avec le Pentagone et les services de renseignements américains. Il s'intéresse aussi bien au plateau de Gizeh qu'à la planète Mars et, par le truchement d'Andrija Puharich, à tout ce qui se rapporte aux Neuf.

Le travail, compliqué et souvent clandestin, de ces individus débouche sur la mise en place d'une nouveau système de croyances qui s'alimente à une multitude de sources, afin de séduire le plus de monde possible. Mais s'agit-il du cours normal des choses, de la synthèse qui s'opère tout naturellement entre des idées « marginales », ou bien d'une création délibérée ? Et si tel est le cas, qui en est le responsable ?

Nous sommes en réalité confrontés à une gigantesque machination, qui réussit tellement bien qu'il est impossible d'en identifier les véritables auteurs, même si l'on sait à qui ils s'adressent pour parvenir à leurs fins. Le petit cercle des Neuf bénéficie de l'appui de nantis, à ceci près qu'on ne les a probablement pas mis dans la confidence, car ils sont trop facilement repérables. Mieux vaut donc les considérer, eux aussi, comme des cobayes, des gens dont on cherche à savoir dans quelle mesure ils sont prêts à sacrifier une partie de leur fortune. Cela obéit aussi à des impératifs pratiques, puisque grâce à leur générosité l'opération atteint un seuil d'autofinancement. Or, la CIA n'aime pas gaspiller de l'argent... (Contrairement à ce qui se passe ailleurs, il est de coutume, aux États-Unis, que le secteur privé entretienne des liens étroits avec la défense nationale et les services de renseignements. Si d'aventure on observe une situation analogue dans un autre pays, il faut y voir l'œuvre de la franc-maçonnerie.)

Cette conspiration s'accomplit en deux temps : tout d'abord, on feint de vouloir communiquer avec les intelligences extraterrestres, autrement dit les Neuf, en recourant pour ce faire à tous les moyens possibles. Ensuite, on tire parti de ces contacts pour diffuser un message. S'agissant d'une opération de propagande, peu importe que s'établisse ou non le dialogue en question, l'essentiel est de faire croire que l'on y est arrivé. Mais dans quel but ? Quel est l'objectif recherché ?

Il y a plusieurs réponses possibles :

1. Une puissante cabale essaie d'entrer en communication avec les extraterrestres, que ce soit par le truchement d'une « porte des étoiles » ou grâce à la télépathie et/ou la transe. Cela explique pourquoi les autorités américaines s'efforcent de retrouver en Égypte quelque chose qui revêt à leurs yeux une importance capitale. À ce titre, c'est parce qu'il pense qu'ils existent vraiment, « quelque part dans l'espace », qu'Andrija Puharich essaiera, toute sa vie

durant, de contacter les Neuf, sans se cacher que la communication mentale ne coulant pas de source il faut l'« encourager » chez les « stagiaires » potentiels.

2. On nous raconte que l'on est sur le point d'établir ce genre d'échanges. Dans cette optique, on a mis en place et propagé de diverses façons un système de croyances parfaitement imaginaire.

3. On veut tout à la fois entrer en contact avec les Neuf et nous préparer psychologiquement, mine de rien, au retour imminent de nos créateurs, les dieux de l'Égypte ancienne.

On peut également envisager une dernière possibilité, selon laquelle nos conjurés auraient été bernés par le Conseil des Neuf. Il faut dire que l'on nous a proposé, depuis des millénaires, quantité de visions de l'autre monde qui se sont révélés parfaitement stériles. Comme le dit Shakespeare dans *Macbeth* :

> Mais bien des fois les forces des ténèbres
> Pour nous gagner à notre propre perte
> Disent le vrai d'abord, savent nous séduire
> Avec des bribes de franchise : et c'est pour nous trahir
> De façon d'autant plus profonde [164].

CHAPITRE 6
LES MAÎTRES SECRETS

Dans un e-mail qu'il nous a adressé au mois d'août 1998, Jack Sarfatti se dit stupéfait d'apprendre, en lisant notre précédent ouvrage, que l'on connaît les Neuf depuis maintenant un demi-siècle. Il pensait que cela remontait seulement aux années 70. Nous allions en fait découvrir que leur curieuse et inquiétante genèse est bien plus ancienne, et qu'ils sont sortis du même chaudron des sorcières que les homoncules difformes des régimes totalitaires du XXe siècle. Parmi ceux qui ont contribué à cette longue gestation, on trouve des êtres étonnants, pour ne pas dire troublants, comme Ron Hubbard, personnage controversé qui a fondé l'Église de scientologie, et Aleister Crowley, mage haut en couleur, qui n'était peut-être pas « l'homme le plus méchant du monde », comme le dit en Grande-Bretagne une certaine presse, mais qui devait être ravi qu'on lui fasse une telle réputation.

Le parrain de la « nouvelle égyptologie »

Schwaller de Lubicz exercera une influence considérable sur la « nouvelle égyptologie » et sur l'œuvre de John Anthony West, de Graham Hancock, de Robert Bauval, etc. Depuis sa mort, en 1961, on le considère dans le milieu comme un père spirituel, même s'il est loin d'être irréprochable. Il faut dire qu'il défend des idées choquantes et que l'on n'apprécie guère aujourd'hui ses fréquentations, ce qui explique que ses admirateurs, eux-mêmes auteurs d'ouvrages à succès, fassent rarement allusion à lui.

Il met en exergue la signification du chiffre neuf dans la religion de l'Égypte ancienne et traduit, une fois n'est pas coutume, le mot *neter*, qui veut dire « dieu », par « principe ». Il parle donc souvent des « neuf principes ». Exemple :

> Héliopolis enseigne la métaphysique de l'Opus Comisque en nous révélant l'acte créateur qui scinde *Noun l'Unité* ; il est aussi question de la *naissance des Neuf Principes*, à partir de quoi se construit le monde des sens, qui devient intelligible [1].

L'Ennéade, souligne-t-il, rassemble les « neuf principes » :

> Le mythe du Pharaon l'illustre à travers le Mystère d'Héliopolis, qui raconte la création de la Grande Ennéade (c'est-à-dire des neuf principes) issue de Noun, les eaux originelles [2].

Isha (alias Jeanne, qui a adopté ce prénom « mystique »), son épouse, explique elle-même que :

> Les *Neters* n'étaient pas ce que l'on a, de façon puérile, appelé « les dieux », car ceux-ci n'existent pas [...]. Les *Neters* sont les Principes, ils symbolisent des *fonctions* [3].

C'est exactement ainsi que le Conseil des Neuf s'est présenté à Andrija Puharich en 1952, par le truchement de D. G. Vinod. Comme lui, Schwaller de Lubicz parle des « neuf principes », et il interprète de la même façon la série numérale allant de 7 à 9, ainsi que la relation que ces chiffres entretiennent avec le 10. « On a ainsi le dix, chiffre renfermant les neuf principes qui en même temps l'environnent, l'Un irréductible, l'éternel fécondateur », écrit-il en 1913 [4]. « La Grande Ennéade [...] ne désigne pas une séquence, mais les neuf aspects de Toum [Atoum] », note John Anthony West dans *Serpent in the Sky* [5]. Il se fait ainsi l'écho de Tom (assimilé à Atoum) qui déclare en 1974 : « Nous sommes les neuf principes de l'Univers, et pourtant nous ne faisons qu'Un [6]. »

Ce n'est pas fortuit. Le Conseil des Neuf aurait-il lu Schwaller de Lubicz, ou bien lui aurait-il « soufflé » ces quelques mots, au début du XXe siècle ? Son œuvre maîtresse, *Le Temple de l'homme*, est publiée en 1958, six ans après qu'Andrija Puharich entre en communication avec « les neuf principes » par le truchement de D. G. Vinod. Cependant, dès 1949, Schwaller de Lubicz explique, dans un précédent ouvrage intitulé *Le Temple dans l'homme*, que les *neters* sont des principes [7]. En réalité, Schwaller de Lubicz formule dès 1913 cette interprétation, dans une série d'articles parus dans *Le Théosophe*, la revue de la Société théosophique française, où il explique que le chiffre dix « renferme les neuf principes qui l'environnent ; l'Un irréductible, l'éternel fécondateur ». Toutefois, il n'entre pas dans les détails, et il faudra encore attendre pour qu'il dresse un parallèle avec la « Grande Ennéade de l'Égypte ».

Il a donc mis au jour les Neuf, bien avant que Puharich ne se livre à ses machinations, ce qui nous ramène beaucoup plus loin en arrière que nous ne l'imaginions au départ. Mais en nous intéressant à sa pensée, nourrie aux sources de l'occultisme, nous allions découvrir un individu très différent de ce mystique érudit et impartial que nous décrivent John Anthony West et consorts. On minimise trop souvent l'importance qu'il accordait aux sciences occultes. Hancock et Bauval ne voient ainsi en lui qu'un « mathématicien [8] ». Force est pourtant de reconnaître qu'il était avant tout passionné par l'ésotérisme, et qu'il avait un faible pour l'hermétisme et l'alchimie.

Précisons tout de suite ce que nous pensons de l'occultisme. Le lecteur a certainement compris que nous ne sommes pas de ceux qui font la moue quand on leur parle d'ésotérisme, et que nous n'assimilons pas non plus l'occultisme à une vulgaire superstition, voire à un pacte avec le diable, comme le fait parfois le sens commun. L'hermétisme représente au contraire, pour nous, la quête la plus noble de la vérité. Combien de prouesses scientifiques et technologiques d'aujourd'hui sont en réalité un legs de l'alchimie ! Il se peut que ce soit par ignorance, ou parce qu'on ne veut pas multiplier les mises en garde et les explications, que l'on fasse l'impasse sur la passion de Schwaller de Lubicz pour l'ésotérisme, mais il est aussi d'autres aspects de son œuvre et de sa vie dont on ne parle pas souvent, et l'on ne fait pratiquement jamais allusion à ses idées politiques, afin de ne pas heurter les lecteurs.

On l'a en effet décrit comme un « protofasciste [9] », car il a aidé à conférer une dimension « mystique » au nazisme, au point d'interpeller Rudolf Hess, le protégé d'Hitler, versé dans l'occultisme. Malgré tout, Schwaller de Lubicz mènera une vie effacée, dont on ne sait pas grand-chose. Ce n'est qu'après sa mort, et grâce à ses écrits sur l'Égypte ancienne, qu'il sera connu du grand public. En dehors de la biographie rédigée par son épouse Isha, qui a gommé toutes les aspérités du personnage, il faut se rapporter à *Al-Kemi*, l'ouvrage d'André Van den Broeck, un artiste américain. Mais même là il n'est question que des deux années qu'il a passées auprès de lui (entre 1958 et 1960) à Plan-de-Grasse, dans les Alpes-Maritimes.

L'auteur nous explique que Schwaller de Lubicz l'a tellement fasciné qu'il a voulu faire partie de son entourage. C'est d'autant plus étonnant qu'il s'est alors aperçu que son héros était un homme d'extrême droite [10], alors que lui-même se situait à l'autre bout de l'échiquier politique, et qu'il frémira plus tard d'apprendre que le même Schwaller de Lubicz était, comme il se doit à l'éminence grise des nazis, ouvertement antisémite [11]. Gageons qu'André Van den Broeck a fait son examen de conscience, car il est lui-même juif. Malgré tout, il sera envoûté par son mentor, au point de relire le manuscrit du *Temple de l'homme* et d'y relever plus de soixante-dix erreurs, dont certaines figuraient dans son étude des harmoniques [12].

Il lui rendra souvent visite, avant d'avoir le privilège d'étudier avec lui l'hermétisme et l'alchimie. Schwaller de Lubicz reconnaîtra n'avoir accepté de le prendre comme élève qu'une fois qu'il a eu la certitude d'être en face d'une vrai béotien. « Je bien obligé de me méfier, dira-t-il. Il y a tellement de gens qui aimeraient savoir ce que je fabrique ». « Les gouvernements [13] », ajoutera-t-il, en guise d'explication. Il donnera toutefois des précisions : « On sait que les Soviétiques et les Américains se livrent, avec des amateurs, qui vont des médiums aux pseudo-alchimistes, à des expériences touchant l'occultisme. Mieux vaut rester discret, surtout à notre époque. [14] »

S'appelant René Schwaller à l'état civil, il naît en Alsace en 1887. Placé quelque temps chez un pharmacien, il quitte son pays natal à l'âge de dix-huit ans et s'installe à Paris, où il fréquente les milieux versés dans l'ésotérisme et s'affilie à la Société théosophique. Il y fait aussi la connaissance des membres de la Fraternité d'Héliopolis. On a prétendu que c'était lui qui avait écrit *Le Mystère des cathédrales*, ouvrage initialement paru en 1925 sous la signature de Fulcanelli, qui nous explique que l'architecture et la décoration des cathédrales gothiques renferment toute une symbolique ésotérique et alchimique. Dans le doute, on a pensé que c'était lui qui se cachait derrière ce pseudonyme [15], alors qu'il s'agit d'un certain Jean-Julien Champagne [16]. Il n'empêche que c'est Schwaller de Lubicz qui a été le premier à s'apercevoir que des principes hermétiques étaient inscrits dans les cathédrales gothiques, avant de découvrir qu'ils étaient déjà à l'œuvre dans les temples égyptiens.

En 1918 il met sur pied, avec l'aide de sa femme, une association, « Les Veilleurs », destinée à « parler un nouveau langage et donner ainsi un nouvel élan, afin d'aider notre monde désorienté à prendre conscience de la finalité de l'existence [17] ». Il fonde également une revue, *L'Affranchi*, qui deviendra bientôt *Le Veilleur*. Affilié au départ à la Société théosophique, le groupe des Veilleurs s'en détache progressivement, pour des raisons politiques. S'il est essentiellement composé d'artistes et d'adeptes de l'ésotérisme, il séduit aussi l'astronome Camille Flammarion, le premier à avoir pensé qu'il puisse exister une forme de vie sur Mars. Comme chef de file, Schwaller se fait appeler « Aor », nom qui a peut-être servi de « pseudonyme » à un mystérieux interlocuteur avec qui l'on correspond par télépathie, puisque Van den Broeck observe, sans donner plus de détails : « Ce qui est signé "Aor" provient d'une source mystique [...], une source de connaissance privée, avec laquelle seul Aor était en contact, et dont il a pris le nom [18]. » L'un des plus chauds partisans de Schwaller est alors un poète et aristocrate lituanien, O. W. de Lubicz Milocz. En 1919, il reçoit Schwaller de Lubicz dans sa petite coterie, et à cette occasion il lui confère le titre de « chevalier de Lubicz ».

Si l'on regarde la prose publiée par *Le Veilleur*, on relève une autre tendance inquiétante, illustrée par sa devise : « Liberté, hiérarchie, fraternité », qui parodie celle de la République française :

« Liberté, égalité, fraternité ». Autrement dit, Schwaller de Lubicz prône l'arrivée au pouvoir d'une élite, spirituellement plus avancée que la masse.

On ne se contente pas, hélas, de révérer l'autorité au fil des pages, car la revue a aussi une tonalité profondément antisémite. À l'occasion des fêtes de Noël 1919, elle publie une « Lettre aux juifs » écrite par Aor lui-même (à supposer que les auteurs n'en soient pas carrément la « source de connaissance privée » évoquée par Van den Broeck, c'est-à-dire les entités dont Aor retranscrit le message), qui demande instamment aux juifs de retourner en Terre promise et d'y édifier leur propre État. À première vue, il n'y a rien à redire, et cela nous paraît même très en avance sur son temps, mais cela revient en fait à expulser les juifs de France et d'Europe... Bref, Schwaller de Lubicz est ouvertement raciste, lui qui affirme qu'il existe « une différence irréfragable entre les races [19] », et qu'hormis quelques exceptions, au vu des momies retrouvées sur place, « il n'y avait pas de Noirs [dans l'Égypte dynastique] [20] ». C'est manifestement faux, puisque les découvertes archéologiques attestent que plusieurs ethnies vivaient sur les bords du Nil, y compris des gens à la peau noire [21]. Le Sphinx a d'ailleurs des traits négroïdes.

C'est à cette époque, juste après la Première Guerre mondiale, qu'il dessine pour ses disciples et lui-même un uniforme qui sera ensuite adopté par les SA, le groupe paramilitaire sur lequel s'appuiera Hitler pour arriver au pouvoir [22]. Les membres des Veilleurs, au premier desquels Vivien Postel du Mas, qui influencera Rudolf Hess (lequel appartiendra au groupe français Tala, affilié à celui des Veilleurs [23]), jouent un rôle actif dans la montée du fascisme.

En 1920, Schwaller de Lubicz dissout les Veilleurs, en demandant à ses membres de militer désormais sur leur lieu de travail. « Aor » et Isha s'installent alors en Suisse, à Suhalia, près de Saint-Moritz, où ils étudient l'homéopathie, la cristallographie et la phytothérapie. De retour en France, ils résident à Plan-de-Grasse de 1927 à 1930, avant d'élire domicile à Majorque, dans les îles Baléares. En 1938 on les retrouve en Égypte, où ils resteront quinze ans à étudier le temple de Louxor. Le couple regagne Plan-de-Grasse en 1952, et c'est là que Schwaller de Lubicz s'éteindra en 1961.

Ce n'est ni par hasard ni parce qu'il a envie de voir le monde ou qu'il obéit à des impératifs d'ordre économique qu'il déménage aussi souvent. Il ne s'agit pas non plus de rencontrer d'autres adeptes de l'ésotérisme, car avant d'être un « mystique », Schwaller de Lubicz est un penseur politique. Il quitte, comme par hasard, les Baléares et l'Égypte alors que viennent de s'y installer des régimes autoritaires, la dictature franquiste, au terme de la guerre d'Espagne, et la république de Nasser, après le coup d'État de 1952, qui a renversé le roi Farouk. À chaque fois, les nouveaux dirigeants ont les faveurs de Schwaller de Lubicz, ce qui ne l'empêche pas de s'éclipser sur la pointe des pieds. Aurait-il rempli sa mission, ou bien, comme tant d'autres avant et après lui, aurait-il combiné occultisme et recueil d'informations, au profit d'un puissant complot international ?

L'origine de ses revenus reste un mystère. Issu d'un milieu modeste, il ne sera jamais un auteur à succès, et pourtant il mènera une vie aisée et possèdera une luxueuse résidence à Plan-de-Grasse, tout en vivant en Égypte. A-t-il été rémunéré pour avoir facilité l'arrivée au pouvoir des nouveaux dirigeants, ou bien travaillait-il pour un ou plusieurs services secrets ? Probablement les deux, mais on n'en saura sans doute jamais davantage, car il avait le goût du secret.

Il est aussi resté silencieux sur ce qui l'a influencé politiquement, même s'il appartient à une mouvance politico-ésotérique se réclamant de la « synarchie », autrement dit le gouvernement par des sociétés secrètes ou par un petit groupe d'initiés agissant en toute discrétion, de la même façon que la théocratie est le gouvernement des prêtres. Schwaller de Lubicz était un synarchiste convaincu, ce qui explique qu'il admirait tant l'Égypte ancienne (l'un de ses ouvrages s'intitule d'ailleurs *Le Roi de la théocratie pharaonique*).

C'est Alexandre Saint-Yves d'Alveydre (1824-1909) qui parle le premier de synarchie, terme désignant un système politique qui se veut l'antithèse de l'anarchie. Alors que celle-ci dénie à l'État tout droit de regard sur les faits et gestes de l'individu, la synarchie prône au contraire son assujettissement total au pouvoir. À cette fin, il convient de contrôler d'une main de fer la politique, l'économie et la religion. Les « synarchistes » peuvent dès lors administrer des pays entiers, et même instaurer une fédération européenne [24]. Est-ce un hasard si l'on se dirige actuellement vers un gouvernement européen ? Ce projet, il faut le souligner, remonte à 1946. En 1922, soit peu de temps après que Schwaller de Lubicz a dissout son propre mouvement, en donnant consigne à ses partisans de poursuivre l'action dans leurs sphères d'influence respectives, on assiste en France à un regain d'activité de la part des synarchistes.

Ceux-ci représentent une véritable menace, au début du XXe siècle. Ils contribuent à la montée du fascisme en Italie, Mussolini poursuivant à peu près le même programme qu'eux. Particulièrement actifs en France, les synarchistes œuvrent de concert avec d'autres groupes d'extrême droite, comme la Cagoule, surnom du CSAR, le Comité secret d'action révolutionnaire qui défraie la chronique dans les années 30. Les cagoulards sont d'ailleurs souvent membres de groupes synarchistes [25].

Comme on peut s'y attendre de la part d'un mouvement qui s'appuie sur des sociétés secrètes, la synarchie entretient des liens étroits avec les plus puissantes d'entre elles, à commencer par l'ordre martiniste, dont Saint-Yves d'Alveydre était autrefois le grand maître. « L'idéal synarchique influencera profondément les martinistes et les occultistes du début du siècle », écrit Gérard Galtier [26]. On ne s'étonnera pas de retrouver des synarchistes au sein des loges maçonniques, ni de voir qu'ils comptent dans leurs rangs des anciens disciples de Schwaller de Lubicz, dont Vivien Postel du Mas (qui rédige dans les années 30 un manifeste intitulé *Le Pacte synarchique* [27]) et Rudolf Hess.

La synarchie est par définition un groupe mystérieux qui agit dans l'ombre, orchestre soulèvements et révolutions, et surveille de près les régimes en place, à moins qu'ils n'aient déjà embrassé son idéal. Or, les déménagements successifs de Schwaller de Lubicz coïncident tous avec des changements de gouvernement. Notre homme n'est donc pas seulement un synarchiste en paroles, mais aussi dans les faits, puisqu'il exerce une influence déterminante sur l'actualité. On s'apercevra sans doute un jour qu'il a profondément marqué le cours de l'histoire.

La synarchie offre pourtant un autre visage, dans la mesure où ses partisans font état de neuf dirigeants légendaires. On a pour cela mélangé deux mythes : une légende indienne rapportée en Europe au XIXᵉ siècle par Louis Jacolliot (1837-1890), un diplomate français, qui évoque « neuf inconnus », c'est-à-dire un groupuscule clandestin mis en place au IIIᵉ siècle av. J.-C. par Asoka, l'empereur bouddhiste de l'Inde, afin de gouverner le monde [28] ; la saga des Templiers, cet ordre religieux et militaire fondé par neuf chevaliers au début du XIIᵉ siècle, juste après la première croisade. Pour Saint-Yves d'Alveydre, les Templiers ont réalisé au Moyen Âge la quintessence du synarchisme, en exerçant pendant deux siècles un pouvoir presque absolu dans le domaine politique, financier et religieux, tout en demeurant une organisation secrète qui poursuivait des objectifs que seuls connaissaient ses membres [29].

Dans la France du XIXᵉ siècle, ce ne sont pas les fils spirituels des Templiers qui manquent. La synarchie de Saint-Yves d'Alveydre s'inspire de l'idéal et du rituel de ces sociétés secrètes, et plus particulièrement de celles qui sont d'obédience maçonnique, la Stricte Observance et le Rite écossais rectifié, conférant ainsi une tonalité magique et mystique à un mouvement essentiellement politique [30]. Inversement, la synarchie fait des adeptes dans les milieux se réclamant de l'occultisme. C'est notamment le cas de Papus (alias Gérard Encausse, 1916-1965), personnage très important qui sera le Grand Maître de l'Ordo Templi Orientis (OTO) et du Rite Memphis-Misraïm, dont le rituel est calqué sur celui des prêtres de l'Égypte ancienne. Saint-Yves d'Alveydre en sera le « maître spirituel [31] ». Comme l'écrit Gérard Galtier : « Les martinistes [...] voulaient peser secrètement sur le cours des événements, en propageant les idéaux synarchistes [32]. »

Papus essaiera de les réaliser, en unifiant plusieurs ordres et sociétés occultes, puis en créant des « confédérations » où les représentants puissent se retrouver. Les organismes qu'il mettra sur pied se déliteront pendant la Grande Guerre, mais d'autres gens, en particulier Theodore Reuss et H. Spencer Lewis, fonderont ensuite des groupes du même genre [33].

Saint-Yves d'Alveydre jouera un rôle majeur dans le développement de sciences occultes. Fin connaisseur de l'ésotérisme du XIXᵉ siècle, Theo Pajmans observe que c'est lui qui parlera le premier

269

d'Agartha, ce mystérieux royaume souterrain d'où les « initiés », supérieurement évolués, dirigeraient le cours de l'histoire [34]. Cela deviendra l'un des grands thèmes de l'occultisme, que l'on retrouve par exemple chez Mme Blavatsky, et qui donnera naissance à l'idée de « maîtres cachés » ou « chefs suprêmes ». Nous y reviendrons. Saint-Yves d'Alveydre dit aussi avoir effectué un « voyage astral » à Agartha, et correspondre régulièrement par télépathie avec ses habitants. Ce seraient d'ailleurs eux qui lui auraient donné l'idée de la « synarchie ».

Synarchiste émérite, défendant une vision « mystique » du progrès, il était persuadé qu'il avait jadis existé sur Terre une technologie et une science très avancées, et que l'Atlandide n'était pas un mythe. Dans cette optique, ce seraient des Atlantes qui auraient construit le Sphinx de Gizeh, avant même que n'apparaisse la civilisation égyptienne [35]. Comme ils avaient la peau cuivrée, ils auraient peint le Sphinx en rouge (on a en effet relevé des traces de vermillon sur le monument). L'Atlantide aurait duré en tout quatre millénaires : fondée en 18000 avant notre ère, elle aurait été engloutie par la mer en l'an 12000 av. J.-C. Or, ce sont exactement les mêmes dates qu'avance James Hurtak dans *The Keys of Enoch* [36]. Autre idée maîtresse qui parcourt les textes de Saint-Yves d'Alveydre, celle de « Sainte Lumière », encore appelée « Aor [37] », nom qu'adoptera Schwaller de Lubicz...

Recontruisant allégrement l'histoire, Saint-Yves d'Alveydre raconte pour sa part le combat d'un guerrier celtique, Ram, contre les « races noires dégénérées », aux alentours de 7700 av. J.-C. Ram aurait fondé un empire synarchique, qui allait de l'Inde à l'Europe [38]. « Cela se passait peu avant que Ram ne pénètre en Inde », explique Edgar Cayce [39], lorsqu'il évoque des événements survenus en un temps immémorial. En réalité, c'est par le biais de Saint-Yves d'Alveydre, qui l'a inventé de toutes pièces, que ce personnage synarchique figure dans les écrits du « prophète endormi ».

En conclusion, Schwaller de Lubicz, le parrain de la nouvelle égyptologie, et les sociétés « mystiques » d'obédience synarchique ont en commun de croire à l'Atlandide et aux Neuf, ces êtres mystérieux qui veulent régir le monde.

Les apparitions de la « Bête »

En mars 1904, Aleister Crowley (1875-1947), un spécialiste des sciences occultes qui sent déjà le soufre, se rend en Égypte accompagné de Rose, son épouse. Là-bas, il s'adonne à la magie et obtient des résultats inespérés. Rose, qui n'a aucune expérience en la matière (et qui de toute façon est inculte, s'il faut en croire son mari), entre en transe et répète : « Ils t'attendent, ils t'attendent ! »

On découvre quelques jours plus tard qu'elle désigne ainsi un groupe dirigé par Horus, le dieu solaire à tête de faucon, qui a choisi Aleister Crowley pour accomplir une tâche précise, en lui expliquant comment le contacter. D'abord un peu vexé de l'apprendre de la bouche de sa femme – car enfin, c'est lui le mage –, il décide de vérifier l'identité de leur interlocuteur. À la question de savoir quelle planète est traditionnellement associée à Horus, sa femme répond « Mars [40] ».

Ils se rendent alors tous les deux au musée du Caire. Rose, qui n'y est jamais venue, conduit directement son mari devant une stèle en bois peint représentant un prêtre debout face à Horus, représenté sous les traits de Rê-Hoor-Khuit (une variante de Rê-Horakhti, qui renvoie au Sphinx). Appelée « la stèle de la révélation » par les adeptes de l'ésotérisme, elle présente la particularité de porter le numéro d'identification 666, c'est-à-dire le chiffre de la Bête dans l'Apocalypse, cette « Bête » qui est aussi l'alter ego d'Aleister Crowley lui-même, en vertu d'une interprétation littérale du texte évangélique à laquelle s'est livrée sa mère, une dame confite en dévotions. (Cette pièce porte désormais le numéro 9 422, mais l'étiquette originale, datant de 1904, sur laquelle est inscrit, en belle écriture à demi effacée, le fameux « chiffre de la Bête » est encadrée et exposée à côté d'elle.) Aleister et Rose Crowley auraient-ils fait des adeptes parmi le personnel du musée ?

Aleister Crowley est bien obligé, quoi qu'il lui en coûte, de prendre au sérieux les propos de sa femme. Il accomplit le rituel magique en bonne et due forme, ce qui lui permet d'entrer en contact avec une entité appelée Aiwass (ou Aiwaz) qui, en l'espace de trois jours, entre le 8 et le 10 avril 1904, lui dicte une manière

« d'évangile », *The Book of the Law* (« Le livre de la loi »). S'il n'avait pas signé cet ouvrage, Aleister Crowley ne serait sans doute jamais devenu l'un des plus éminents occultistes de la Belle Époque. Comme l'écrit, non sans malice, John Seyonds, son biographe : « Sans la Loi de Thélème [qu'il expose en détail], il n'aurait jamais été qu'un magicien de second rang, comme Éliphas Lévi ou Mac-Gregor Mathers [41]. »

Crowley se propose d'expliquer qu'il a été choisi pour annoncer l'arrivée de l'« éon d'Horus », c'est-à-dire d'une nouvelle ère qui succède à l'« éon d'Osiris », époque pendant laquelle ce sont les religions patriarcales, fondées sur la mort et la résurrection des dieux, qui ont eu le beau rôle. Auparavant, c'était l'« âge d'Isis », qui a duré beaucoup plus longtemps que les suivants, et qui a vu s'épanouir le culte de la déesse éponyme (alors que l'on n'acceptait ni ne comprenait vraiment la notion de paternité, nous disent les anthropologues).

Il n'est visiblement pas facile d'entrer dans une nouvelle époque, en l'occurrence celle d'Horus, l'« Enfant », surtout si l'on songe à tout ce que cela connote. Le statut d'adulte est facile à définir. Il n'en va pas de même avec celui des bébés et des enfants en général. Spontanés, curieux et impulsifs, ils vivent dans l'instant, aussi prompts à s'enflammer qu'à changer d'avis. Bref, si l'« éon de l'Enfant » est de cet ordre, ça promet !

Les enfants sont aussi dotés de pouvoirs parapsychiques faisant certes partie de notre bagage d'être humain, mais qui s'étiolent à mesure que la notion de réalité, telle qu'on l'entend habituellement, à savoir l'idée que le paranormal n'existe que dans les films ou les livres de science-fiction, émousse leur sensibilité et leur perception. Plus un enfant est jeune, plus ses facultés parapsychiques sont développées, a montré Ernesto Spinelli, un spécialiste en la matière. Tout se passe comme si les enfants venaient au monde en « charriant des nuages de gloire » comme l'écrit Woodsworth, autrement dit, en conservant le souvenir d'une autre dimension dans laquelle c'est l'esprit qui prédomine. Ces pouvoirs n'en sont pas moins une épée à double tranchant. L'aspect parapsychique de l'ère d'Horus n'est pas toujours très rassurant, dans la mesure où Aleister Crowley, qui disait s'être entretenu avec l'une de ces intelligences immatérielles, précisait qu'il avait en réalité « été choisi par elle pour recevoir le premier message que nous envoie une nouveau genre d'êtres [42] ».

Aleister Crowley était un personnage ampoulé, qui goûtait la notoriété et décrivait de façon imagée ses tours de magie. L'un de ses aphorismes, digne d'Oscar Wilde, était : « Dites toujours la vérité, mais vivez de façon tellement invraisemblable que personne ne vous croira. » Était-il sincère, lorsqu'il affirmait être entré en communication avec « un nouveau genre d'êtres » ? À supposer qu'il en ait lui-même été persuadé, cela reposait-il sur quelque chose de sérieux ? Bref, « la porte des étoiles » a-t-elle été ouverte au Caire en 1904 par Aleister Crowley en personne ?

Celui-ci est certainement venu à croire qu'Aiwass, l'esprit avec lequel il s'entretenait, était l'un des « chefs secrets », ces entités désincarnées qui dirigent l'Ordre hermétique de l'Aube dorée, une société magique très respectée dont il était membre, et que le fait d'être l'interlocuteur privilégié d'Aiwass lui conférait un avantage par rapport aux autres. Kenneth Grant, l'un de ceux qui connaît le mieux son cas, nous le décrit comme « une intelligence occulte dotée d'un pouvoir phénoménal [43] ».

Cette idée de « chefs secrets » ou de « maîtres cachés » est l'un des thèmes porteurs de l'occultisme du XIXe siècle, et elle sert à légitimer l'autorité des dirigeants d'organisations diverses, qui prétendent la tenir d'une instance supérieure avec laquelle ils sont les seuls à communiquer. Cela vaut pour les « grands maîtres inconnus » de certains ordres néo-templiers du XVIIIe et du XIXe siècle, pour les « maîtres cachés » de la Société théosophique de Mme Blavatsky, qui exercera une influence considérable, et pour les « maîtres d'Agartha » de Saint-Yves d'Alveydre. On dit souvent, comme Mme Blavatsky, qu'il s'agit là d'individus très en avance sur le plan spirituel et qui vivent dans des endroits reculés, au Tibet, par exemple. (À noter que les « chefs secrets » de l'Aube dorée nous apparaissent sous forme de faucons [44], ce qui nous rappelle l'histoire de Saul Paul Sirag et de Ray Stanford avec Spectra.)

Alors qu'il aurait pu se tailler un franc succès avec *The Book of the Law* et ses entretiens avec Aiwass, Crowley les prendra littéralement en grippe, au point qu'il en viendra à se dire qu'Aiwass n'est qu'un effet de son imagination, et qu'il ne veut plus en entendre parler [45].

Peine perdue. Il sera témoin d'étranges coïncidences et de phénomènes bizarres, et il connaîtra une série de déboires dans son travail, ce qui l'amènera à se poser des questions. Ce n'est que lorsqu'il recommencera à faire de la publicité à son livre que tout rentrera dans l'ordre, si bien qu'il en concluera qu'il ne peut que se plier aux ordres des « chefs secrets ».

Il se consacrera désormais à deux sociétés magiques, l'Ordo Templi Orientis (l'Ordre du Temple d'Orient, ou OTO) et l'Argenteum Astrum (l'Étoile d'Argent, ou A∴ A∴), qui est le troisième degré de l'Ordre hermétique de l'Aube dorée. Seuls les grands initiés, réputés en contact avec les « chefs secrets », y ont accès. L'Ordre hermétique de l'Aube dorée se délite au début du siècle, en raison d'un conflit de pouvoir entre son chef, Samuel Liddell MacGregor Mathers (1845-1918), et Aleister Crowley (lequel assurera toutefois la pérennité de l'A∴ A∴). L'astre auquel il est fait allusion n'est autre que Sirius, qui occupe dans cette optique une place très particulière, puisque les « chefs secrets », autrement dit les entités désincarnées qui sont censées diriger l'ordre, sont peu ou prou liés à Sirius. Déjà, on voit poindre au loin les Neuf...

L'OTO permettra de réunir des gens de première importance. Fondé en 1895 par l'Autrichien Karl Kellner, il est repris en main après sa mort par Théodore Reuss, qui lui donnera une tout autre envergure. Aleister Crowley s'y inscrira en 1911, et les enseignements de son livre seront peu à peu intégrés au rituel par Théodore Reuss. Avant de mourir, ce dernier désignera Crowley comme son successeur, mais les adhérents allemands refusant d'être dirigés par un Anglais, cela provoquera une scission, suivie du déclin de l'organisation en Allemagne, avant que les nazis ne l'interdisent purement et simplement. Heureux concours de circonstances ou attitude clairvoyante, Crowley s'installera alors en Californie, terre d'élection du bizarre et du merveilleux, et il y connaîtra un tel succès que, jusqu'à sa mort, en 1947, c'est dans cet État que se concentrera l'essentiel de l'activité de l'OTO, nous dit Francis King [46].

L'OTO et l'A∴ A∴ vont considérablement évoluer. Sous l'influence de Crowley, ils entretiendront des rapports étroits, mais on parlera surtout de l'OTO, dont l'un des leitmotive est la « magie » de la sexualité. Il semblerait que ce soit une manœuvre de diversion de sa part, destinée à détourner les regards de l'A∴ A∴, qui est en réalité le groupuscule le plus important des deux.

Le curieux héritage d'Aleister Crowley

Les sociétés secrètes s'adonnant à la magie ont de nouveau le vent en poupe dans la Californie de l'après-guerre. On commence à parler d'extraterrestres, au lieu des entités traditionnellement évoquées par l'occultisme, anges, démons et autres guides spirituels immatériels. Charles Stansfeld Jones (1886-1950), l'un des principaux disciples de Crowley, qui le considère comme son « fils magique », joue à cet égard un rôle déterminant. Se faisant appeler Frater Achad, il dirige à Vancouver la loge de l'OTO, et il exerce de hautes responsabilités au sein de l'A∴ A∴, dont il est devenu membre en 1916. « *The Book of the Law* provient, écrit-il, d'une intelligence surhumaine, au sens propre du terme, dont les pouvoirs ont convergé sur Aleister Crowley. » Mais il ajoute : « Aiwaz est par conséquent le genre d'intelligence extraterrestre avec laquelle nous pouvons escompter entrer en contact, en pleine connaissance de cause, à mesure que l'éon avance [47]. » « Aiwass *(sic)* est le lien, observe-t-il ailleurs, le canal par lequel transite l'impulsion que nous envoie la conscience extraterrestre [48]. »

Sous l'influence de Charles Stansfeld Jones, on en vient à penser, en Californie, qu'Aleister Crowley se conformerait aux indications de guides extraterrestres. Wilfred Smith, l'un des membres de la loge de Vancouver, au Canada, dirigée par Stansfeld Jones, fonde en 1930 une autre loge à Pasadena, dans la banlieue de Los Angeles. Le Temple, qui se dresse sur le mont Palomar, cédera plus tard la place à l'observatoire du mont Palomar, dont on parlera dans les années 50, lors de la controverse soulevée par George Adamski, qui affirme avoir dialogué avec plusieurs équipages d'ovnis.

À l'instar du Paris de la Belle Époque, la Californie de l'après-guerre est un terrain propice à l'ésotérisme, qui attire des gens comme John Stansfeld Parsons, spécialiste des fusées, et Ron Hubbard, le fondateur de l'Église de scientologie.

Parsons, qui a donné son nom à un cratère lunaire, fut l'un des premiers spécialistes des combustibles des moteurs de fusée. En 1939, sa femme Helen et lui s'inscrivent à l'OTO, où il ne tarde pas à s'affirmer et devient en 1944 responsable de la branche californienne de l'organisation, ce qui le fait apparaître comme le successeur de Crowley. Cinq ans plus tard il « se jette à l'eau », autrement dit, il devient membre de l'A∴ A∴, où il accède au grade de Maître du Temple (le premier des trois degrés existant dans cet ordre [49]). En même temps, pendant la Seconde Guerre mondiale, il travaille sur des projets militaires ultrasecrets, en l'occurrence la mise au point des premières fusées. En 1944, on crée à Pasadena le Jet Propulsion Laboratory ou JPL (un laboratoire où l'on s'intéresse aux moteurs à réaction), qui s'ajoute au Guggenheim Aeronautical Laboratory, où il a été employé pendant le conflit (il a même été l'un des premiers à être recruté). À noter qu'aujourd'hui le JPL s'occupe des sondes spatiales que l'on envoie sur Mars... Stansfeld Parsons disparaîtra en 1952, victime d'une explosion survenue dans son laboratoire. Accident ou suicide ? Le mystère demeure. Il se peut que des forces obscures aient précipité sa mort. C'est en tout cas ce que pense Kenneth Grant :

> En recourant aux formules magiques de Thélème [qui s'inspirent de l'ouvrage de Crowley], Stansfeld Parsons est entré en contact avec des extraterrestres de l'ordre d'Aiwass. Mais hélas, il n'a pas réussi à les contrôler, et l'un d'eux, qui obnubilait [= hantait] sa collaboratrice [Marjorie Cameron], l'a poussé à mettre fin à ses jours [50].

Moralité, il est risqué de discuter avec des intelligences non humaines. Il ne suffit pas d'établir la communication, encore faut-il tenir ses interlocuteurs en respect, ce qui n'a pas été le cas avec les Neuf, à qui l'on voue, dans certains milieux, un véritable culte. Le suicide de Don Elkins et les tendances suicidaires de Bobby Horne rappellent furieusement la mort brutale de John Stansfeld Parsons.

Celui-ci était l'un de ces individus capables de mener une brillante carrière scientifique et d'accomplir des missions de renseignement, tout en se passionnant pour l'ésotérisme. On a souvent reproché au sieur Aleister Crowley d'être un espion, émargeant auprès de plusieurs services secrets, et il semblerait que l'on ne se soit pas trompé (même si l'on ne voit pas très bien dans quel camp il se trouvait). Scientifique, doté d'un solide bon sens, John Parsons était convaincu que la « magie » dont se réclamait Aleister Crowley était d'origine extraterrestre. Lorsque la vogue des soucoupes volantes déferle sur les États-Unis en 1947, il déclare que les mystérieux disques que l'on aperçoit dans le ciel aideront à convertir le monde à la religion magique de Crowley[51]. En fin de compte, il contribuera à mettre sur pied un système de croyances entièrement différent. En août 1945, il fait la connaissance de Ron Hubbard et lui présente l'OTO. Tous deux accomplissent ensuite des rites magiques. Cependant, Ron Hubbard expliquera plus tard que c'est dans le cadre d'un « exercice d'infiltration » organisé par les services de renseignements de la marine américaine qu'il a adhéré à l'OTO[52]. Si c'est vrai, cela en dit long sur les liens étroits qu'entretiennent alors les tenants de l'occultisme et les services secrets.

C'est depuis qu'il est tombé par hasard, dans sa jeunesse, sur un exemplaire de *The Book of the Law*, à la bibliothèque du Congrès de Washington, que Ron Hubbard admire Crowley. Quoi qu'en disent aujourd'hui les adeptes de la scientologie sur ses fréquentations à l'époque (il est rare que l'on reconnaisse, de nos jours, avoir été jadis l'ami d'Aleister Crowley), Ron Hubbard dira, dans une conférences prononcée en 1952, que la « Grande Bête » était l'un de ses meilleurs amis[53].

Si l'on comprend que la magie séduise Ron Hubbard, qui est un « mystique » dans l'âme, on s'explique mal qu'elle passionne également un scientifique comme Stansfeld Parsons. Cela n'a pourtant rien de très original, car bien souvent les grands occultistes du XIXe et du XXe siècle étaient fascinés par la technologie. On passe d'ordinaire sous silence cet aspect du problème. Theo Pajmans fait exception à la règle, puisqu'il s'est penché sur le cas de John Worrell Keely, dont les idées sur les techniques soniques ont permis de comprendre comment ont été construites les pyramides [54], même si c'est Mme Blavastsky qui a la première soulevé un coin du voile [55]. On en a un exemple frappant dans le fait que les nouveaux membres de l'Argenteum Astrum se voyaient remettre une liste de lectures dans laquelle figurait *The Fourth Dimension* d'un certain Howard Hinton [56]. Publié à Londres en 1904, ce livre est l'un des premiers à envisager l'existence de dimensions parallèles, qui seraient peut-être visibles dans notre monde tridimensionnel. À ce titre, il annonce ce que Richard Hoagland évoque dans son « Message de Cydonia ». Ceux qui appartenaient à l'ordre « magique » de Crowley se devaient de connaître cet ouvrage, qui nous parle d'« hyperdimensionnalité », un concept mathématique passablement abscons.

La philosophie magique de l'Argenteum Astrum, issue de l'ouvrage d'Aleister Crowley, présente de nombreux points communs avec celle des Neuf, cet autre collectif d'intelligences extraterrestres. La doctrine de l'A∴ A∴ est construite autour de Sirius, d'où viennent, dans cette optique, des pouvoirs magiques impressionnants : Aiwass est en effet un émissaire de Sirius. Dans le système de correspondances magiques de l'A∴ A∴, c'est le chiffre 9 qui désigne Sirius [57]. Crowley note, de son côté, que la planète Mars joue un rôle essentiel lors de l'arrivée de l'« éon d'Horus », car ce dieu renvoie à elle. Le commencement de l'« éon d'Horus » coïncide avec le début de l'ère du Verseau. Or, d'après l'A∴ A∴, c'est par le biais de Saturne que l'« influence » du Verseau se fait sentir sur Terre [58], de même que le Conseil des Neuf est lié à Saturne, comme il ressort des entretiens de Carla Rueckert avec Aleister Crowley. James Hurtak, quant à lui, nous dit, ce qui est sans doute plus important, que Saturne maintient l'équilibre entre les diverses forces et composantes de notre système solaire, et que les pyramides de Mars subissent son influence [59]. Les Neuf sont donc une version moderne du système magique d'Aleister Crowley.

Dans l'édition revue et corrigée de *The Sirius Mystery*, Robert Temple nous explique comment il en est venu à écrire ce livre [60]. Lorsqu'il est étudiant à l'université de Pennsylvanie, au début des années 60, Arthur Young, son mentor, lui parle des Dogons qui, pour une raison inexpliquée, connaissent l'existence de Sirius B. En 1966, alors qu'il n'a que vingt et un ans, il est nommé secrétaire de la fondation Young pour l'étude de la conscience, et il n'ignore sans doute pas qu'Arthur Young a assisté au premier « entretien » avec le Conseil des Neuf, en 1952.

C'est en 1965 qu'Arthur Young lui parle pour la première fois de Sirius et des Dogons. Deux ans plus tard, le jeune homme lui écrit de Londres, où il s'est installé, pour lui demander des détails. En guise de réponse, il reçoit la traduction en anglais de l'ouvrage de Marcel Griaule et Germaine Dieterlen, *Le Renard pâle* (qui sera par la suite volée par la CIA), avec pour consigne de ne pas le mêler à cette affaire [61]. Arthur Young ajoute que c'est un dénommé Harry Smith qui lui a parlé de ce texte, et qui lui en a ensuite communiqué la version anglaise.

Surtout connu comme artiste et cinéaste, Harry Smith (1929-1991) sera aussi un grand amateur des drogues psychédéliques, ce qui ne l'empêchera pas de s'intéresser à une foule de choses. Il faut dire que c'était un personnage attachant. Excentrique, indiscipliné et porté sur la mystique, il avait tout du gourou. On sait moins qu'il était aussi un membre actif de l'OTO. Voici comme le décrit l'un de ses camarades, Jim Wasserman :

> Sa douceur et sa gentillesse n'avaient pas de limites. C'était, à mon avis, un saint, un saint moderne habitant New York, et qui avait tout d'un chaman. Je pèse mes mots. Oui, c'était une véritable autorité ; l'un des maîtres spirituels les plus éminents que j'aie jamais vus [62].

Il naît en 1929 dans l'Oregon. Ses parents sont des théosophes, et il a un grand-père qui est un franc-maçon de haut grade. De 1941 à 1943, il étudie l'anthropologie à l'Université de l'État de Washington, située à Pullman. En 1945, il s'installe en Californie, où il travaille comme employé de bureau, ce qui sera son seul emploi stable. Par la suite, il va se consacrer à l'art, à la réalisation cinématographique, à la musicologie et à l'ésotérisme, vivant jusqu'à la fin des subsides de ses amis et disciples (il bénéficie également de la générosité d'Arthur Young). Au début des années 50 il s'installe chez les Indiens kiowa, dans l'Oklahoma, ce qui lui permet d'étudier leurs rites chamaniques et de s'intéresser au peyotl, le cactus hallucinogène dont est extrait la mescaline.

Héros de la *beat generation* des années 50 et des hippies dix ans plus tard (à la fin de sa vie, ce sont les musiciens du légendaire groupe de rock psychédélique Grateful Dead qui subviennent à ses besoins), il est l'auteur d'une anthologie de la musique folk qui exercera une grande influence sur Bob Dylan, qui enregistrera plusieurs chansons de ce recueil. Pour sa peine, Harry Smith recevra un Grammy Award en 1991.

Là encore, sa réussite dans le milieu de la contre-culture des années 60 ne suffit pas à le définir. Mine de rien, il faisait aussi partie de l'OTO et de l'A∴ A∴, il se passionnait pour l'ésotérisme, et il était un lecteur assidu de Giordano Bruno, le philosophe italien du XVIᵉ siècle mort sur le bûcher. Il passera seize ans à concevoir un système « magique » qui concilie l'œuvre de Giordano Bruno avec les thèses de l'OTO et la magie énochienne du mage élizabéthain John Dee. Cela n'a rien d'une plaisanterie : les spécialistes d'aujourd'hui nous préviennent qu'il ne faut pas effectuer à la légère ou sans préparation des tours de magie énochiens, si l'on veut éviter de souffrir ensuite de troubles mentaux ou d'avoir des problèmes spirituels (à noter qu'Harry Smith mène une existence fantaisiste qui cadre mal avec la discipline requise pour l'exercice de la « magie », à savoir une préparation intense, une concentration extrême ainsi qu'une ascèse physique et mentale). Mais comme d'habitude, on retient surtout son appartenance à l'OTO. Fidèle disciple de Crowley, il dessinera un jeu de tarot toujours utilisé par les membres de l'OTO et il l'aidera à republier plusieurs livres. Enfin, il se disait son fils. Vu le mode de vie de la « Bête », il a sans doute eu des enfants illégitimes, mais Harry Smith ne fait sans doute pas partie du lot. En réalité, ils adoraient tous les deux cultiver leur image et se forger une légende.

C'est Charles Stansfeld Jones qui lui parle de l'OTO et de l'A∴ A∴ dans les années 40[63], celui-là même qui a exercé une influence déterminante sur John Parsons. On présume qu'Harry Smith et lui se sont rencontrés. John Parsons dirigeait alors la branche californienne de l'OTO, et Harry Smith était, tout comme lui, Maître du Temple au sein de l'A∴ A∴.

Épris de mystique et d'ésotérisme, Harry Smith reconnaîtra néanmoins que tout ce dont il se réclame vient de Crowley [64]. Il accomplit un parcours sinueux, où transparaît son éclectisme, et pourtant il restera toute sa vie durant un membre fidèle et dévoué de l'OTO et de l'A∴ A∴, à telle enseigne que l'OTO organisera une cérémonie pour son enterrement à la Saint Mark's Church de New York, ce qui a dû surprendre les ecclésiastiques [65].

Après bien des détours, notre enquête nous ramène à un petit groupe d'individus qui sont, pour certains (comme Aleister Crowley, l'instigateur, et Ron Hubbard, le père de la scientologie), en cheville avec des services de renseignements, et pratiquent la manipulation mentale. Dans ce dédale se trouve également le fameux Argenteum Astrum, qui s'épanouit dans l'ombre de l'OTO, même s'il a eu un impact considérable sur la vie de nos personnages, mais aussi sur le cours de l'histoire au XXe siècle.

L'A∴ A∴ souligne l'importance de Sirius (le nom de l'ordre fait implicitement allusion à cette étoile double), et il croit à l'existence d'intelligences non humaines que, dans la Californie de l'après-guerre, on assimile à des extraterrestres. Tels sont les grands thèmes de *The Sirius Mystery*, l'ouvrage de Robert Temple, qui pour l'écrire a bénéficié des lumières d'un membre de l'A∴ A∴, par l'intermédiaire de quelqu'un qui était lui-même lié au Conseil des Neuf. Ce n'est pas une coïncidence. On note aussi que, dans l'édition de 1998 de son livre, Robert Temple précise que les Nommos, les « dieux de l'espace » des Dogons, n'ont pas regagné Sirius après avoir accompli sur Terre leur mission civilisatrice, mais qu'ils se sont provisoirement retirés de la circulation, quelque part dans notre système solaire, en attendant de revenir faire le point. Ils ne devraient pas tarder à se manifester, laisse entendre Robert Temple, qui nous dit qu'ils se trouvent actuellement à bord d'un vaisseau spatial tournant autour de Saturne [66]. Pourquoi Saturne ? Sans doute parce que cette planète joue un grand rôle aux yeux de Crowley et des Neuf.

La voix du Tibétain

Combien de fois ceux qui ont assisté aux séances de communication de Phyllis Schlemmer, et notamment sir John Whitmore, n'ont-ils pas demandé à Tom de leur parler d'Alice Bailey, une « mystique » anglo-américaine ? Il est vrai que les Neuf la tiennent en grande estime, car ses œuvres figurent au nombre des lectures conseillées par Tom, au même titre que celles de Mme Blavatsky [67].

Décrite comme « la figure la plus importante du renouveau de l'occultisme au XIXe siècle [68] », Helena Petrovna Blavatsky (elle s'appelle Hahn de son nom de jeune fille) naît en Russie et se fait très vite connaître par sa gourmandise, sa passion de la magie et son goût de l'aventure. Il circule sur la première partie de sa vie une foule d'anecdotes ayant trait à sa désinvolture et son goût du clinquant, qui n'ont rien à envier à celles concernant Aleister Crowley. En 1873 elle émigre aux États-Unis, où elle devient médium spiritualiste et excelle dans les tours de passe-passe ou, pour rester charitable, dans le « déclenchement orchestré » de phénomènes. Elle cesse vite de faire tourner les tables, pour communiquer par télépathie avec les « maîtres secrets » ou la « Grande Confrérie blanche », un groupe d'initiés qui aurait permis aux êtres humains de quitter discrètement le Tibet (thème emprunté à Saint-Yves d'Alveydre, qui nous parlait des « Initiés d'Agartha », et qui préfigure les « Maîtres secrets de l'Aube dorée ».) Dans un accès de logorrhée, elle rédige *Isis dévoilée* et *La Doctrine secrète*, deux ouvrages qui, nous disent ses partisans, réalisent la synthèse entre l'occultisme occidental et la mystique de l'Orient (et qui ne sont, pour ses détracteurs, qu'un tissu d'inepties). Elle mélange ainsi la notion de karma avec la légende de l'Atlantide et l'idée de « races originelles », dont celle des « Aryens » (la cinquième sur la liste), qui a pris le relais de celle des Atlantes, sans compter les deux autres à venir. Inutile de dire que cela participe de la même veine que les théories racistes d'Hitler, exposées dans *Mein Kampf*, qui célèbre la « race supérieure ».

Elle fonde la Société théosophique en 1875, posant le cadre de l'idéologie des principaux représentants de l'ésotérisme, comme

Schwaller de Lubicz, qui commencera par être théosophe avant de donner naissance aux Veilleurs.

Mais c'est surtout l'œuvre d'Alice Bailey qui impressionnera les Neuf. Née en 1880 à Manchester (elle s'appelle alors Alice la Trobe-Bateman), elle est sujette, l'année de ses quinze ans, à une expérience étrange qui la marquera à jamais. Un dimanche après-midi, un homme vêtu à l'occidentale mais coiffé d'un turban sonne à sa porte et lui annonce qu'on l'a choisie pour accomplir, plus tard, une grande tâche [69]. Elle émigre aux États-Unis avec son mari, divorce, découvre la Société théosophique, qui est encore assez récente, et s'y inscrit en 1918. Cela aura des répercussions très importantes. En effet, l'année suivante, elle se remarie avec un certain Foster Bailey, lui-même théosophe en vue, qui l'aidera à élaborer son « système », ne serait-ce que parce qu'il est aussi franc-maçon de haut grade.

En 1915, en lisant Mme Blavatsky, elle a la révélation : le mystérieux individu qui lui a rendu visite, vingt ans plus tôt, n'était autre que Koot Kami, le guide spirituel de Mme Blavatsky ! Il ne lui reste plus qu'à poursuivre l'œuvre de la fondatrice de la théosophie.

Quatre ans plus tard, elle entre en contact par télépathie avec un autre maître, tibétain, cette fois, et qui répond au nom de Djwhal Kul (on l'appelle souvent « le Tibétain », ou « Maître DK ».) Le Tibétain va, dit-elle, « dicter » vingt-quatre traités d'ésotérisme, qui s'inspirent des idées de Mme Blavatsky, et permettent d'élaborer un système dans lesquels des êtres venus des mondes parallèles président à l'évolution du genre humain [70]. Pour ce faire, ils s'appuient sur la « Hiérarchie des Frères de la Lumière » (ou tout simplement la « Hiérarchie »), une communauté d'initiés vivant dans le désert de Gobi, et que l'on appelle parfois aussi, il faut le noter, « le Grand Conseil ». Voici ce qu'en dit Alice Bailey dans *Initiation, Human and Solar* : « [Il s'agit là d'un] ensemble d'êtres spirituels se déployant dans les niveaux intérieurs du système solaire, qui représentent les forces intelligentes de la nature et contrôlent le processus de l'évolution. » Mais le plus important, c'est qu'elle nous délivre un message très proche de celui qui figure dans *The Keys of Enoch* de James Hurtak, et qui renvoie également aux thèses d'Edgar Cayce.

L'idée force d'Alice Bailey consiste à parler des Sept Rayons, les émanations spirituelles des « sept plans du système solaire ». Or, Dorothy Martin, qui communique, on le sait, depuis Chicago avec des extraterrestres, a appelé le cercle mystique qu'elle a fondé avec Charles et Lillian Laughead l'« Abbaye des sept rayons ». Enfin, sept, le chiffre sacré, joue un rôle de premier plan dans les conceptions d'Arthur Young, inspirées de *The Mahatma Letters* de l'illustre théosophe A. P. Sinnet [71], ouvrage qui nous décrit les sept niveaux d'existence matérielle.

Le Tibétain annonce l'arrivée d'une « Ère Nouvelle, celle du Verseau », à laquelle nous prépare la « Hiérarchie ». Cela s'effectuera en trois temps : la première phase, qui s'est déroulée entre 1875 et 1890, a été « activée » par Mme Blavatsky ; la deuxième couvre une période allant de 1919 à 1949, du premier « dialogue » d'Alice Bailey avec le Tibétain à sa disparition ; la troisième et dernière a commencé en 1975 et doit se prolonger jusqu'en 2025. Au début du XXIe siècle se manifestera un grand initié, le « Précepteur du Monde », et l'on verra éclore une nouvelle souche humaine. Cela ressemble beaucoup à l'ouverture de la Salle des inscriptions sur le plateau de Gizeh qui doit, selon Edgar Cayce, nous faire entrer dans une ère nouvelle, marquée par le retour du « Grand Initié » et l'apparition d'un type d'êtres humains inédit. Après 1975, la « Hiérarchie » s'adressera à nous par le biais de la radio...

Alice Bailey avait, quant à elle, pour mission de « préparer les hommes à l'arrivée du Précepteur du Monde, et de prendre à cet effet toutes les dispositions nécessaires avant qu'Elle [la « Hiérarchie »] se manifeste parmi nous, comme cela sera certainement le cas vers la fin du siècle [72] ». On relève des similitudes frappantes avec le message des Neuf, mais cela ne s'arrête pas là, car Alice Bailey avait aussi pour tâche de réunir des disciples pour former plusieurs « Groupes des Neuf », réunissant des guérisseurs, des responsables politiques et des « initiateurs » à la « nouvelle ère [73] ». Il devait en exister dix au total, neuf effectuant des tâches précises, le dixième coordonnant l'ensemble, en vertu du schéma désormais bien connu de neuf plus un. Malheureusement, la mise en place de ces cercles sera interrompue par le déclenchement de la Seconde Guerre mondiale.

Ce n'est pas par hasard que l'on insiste sur le « chiffre du pouvoir ». Lorsque les « neuf principes » se manifestent pour la première fois, par le biais de D. G. Vinod, ils s'adressent à neuf personnes réunies autour d'Andrija Puharich (qui a toujours veillé à s'entourer de groupes de neuf personnes, huit disciples plus lui-même, à l'image du « noyau » constitué au Lab Nine, selon les instructions de Tom). Dans un ouvrage consacré à Alice Bailey, paru en 1984 en Grande-Bretagne, sir John Sinclair note que celle-ci accorde autant d'importance à ces groupes de neuf que Schwaller de Lubicz aux neuf principes, citant pour les besoins de la cause *Serpent in the Sky*, ouvrage phare de la nouvelle égyptologie [74].

Mais ce n'est pas tout, puisqu'Alice Bailey et Andrija Puharich font état de ressemblances encore plus frappantes, et qui n'ont rien de fortuit. D'après Alice Bailey, les « maîtres », guidés par le « Seigneur du Monde », issus d'un monde parallèle et transcendant, sont des êtres humains supérieurement développés, sur le plan spirituel, et qui ont, pour cette raison, été acceptés au sein de la « Hiérarchie ». On relève, parmi eux, le nom des principaux représentants de l'ésotérisme et des grandes figures religieuses, à l'exemple de « maître Jésus ». Le Tibétain les désigne communément par leurs initiales : ceux à qui il appartient de nous préparer à la dernière étape sont appelés « maître R » et « maître M » [75], tout comme les représentants des Neuf, à qui D. G Vinod sert de porte-parole se présentent comme « R » et « M » [76].

Faut-il en conclure que nous sommes en communication avec des êtres bien réels, par le truchement de quelques « élus », ou bien les derniers messages captés ont-ils été libellés de telle façon qu'ils correspondent aux prédictions du Tibétain ? Philip Coppens nous explique qu'Andrija Puharich a reconnu publiquement, à Upland, en Californie, le 2 novembre 1982 (c'est-à-dire avant qu'il ne s'associe à D. G. Vinod), que ses premières expériences réalisées à la fondation de la Table Ronde s'inspiraient des ouvrages d'Alice Bailey [77]. Cela prouve au moins qu'il connaissait les enseignements du Tibétain avant d'entrer en contact avec les Neuf.

Alice Bailey attache également beaucoup d'importance à Sirius. Cette étoile double va par conséquent jouer un rôle déterminant chez les théosophes, qui voient en elle un centre énergétique (l'équivalent cosmique du « troisième œil ») influant sur notre système solaire. Alice Bailey dit aussi servir de vecteur à une énergie issue du « centre cosmique », et qui affecte notre planète après avoir traversé le système solaire [78]. Nous sommes donc sujets à une multitude d'influences, à commencer par la sienne. Dans *Initiation, Human and Solar*, elle décrit plusieurs « voies » suivies par les initiés, lors de leur développement spirituel. L'une d'elles, « la voie de Sirius », étant la plus secrète de tous, demeure mystérieuse.

> On ne peut pas dire grand-chose de cette Voie [...]. Le mystère de cette influence et le secret du soleil Sirius recèlent les données concernant notre évolution cosmique et, par conséquent, celle de notre système solaire [79]...

> Tout d'abord, il émane du soleil Sirius une force ou une énergie particulière. Venant d'un centre cosmique très éloigné, la force de l'esprit, ou l'énergie de la pensée, affecte le système solaire dans sa totalité, en passant par Sirius. Sirius sert donc de relais, ou de point focal d'où émanent les influences qui nous permettent d'avoir conscience de ce que nous sommes [80].

Cette énergie, ajoute le Tibétain, ne touche pas directement la Terre, mais elle transite d'abord par Saturne [81]. Il reprend donc à son compte les déclarations du Conseil des Neuf, répercutées par Carla Rueckert, ainsi que les thèses de James Hurtak.

Toujours par la bouche d'Alice Bailey, le Tibétain évoque des corrélations avec les enseignements secrets de la franc-maçonnerie. D'après lui, la franc-maçonnerie serait la branche terrestre d'une école initiatique apparue sur Sirius, et les divers degrés ou grades existant au sein de cette obédience seraient l'équivalent des étapes initiatiques que l'impétrant doit franchir avant d'intégrer la « grande loge de Sirius ». Les liens entre la franc-maçonnerie et Sirius sont très anciens, explique le Tibétain :

> La franc-maçonnerie, dont la création remonte à la nuit des temps, et qui est par conséquent bien antérieure à la loi mosaïque, a été organisée sous l'influence de Sirius, et calquée, dans la mesure du possible, sur les institutions de Sirius [82].

Bien sûr, il ne faut pas prendre ces déclarations au pied de la lettre, mais elles nous permettent de comprendre que nous retrouvions souvent les francs-maçons sur notre chemin, y compris lorsqu'il s'agit des complots qui se trament à Gizeh ou à propos de Mars. Alice Bailey avait d'ailleurs pour mari, rappelons-le, un homme qui, non content d'être l'un de ses fidèles disciples et d'occuper des fonctions importantes au sein de la Société théosophique, était aussi un dignitaire franc-maçon. Dans *The Spirit of Masonry*, il se dit prêt à « faire bénéficier la franc-maçonnerie de certaines vérités connues dans notre ordre, et fondées sur l'enseignement du Tibétain [83] ». Il s'en ouvre également à ses frères (qui appartiennent au Rite écossais ancien et accepté, l'obédience maçonnique la plus répandue aux États-Unis), et il explique que la franc-maçonnerie est un reliquat de la « religion originelle » célébrée jadis sur toute la planète, comme en témoignent les pyramides d'Égypte et d'Amérique centrale [84]. Notons que l'idée que sur toute la surface du globe prévalait jadis la même sagesse est l'une des principales caractéristiques du message de Graham Hancock, qui laisse entendre que la religion d'autrefois a une incidence directe sur notre avenir immédiat. La croyance, d'inspiration maçonnique avant tout, en la prochaine mise en place d'un nouvel ordre mondial repose également sur ce thème.

Nous voici devant un mélange détonant. D'un côté, les enseignements décisifs d'Alice Bailey, qu'elle a reçus du Tibétain, sont en grande part influencés par les convictions maçonniques de son mari ; d'autre part, tout indique que, par l'intermédiaire de Foster Bailey, les francs-maçons américains ont eux-mêmes été marqués par les déclarations d'Alice Bailey, du moins en ce qui concerne Sirius. Foster Bailey aurait-il veillé à ce que ses « frères » reprennent à leur compte la thèse de son épouse, selon laquelle la franc-maçonnerie est apparue sur Sirius ? Serait-ce pourquoi *The Sirius Mystery* de Robert

Temple a connu un tel succès auprès des francs-maçons américains ? Henry Wallace, qui fut vice-président des États-Unis et mécène d'Andrija Puharich, était d'ailleurs lui-même, comme Foster Bailey, un théosophe et un franc-maçon de haut grade, qui se consacrait entièrement à sa tâche.

Rien n'empêche les francs-maçons d'affirmer qu'ils connaissaient Sirius avant que Foster Bailey ne leur en rebatte les oreilles. Un écrivain américain, Robert Anton Wilson, se souvient que l'un de ses nombreux correspondants affiliés à des sociétés secrètes (européennes ou américaines) lui a expliqué que l'on révèle à ceux qui parviennent au 33ᵉ degré, le plus élevé de tous, outre-Atlantique, que la franc-maçonnerie est en contact avec des êtres intelligents originaires de Sirius [85]. Personnellement, ça le fait sourire, et seuls les membres de l'obédience accédant à cette dignité sauront ce qu'il en est au juste. Reste que Sirius joue un grand rôle dans la tradition maçonnique, puisque l'on voit dans chaque loge l'« étoile flamboyante », une allégorie de Sirius [86].

Albert Pike, illustre franc-maçon américain du XIXᵉ siècle, rappelait que le chiffre 9 est, d'après la légende, rattaché à Sirius. Les « neuf élus », autrement dit les apprentis maçons qui veulent venger la mort de leur maître Hiram Abif, acculent dans une grotte l'un de ses meurtriers. Les « neuf élus » sont représentés par neuf étoiles brillantes qui montent dans le ciel, dont celles du Baudrier d'Orion, avant le lever héliaque de Sirius [87] (le « Maître élu des Neuf » est le neuvième grade du Rite écossais ancien et accepté).

Ce que l'on prend tout d'abord pour une lubie du « Tibétain », à savoir que la franc-maçonnerie est d'origine extraterrestre, se retrouve dans d'autres textes « inspirés », en l'occurrence ceux de Randall-Stevens, qui parle, dès les années 20, de chambres secrètes enfouies sous le Sphinx et la Grande Pyramide. Comme Alice Bailey, il n'a pas besoin d'être hypnotisé et d'entrer en transe pour communiquer avec son guide spirituel désincarné, il lui suffit de retranscrire ce qu'il entend « dans sa tête ». La première de ces séances de « dictée » se déroule le 9 février 1925, et il y en aura ensuite une tous les soirs, plusieurs semaines durant, aux alentours de 21 heures, sans que cela donne grand résultat.

Randall-Stevens a deux interlocuteurs « immatériels », Adolemy (qui était Moïse, dans une vie antérieure) et Oneferu. Tous deux évoquent un « centre maçonnique à l'architecture pyramidale » (le plateau de Gizeh), et la « franc-maçonnerie cosmique », précisant que « les émigrants originaires de l'Atlantide obéissaient aux lois de la franc-maçonnerie cosmique, et [que] ceux qui se sont installés en Égypte y ont construit des centres maçonniques initiatiques, à partir desquels le pays était administré [88] ».

En 1950, sur les conseils de ses guides, il met sur pied les Templiers du Verseau (une association qui existe toujours, et dont le siège social se trouve dans les îles Anglo-Normandes). Il semblerait, d'après ses déclarations, qu'il ait finalement eu recours à la transe médiumnique pour communiquer avec les esprits, car en 1956 il enregistre les séances avec un magnétophone. Voici ce qu'il écrit, la même année, dans *The Wisdom of the Soul* :

> C'est du Groupe d'Osiris, un ordre faisant partie de la confrérie des Maîtres Maçons, et agissant par l'intermédiaire d'initiés qui se sont incarnés en divers endroits de la planète, que proviennent les déclarations et les enseignements figurant dans cet ouvrage [89].

En dépit de leurs ressemblances, on note aussi des différences entre la sagesse communiquée à Randall-Stevens et celle dont a bénéficié Alice Bailey, tout comme les interlocuteurs de Randall-Stevens commettent parfois des erreurs grossières. (Ils appellent ainsi le Sphinx la « grande image de granit [90] », alors qu'il est taillé dans le calcaire.)

Comme cela nous est bien souvent arrivé, au cours de cette enquête, c'est vers James Hurtak que nous nous tournons. *The Keys of Enoch* emprunte en effet quantité de thèmes à la mouvance ésotérique dans laquelle évoluent Aleister Crowley, René Schwaller de Lubicz, madame Blavatsky et Alice Bailey. Chez James Hurtak, Alice Bailey et Mme Blavatsky, l'autorité suprême dans l'univers s'appelle « la Grande Confrérie blanche », même si James Hurtak lui fait quitter le Tibet pour l'installer quelque part dans la galaxie. Comme Alice Bailey, il appelle cet aréopage la « Hiérarchie ». Enfin, ce n'est certainement pas une coïncidence s'il explique, comme Saint-Yves d'Alveydre, le père de la synarchie, que l'Atlantide s'est épanouie entre 18000 et 12000 av. J.-C. En tout cas, on constate, en lisant *The Keys of Enoch*, que son auteur connaissait très bien les grands classiques de l'ésotérisme, tout particulièrement ceux datant de la fin du XIXe siècle.

Une nouvelle religion mondiale

Nous avons découvert avec stupéfaction que, dès les années 30, on faisait état de liens entre le conseil des Neuf et les milieux versés dans l'occultisme et l'ésotérisme, qu'il s'agisse de la synarchie, d'Aleister Crowley ou d'Alice Bailey. Christina Stoddard, l'ancienne dirigeante de Stella Matutina (« Étoile du Matin »), une fraction dissidente de l'Aube dorée, a mené une enquête qu'elle résume dans deux ouvrages, *Light-Bearers of Darkness* et *The Trail of The Serpent*, parus respectivement en 1935 et en 1936 dans les pays anglo-saxons, et qui mettent les lecteurs en garde contre l'apparition de nouvelles religions concoctées par des groupuscules solidaires, en dépit de leur indépendance de façade. Malgré ses sympathies pour l'extrême droite, qui la placent dans le même camp que Schwaller de Lubicz et Alice Bailey, elle s'inquiète de l'emprise croissante de la synarchie sur les milieux ésotériques.

Passant en revue les objectifs de Saint-Yves d'Alveydre, qui en bon synarchiste veut tout régir – la politique, l'économie et la religion –, elle constate que cela est en bonne voie dans le domaine spirituel. La liberté religieuse étant la règle en Occident, il y existe une multitude de confessions, qui sont par conséquent très difficiles à contrôler, sauf si on les unifie en créant une nouvelle religion qui rassemble leurs principaux articles de foi. L'idéal serait que s'attèle à la tâche un dirigeant charismatique, qui explique qu'au cours des siècles certaines vérités ont été révélées par Dieu, ou les dieux, à quelques individus, donnant ainsi naissance à des cultes apparemment disparates, alors qu'ils émanent tous de la même source, et qu'il suffit pour s'en convaincre de se pénétrer des principes fondamentaux et de cette haute spiritualité à laquelle l'humanité aspire. Il est significatif que Christina Stoddard voie dans les thèses d'Alice Bailey le principal exemple de cette synthèse synarchique [91].

The Trail of the Serpent évoque la rivalité opposant Reuben Swinbrune Clymer et Spencer Lewis, qui se disent tous les deux chef légitime des Rose-Croix américains. Reuben Swindburne Clymer (qui est franc-maçon de haut grade, puisqu'il a atteint le 32e degré) affirme tenir son pouvoir de Paschal Beverly Randolph (1825-1875), par ailleurs ami d'Abraham Lincoln, que les Rose-Croix européens ont autorisé en 1852, soit longtemps avant que Spencer Lewis ne fonde l'AMORC, à faire du prosélytisme en Amérique. Il portera donc plainte contre ce dernier et obtiendra gain de cause devant le tribunal, qui lui reconnaîtra le droit de se prévaloir du titre de « rosicrucien ».

Il prétend que la doctrine de sa confrérie, la Fraternitas Rosae Crucis, a reçu l'aval du Conseil des Neuf, cette société secrète qui la dirige depuis la France. En 1932, il publie une lettre émanant de cet organisme :

> Voici la Nouvelle Loi, les confréries mystiques et spirituelles devant se remettre à la tâche, afin que tout un chacun la connaisse et soit par conséquent en mesure d'œuvrer à l'amélioration universelle, seul moyen de sauver l'humanité [...]. Nous, Conseil des Neuf, avoir choisi votre organisation, qui est l'une des plus vieilles en Amérique, pour nous aider à atteindre cet objectif [92].

La lettre est signée – excusez du peu – « Comte M. de Saint-Vincent, ministre plénipotentiaire du Conseil des Neuf des Confraternités du monde ». Comme avec l'idéal synarchiste, le groupe de Clymer, observe Stoddard, déclare « assimiler la part d'ésotérisme présente dans chaque religion [93] ». Le Conseil des Neuf se fait aussi appeler l'« École secrète [94] », ce qui revêt une signification très importante, l'essentiel étant que l'on parlait déjà de « Conseil des Neuf » dans les années 30, et que cela faisait référence au même milieu politico-ésotérique que celui auquel appartenait Schwaller de Lubicz.

Paschal Beverly Randolph, le mentor de Clymer, nous rapporte des déclarations des Neuf qui ressemblent tellement aux enseignements du Tibétain d'Alice Bailey que cela n'est sans doute pas fortuit. Il se dit persuadé qu'il a toujours existé des ordres initiatiques obéissant à des êtres ayant atteint un niveau spirituel très développé, réunis au sein de la « Grande Confrérie blanche », et Swinburne Clymer précise que le grand maître de son ordre devait leur rendre des comptes [95]. Plus important, Paschal Beverly Randolph les appelle, lui aussi, la « Hiérarchie [96] », à l'instar d'Alice Bailey, de James Hurtak, d'Andrija Puharich et de sir John Whitmore. Enfin, il évoque également un « Conseil des Vingt-Quatre [97] » que l'on trouve déjà dans *The Keys of Enoch* de James Hurtak, de même qu'il pense que nous recevons souvent (à notre insu) la visite « d'êtres spirituellement en avance, originaires d'autres planètes [98] ».

Dans un esprit typiquement synarchiste, R. Swinburne Clymer nous dit que les membres de la « Hiérarchie » sont les « défenseurs des religions [99] » (ce qui semble pour le moins curieux, dans la mesure où ils se montrent bien souvent intolérants, au point que l'on se demande ce qu'ils cherchent vraiment).

Outre sa propre version de la Rose-Croix, R. Swinburne Clymer fonde plusieurs sociétés ésotériques, dont les « écoles secrètes » et une confrérie mystique qui se fait appeler le « Clergé », en souvenir de l'ordre de Melchisédech. Celui-ci, dit-il, est solidement implanté en France, et ses secrets étaient à l'origine consignés dans un manuscrit des Templiers [100].

Dans *OVNI, la grande manipulation*, livre qui fera date, Jacques Vallée nous relate l'enquête qu'il a réalisée sur « l'ordre de Melchisédech ». C'est à Paris qu'il découvre l'existence de cette société secrète. Il va dès lors s'intéresser à la synthèse qu'elle opère entre les thèmes ésotériques « traditionnels » et la croyance qu'il est possible d'entrer en contact avec les extraterrestres. De retour à San Francisco, sa ville adoptive, il s'aperçoit que l'ordre de Melchisédech est très actif en Californie, et qu'il a des représentants dans le monde entier.

En 1976, il rencontre James Hurtak et Andrija Puharich sur le plateau d'une émission télévisée. En quittant le studio, James Hurtak lui explique qu'on lui a « dicté » *The Keys of Enoch* en 1973, et il l'invite à rejoindre les « Fils de la Lumière de l'ordre de Melchisédech », une association versée dans la parapsychologie et qui a pour mission « de changer les destinées du monde par des moyens occultes [101] ». Mais Jacques Vallée n'est pas un imbécile, et depuis des années qu'il s'intéresse à ces gens qui prétendent être entrés en contact avec des équipages d'ovnis, il ne les croit plus sur parole. Écoutons-le :

> D'où vient cette présumée sagesse ? Des étoiles ? Ça me laisse rêveur. Se pourrait-il qu'elle trouve sa source ici, sur Terre ? Serait-elle le fruit d'une manipulation orchestrée par des êtres humains [102] ?

Et pour commencer, qui est ce fameux Melchisédech ? Dans l'Ancien Testament (Genèse, 14, 18-20), c'est le roi-prêtre de Salem (ou Shalem) qui bénit Abraham. Dans l'Épître aux Hébreux (5, 6), Paul fait allusion à « l'ordre de Melchisédech », une catégorie de prêtres différente de celle des Lévites, et qui a depuis lors enflammé les imaginations. Comme d'autres grandes figures de l'Ancien Testament, Enoch, par exemple, dont on ne sait pas grand-chose, l'ordre de Melchisédech alimente les spéculations. Résultat, on retrouve systématiquement ce nom dans une foule de confessions chrétiennes marginales. C'est le cas de l'Église de Jésus-Christ des Saints des Derniers Jours, autrement dit des mormons, où il désigne la catégorie ecclésiastique à laquelle tous les hommes veulent appartenir, après avoir été prêtres d'Aaron (ce qu'ils sont *de jure*). Cependant, des sociétés ésotériques et des mouvements chrétiens intégristes se font eux aussi appeler « ordre de Melchisédech », ce qui prête à confusion (il en existe par exemple un à Applegate, en Californie, qui a été fondé en 1889 [103]).

Celui auquel appartient James Hurtak, nous dit Jacques Vallée, poursuit des objectifs bien précis. Melchisédech joue, dans cette optique, le même rôle que le Seigneur du Monde chez Alice Bailey, à savoir qu'il s'agit d'un être supérieur venu sur Terre « à l'époque lémurienne » pour piloter l'évolution spirituelle de l'homme, but grandiose, mais qui vous donne aussi froid dans le dos. Voici ce qu'on lit dans *The Keys of Enoch* :

> L'ordre de Melchisédech se charge de reprogrammer notre conscience, condition nécessaire pour que la création physique soit reliée à l'extériorisation de la hiérarchie divine [104].

Il n'y a aucune différence entre *The Keys of Enoch* et les thèses d'Alice Bailey, si ce n'est qu'Hurtak nous fait miroiter l'arrivée d'une ère nouvelle : tous deux recourent au même vocabulaire, « la Hiérarchie », « les Sept Rayons », « les ethnies originelles », pour défendre des idées analogues.

Ce que James Hurtak essaie de faire est comparable à l'interprétation synarchique formulée par Christina Stoddard. *The Keys of Enoch* esquisse un système qui englobe les grandes religions d'Occident ainsi que les thèmes porteurs du New Age. Christianisme, judaïsme, bouddhisme, hindouisme, très à la mode aujourd'hui, religion des mormons, ainsi que les croyances « ethniques », propres à chaque population (comme celles des Indiens d'Amérique) : la théologie de James Hurtak ne fait pas de détail, elle embrasse avec la même ferveur ces diverses confessions. Notre homme prétend aussi tirer au clair le « message » qu'elles véhiculent.

La face cachée de Sirius

Sirius occupe également une place de choix, sur le plan ésotérique, mais d'une façon éminemment perverse, dans la doctrine de l'ordre du Temple solaire, cette secte qui a défrayé la chronique au milieu des années 90. Dans la nuit du 4 au 5 octobre 1994, cinquante-trois personnes trouvent la mort en Suisse, et seize autres en France, entre le 15 et le 16 décembre 1995. On pense aussitôt à des suicides collectifs, mais la thèse de meurtres rituels revient avec insistance. Ce n'est pourtant pas la fin d'un groupuscule délirant, car celui-ci n'a pas disparu au terme de ces deux tragédies, tout comme on aurait tort d'en minimiser l'importance. Son influence s'étend en effet jusque dans les hautes sphères de la société.

L'ordre du Temple solaire est intimement lié à l'ordre souverain du Temple solaire, qui porte presque le même nom, ce qui prête à confusion, et qui a été fondé en France le 12 juin [105]. L'alchimiste Eugène Canseliet, qui appartenait auparavant à la Confrérie d'Héliopolis, comme Schwaller de Lubicz, a joué à cet effet un rôle déterminant [106]. L'ordre souverain du Temple solaire se taillera vite un franc succès dans la bonne société, au point d'être reconnu officiellement par le prince Rainier III de Monaco (à dire vrai, il aura des relations beaucoup plus intimes avec cette secte, puisque son épouse, la princesse Grace, en fera partie [107]).

On discute toujours passionnément des rapports qu'entretenaient l'ordre souverain du Temple solaire et l'ordre du Temple solaire, de triste mémoire, et qui sera fondé aux alentours de 1980. Ce dernier était-il une ramification du premier, une branche dissidente, ou bien le résultat d'une fusion avec une secte néotemplière? On ne connaîtra sans doute jamais la réponse, car l'ordre souverain du Temple solaire reste très discret, ces derniers temps, sur les liens qu'il entretenait avec son sinistre homologue. Quoi qu'il en soit, les deux organisations étaient en contact, puisque plusieurs dirigeants de l'ordre du Temple solaire ont d'abord fait partie de l'ordre souverain du Temple solaire, et y appartiennent peut-être encore. Mais le plus important, c'est que dans un cas comme dans l'autre on défend les mêmes thèses.

Pourquoi la résurgence de l'ordre du Temple?, le « manifeste » de l'ordre souverain du Temple solaire, publié en 1975 à Monaco sous la signature d'un certain « Peronnik », évoque la planète Héliopolis, qui gravite autour de Sirius. Or, les dirigeants de nos deux sectes prétendaient communiquer avec les habitants de ce satellite de l'étoile double. Écoutons « Peronnik » :

> À plusieurs reprises, des missions interplanétaires se sont envolées d'Héliopolis pour venir chez nous. Ce fut le cas lors de l'érection de la Grande Pyramide : après avoir décidé avec les intéressés de venir achever ici leur initiation ésotérique, vingt-cinq spécialistes sont arrivés sur Terre, où ils ont participé à la construction du monument [108].

Les deux sectes soulignent l'importance de l'« ordre des Prêtres de Melchisédech », Melchisédech étant lui-même un émissaire d'Héliopolis, qui a regagné Sirius au terme de sa mission [109]. L'ordre souverain du Temple solaire déclare être une organisation synarchique, se réclamant par conséquent des idées politiques jadis défendues par Schwaller de Lubicz [110].

N'oublions pas que les soixante-neuf membres de l'ordre du Temple solaire se sont vraisemblablement suicidés pour permettre à leur âme de regagner le système solaire de Sirius. Les dirigeants de la secte ont fait paraître dans la presse, le 5 octobre 1994, la déclaration suivante : « La Grande Loge blanche de Sirius a décidé de rappeler les véritables dépositaires de la sagesse ancestrale [111]. » Ils ont certes apporté leur touche personnelle, pour ne pas dire perverse, à cette idée. Reste que la paternité en revient à Alice Bailey, qui fait allusion à une « Grande Loge blanche », lorsqu'il s'agit de Sirius. L'ordre du Temple solaire met évidemment en avant la Grande Pyramide, qui sera, paraît-il, le théâtre d'événements déterminants.

La piste du lion

Depuis quelques années il est de bon ton, dans certains milieux, d'évoquer les contacts avec Sirius. En 1985 sort en librairie un ouvrage intitulé *The Lion Path*, écrit par un certain « Musaios » et qui nous présente une méthode d'édification et de transformation personnelle inspirée des Textes des Pyramides, et qui était en vigueur dans l'Égypte ancienne. Le voyage d'Osiris, dieu-roi, vers l'au-delà, où il va devenir un « corps de lumière », avant de revenir sous forme d'Horus, est une allégorie de ce qu'il advient de l'âme après la mort, mais dont on peut faire l'expérience dans cette vie. Désormais, affirme Musaios, tout un chacun peut accomplir pareille métamorphose.

Seulement, ce livre ne propose que des exercices de méditation, décrits dans le langage simpliste du New Age, et que l'on est censé accomplir à des périodes cruciales, astrologiquement parlant, afin de « se brancher » sur les intelligences supérieures de l'univers, en l'occurrence celles qui vivent dans le système solaire de Sirius.

Pour suivre la Voie du Lion, il suffit de méditer, de façon idoine, à certaines époques précises, de « se brancher » sur des forces astrologiques (on se concentre sur deux planètes qui n'ont toujours pas été découvertes, ainsi que sur Sirius A et Sirius B, ce qui relève d'une astrologie entièrement remaniée). Lorsqu'il entre en contact avec Sirius, l'individu serait alors sujet à une transformation personnelle, même si Musaios n'entre pas dans les détails. Cela signifie toutefois que l'on aura, d'une façon ou d'une autre, communiqué avec les êtres vivant autour de Sirius.

> Lors de la séance Vulcain(-Ptah), écrit Musaios, on rassemble le tégument (un vaisseau spatial ou un disque volant) pour entreprendre ensuite le voyage vers Sirius ; lors de la séance d'Horus, on l'utilise. Au cours de la séance Vulcain, on prépare le « re-câblage » permettant d'accomplir ce voyage super-chamanique. Lors de la séance Vucain-Sothis ou 25e séance, le processus est entièrement accompli [112].

La passivité de ces exercices entre elle-même en contradiction avec les principes qui régissent la Voie du Lion. Dans les Textes des Pyramides, ce voyage est décrit comme un processus actif, l'individu étant directement responsable du résultat. On ne se laisse donc pas téléguider par des forces extérieures.

On voit dans le même ouvrage une représentation de « l'œil divin », accompagnée d'un hiéroglyphe qui signifie « le Seigneur des Neuf ». Il s'agit raisemblablement de la Grande Ennéade. Mais pourquoi « Musaios » recourt-il à cette expression ?

La Voie du Lion vise, au bout du compte, à constituer un « groupe de liaison » (composé d'êtres humains) avec Sirius. Comme l'écrit Musaios en 1985 :

> L'avenir de l'humanité dépend de ses représentants ayant atteint le plus haut stade de développement. L'humanité a la chance insigne [...] de constituer, jusqu'en 1994, un groupe de liaison très bien étoffé : c'est l'issue de secours qui nous permettra d'entreprendre une véritable évolution, qui serait autrement tuée dans l'œuf. Après quoi le groupe de liaison poursuit sur sa lancée [113].

Il appartient à ce groupe de liaison d'effectuer une mission capitale :

> Ce qui se profile n'est autre que la possiblité de changer le cours de l'histoire, grâce à quelques individus qui auront mis à profit les diverses périodes initiales pour faire ce que l'on attend d'eux [114].

Il s'agit de mettre sur pied un petit groupe d'individus qui, après avoir accompli les exercices de la Voie du Lion [115], entreront en contact avec Sirius, et doivent par conséquent régir le monde, ou du moins parler en son nom.

Musaios résume, d'une citation du *Livre des Morts*, l'objectif de la Voie du Lion : « Je parle désormais d'une voix et avec des accents que l'on écoute, et ma langue est celle de l'étoile Sirius [116]. » Il s'agit, précisons-le, d'une traduction effectuée par Musaios lui-même. R. O. Faulkner nous en donne pour sa part la version suivante : « J'ai criaillé comme une oie, jusqu'à ce que les dieux m'entendent, et j'ai recommencé pour Sothis [117]... »

Il n'est donc pas étonnant que l'on cherche à entrer en contact avec les êtres habitant le système solaire de Sirius. Le Conseil des Neuf nous dit que, parmi ses adeptes, certains ont été désignés pour servir de vecteurs aux communications avec les êtres vivant dans le système d'étoiles de Sirius, et Alice Bailey ajoute que l'on ne peut aspirer à rien de plus sublime que de suivre la Voie de Sirius. Mais à quoi vise au juste Musaios, avec sa Voie du Lion ? Et pour commencer, qui se cache derrière ce pseudonyme ?

On devine qu'il s'agit de Charles Musès, un mathématicien et cybernéticien de renommée internationale : non seulement « Musaios » multiplie les références aux travaux de ce dernier, mais John West dévoile sa véritable identité dans *The Serpent in the Sky*, lorsqu'il examine *The Lion Path* [118].

Individu très cultivé, d'une intelligence pétillante, Charles Musès est d'abord un mathématicien de renom, à qui l'on doit la théorie des « hypernombres ». Son œuvre, dit-il, « examine les relations existant entre la sociologie, la biologie, la psychologie, la philosophie et les mathématiques [119] ». Il a aussi beaucoup réfléchi sur la mythologie. Enfin, c'est un cybernéticien de premier ordre. Spécialiste des réseaux neuronaux, il a, au début des années 60, collaboré avec Warren McCulloch [120], le mentor d'Andrija Puharich, lorsque celui-ci travaillait sur les implants électroniques (comme le fait de dissimuler une radio miniature dans une dent). Son principal ouvrage, *Destiny and Control in Human Systems*, qu'il a signé de son nom, est paru la même année que *The Lion Path*, publié, quant à lui, sous le pseudonyme de Musaios. Or, d'un livre à l'autre, on note des divergences flagrantes et inexplicables. D'un côté, il fait preuve d'une grande érudition et il a des intuitions étonnantes, de l'autre, il raconte des sornettes, dans le plus pur style du New Age. En quel honneur ?

Il faut noter qu'il sera l'un des premiers à imaginer que des extraterrestres sont arrivés jadis sur Terre. À la fin des années 50, il étudie des légendes babyloniennes pour en conclure, comme Robert Temple, que des êtres venus de l'espace, et de type amphibien, ont débarqué autrefois chez nous, comme l'attestent divers récits mythologiques [121]. On s'étonne donc que Robert Temple ne fasse jamais allusion à Charles Musès, car ils ont tous deux connu Arthur Young, ce personnage qui exercera l'influence que l'on sait. Charles Musès est en effet directeur de publication de la revue de l'Institut pour l'étude de la conscience, fondé par Arthur Young, avec qui il a également signé un ouvrage. Or, Robert Temple était le protégé du même Arthur Young, et il a travaillé quelque temps comme secrétaire de l'Institut pour l'étude de la conscience...

À tout le moins, l'histoire de Musaios indique que des individus brillants ont été cooptés, ou se sont portés volontaires, pour entrer en contact avec les êtres vivant dans le système d'étoiles de Sirius. Mais Charles Musès et James Hurtak croient-ils vraiment que l'on puisse établir ce type de contacts ? Si tel est le cas, ne peuvent-ils pas nous trouver de meilleurs représentants que des hurluberlus adeptes du New Age ?

Le fond du problème

« Chefs secrets », « maîtres cachés », initiés et autres êtres supérieurement développés originaires de Sirius ont l'air de s'agiter en tous sens sans jamais se rencontrer, et pourtant ils sont indissociables.

On voit souvent revenir les mêmes thèmes, même s'ils ne sont pas très nombreux, dans certaines sectes et sociétés ésotériques. Il s'agit en fait des éléments à partir desquels d'aucuns cherchent, pour des raisons qui leur appartiennent, à fabriquer une nouvelle religion.

On doit par conséquent trouver, dans la mouvance ésotérique de la Belle Époque, des antécédents aux entretiens avec le Conseil des Neuf. De fait, certaines déclarations actuelles du Conseil des Neuf ressemblent beaucoup à celles auxquelles on a eu droit jadis, et ce n'est certainement pas fortuit. Ainsi :

• Les entretiens d'Aleister Crowley avec « Aiwass », qui débutent en 1904, débouchent sur la création (ou la refonte) de l'Argenteum Astrum, cet ordre magique (le sien) qui accorde tant d'importance à Sirius. Dans la Californie de l'après-guerre, on en vient à assimiler Airwass et les « chefs secrets » de l'A∴ A∴ (c'est-à-dire des intelligences non humaines) à des extraterrestres, et non à des esprits occultes. On assiste alors à un enchaînement pour le moins curieux, et néanmoins authentique : Harris Smith, membre de l'A∴ A∴, influence Arthur Young, le « commandant en second » dans les années 50 de la fondation de la Table Ronde, dirigée par Andrija Puharich, lequel donne envie à Robert Temple d'écrire *The Sirius Mystery*. Cet ouvrage va ensuite marquer profondément la « nouvelle égyptologie », et lancer l'idée selon laquelle la civilisation égyptienne (et pas seulement elle) est en partie d'origine extraterrestre.

• On retrouve des idées lancées par Schwaller de Lubicz, comme celle des neuf principes, dans les premiers entretiens réalisés avec le Conseil des Neuf. Membre de la Société théosophique, Schwaller de Lubicz est une figure de proue de la synarchie, elle-même étroitement liée aux associations secrètes dont fait partie Aleister Crowley, et qui se réclament d'une tradition ésotérique accordant une grande importance aux Neuf. Père spirituel de la nouvelle égyptologie, Schwaller de Lubicz est actuellement une référence pour tous ceux qui se penchent sur la question.

• Les communications qu'Alice Bailey établit avec le « Tibétain » préfigurent les entretiens que l'on aurait eus dernièrement avec le Conseil des Neuf. En 1952, D. G. Vinod ne fera jamais qu'emboîter le pas à cette dame, et plus tard James Hurtak remettra à jour ses travaux dans *The Keys of Enoch*. Après s'être inscrite en 1918 à la Société théosophique, elle répercute les propos du «Tibétain», qui mettent en évidence l'influence que Sirius et ses habitants exercent sur nous autres, terriens, ce qui sera l'un de ses thèmes de prédilection. Grâce à elle, on apprend également que la franc-maçonnerie est d'abord apparue dans le sytème d'étoiles de Sirius, une idée déjà répandue au sein des instances dirigeantes de l'obédience américaine, et qui a dû lui être soufflée par son mari, Foster Bailey, lui-même franc-maçon de haut grade. L'un de ses homologues, Henry Wallace, se passionne aussi pour la théosophie et s'avère l'un des plus fidèles soutiens de la fondation de la Table Ronde d'Andrija Puharich. Pour conclure le tout, on sait qu'Andrija Puharich s'est intéressé aux travaux d'Alice Bailey, juste avant d'entreprendre ses propres recherches à la fondation de la Table Ronde, à la fin des années 40.

• Des médiums de première force, comme Randall-Stevens et Edgar Cayce, nous retransmettent des informations qui, sans faire directement référence aux Neuf, présentent des similitudes frappantes avec leur enseignement.

Les théories apparemment disparates de Schwaller de Lubicz, Aleister Crowley et Alice Bailey reposent en réalité sur les idées de Mme Blavatsky, comme celle de «race originelle». Elles sont donc toutes d'inspiration théosophique, quelles que puissent être par ailleurs leurs différences.

Les premières communications avec le Conseil des Neuf, établies à la fondation de la Table Ronde en 1952-1953, dressent le cadre dans lequel s'inscriront celles qui vont suivre. À quel impératif cela répond-il? On peut envisager deux cas de figure:

1. Il se peut que l'on soit entré en contact au début du XXe siècle, grâce à Aleister Crowley, Alice Bailey, Edgar Cayce et Randall-Stevens, avec des êtres intelligents qui ne résidaient pas sur Terre, mais désiraient correspondre avec nous par télépathie, en s'adressant pour cela à quelques individus spécialement choisis. Les divergences que l'on observe à chaque fois dans les propos retransmis sont peut-être le fruit d'un plan délibéré, à moins qu'elles ne s'expliquent par la difficulté de faire passer le même message par le biais de plusieurs médiums. L'apparition au grand jour du Conseil des

Neuf résout le problème, en nous renvoyant à quelques intermédiaires « officiels » et « accrédités » comme Phyllis Schlemmer.

2. Il n'est pas exclu que les entretiens d'Andrija Puharich et d'Arthur Young avec le Conseil des Neuf aient été calqués sur ceux qui ont été établis auparavant, et que cela s'inscrive dans le cadre d'une expérience de manipulation, ou de création, d'un système de croyances.

Aucune de ces deux hypothèses n'est vraiment satisfaisante, dans la mesure où, s'il y a sans nul doute eu manipulation de la part d'Andrija Puharich, il n'en était pas moins persuadé que l'on pouvait entrer en contact avec des extraterrestres.

Il ne faut pas non plus oublier que les autorités américaines, en particulier le Pentagone et la CIA, vont s'intéresser de près à l'affaire, au terme de la Seconde Guerre mondiale. On les a vues à l'œuvre à la fondation de la Table Ronde ainsi que dans tout ce qui se rapporte au Lab Nine, et l'on sait qu'elles ont contribué à forger l'idéologie des années 70.

Depuis lors, les propos des Neuf obéissent à une logique beaucoup plus claire, et ils nous renvoient à Cydonia et aux mystères de l'Égypte ancienne. Grâce à des ouvrages comme *The Keys of Enoch* de James Hurtak, les Neuf sont désormais connus du grand public, et si leur message ne résiste pas à un examen attentif, peu de gens connaissent le fin mot de l'histoire. D'une manière générale, les Neuf sont chaque jour un peu plus présents dans notre vie quotidienne.

Une chose est sûre, on avait déjà entendu parler, avant la Seconde Guerre mondiale, de ces gens qui affirmaient communiquer avec des entités non humaines, mais l'on a assisté, après le conflit, à un double phénomène : d'une part, la publication simultanée, en Europe et aux États-Unis, des livres de Mme Blavatsky, d'Aleister Crowley, d'Alice Bailey, d'Edgar Cayce et de H. C. Randall-Stevens, ce qui a permis de toucher encore davantage de gens ; d'autre part, la déclinaison systématique du même thème, fusse sous des formes différentes : tous ces auteurs nous annoncent pour bientôt un grand chambardement, à la différence des spirites du XIXe siècle, peu enclins aux vaticinations. C'est « l'éon d'Horus » d'Aleister Crowley, « la nouvelle ère » d'Alice Bailey, « le retour du Grand Initié » d'Edgar Cayce, « l'ère du Verseau » de Randall-Stevens...

On imagine que cela n'a pas laissé indifférents les grands de ce monde, qui ont voulu savoir ce qu'il en était. Concrètement, ils ont dû se poser trois questions : a-t-on réellement établi des contacts de ce genre ? Si tel est le cas, qui avait-on comme interlocuteurs, des extraterrestres, des dieux ? Les bouleversements annoncés sont-ils en train de se produire ? Aux États-Unis, on s'est surtout intéressé, à partir des années 40, aux communications avec des entités non humaines, et cela dans le cadre d'un programme de recherche sur la guerre psychologique.

On aurait tort de croire que les militaires sont des gens froids et pragmatiques, imperméables à toute spiritualité. En Amérique, le général Patton croyait à la réincarnation, et l'un des patrons de la Royal Air Force, le général Dowding, correspondait, à l'entendre, avec les aviateurs morts au combat. Par le truchement des francs-maçons, les idées d'Alice Bailey (ou plutôt, du Tibétain) se sont répandues dans la classe dirigeante américaine, à telle enseigne qu'Henry Wallace, vice-président de 1940 à 1944, était féru de sciences occultes. Mais les hommes politiques et les responsables militaires sont par définition soumis à des impératifs d'ordre pratique, et ils doivent atteindre leurs objectifs, coûte que coûte. Si d'aventure ils s'intéressent aux contacts avec les extraterrestres, ce ne peut donc être que dans le seul but d'en tirer profit.

À cet effet ils se sont livrés, dans le domaine considéré, à une série d'expériences, ce qui était la raison d'être de la fondation de la Table Ronde d'Andrija Puharich : elle servait de couverture au Pentagone, qui effectuait en secret des recherches sur la psychologie de masse. Ce n'est pas un hasard si Henry Wallace en fut l'un des mécènes ! À Glen Cove, Andrija Puharich a travaillé essentiellement avec des gens comme Eileen Garrett, qui disaient correspondre avec des entités non humaines. Cela explique pourquoi il a fait appel à D. G. Vinod, et l'on comprend désormais qui étaient ses vrais patrons.

Les Neuf font désormais partie de notre paysage mental. Qui sont-ils, au juste ? Et pourquoi tant de gens influents (on pense, par exemple, à Richard Hoagland) veulent-ils absolument que nous nous intéressions à eux ?

C'est là qu'il nous faut redoubler de prudence. Dès lors que les services secrets se sont emparés de l'affaire, on peut s'attendre à tout

Chapitre 7
La fin des temps : l'avertissement

Allons-nous assister à « la fin des temps », lorsqu'une série de catastrophes anéantira toute forme de vie sur Terre ? Des livres et des films nous annoncent que notre planète sera bientôt dévastée par un gigantesque cataclysme, et que si d'aventure il reste des survivants, ceux-ci seront tellement effrayés qu'ils se jetteront dans les bras du premier pouvoir fort venu.

L'angoisse est allée croissant à l'approche du troisième millénaire. Tout se passait comme si nos espoirs et nos craintes devaient culminer en l'an 2000, même si l'on a surtout insisté sur l'aspect négatif des choses, en oubliant ce qu'il peut y avoir de favorable. L'entrée dans le XXIe siècle, comme telle, n'a de sens que dans une optique chrétienne, puisqu'elle consacre les deux mille ans qui se sont écoulés depuis la naissance du Christ. Il n'empêche que l'hystérie s'est répandue comme une traînée de poudre. Tous les regards étant braqués sur les années à venir, quel dommage s'il ne se passait rien, et quelle tentation pour certains, individus ou groupuscules, de faire en sorte que le pire se réalise !

Pour les chrétiens, la « fin des temps » signifie le second avènement du Christ, conformément aux prédictions du Nouveau Testament, et l'on devrait alors assister à ce que nous décrit l'Apocalypse, sans faire dans la dentelle. Dans cette optique, le retour en majesté du Christ donnera lieu à l'Armageddon, le combat des forces du bien et du mal.

Il faut également prendre en compte le New Age, qui nous annonce l'arrivée de l'ère du Verseau. On se réfère pour cela à Nostradamus (alias Michel de Notre-Dame), médecin et astrologue provençal du XVIe siècle, qui a annoncé dans ces *Centuries*, elles-mêmes divisées en quatrains, la survenue d'un cataclysme planétaire en 1999. Certes, on peut faire dire tout et n'importe quoi à ce texte, comme au « code » repéré dernièrement dans la Bible hébraïque [1]. Pourtant, remettre en cause Nostradamus est tout aussi sacrilège, aux yeux des adeptes du New Age, que critiquer la Bible, pour un chrétien intégriste. Malgré tout, si l'un des « inventeurs » du Millénium est l'auteur de l'Apocalypse (il s'agit sans doute de l'apôtre saint Jean l'Évangéliste, qui aurait écrit ce texte dans l'île grecque de Patmos), l'autre est indiscutablement Nostradamus. Sur ces racines noueuses sont venus se greffer depuis lors une multitude de thèmes apocalyptiques, qui font partie de cette conspiration exploitant l'angoisse millénariste.

Les matérialistes eux-mêmes, qui n'ont que mépris pour la religion et tout ce qui touche au mysticisme, étaient de plus en plus inquiets à propos de l'avenir. Rien ne dit qu'une crise économique mondiale n'allait pas faire sauter les dernières barrières et déchaîner les quatre cavaliers de l'Apocalypse, « pour exterminer par l'épée, par la faim, par la peste, et par les fauves de la terre »... On pense aux bouleversements économiques qui se produisent actuellement en Extrême-Orient, en Russie, etc., à la mise en place de marchés financiers d'un type nouveau. À tout le moins, on redoutait l'apparition d'un gigantesque bogue informatique, puisqu'en raison de l'impéritie des concepteurs de programmes les ordinateurs étaient incapables de reconnaître l'an 2000 (notons bien qu'ils étaient les seuls dans ce cas !). Cela risquait de provoquer une onde de choc sur les places financières, qui à son tour donnerait naissance à des troubles sociaux et favoriserait l'instauration de mesures autoritaires, couvre-feu, loi martiale, etc.

Nul besoin d'être un intégriste pur et dur ou un homme d'affaires hyperanxieux pour frémir devant une telle perspective. On assiste, depuis quelque temps, à un réchauffement accéléré de la planète, ce qui se traduit par toutes sortes de désordres climatiques et de perturbations météorologiques – tornades, cyclones, tremblements de terre, raz de marée –, et ce n'est que le début. Jamais le genre humain n'a éprouvé un tel désarroi, jamais tant de gens se sont sentis si impuissants face à l'avenir, et jamais l'on n'a exploité avec autant de cynisme, et dans de telles proportions, le besoin de réagir.

Mais tout le monde ne rêve pas. Ceux qui ne dorment que d'un œil tirent les marrons du feu. Quand un individu est vulnérable, il y en a toujours qui en profitent, quitte à commencer par le déstabiliser.

Les gens voyaient poindre avec angoisse le XXIe siècle, ce qui était exactement ce que voulaient ceux qui les manipulaient. L'attente que l'on faisait naître était en effet propice à l'éclosion de ce genre de croyances dont nous avons enregistré la naissance.

Par « conspiration suprême », on désigne une opération visant à faire croire que ce sont des « dieux » extraterrestres qui ont créé le genre humain et mis la civilisation sur les rails, et qu'ils vont bientôt revenir. Suivant le groupe social auquel les « conjurés » s'adressent, on use de subterfuges différents pour répandre pareille idée, mais au fond cela revient toujours au même. Lorsque cette conviction se sera répandue dans tout le corps social, elle servira de tremplin à une nouvelle religion qui, une fois de plus, sera un instrument de pouvoir.

Le compte à rebours cosmique

On ne compte plus les gens et les organisations qui ont exploité l'angoisse suscitée par le Millénium, mais aussi par l'entrée dans le XXIe siècle. Toutefois, ce sont les activités des sectes s'intéressant aux ovnis et à nos « frères de l'espace » qui retiennent ici notre attention. Ainsi les Raéliens, qui se croient promis à la vie éternelle parce que des extraterrestres viendront prétendument les chercher, sont environ 40 000 sur le globe. Et encore, ce n'est là qu'une secte marginale[2], il en existe bien d'autres qui défendent à peu près les mêmes thèses.

Dans ce contexte, nous pouvons faire valoir ce que nous avons appris de la conspiration axée sur Mars et l'Égypte ancienne, ainsi que des machinations ourdies par divers groupes. Ne nous méprenons pas : le Millénium occupe une place centrale dans le programme que poursuivent en secret tous ces gens, même si l'arrivée de l'an 2000 était censée marquer le début d'un processus qui devait culminer au début du XXIe siècle. James Hurtak, par exemple, nous disait que 2003 serait une année décisive.

Au fil de cette enquête se sont dégagés plusieurs thèmes, apparemment sans rapport, mais qui peu à peu se recoupent et dessinent un ensemble cohérent. Rappelons les temps forts :

• On est persuadé que les monuments de l'Égypte ancienne ont été bâtis par une civilisation mystérieuse qui s'est épanouie il y a fort longtemps, et qui a peut-être été en contact avec des extraterrestres, à moins que ceux-ci n'en aient été les fondateurs. Cette même civilisation nous aurait laissé, par l'entremise de certains « documents », comme la Grande Pyramide et le Sphinx, des informations sur ce qui nous attend, et en particulier sur la survenue prochaine d'un événement destiné à avoir des répercussions dans le monde entier. Cela nous renvoie, d'une certaine façon, au Millénium et à l'ère du Verseau.

• On pense, comme Robert Temple, que ce sont ces extraterrestres, devenus des « dieux » dans la mémoire collective, qui ont apporté la civilisation sur Terre.

• On a découvert d'étranges accidents de terrain sur Mars. S'il se confirme qu'ils sont artificiels, ils ne peuvent qu'être le fruit d'une civilisation qui s'est épanouie là-bas, au temps jadis. Ce qui, évidemment, nous interpelle...

• Depuis 1952, on multiplie les entretiens avec le Conseil des Neuf, qui se présente comme la Grande Ennéade, les neuf dieux d'Héliopolis. On sait désormais que le Conseil des Neuf jouit d'un grand crédit, non seulement auprès des tenants du New Age, mais auprès d'hommes politiques et de gens influents, possédant une fortune colossale.

À chaque fois, on est en présence d'un mystère : le fait que les Dogons sachent que Sirius est une étoile double ; le Sphinx, qui est beaucoup plus ancien qu'on ne le veut l'admettre ; la sonde Viking, qui nous a envoyé des images montrant, dans la zone de Cydonia, des accidents de terrain inexplicables ; les phénomènes « miraculeux » qui sont attachés au Conseil des Neuf... Autant de pistes qui convergent toutes vers le même point. Ainsi, les monuments de Cydonia renvoient à ceux de Gizeh, thèse défendue au départ par

Richard Hoagland, et que l'on retrouve désormais sous la plume de Bauval et Hancock.

Peu à peu le tableau se précise. C'est alors qu'entrent en scène les Neuf. Ils mettent l'accent, eux aussi, sur la Grande Pyramide et le Sphinx, allant même jusqu'à prétendre les avoir bâtis. Grâce aux travaux de James Hurtak, les édifices que l'on a découverts sur Mars jouent désormais un rôle crucial dans ce rébus. Les recherches de James Hurtak et de Richard Hoagland sont, à l'évidence, téléguidées par les Neuf, mais qu'en est-il de celles de Bauval et Hancock ?

L'idée force, c'est que les dieux sont de retour. Le « Message de Cydonia », dont Richard Hoagland se fait le héraut, revient à dire que l'on a érigé sur Mars des monuments « codant » des informations qui nous sont destinées. Quand à cela s'ajoute la théorie, chère à Bauval et Hancock, selon laquelle il en va de même avec les monuments égyptiens, tout s'éclaire. Les Neuf continuent d'ailleurs à nous envoyer des messages.

Qu'en conclure, sinon que les neuf dieux qui ont construit, en sus des pyramides et du Sphinx, les édifices récemment découverts sur Mars sont de retour ? Ils ne sont donc pas seulement les pères de la civilisation égyptienne, mais aussi les créateurs de l'homme.

Cela suppose toutefois que les découvertes ont été effectuées séparément, et que leurs points communs ne sont apparus qu'au fil du temps. Mais il n'en est rien, et l'ensemble répond, semble-t-il, à une stratégie complexe et à long terme. Par exemple, *The Sirius Mystery* de Robert Temple s'inspire des travaux d'Arthur Young, qui a assisté au premier entretien avec les Neuf, en 1953. Il a lui-même été influencé par Harry Smith, membre éminent de l'une de ces sociétés « magiques » fondées par Aleister Crowley, centrées autour de Sirius, de Mars, de l'Égypte ancienne et des extraterrestres. Les communications avec les Neuf, surtout au départ, s'inscrivent dans le prolongement de celles d'Alice Bailey, remises à jour par James Hurtak dans *The Keys of Enoch*. C'est lui qui a lancé le débat sur le « visage » qui serait dessiné sur la planète Mars, et *The Keys of Enoch* doit beaucoup au Conseil des Neuf.

Un programme extraterrestre

A-t-on fait le tour de la question, ou bien faut-il encore ajouter à cet écheveau d'autres mythes modernes ? Nous disposons de plusieurs indices : *Briefing for the Landing on Planet Earth* («Notes pour le débarquement sur la planète Terre»), le titre de la «biographie» de Stuart Holroyd, commandée par Lab Nine, dit bien quel en est le thème sous-jacent. De même, *The Secret School*, un ouvrage de Whitley Strieber, qui n'a apparemment aucun rapport avec le précédent, a pour sous-titre *Preparation for Contact* («Se préparer à établir le contact»). Cela n'a rien d'étonnant : Whitley Strieber, qui s'est rendu célèbre en racontant dans quatre livres, *Communion, Transformation, Breakthrough* et *Confirmation*, ses expériences avec les extraterrestres, met en œuvre la dernière partie du scénario.

Il faudra attendre la sortie de *Communion* dans les pays anglo-saxons pour que l'opinion publique s'intéresse à tous ces gens qui disent avoir été enlevés par des extraterrestres. Depuis lors, on assiste à une véritable épidémie «d'enlèvements», à telle enseigne que les «petits hommes verts» sont devenus des idoles, dans l'imaginaire collectif. Plus d'un tiers des Américains sont persuadés que ces sinistres créatures de l'espace kidnappent régulièrement des êtres humains[3]. Or, cette conviction va, du jour au lendemain, revêtir des accents religieux. Dans *The Secret School*, Whitley Strieber retranscrit les propos en neuf points que lui auraient tenus ses ravisseurs. Ils font en particulier le rapprochement entre leur message et le «visage» dessiné sur Mars qu'on lui aurait montré autrefois, dans son enfance, pendant sa capture, et nous renvoient aussi à la «nouvelle égyptologie» de West, Bauval et Hancock. Il ne faut donc pas s'étonner que *The Secret School* s'accompagne d'un commentaire élogieux rédigé par Graham Hancock lui-même, dont voici un extrait : «Tous ceux qui s'intéressent au mystère redoutable de ce que nous sommes aujourd'hui et de ce que nous serons peut-être demain devraient lire cet ouvrage.» (À noter que *The Secret School* désignait aussi, dans les années 30, le Conseil des Neuf synarchiste.)

Il est possible que Graham Hancock et Whitley Strieber s'apprécient beaucoup, auquel cas il n'y a rien à ajouter. Mais l'on découvre aussi d'autres liens révélateurs, ce qui nous permet de reconstituer le puzzle. Ainsi, Whitley Strieber a travaillé avec Richard Hoagland, et c'est à la demande de ce dernier qu'il a financé dès 1985, soit deux ans avant la parution de *Communion*, les travaux d'enrichissement de l'image auxquels se livrait Mark Carlotto [4].

C'est un ami commun qui les présente au cours de l'été 1984, mais dans *Breakthrough*, Whitley Strieber déclare des choses étonnantes sur les travaux consacrés à Mars. Exemple, lorsqu'il évoque les images de la planète rouge que nous a envoyées la sonde Viking, et qui ont ensuite été « traitées » à l'aide de techniques de pointe, il note que « l'on a oublié de dire que le "visage" sur Mars a été réimagé en 1985 à l'aide d'équipements ultramodernes fournis par The Analytical Science Corporation, et qu'il ressemble encore plus, de ce fait, à une sculpture [5] ». On voit mal comment il pourrait en être ainsi, étant donné que Richard Hoagland a ameuté tout le monde à propos de ce « visage » (il en a parlé jusqu'à la tribune de l'ONU !), et qu'il continue à donner des conférences et de tourner des films vidéo à ce sujet.

The Secret School dévoile cependant le message figurant en creux dans les écrits de Whitley Strieber, et il ajoute un nouvel élément au puzzle. L'auteur nous explique en effet qu'à partir de 1995 il a commencé à se souvenir des enlèvements à répétition dont il a été victime de la part d'extraterrestres pendant son enfance (c'est-à-dire au cours des années 50). Il aurait notamment suivi, en compagnie d'enfants kidnappés comme lui, les cours d'une « école secrète », où les ravisseurs faisaient office d'enseignants. Cela se serait poursuivi plusieurs années durant, mais il ne parle que de qu'on lui aurait appris l'année de ses neuf ans.

Lorsqu'un scientifique de ses amis, John Gliedman, lui a montré une photo du « visage », il se serait souvenu l'avoir déjà vu quelque part, pour découvrir, un peu plus tard, que c'était lors des séances de formation organisées par les extraterrestres [6]. On veut bien le croire, mais l'on saisit mal ce que viennent faire ici les derniers clichés de ce qui n'est jamais qu'un accident de terrain. Les extraterrestres se seraient-ils moqués de lui ? Si tel est le cas, ce n'était pas la première ni la dernière fois que des entités désincarnées se jouent de la crédulité humaine. Rappelons-nous que Colin Wilson les appelle « les escrocs et les aigrefins du monde des esprits », et qu'Uri Geller voit en eux des « pitres ».

Avant tout, il faut noter que c'est après avoir examiné les images du « visage », retravaillées par John Gliedman, qu'il s'est remémoré ses divers enlèvements. Écoutons-le :

> J'ai eu beau essayer de l'expliquer, ma vie a complètement basculé, le jour où j'ai vu le « visage » sur Mars. Il se peut d'ailleurs que ce soit cela qui ait provoqué ma rencontre avec des extraterrestres, le 26 décembre 1985 (à la suite de quoi j'ai écrit *Communion*). Le mystère de Mars et l'école secrète se sont avérés intimement liés [7].

C'est l'importance accordée au chiffre neuf qui est le dénominateur commun des diverses composantes du programme de Whitley Strieber. Voici ce qu'il en dit :

> Lors de mon neuvième été, on m'a donné neuf leçons en trois fois trois séances, ce qui m'a permis de comprendre ce que signifiaient ces neuf coups entendus lors de ma première rencontre avec des extraterrestres, et qui m'ont tant marqué [8].

On songe évidemment aux neuf coups entendus par Jack Parsons, lors d'une longue séance de magie qui s'est déroulée le 10 janvier 1946 [9].

Bref, tout se passe comme si Whitley Strieber nous invitait à entrer en contact avec le Conseil des Neuf.

Dans le même ouvrage, il nous relate ces neuf leçons dont il fut le bénéficiaire, en y ajoutant une dixième, donnée cette fois par des « visiteurs » le 12 novembre 1995, et qui lui a permis de faire un bond de quarante ans en avant et de se retrouver en l'an 2036 (date à laquelle les États-Unis seront, paraît-il, devenus une dictature militaire, la ville de Washington ayant été rasée par une explosion nucléaire déclenchée par un groupe terroriste). On se retrouve devant un schéma désormais familier : il y existe dix chiffres fondamentaux, le dernier ne servant qu'à conclure la série, lui donner sens et assurer la continuité avec la séquence suivante.

Le première leçon nous raconte un rêve dans lequel Whitley Strieber se voit planer au-dessus de Mars, où se dressent des pyramides et un gigantesque visage sculpté (il note également qu'à la même époque il a commencé à s'intéresser, pour une raison inconnue, à l'Égypte ancienne [10]).

La huitième leçon fait le lien entre les principaux monuments de l'Égypte et les bouleversements auxquels on devrait bientôt assister. Comme dans *Le Mystère de Mars* d'Hancock, Bauval et Grigsby, ces édifices servent à « coder » le souvenir des catastrophes qui se sont produites autrefois, en guise d'avertissement.

> Nous avons également créé une sorte de mécanisme, présent dans nos gènes, et qui se manifestera lors de la prochaine équinoxe, quand le monde sera de nouveau menacé. Il s'agit en l'occurrence de l'école secrète, mise en place en prévision du passage de l'ère des Poissons à celle du Verseau [11].

On devine facilement qui dirige cette « école secrète ». De même, Whitley Strieber nous parle des travaux de Robert Bauval et de l'érosion du Sphinx, invoquant l'astronomie et la géologie pour nous dire que les monuments de Gizeh ont été construits en 10500 av. J-C, date que nous connaissons bien, désormais. Or, l'ère du Verseau débute, écrit-il, juste après l'an 2000, ce qui explique peut-être que Graham Hancock ne tarisse pas d'éloges sur *The Secret School*.

La thèse de Whitley Strieber consiste à dire qu'en devenant des « élus » qui reconnaissent pleinement la signification du Sphinx, des pyramides et des édifices martiens, et ne doutent pas que des « visiteurs » viennent de temps à autre nous voir, nous retournons la situation à notre avantage :

> Dieu [...] va bientôt se manifester dans ce monde, et s'accomplira le destin de notre âme, qui est de tenir compagnie au créateur [12].

Quel rôle joue-t-il, consciemment ou non, dans cette machination visant à créer de toutes pièces une nouvelle religion et à nous préparer à un coup de force de la part de ceux qui s'en réclament ? Ce nouveau système de croyances repose sur des mythes porteurs, et beaucoup plus convaincants que toutes ces histoires de gens enlevés par des extraterrestres. Dans le même ouvrage, les « petits hommes verts » côtoient le « visage » sur Mars et le site de Gizeh, dont les monuments auraient été construits en 10500 av. J.-C., le tout faisant référence à l'ère du Verseau et au retour des divinités de l'espace, ou d'un dieu très proche de celui des chrétiens, censé nous délivrer de tous les maux, à commencer par ceux que nous nous infligeons, dès lors que nous croyons en lui...

L'authenticité de ces enlèvements orchestrés par des extraterrestres n'entre pas ici en ligne de compte. Une anecdote devrait cependant nous donner à réfléchir. Lorsqu'Ed Conroy, un journaliste américain chevronné, cherche à savoir à la fin des années 80 comment Whitley Strieber en est venu à écrire *Communion*, il ne néglige aucune piste, y compris celles du folklore et de l'occultisme. Dans *Report on Communion*, il explique qu'Aleister Crowley prétendait déjà, en 1919, être entré en contact avec un certain Lam, un extraterrestre lié au système d'étoiles de Sirius et à la galaxie d'Andromède.

> Grant affirme que Lam a ensuite été contacté par d'autres membres de l'OTO (Ordo Templi Orientis), qui ont utilisé pour ce faire son portrait peint dans la première moitié du XXe siècle par Aleister Crowley. S'il peut y avoir des coïncidences troublantes, il faut noter que la toile de Crowley représente un individu à la tête ovale, au nez atrophié, à la bouche pincée et aux yeux bridés, auquel ressemble étonnamment (sauf pour les yeux) le personnage figurant sur la couverture de *Communion* [13].

Dans le paragraphe précédent, Ed Conroy met en parallèle l'invocation des « anges » par Alice Crowley et le plan cosmique esquissé par James Hurtak dans *The Keys of Enoch*.

Nous sommes persuadés que les mensonges et les approximations de cette nouvelle « religion » nous servent d'échappatoire, et qu'ils jettent le voile sur d'authentiques mystères. Les monuments de Gizeh restent une énigme pour les égyptologues, et il n'est pas exclu que se dressent effectivement sur Mars des édifices, notamment des pyramides. Il est tout à fait normal que cela excite notre curiosité. En revanche, il nous semble pour le moins hasardeux de vouloir échafauder à partir de là un nouveau système de croyances censé apporter une solution aux problèmes d'aujourd'hui.

Whitley Strieber et Richard Hoagland ont fait courir le bruit que la comète de Hale-Bopp amenait dans son sillage un vaisseau spatial [14], ce qui a poussé les membres de la secte de la Porte du Ciel à se suicider, persuadés de monter au paradis avec les extraterrestres venus avec ce corps céleste ! C'est là un cas extrême, et l'on ne saurait incriminer Richard Hoagland et Whitley Strieber, mais la mort de ces gens est d'autant plus tragique que la comète de Hale-Bopp filait seule, toute seule, dans l'espace intersidéral...

Les contrôleurs

Examinons maintenant qui est impliqué dans l'affaire :
1. Ceux qui, dans leurs livres et leurs articles, se font les champions de ce système de croyances. Il s'agit, par exemple, de gens comme Robert Bauval et Graham Hancock, qui nous parlent de civilisations disparues vers 10500 av. J.-C. ; de Robert Temple, qui prétend, en donnant des gages de sérieux, que des astronautes seraient jadis arrivés sur Terre ; de Richard Hoagland, qui est persuadé que la planète Mars et les monuments de Gizeh entretiennent des relations spéculaires et sont donc solidaires ; enfin de Whitley Strieber, qui nous répercute le message des « petits hommes verts ».

Comme ces auteurs se copient les uns les autres et se volent leurs idées, cela constitue, au total, un tableau cohérent, en dépit de la faiblesse des arguments avancés. Le schéma est toujours le même : on part de faits établis, l'alignement des pyramides, la mythologie des Dogons, dans laquelle Sirius est, comme l'ont effectivement montré les astronomes, un système d'étoiles double, ou encore les contacts que certaines personnes auraient eus avec des extraterrestres, puis l'on extrapole et l'on en tire des conclusions d'ordre spirituel.

Tous participent, sans en avoir nécessairement conscience, et en se contentant peut-être d'énoncer des idées reprises ensuite par d'autres, à l'élaboration d'un nouveau système de croyances.

2. Des personnages charismatiques à la stature de gourous, qui nous délivrent des messages spirituels, tirés de prétendues révélations dont ils auraient eu la primeur, en communiquant par exemple avec des extraterrestres. Dans le lot, on relève la présence de James Hurtak, Andrija Puharich, sir John Whitmore, Alice Bailey, sans oublier la « Grande Bête », Aleister Crowley. Ils sont persuadés que l'on assistera bientôt à un grand chambardement et disent tenir leurs informations d'êtres omniscients. Aujourd'hui, ceux qui font partie de cette catégorie ont des relations symbiotiques avec les membres du premier groupe, qui leur fournissent le cadre factuel dans lequel peuvent se déployer leurs écrits mystiques et exaltés (ainsi, James Hurtak se réfère-t-il aux énigmes de Mars).

Cela dit, ces deux tendances s'influencent réciproquement, certains travaux de la première n'ayant d'autre objectif que de corroborer les enseignements de la seconde, tout comme on observe de curieuses affinités entre Richard Hoagland d'une part, David Percy et David Myers d'autre part. D'autres individus, comme James Hurtak, oscillent entre les deux et sont alternativement considérés comme des savants et des visionnaires. En règle générale, ceux qui appartiennent à la seconde mouvance réinterprètent, avec leur consentement, les travaux de leurs homologues de la première.

3. Interviennent enfin les hommes de l'ombre. On a pu reconnaître, à maintes reprises, la main de la CIA derrière des événements cruciaux. Mais comme il s'agit là d'un service secret – et pas n'importe lequel ! –, il faut entreprendre une véritable enquête pour savoir quels en sont les objectifs et le rôle exact. Il se peut que la CIA se soit livrée à une expérience de psychologie de masse, à partir des croyances défendues par les sectes appartenant à la seconde catégorie, mais elle cherchait probablement à créer un nouveau sytème de croyances, à l'image d'Andrija Puharich qui se fait le héraut des Neuf, à supposer qu'il ne les ait pas purement et simplement inventés.

Robert Temple raconte que la CIA l'a considérablement gêné en dérobant les résultats de son enquête sur les Dogons, et qu'elle n'a cessé de le persécuter pendant quinze ans. Dans quel but ? Cela défie l'entendement. S'il s'agissait de l'empêcher de poursuivre ses recherches, c'est raté. Et pourquoi s'acharner sur lui, une fois que son livre est sorti ? On ne peut pas empêcher les gens de le lire ! Il en est d'ailleurs sorti une nouvelle édition, en 1998, dans laquelle l'auteur met les choses au point.

À quoi bon harceler Robert Temple ? S'il s'agissait de freiner ou d'empêcher la diffusion du livre, c'est raté, puisque ça lui a au contraire fait de la publicité. Or, c'est justement ce que voulaient les gens de Langley. Les manœuvres auxquelles ils se sont livrés en témoignent : il n'y a rien de tel pour faire passer un message que de le nimber d'un parfum de mystère. C'est l'enfance de l'art pour tout service secret qui se respecte.

Si l'on se trouve vraiment en présence d'une conspiration, qui en sont les acteurs, et que veulent-ils ? Est-on en mesure d'identifier ceux qui tirent les ficelles ? On se trouve confronté à un problème épineux, auquel on ne peut apporter de réponse stéréotypée.

Le fait de retrouver constamment la CIA sur notre chemin pourait nous amener à incriminer les autorités américaines. Or, il arrive, comme on a pu le constater depuis quelque temps, que la CIA poursuive des objectifs qui ne correspondent pas à ceux du gouvernement américain, et qu'elle agisse à son insu. En outre, elle est elle-même déchirée par des luttes de tendance et des querelles intestines, de sorte que de hauts responsables n'hésitent pas à se servir d'elle pour réaliser des projets qui leur tiennent à cœur [15]. La présence d'agents de la CIA ne signifie donc pas qu'ils agissent conformément aux instructions de leur hiérarchie, ni sur ordre du président américain et de ses collaborateurs.

Il n'est pas non plus exclu que dans la classe politique ou dans le milieu des affaires on cherche, par ce biais, à assouvir des ambitions personnelles. Malheureusement, on n'en sait pas davantage. De même, les franc-maçons sont omniprésents, mais rien ne prouve que cela s'inscrive dans le cadre du mythique « complot maçonnique ».

Ceux qui défendent la thèse de la manipulation (à commencer par nous) s'imaginent habituellement que celle-ci est orchestrée par un groupe déterminé, qui poursuit des objectifs précis. Il n'en est rien, car une conspiration est toujours l'œuvre de plusieurs acteurs, qui défendent chacun leur propre intérêt. Il se peut donc que des agents de la CIA, des franc-maçons, de hommes politiques et leurs bailleurs de fonds soient directement impliqués dans une seule et même opération visant à répandre certaines croyances. En tout état de cause, le complot est beaucoup trop vaste pour être l'œuvre de quelques individus ou d'un groupe isolé.

S'il est difficile d'en identifier les auteurs, on en connaît en revanche fort bien l'objectif : il s'agit de nous faire embrasser une foi nouvelle.

À leur image

En 1973, les autorités américaines commandent une étude au SRI. Cela donnera lieu à un rapport, *Changing Images of Man*, élaboré sous la responsabilité de Willis Harman et O. W. Markley [16], et qui conclut que les « nouvelles valeurs » (soif de spiritualité, souci de l'écologie, développement personnel, etc.) vont se répandre dans toutes les couches de la population, et qu'il s'agit d'une évolution inéluctable. Cela devrait affecter profondément le monde contemporain (en particulier aux États-Unis), saper « la culture de la société industrielle moderne », occasionner des troubles sociaux, et se traduire par un déclin économique, une inflation galopante et un effondrement des institutions [17]. Avant tout, les auteurs du texte prévoient un affaiblissement de l'autorité, en réaction contre un système normatif.

Afin d'éviter cela, il conviendrait, selon eux, de s'en remettre aux traditions de la franc-maçonnerie.

> La franc-maçonnerie, qui a joué un rôle déterminant dans la naissance des États-Unis, comme l'atteste le Grand Sceau (figurant sur le dollar), présente un intérêt tout particulier pour les sociétés occidentales [...]. Elle permettrait ainsi [...] de revivifier

les symboles de l'Amérique, de réinterpréter la notion d'éthique du travail, de défendre les valeurs de la société démocratique, fondée sur la libre entreprise, et de conférer une signification nouvelle au développement de la technologie et de l'industrie [18].

Cela ressemble étrangement aux déclarations d'Henry Wallace, vice-président des États-Unis sous le mandat de Franklin Delanoe Roosevelt, et aussi, bien entendu, aux propos d'Edgar Cayce.

Il convient de souligner que ce rapport a été rédigé par le SRI à l'époque où cet institut de recherche collaborait activement avec la CIA et le Pentagone. On imagine que ce texte a suscité un vif émoi au sein de la classe dirigeante, d'autant qu'il observait que cette évolution était inévitable. Seule solution pour le pouvoir, récupérer le mouvement, afin de reprendre les choses en main.

Il s'agissait, entre autres, de faire appel aux symboles francs-maçons. La franc-maçonnerie, qui serait née dans l'Égypte ancienne, attache par exemple une grande importance à Sirius, « l'étoile flambloyante » que l'on voit dans tous les temples maçonniques.

Henry Wallace, Edgar Cayce et le rapport du SRI observent que les États-Unis ont contribué de façon déterminante à répandre les valeurs de la franc-maçonnerie, au point de fonder l'État maçonnique idéal [19]. Tel aurait été, selon eux, l'objectif des auteurs de la Déclaration d'indépendance des États-Unis, et notamment de Thomas Jefferson (sur les 56 signataires de cette proclamation, 50 sont franc-maçons, et l'on retrouve quasiment la même proportion, 50 sur 55, chez les Pères Fondateurs qui ont élaboré la constitution américaine). Willis Harman, un ancien conseiller à la Maison Blanche, a travaillé sur le rapport de SRI et participé, au début des années 70, aux expériences que cet organisme a menées avec Uri Geller, avant de s'intéresser à la vision à distance, à titre de directeur de l'Institut pour les sciences noétiques. Dans *An Incomplete Guide to the Future*, il retrace le rôle joué par les franc-maçons dans la création des États-Unis [20], en expliquant que les « symboles américains » sont avant tout d'essence maçonnique [21]. Or, dans *Changing Images of Man*, il formule le vœu que la société repose sur les valeurs de la franc-maçonnerie :

> Les symboles spécifiquement liés à la naissance de la nation revêtent également une autre signification. C'est en s'inspirant d'eux, de ses principes et des ses objectifs bien compris, et de rien d'autre, que l'on peut concilier les différentes opinions [22].

Il pense également que le symbole de la pyramide, avec sa pierre de faîte suspendue en l'air, qui figure sur le billet d'un dollar, signifie que « la nation ne prospèrera que si ses dirigeants sont guidés par une intuition trancendante [23] », autrement dit par « l'inspiration divine ». Il n'est pas anodin que le rapport du SRI relève que c'est là un emblème maçonnique. Incorporé dans le dessin à l'initiative d'Henry Wallace, le Grand Sceau se compose d'une pyramide inachevée, surmontée d'une pierre de faîte en suspension, mais qui renferme un œil environné d'un halo. L'ensemble est frappé de la devise suivante : *novus ordo seclorum*, « le nouvel ordre des siècles ».
Rappelons ce que disait Henry Wallace en 1934 :

> Il faudra reconnaître le Grand Architecte de l'Univers pour que la pierre de faîte soit mise en place, et que ce pays, dans la pleine jouissance de ses moyens, prenne la tête du concert international des nations et inaugure le « nouvel ordre des siècles ».

Le retour de la pierre de faîte en haut de la Grande Pyramide va de pair, dans son esprit, avec le rôle prééminent des États-Unis sur le plan international comme dans le domaine spirituel. Il était donc intéressant que Zahi Hawass annonce que, le 31 décembre 1999, on installerait une pierre de faîte en or en haut de la Grande Pyramide, ce qui en constituerait pour lui l'achèvement [24]. Voilà qui devrait satisfaire les franc-maçons américains.

La lumière et les ténèbres

Et si, malgré tout ce qui laisse penser à une manipulation, les Neuf étaient vraiment, comme ils l'affirment, les dieux de l'Égypte ancienne ? On serait tenté de le croire, tant que l'on ne prend pas en compte d'autres paramètres, comme le fait que la corrélation entre Mars et le plateau de Gizeh est sujette à caution, ce qui devient évident, si d'aventure on essaie d'en tirer un quelconque message. De même on ne peut soutenir, comme Bauval et Hancock, que les monuments égyptiens ne nous parlent que si on fausse au départ les données, ce à quoi les Neuf semblent eux-mêmes enclins.

Combien de gens s'en tiennent aux hypothèses qui reposent sur des données physiques, les angles de la « pyramide D & M », l'alignement de la Grande Pyramide sur Sirius, etc. ? Ce faisant, il reprennent, sans s'en rendre compte, les thèses de James Hurtak, qui s'inspire lui-même d'Alice Bailey, au point que l'on en vient à se demander si *The Keys of Enoch* ne va pas devenir la nouvelle Bible, dans certains milieux.

On serait tenté d'y voir un signe encourageant, car même si l'existence du Conseil des Neuf est loin d'être attestée, c'est son message spirituel qui prime, dans la mesure où c'est lui qui fait des émules et qui est susceptible d'influer, directement ou non, sur notre vie.

Or, s'il peut nous sembler farfelu, guidé par la pitié, ou tout simplement inoffensif, celui-ci recèle aussi bien des aspects inquiétants, dès lors qu'il conjugue manichéisme forcené et messianisme apocalyptique. Dans *The Keys of Enoch*, James Hurtak évoque la guerre entre les forces de la lumière et celles des ténèbres, qui doit se dérouler dans tout l'univers, y compris sur Terre. On assistera alors à « un conflit galactique et à un grand nettoyage [25] ». Cette dernière expression est d'autant plus troublante que James Hurtak recourt également à un vocabulaire suspect pour nous décrire les Derniers Jours :

> [...] la conclusion d'un « programme divin », après quoi une spirale ascendante nous fera passer de l'initiative de l'esprit-père au nouveau « schéma directeur » ; le développement accru de la « paix » intérieure et des bienfaits de la « joie », qui ira de pair avec la réception des cadeaux du saint esprit Shékinah par l'humanité connaissant le Très-Haut et utilisant la sagesse des « fils de la lumière », afin de préparer le gouvernement au nom de YHWH [26].

Il enfonce le clou : « Ceux qui ne collaboreront pas avec la lumière connaîtront de grands malheurs [27]. » Comme toujours, lorsqu'on se trouve en présence d'un discours exalté, il faut raison garder. Qui sont donc ces « fils de la lumière ». À qui les oppose-t-on ? Et surtout, qui décide ? Certain d'être un personnage éminent, James Hurtak n'hésite pas, du même coup, à cataloguer les gens à qui il s'adresse, ceux qui rejettent ses déclarations (prétendument calquées sur celles des Neuf), n'étant que les « enfants des ténèbres », même si l'on devine, en le lisant, qui traversera les épreuves les plus cruelles.

Le « grand nettoyage » auquel il fait allusion ressemble beaucoup à la « moisson » d'âmes qui devrait avoir lieu prochainement, si l'on en croit Rê, dont Carla Rueckert répercute les propos [28]. C'est au début du XXIᵉ siècle que l'on devrait assister à cet « enlèvement » des justes, variation sur le thème chrétien de « ravissement ».

Les Neuf se montrent souvent sous un jour ouvertement raciste, sans toutefois le crier sur les toits, ils sont trop malins pour cela. Les discours fleuves de dictateurs hystériques devant des foules au garde-à-vous sont aujourd'hui totalement anachroniques ; les Neuf se contentent de nous suggérer qui est l'ennemi. Ainsi, dans *The Only Planet of Choice*, Tom ne dénigre pas les Noirs. C'est même apparemment l'inverse, puisqu'il explique qu'ils sont les seuls à ne pas avoir été « ensemencés » par des extraterrestres. Il ne faut pas en conclure, dit-il avec perfidie, qu'ils sont « inférieurs [29] », ce qui est un exemple typique de « déni », au sens psychanalytique du terme. Vu la propension du genre humain à embrasser les thèses racistes, il est curieux qu'un être aussi avisé prenne le risque de jouer avec le feu.

Le racisme latent de cet ouvrage rappelle celui d'Alice Bailey, ou si l'on préfère celui du Tibétain, dont elle se veut le porte-parole. À première vue, celui-ci nous envoie un message de paix, de bonne volonté et de fraternité (quelle qu'en soit l'origine). La « Hiérarchie » ne vise donc que le bien. Pourtant, une fois de plus, sous couvert d'ésotérisme on relève des thèmes inquiétants. C'est ainsi que, dans *A Treatise on Cosmic Fire*, le Tibétain nous explique que la Hiérarchie « n'individualisera pas cet animal qu'est l'homme, comme elle l'a fait précédemment, mais stimulera le germe mental chez ces membres de la famille humaine qui, tout en étant, comme le dit H. P. B.

[Mme Blavatsky], apparemment des êtres humains, ne sont pas touchés par l'esprit ». Il s'agit, précise-t-il en note, « des Vedda de Ceylan, des aborigènes d'Australie et de certaines tribus africaines [30] ».

Vivant à la fin du XIXe siècle et au début du XXe siècle, Mme Blavatsky est marquée par l'idéologie de son époque, ouvertement raciste. L'esclavage est certes aboli, mais l'on continue à considérer les Noirs comme des bêtes de somme, quand bien même ils auraient une âme (raison pour laquelle on s'empresse de les convertir au christianisme, souvent par la force). Nous faudrait-il, malgré tout, laver Mme Blavatsky, Alice Bailey et Phyllis Schlemmer de toute accusation de racisme, car elles ne font que répéter ce que leur ont dit des entités supérieures, qui leur ont révélé des vérités éternelles ? C'est ce qu'affirment aujourd'hui tous ceux qui se réfèrent aux Neuf et reprennent implicitement à leur compte les thèses racistes.

Le racisme est dénué de tout fondement scientifique, mais il revêt plusieurs formes, le paternalisme s'avérant parfois aussi funeste et dégradant que l'incitation à la haine raciale. Le « racisme bienveillant » de ceux qui, à l'instar des partisans de l'apartheid, en Afrique du Sud, prétendent que les Noirs sont incapables de se gouverner et doivent par conséquent obéir au pouvoir blanc, distillent un poison insidieux. En tout état de cause, des « maîtres » avisés éviteraient d'en parler en public, de peur de provoquer une levée de boucliers (Tom et le Tibétain gardent sous le boisseau certaines informations, en attendant que nous soyons prêts à les entendre).

Pareille idéologie est évidemment funeste, pour l'individu et la société en général. Si épouvantable soit-il d'être subjugué par le discours hystérique d'un Hitler, accepter pareilles thèses lorsqu'elles sont véhiculées par des entités immatérielles témoigne d'une naïveté criminelle. Pourtant, les adeptes des Neuf adoptent sans hésiter les positions de Tom sur des questions aussi litigieuses que la non-reconnaissance par les juifs du statut messianique du Christ, l'avortement, l'homosexualité et l'indigence spirituelle de l'Islam. Ses déclarations ont pour eux valeur de parole d'évangile...

Certes, James Hurtak ne qualifie pas ouvertement les musulmans de « Fils des Ténèbres », mais il parle de « l'anti-univers » ou de « la violation de la Lumière Vivante, dont la ka'bah, la pierre noire de La Mecque, est un exemple [31] », et qui représente « l'antipouvoir de la vie » et « l'anti-Christos ». Il va jusqu'à dire qu'elle « est avec Alpha Draconis [l'un des lieux où résident, d'après lui, "les pouvoirs spirituels déchus"] au service des enfants des Ténèbres [32] ». En jetant l'opprobre sur le symbole le plus sacré de l'Islam, il flétrit cette religion dans son ensemble, à commencer par ses fidèles. Cela explique qu'il déclare, dans *The Keys of Enoch* :

> Nous comprenons ainsi comment les univers déchus seront sauvés lors de l'affrontement galactique des Fils de la Lumière avec les Fils des Ténèbres [33].

Les justes doivent se pénétrer de la dialectique spirituelle mettant aux prises ceux qui choisissent la Pyramide de la Lumière comme tremplin, afin d'être aspirés dans une spirale de Lumière, et ceux qui optent pour le Cube noir [34].

Il évoque explicitement le « message transcendant » du Coran [35], en ajoutant que seuls doivent être retenus les versets compatibles avec l'Ancien Testament. Sachant que derrière ses déclarations les plus favorables au New Age perce le fondamentalisme protestant, il ne faut pas s'étonner que notre homme approuve tout ce qui s'accorde avec l'Ancien Testament. Reste à voir ce qu'il pense du judaïsme.

Le mot Israël revient souvent sous sa plume, et il se réfère volontiers à la Bible, mais il est évident qu'à l'instar de Tom, qui s'exprime par la bouche de Phyllis Schlemmer, il regrette que les juifs n'aient pas reconnu le Messie en Jésus-Christ. Par voie de conséquence, ceux qui adoptent la démarche exposée dans *The Keys of Enoch* fonderont « le véritable Israël [36] ». Enfin, comme d'autres auteurs de la même veine, il attache une grande importance à un texte prophétique d'Isaïe (20, 19-20) :

> Ce jour-là, il y aura un autel dédié à Yahvé au milieu du pays d'Égypte, et près de la frontière une stèle dédiée à Yahvé. Ce sera un signe et un témoin de Yahvé Sabaot au pays d'Égypte.

> Quand ils crieront vers Yahvé par crainte des oppresseurs, il leur enverra un sauveur et un défenseur qui les délivrera*.

Ce texte, qui annonce le second avènement du Messie, est fréquemment cité par les chrétiens intégristes et les partisans du New Age, qui croient reconnaître la Grande Pyramide dans cette « stèle dédiée à Dieu », en affirmant parfois (comme Hurtak, justement) que l'on est sur le point de découvrir de nouvelles « chambres » à l'intérieur de l'édifice. Randall-Stevens lui-même, lorsqu'il évoque, dans les années 20, l'existence de pièces souterraines creusées sous le Sphinx, fait référence à ces versets, en précisant que les sciences occultes lui ont révélé que c'est de ce monument et des pyramides de Gizeh qu'il est question [37]. Il ajoute que l'heure de l'accomplissement de la prophétie est venue.

Il est curieux qu'aucun de ces auteurs ne cite la suite du texte. Après avoir dit que « Yahvé se fera connaître des Égyptiens », Isaïe ajoute (20, 22) : « Et si Yahvé frappe les Égyptiens, il frappera et guérira. » Qu'est-ce à dire ? Leur enverra-t-il, vingt-sept siècles plus tard, un « juste » autoproclamé, en la personne de James Hurtak, pour les châtier, car ils se sont convertis à l'Islam ? Et quelle guérison leur promet-il ?

Force est de reconnaître, même si nous le déplorons, que les dernières déclarations sur Internet de Graham Hancock et Robert Bauval revêtent des accents messianiques. Voici, par exemple, ce que Robert Bauval proclamait le 29 juillet 1998 :

> Le troisième millénaire approche. Ceux qui rêvent de provoquer un changement intellectuel et spirituel sur Terre ont du pain sur la planche. Gizeh a, sans l'ombre d'un doute, un rôle essentiel à jouer.

Graham Hancock n'est pas en reste, comme on peut en juger avec le texte suivant :

---

* Traduction de *La Bible de Jérusalem*. *(NdT)*

> Sur le point d'entamer un nouveau millénaire, à la fin d'un siècle d'horreurs et de massacres inouïs, pendant lequel s'est aussi épanoui l'appétit du lucre, l'humanité doit choisir entre l'esprit et la matière, la lumière et les ténèbres.

On serait tenté de les croire sur parole, vu leur ton pontifiant. Mais cela résiste-t-il à l'analyse ? L'humanité n'a-t-elle pas déjà été confrontée à des choix douloureux ? Les atrocités du XXe siècle ne sont-elles pas davantage le résultat des progrès de la technique que d'une plongée vertigineuse dans le mal ?

En réalité, le XXe siècle a été sans précédent, car il a versé d'un extrême à l'autre, pouvant être aussi monstrueux que généreux. En dépit de tous ses travers, il a donné lieu à des progrès considérables dans une multitude de domaines, à commencer par celui de la démocratie et des droits de l'homme.

Pourquoi Graham Hancock et Robert Bauval tiennent-ils absolument à nous faire croire que nous vivons aujourd'hui dans un état de déréliction ? Pourquoi insistent-ils autant sur la noirceur de notre époque ? Voudraient-ils nous aider à y remédier, en accueillant des sauveurs, prêts à intervenir ? D'après eux, nous serions, spirituellement parlant, à l'aube d'une véritable révolution. « Le monde attend un enfant [38]... », écrit Bauval, qui tient, consciemment ou non, le même langage qu'Aleister Crowley, lorsqu'il nous parle de « l'Éon de l'Enfant ».

Poursuivent-ils le même objectif que James Hurtak ? Ils connaissent bien ses livres, à commencer par *The Keys of Enoch*, ce qui ne signifie pas qu'ils épousent toutes ses déclarations. En revanche leurs ouvrages, depuis *Le Mystère d'Orion* jusqu'au *Mystère de Mars*, rappellent étrangement les siens et ils nous resservent les mêmes thèses que lui, qui décalque les propos des Neuf.

« Apocalypse now »

Fait de bric et de broc, ce nouveau système de croyances est un habit d'Arlequin. Méticuleusement conçu, il table sur nos réactions instinctives devant certains symboles, et il fonctionne comme une

une religion hybride destinée à séduire tous les intégristes, hormis les musulmans, cela va de soi. Sous couvert de modernité, avec leurs allusions à la technique et la science, les déclarations de James Hurtak, Phyllis Schlemmer et Carla Rueckert reproduisent en fait les thèmes les plus éculés des chrétiens fondamentalistes.

De part et d'autre, on s'inscrit dans une perspective manichéiste qui annonce la lutte entre le bien et le mal, et l'on cultive une espérance messianique, celle de la venue d'un sauveur, les « bons » étant promis à la vie éternelle, les méchants rôtissant en enfer. En dépit des apparences, James Hurtak et Lambert Dolphin défendent souvent les mêmes idées dans *The Only Planet of Choice* et *The Keys of Enoch*. Ainsi les voit-on souligner l'importance d'Israël, afin de complaire aux juifs orthodoxes (ce qui n'a rien d'étonnant quand on sait que Lambert Dolphin est très proche de l'extrême droite israélienne, raison pour laquelle il a pu effectuer des fouilles sous le Dôme du Rocher).

James Hurtak réalise, quant à lui, une synthèse entre les principales religions existant aux États-Unis, y compris celle des mormons, il se réfère à des sectes existant pour certaines depuis deux siècles, comme la Grande Fraternité blanche, et inclut dans le tableau les principaux thèmes ésotériques, à commencer par celui de « races originelles » (les Atlantes, par exemple), des ovnis et des « petits hommes verts », mais il passe sous silence l'Islam, qui fait pourtant de nombreux adeptes chez les Noirs-Américains. Bref, dans son esprit, les musulmans n'entrent pas en ligne de compte.

Les services secrets jouent en la matière un rôle déterminant. Reste à comprendre pourquoi la CIA et ses homologues ourdissent un complot à la tonalité résolument anti-islamique. Il s'agirait ni plus ni moins de manipuler l'opinion publique, et de la préparer à un événement qui aura des répercussions gigantesques.

Si l'on ne sait pas très bien de quoi il retourne au juste (révélation, retour en fanfare des dieux à Gizeh, devant une foule en liesse), il est certain que les principaux intéressés ont les moyens techniques et financiers d'orchestrer pareille mise en scène.

Que l'on assiste ou non à ce genre de spectacle, le fait est que l'on nous conditionne, afin que nous acceptions sans broncher l'instauration d'un nouvel ordre, théocratie officielle ou intégrisme insidieux. L'homme est capable du pire, l'histoire contemporaine l'a amplement démontré, mais la force brute ne suffit pas à subjuguer les masses, encore faut-il les endoctriner. On en revient toujours à la même question : pourquoi la CIA s'acharne-telle ainsi sur l'Islam et les musulmans ?

La réponse est simple : en répandant une idéologie manichéenne, qui oppose le bien et le mal, la lumière et les ténèbres, etc., on amène les gens à renoncer à tout esprit critique, à se couler dans le moule et à obéir aveuglément à un pouvoir totalitaire. Or, l'intégrisme religieux est un terreau fertile à ce genre de dérive.

Puisqu'il s'agit d'asservir les gens, on a intérêt à les infantiliser. En leur promettant des changements spectaculaires lorsque reviendront les dieux, on laisse entendre que l'humanité n'a jamais été capable de s'assumer, et qu'elle n'a eu d'autre recours que de s'en remettre à des instances supérieures ou transcendantes, extraterrestres, divinités de l'Égypte ancienne, Dieu des chrétiens...

Fanatisé, l'être humain est alors prêt à commettre des horreurs, et il n'hésite pas, le cas échéant, à se suicider, comme les membres de la secte de la Porte du Ciel, qui pensaient accélérer ainsi leur réunion avec les extraterrestres, venus les chercher dans leur vaisseau spatial.

On ne vénère pas impunément les ovnis et leurs occupants. Jacques Vallée avait déjà flairé le danger dans *OVNIS : la grande manipulation*. Voici ce qu'il écrivait au début des années 80 :

> Ceux qui sauront exploiter la peur que nous inspirent les forces du cosmos, ainsi que l'émotion soulevée par les contacts avec les ovnis, pourront alors exercer un terrible chantage spirituel [39].

D'autres que lui ont dressé le même diagnostic. Nous ne connaîtrons jamais tous les dessous de l'affaire, mais il va de soi que les principaux acteurs de cette conspiration auraient bien aimé qu'il se passe effectivement quelque chose à la date prévue (que l'on ait assisté au retour des dieux ou que l'on nous ait fait miroiter un avenir radieux), ce qui leur aurait permis d'exercer un ascendant sur le commun des mortels.

Vu l'hystérie qui s'est emparée d'une partie de la population, à la veille du passage à l'an 2000, ce genre d'idéologie ne présage rien de bon. Une fois encore, Jacques Vallée a vu juste. Dans *Révélations*, il formule l'analyse suivante :

> À l'aube du troisième millénaire, le fait de croire que des extraterrestres vont, d'un instant à l'autre, débarquer chez nous est un fantasme aussi puissant qu'une drogue, aussi subversif que les illusions qui ont pullulé pendant mille ans, et aussi pernicieux que les grandes crises irrationnelles de l'histoire [40].

Mettant cela en parallèle avec le thème de la race supérieure, qui a présidé aux atrocités nazies, il énumère, dans un précédent ouvrage, les conséquences funestes que peut avoir l'emprise exercée actuellement par les diverses sectes qui vénèrent les ovnis et leurs équipages : nous risquons, entre autres, de ne plus nous sentir maîtres de notre propre destinée, tandis que ces groupuscules véhiculent des thèses racistes et une fascination pour les régimes totalitaires [41].

Alors que la religion perd du terrain en Occident, va-t-on bientôt voir apparaître un autre Moïse ou un nouveau Jésus-Christ, qui donnera un sens à notre vie et nous remettra un équivalent du Décalogue ? Allons-nous assister au retour, soigneusement orchestré, du « Grand Initié » ?

Notons bien qu'Ira Einhorn, qui se dit persuadé que les Neuf existent, nous met aussi en garde contre eux :

> Il n'est pas question de me consacrer à quelque chose d'invisible. C'est très dangereux. Cela revient à abdiquer sa liberté, et l'on se trouve vite dans un camp de concentration... Disons-le tout net : il s'agit là d'une forme d'ésotérisme fasciste. Les contacts avec des extraterrestres ou avec d'autres entités doivent obéir à des principes démocratiques. On ne peut pas se permettre de croire aveuglément ce que l'on nous raconte. Dans un premier temps, on est bien obligé d'accepter les invraisemblances, mais cela s'arrête là [42].

Or, de plus en plus de gens se contentent de « croire », sans savoir pour autant ce qu'il va advenir d'eux. On relève des signes inquiétants. Tom/Atoum, le porte-parole du Conseil des Neuf, se montre lui-même très explicite :

> Si rien ne change, la planète Terre n'existera plus aux alentours de l'an 2000. Les civilisations essaient par conséquent de donner un coup de balai et de remettre de l'ordre [43].

Il est temps de faire preuve de maturité

Tout cela peut être interprété de deux façons différentes. Premier cas de figure : ceux qui tirent les ficelles sont persuadés que l'on peut entrer en contact avec des intelligences extraterrestres, les dieux de l'Égypte ancienne, et ils font en sorte d'y parvenir. Rien ne dit qu'ils ne cherchent pas à découvrir à cet effet un moyen technique, une « porte des étoiles », tout en essayant par ailleurs la télépathie et la transe médiumnique. Cela expliquerait que l'Égypte soit actuellement le théâtre d'une activité clandestine d'autant plus effrénée que l'on espère exhumer bientôt quelque chose fonctionnant comme une « fenêtre » donnant sur l'autre monde, et par où les Neuf viendront bientôt nous rendre visite. Dès lors, on comprend pourquoi les « conspirateurs » s'intéressent autant à Mars et à Sirius, et tiennent absolument à ce que nous fassions le rapprochement entre l'Égypte et les extraterrestres, car il s'agit de nous préparer psychologiquement à entrer en contact avec ces fameux dieux.

Tout dépend de ce que sont vraiment ces derniers. À qui avons-nous affaire, et pourquoi devrions-nous les écouter ? Ils se présentent comme les Neuf, la Grande Ennéade d'Héliopolis, dont chaque membre préside à un domaine particulier de la vie de l'homme. Déesse mère, Isis est aussi patronne des magiciens, tandis que Geb, dieu de la terre qui donne des fruits, correspond peu ou prou à Jupiter. Ces divinités nous sont toutes favorables. Rien ne s'oppose donc à ce que nous les accueillions sur terre, dans l'espoir qu'elles mettent fin à nos épreuves. Mais que se passerait-t-il si les Neuf n'étaient qu'un stratagème destiné à endormir notre méfiance, un cheval de Troie ? Ils ont l'air inoffensifs, mais sait-on ce que cela cache ?

Jon Povill, qui a écrit en 1975 le scénario d'un film intitulé *The Nine* (« Les Neuf ») pour le compte de Gene Roddenberry, s'est tenu ce raisonnement. Dans la biographie de Gene Roddenberry, Joel Engle observe qu'après avoir rempli son contrat Jon Povill s'est rendu compte que :

> [...] si ce scénario devait nous préparer à voir débarquer sur terre des entités venues de l'au-delà, il risquait d'avoir inconsciemment facilité l'arrivée chez nous d'envahisseurs mal intentionnés. Nous n'avons pas la preuve que les Neuf sont des dieux bienveillants [44].

Deuxième cas de figure : l'arrivée des dieux ou « frères de l'espace » n'est qu'un montage. On ne verra peut-être jamais débarquer les authentiques divinités de l'espace, mais certaines instances ont intérêt à nous faire guetter leur arrivée, afin de mieux nous dominer.

Dans cette optique, ce grand remue-ménage à Gizeh n'a d'autre but que de contrôler le lieu le plus magique de la Terre, vers lequel convergent tous les regards, et où l'on escompte que va se produire une révélation. Qu'est-ce qui nous prouve que les Neuf vont arriver sous peu ? Rien, nous sommes obligés de croire sur parole ce que l'on nous dit, et lorsque nous nous apercevrons qu'aucun dieu n'est venu sur terre et ne viendra sans doute jamais, ce sera trop tard, car nous serons déjà assujettis à un pouvoir bien terrestre, qui adoptera des mesures d'exception pour faire régner sa loi.

C'est ainsi que prend forme une nouvelle religion, au nom de la Grande Ennéade d'Héliopolis. Nous sommes d'ores et déjà tenus de lui obéir aveuglément. Mais cela signifie qu'elle a considérablement changé au fil des siècles, puisque les divinités égyptiennes, *dei otiosi*, n'intervenaient pas dans la vie des hommes et dans la marche du monde. Contrairement à Yahvé, elles n'avaient cure d'être vénérées. Michael Rice l'explique très bien dans *Egypt's Legacy* :

> Les prêtres n'étaient pas tenus de célébrer le culte des dieux...
> À la différence des dieux de Sumer, et en particulier de ceux des

peuples sémites du Proche-Orient, les divinités égyptiennes n'avaient pas besoin d'être constamment rassurées [45].

Autrement dit, l'Ennéade ne nous a remis aucune « Table de la Loi », et nous n'avons jamais mené de guerre sainte en son nom. Les Neuf se contentent d'exister, un point c'est tout.

Si les dieux de l'Égypte ancienne avaient sondé les cœurs et les reins des hommes, ceux-ci, malgré leurs défauts, n'auraient pas été en butte au mépris, mais on aurait considéré qu'ils faisaient partie intégrante de la divinité. Bien plus que de simples « compagnons du créateur », pour reprendre l'expression de Whitley Strieber, chaque individu aurait été perçu comme un être renfermant une étincelle du divin. De même que les neuf dieux de l'Ennéade représentent chacun un aspect différent de l'Un, nous recélons tous un peu de cette énergie inépuisable.

En dépit, sinon à cause de l'estime que les auteurs de ce livre portent à la religion de l'Égypte ancienne, ils n'hésitent pas à dénoncer l'imposture du Conseil des Neuf. Il ne peut s'agir là de la Grande Ennéade, car cet aréopage se compose de dieux ignorants, facteurs de discorde, et ne possédant aucune des qualités que l'on est en droit d'attendre de tels archétypes. Et même si, malgré les invraisemblances criantes, ils étaient vraiment ce qu'ils disent, nous aurions tout lieu de les repousser. À supposer, par exemple, qu'Isis s'exprime de façon aussi pernicieuse que les Neuf, il nous appartiendrait, en tant qu'adultes responsables, de rejeter pareil discours et celle qui parle ainsi, à savoir la grande déesse en personne. Que la Terre soit ou non la seule planète où l'on est en mesure de prendre sa destinée en main, le libre arbitre est notre arme la plus efficace contre les intrigues de ces neuf divinités insidieuses et corruptrices.

Admettons cependant que le Conseil des Neuf rassemble les dieux de l'Égypte ancienne : cela pose un autre problème, dans la mesure où nous ne savons pas si ces divinités ont elles-mêmes décidé de revenir sur Terre, ou si elles ne font qu'accéder à la requête des « conjurés », qui se sont arrangés pour que cela coïncide avec le programme qu'ils nous ont concocté.

De ce point de vue, ces « comploteurs » ne se contentent pas de nous manipuler, mais ils se servent aussi sans vergogne de leurs divins complices. Ils ont tort, car cela risque de se retourner contre eux. Seth, par exemple, ce dieu violent qui a assassiné son frère Osiris, doit normalement faire partie du Conseil des Neuf, si celui-ci correspond bien à la Grande Ennéade. Or, on ne l'entend pas, il ne s'exprime jamais par la bouche de ces fameux intermédaires que nous avons rencontrés au cours de notre enquête. Le garderait-on en réserve pour plus tard ? Serait-il déjà arrivé subrepticement au sein du Conseil des Neuf ? Si tel est le cas, quel rôle lui a-t-on assigné ? Le silence qui règne à son sujet ne présage rien de bon.

Dans *The Sacred Mushroom*, Andrija Puharich nous explique que Sirius est l'étoile (double) du dieu Sept *(sic)* [46], ce qui est pour le moins surprenant, dans la mesure où les Égyptiens assimilaient Sirius à la déesse Sothis, elle-même une manifestation d'Isis. Bref, Sirius est associée au principe féminin, et non à la masculinité. Cela n'empêche pas deux auteurs qui font autorité, Aleister Crowley et Kenneth Grant (qui relient cet astre et Sept à Seth), de voir en Sirius un dieu [47]. Il est étrange qu'ils soient les seuls, tous les trois, à défendre cette thèse, qui ne repose sur rien.

Cela nous en dit long sur les présupposés qui sous-tendent ce nouveau système de croyances. Les femmes y brillent en effet par leur absence, même là où l'on s'attendrait à les trouver, par exemple lorsqu'il s'agit de Sirius, qui renvoie à Isis, comme on vient de le voir. Quatre déesses figurent au sein de la Grande Ennéade, Tefnout, Nout, Isis et Nepthys, mais jamais Tom n'y fait allusion ni ne nous invite à leur rendre hommage. Or, le culte d'Isis était très important, dans la religion de l'Égypte ancienne. Décidément, les Neuf ont beaucoup changé, au fil des siècles !

Nous découvrons peu à peu que nous sommes confrontés à une conspiration ourdie exclusivement par des hommes, et qui revêt par conséquent une tonalité machiste. C'est patent dans *The Keys of Enoch* de James Hurtak. Peut-être pour imiter l'Ancien Testament, et complaire ainsi aux intégristes juifs et chrétiens, James Hurtak adopte un ton résolument sexiste. S'il s'agit d'élaborer une nouvelle religion, mieux vaut en profiter pour corriger les méprises d'antan, que de les aggraver en prêchant un dogme encore plus patriarcal.

Et pourtant, on ne compte plus tous ceux qui voudraient que la société de demain soit organisée autour des valeurs de la franc-maçonnerie, au motif que cette obédience permet à ses membres, qui sont dans leur immense majorité des hommes, de se parfaire et d'œuvrer à leur élévation spirituelle. Malheureusement, les franc-maçons véhiculent une idéologie discriminatoire à l'égard des femmes, aujourd'hui complètement dépassée. Allons-nous perpétuer les erreurs du passé, en continuant à occulter la leçon des Égyptiens, qui veillaient à maintenir la balance égale entre les principes masculins et féminins ?

Il est en effet navrant que les « conjurés » aient utilisé avec un tel cynisme la religion de l'Égypte ancienne, car celle-ci était construite autour de l'idée d'équilibre entre les contraires, la lumière et l'obscurité, l'élément masculin et l'élément féminin, comme l'attestent les couples symétriques Isis, déesse du bien et Nephtis, sa sœur, déesse du mal, et Isis/Osiris, les deux conjoints. Chaque fidèle avait sans doute ses divinités préférées, mais celles-ci étaient toutes placées sur un pied d'égalité, et il n'existait aucune hiérarchie entre elles, ce qu'ignorent tous ceux qui ont détourné à leur profit le panthéon d'Héliopolis, avant d'en faire un produit de grande consommation, complètement frelaté. Le nom reste le même, mais sous le même emballage on nous sert un produit complètement différent, et la déesse Isis n'est qu'une étiquette sous laquelle on nous ressort la vieille antienne machiste.

Il ne s'agit pas de se voiler la face devant les innombrables problèmes qui se posent à nous, et dont nous sommes bien souvent directement responsables, mais c'est au contraire une raison supplémentaire pour ne pas renoncer à notre liberté et nous en remettre à ceux qui parlent au nom des dieux de l'espace, et qui sont en réalité manipulés par les militaires et les services secrets.

Si l'on écoute leurs partisans, il faudrait attribuer aux extraterrestres tous les progrès réalisés par le genre humain, et imputer aux hommes et aux femmes ce qui ne va pas. Sinon, pourquoi ces êtres de l'espace viendraient-ils nous sauver ?

Même si le Conseil des Neuf existait vraiment, il conviendrait de l'ignorer et de rejeter son message pernicieux. À supposer que nous ayons jadis été inférieurs à ses membres, nous les avons depuis largement dépassés, notamment sur le plan moral. Nous auraient-ils colonisés qu'il serait grand temps de revendiquer notre indépendance, au lieu de les accueillir avec un sourire béat, comme si nous célébrions une version galactique du culte du cargo, en saluant bien bas les équipages qui nous amènent des denrées...

Nous sommes tous des héros semblables à des dieux, dotés de possibilités quasiment infinies, et nous devrions être adultes depuis longtemps, et nous assumer pleinement.

Épilogue
La véritable porte des étoiles ?

Cet ouvrage a pris la forme d'une enquête policière pleine de rebondissements, mais qui nous concerne tous, que nous le voulions ou non, tandis que la « machine de la fin des temps » égrène les heures. Cependant, maintenant que nous avons révélé ce qui se trame derrière les mystères de Mars et de l'Égypte ancienne nous risquons de passer, à tort, pour des sceptiques, dès lors qu'il est question de mystique et de spiritualité. Heureusement, nous avons aussi exploré d'autres pistes, qui nous ont permis de remettre en perspective les énigmes apparues çà et là, et de leur apporter une solution élégante.

Pensant au départ axer nos recherches sur la religion d'Héliopolis, nous nous sommes reportés aux textes des pyramides et aux documents annexes. Après avoir découvert l'existence d'une conspiration, nous avons changé d'optique et nous nous sommes intéressés aux travaux d'Andrija Puharich sur le chamanisme. Or, cela nous a renvoyés à plusieurs thèmes récurrents des textes des pyramides, si bien que nous en sommes venus à envisager une hypothèse audacieuse. En privé, Andrija Puharich rapproche le chamanisme de la religion d'Héliopolis, même s'il n'en dit rien dans ses livres. Il nous paraissait également curieux que la CIA se soit intéressée aux drogues psychédéliques et à ces prêtres-sorciers que sont les chamans.

Selon toute vraisemblance, le périple du roi égyptien après sa mort correspond au voyage astral des chamans. C'est du moins ce qui ressort des textes des pyramides. Or, ce sont de récentes études consacrées au chamanisme qui nous permettent de comprendre d'où vient la science des Égyptiens, et comment leur ont été communiqués les secrets de la religion d'Héliopolis.

La percée

Prêtres-sorciers, les chamans sont des médiums émérites, qui savent interpréter les rêves, soigner les maladies et conseiller ceux qui viennent les voir, en mettant à profit ce qui leur apparaît, lorsqu'ils entrent en transe. On les trouve surtout chez les peuples dits « primitifs », qu'ils vivent en Sibérie, dans l'extrême nord du continent américain ou dans la forêt amazonienne. Ils sont capables de quitter leur corps et de s'évader dans d'autres dimensions inaccessibles au commun des mortels, dont ils retirent des informations très précieuses, sur le plan pratique.

En 1995 paraît *Le Serpent cosmique, l'ADN et les origines du savoir* de Jeremy Narby, un anthropologue suisse. Dans cet ouvrage remarquable, consacré aux chamans d'Amazonie, l'auteur révèle l'étendue des connaissances que ces prêtres-sorciers-guérisseurs retirent de leurs transes et extases induites par des hallucinogènes, au premier rang desquels l'ayahuasca. Il nous propose ensuite sa propre explication du phénomène, ce qui nous permet de lever un coin du voile sur les mystères de l'Égypte ancienne.

Au milieu des années 80, alors qu'il rédige son doctorat, il vit quelque temps parmi les Indiens de l'Amazonie péruvienne. Comme tant d'autres avant lui, il est fasciné par leurs connaissances en matière de botanique, et notamment par leur science des plantes médicinales, dont ils se servent pour fabriquer des remèdes efficaces (la preuve en étant qu'il s'est fait soigner avec succès des rhumatismes chroniques dans le dos, devant lesquels la médecine occidentale était impuissante). Cela l'intrigue : comment les Indiens d'Amazonie en sont-ils arrivés là ? Il n'y a, statisquement parlant, qu'une chance infinitésimale de trouver par hasard, ou par tâtonnements, la recette d'une préparation thérapeutique. On dénombre quelque 80 000 espèces végétales dans la forêt amazonienne, de sorte que, pour mettre au point une médication à partir d'une ou deux plantes seulement, il faudrait essayer 3 700 000 000 combinaisons... La plupart de leurs médications font d'ailleurs appel à plusieurs plantes, et ce calcul ne tient pas compte des opérations complexes qu'il faut réaliser pour en extraire à chaque fois l'élément actif et concocter un mélange actif.

On en a un bon exemple avec l'ayahuasca, fabriqué à partir de deux végétaux : d'abord, les feuilles d'un arbuste, qui contiennent une hormone présente dans notre cerveau, la diméthyltryptamine – qui est en réalité un hallucinogène puissant – découverte seulement en 1979 par les scientifiques. Si on l'ingère telle quelle, elle est décomposée dans l'estomac par un enzyme, et perd toute efficacité. On lui adjoint donc une seconde substance, extraite d'une plante grimpante, qui la protège contre l'effet de cet enzyme.

L'ayahuasca est une drogue de synthèse, fabriquée sur commande, comme si les Indiens avaient su de toute éternité quels ingrédients entraient dans la composition de la mixture idoine. De quelle façon ont-ils procédé pour en arriver là, sans se livrer à de multiples tâtonnements ? Comment ont-ils découvert les propriétés de ces deux plantes ?

Voici des gens qui, sans microscopes électroniques, sélectionnent, parmi les quelque 80 000 espèces végétales existant en Amazonie, les feuilles d'un arbuste refermant une hormone présente dans notre cerveau et possédant des vertus hallucinogènes. Ils les mélangent ensuite à une plante grimpante, dont certaines composantes inactivent un enzyme présent dans notre système digestif, afin qu'il n'annule pas les effets psychédéliques. Or, les Indiens se livrent à toutes ces manipulations dans le seul but de modifier leur état de conscience.

Tout se passe comme s'ils connaissaient les propriétés moléculaires des plantes en question, ainsi que la façon de les associer. Quand on leur pose la question, ils répondent que ce sont ces plantes hallucinogènes elles-mêmes qui leur ont expliqué comment procéder [1]...

Autre exemple, celui du curare [2], ce poison violent qui attaque le système nerveux. Obtenu lui aussi à partir de plusieurs plantes, il répond au départ à des besoins précis. Il s'agissait de mettre au point un poison mortel, qui fasse également tomber à terre les proies des chasseurs : touchés par une arme de trait, les singes s'agrippent en effet à la branche sur laquelle ils sont perchés, restant hors d'atteinte, même après leur mort. Il fallait aussi, cela va de soi, que la viande soit comestible. C'est beaucoup demander, pourtant le curare satisfait à toutes ces exigences : exerçant une action paralysante, il bloque la respiration et n'agit que si on l'injecte dans le système circulatoire, à l'aide d'une flèche de sarbacane, par exemple. Ingéré, il est parfaitement inoffensif.

L'invention du curare est proprement stupéfiante. Le curare ordinaire est le fruit d'une longue préparation : on fait bouillir plusieurs plantes trois jours durant, pendant lesquels s'exhalent des vapeurs toxiques. On en revient toujours à la même question : comment l'a-t-on découvert ?

C'est d'autant plus extraordinaire que les Indiens d'Amazonie utilisent quarante sortes de curare, qui possèdent toutes les mêmes propriétés mais ne sont pas fabriquées exactement avec les mêmes plantes, car la végétation change d'une région à l'autre. Il a donc fallu « réinventer » quarante fois le curare. En Occident, on ne le connaît que depuis le milieu du XXe siècle, et il est utilisé en chirurgie comme décontractant musculaire.

Pour les Indiens, il n'y a pas de doute : ce sont les esprits qui le leur ont offert, par l'intermédiaire des chamans.

Ce ne sont là que deux exemples de préparations végétales en vigueur chez les Indiens d'Amazonie, et dont on n'a toujours pas dressé un inventaire complet. À la question de savoir comment ils ont appris à les fabriquer, les Indiens répondent invariablement que se sont des esprits qui leur en ont donné la recette, par le truchement des chamans qui entrent en transe après avoir pris des hallucinogènes, comme l'ayahuasca (ce qui est un peu l'histoire de l'œuf et de la poule, puisque si les sorciers doivent ingérer de l'ayahuasca pour en connaître les propriétés, qui leur en a parlé, au départ ?).

Narby n'est certes pas le premier anthropologue à qui les Indiens expliquent que c'est sous l'influence de psychotropes qu'ils ont appris ce genre de choses, mais personne n'a encore jugé utile de vérifier ce qu'il en est exactement. C'est en fait une caractéristique du chamanisme que d'attribuer aux esprits, qui s'emparent du prêtre-sorcier lorsqu'il entre en transe, l'origine de tout le savoir.

Il va donc tenter lui-même l'expérience et prendre de l'ayahuasca. La première fois, il se retrouve en présence de deux serpents qui le renvoient à son insignifiance, en tant qu'être humain, et lui représentent l'étendue de son ignorance. Il s'opère alors chez lui un déclic : se débarrassant de ses préjugés occidentaux et de ses belles certitudes scientifiques, il regarde ce phénomène d'un œil neuf. Son livre est d'ailleurs un exemple de la façon dont les pratiques chamaniques nous permettent d'élargir le champ de nos connaissances, les deux reptiles lui ayant donné des idées qui autrement ne lui seraient jamais venues à l'esprit [3].

Les vertus pédagogiques de la transe et de l'extase chamaniques ne se réduisent pas à la pharmacopée, puisque c'est par ce biais que les Indiens auraient aussi appris à tisser et à travailler le bois. En règle générale, les chamans retirent de leurs transes extatiques des connaissances utiles, qui permettent le cas échéant de sauver des vies.

L'idée que l'on puisse apprendre de cette façon nous paraît totalement absurde, puisque cela ne fait appel ni à la logique, ni à l'expérience, ni même à la transmission d'un savoir détenu par quelqu'un, issu ou non de la même culture.

Or, l'on se trouve très exactement devant ce cas de figure avec la science des Égyptiens, qui leur a permis de construire « l'impossible » Grande Pyramide, et qui semble être apparue d'un seul coup, sans être le fruit d'un long cheminement. Comme on n'a retrouvé aucune trace d'une telle maturation, celle-ci n'a probablement jamais eu lieu. En effet, où sont les ébauches de pyramides qui auraient été construites avant celles de l'Ancien Royaume ? On en conclut que les Égyptiens ont hérité de compétences avérées, qui leur ont été transmises par une civilisation perdue ou par des extraterrestres.

Et s'il existait une autre façon d'obtenir ce genre de renseignements, celle des chamans, qui puisent leurs informations à la source même ?

Les extraordinaires connaissances botaniques des Indiens d'Amazonie sont à mettre en parallèle avec le brio dont ont fait preuve les bâtisseurs de l'Égypte ancienne, qui se sont montrés très en avance sur la science de leur temps, mais aussi sur celle de notre époque.

Questions et réponses

Le chamanisme se rencontre dans certaines sociétés dites primitives, qui en sont restées à l'âge de pierre. Il se situe donc à un stade que les sociétés « avancées » ont dépassé depuis très longtemps. Peut-on cependant imaginer que les rituels chamaniques ont perduré en certains endroits du monde, et qu'ils ont continué à être pratiqués de façon encore plus élaborée que celle que l'on trouve chez les Indiens d'Amazonie, alors même que la civilisation se développait ? Qu'aurait-on pu apprendre par ce biais ?

Des auteurs ont mis en relief dernièrement l'influence du chamanisme dans l'Égypte ancienne. Andrew Collins, par exemple, s'est penché sur la nature chamanique de la « culture des Anciens », qui aurait permis aux Égyptiens d'accomplir les prouesses architecturales que l'on sait [4]. Le clergé d'Héliopolis aurait-il été un aréopage de chamans, libres de faire de leurs techniques secrètes un usage purement spéculatif ? Cela expliquerait-il comment les bâtisseurs de pyramides ont appris à extraire, transporter, tailler et mettre en place d'énormes blocs de pierre ?

Si tel était le cas, on comprendrait enfin pourquoi la science des Égyptiens est aussi lacunaire. Alors qu'ils ont fait preuve d'une virtuosité éblouisssante dans l'édification des pyramides, ils se sont aussi parfois montrés très maladroits. Ainsi, les murs du Temple de la Vallée ont été montés de façon grossière. De même, ils ne connaissaient pas la voûte (car ils ne savaient pas comment le poids se répartit sur un plan recourbé, ce qui explique également qu'ils ne construisaient pas de ponts).

Jean Kérisel observe que les fissures dans le plafond de la chambre du Roi ne sont pas l'œuvre d'un tremblement de terre, comme on le pensait jusque-là, mais viennent de ce que les constructeurs ont malencontreusement utilisé deux matériaux différents, mélangeant des blocs de calcaire et de granit, qui n'offrent pas la même résistance au poids de l'édifice [5]. Si Kérisel dit vrai, les cavités existant au-dessus de la chambre du Roi ne sont pas des chambres « de décharge ».

Les chamans obtiennent des réponses précises à des questions précises, ni plus ni moins : on leur communique, par exemple, la recette d'une préparation à base d'herbes, qui soigne une maladie particulière, mais cela s'arrête là. Il en allait de même chez les Égyptiens, à qui l'on a expliqué comment déplacer d'énormes blocs de pierre, mais qui n'ont jamais su construire des ponts ou des voûtes, car cela supposait qu'ils intègrent d'autres notions d'architecture et, bien sûr, ils ne posaient pas les bonnes questions...

Serait-ce ainsi que les Dogons ont appris que Sirius était une étoile double ? Puisque les chamans amazoniens peuvent connaître, par ce biais, les vertus curatives de certaines plantes, pourquoi n'ont-ils pas demandé à leurs guides spirituels des renseignements sur l'étoile la plus brillante que l'on aperçoit la nuit ?

On note des ressemblances frappantes entre les dieux égyptiens et les visions des chamans, rapportées par Jeremy Narby.

> Après avoir absorbé ce breuvage, je me suis retrouvé, plusieurs heures durant, dans un monde fantastique, peuplé d'individus à tête d'oiseau et d'animaux ressemblant à des dragons, qui m'ont dit être les vrais dieux [6].

« Individus à tête d'oiseau », « les vrais dieux »... On se retrouve ni plus ni moins devant le panthéon égyptien, avec Thot, représenté avec une tête d'ibis, et Horus, qui a une tête de faucon (quantité de divinités égyptiennes ont une tête d'animal, comme Anubis, doté d'une tête de chacal, et Sekhmet, pourvue d'une tête de lionne). Si aujourd'hui les chamans indiens, lors de leurs transes extatiques induites par des hallucinogènes, peuvent évoluer dans le monde parallèle de ces entités, pourquoi ceux d'Héliopolis n'auraient-ils pas été capables de parler à ces mêmes dieux ? Michael Harner fait lui-même le rapprochement entre les dieux de l'Égypte ancienne et les gens à tête d'oiseau qui lui sont apparus, après qu'il a bu le breuvage psychédélique des Indiens conibo (ce qui nous rappelle également Spectra à tête de faucon, dont Saul Paul Sirag et Ray Stanford ont eu la vision).

Jeremy Narby note que le chamanisme présente souvent les mêmes caractéristiques, et que l'on fait, par exemple, allusion à des serpents qui dispensent la sagesse, même si l'on ne trouve pas ce genre de reptiles dans la région concernée. D'autres thèmes reviennent systématiquement, comme celui de l'échelle (parfois assimilée à une plante grimpante, une corde, une échelle de corde ou un escalier hélicoïdal), qui relie le ciel et la terre, et permet d'accéder au monde des esprits, lesquels sont venus apporter la vie ici-bas [7].

> On évoque une échelle, à moins qu'il ne s'agisse d'une plante grimpante, d'une corde, d'un escalier hélicoïdal ou d'une échelle de corde, qui relie le ciel et la terre, et permette d'accéder au monde des esprits. Ces esprits passent pour être venus du ciel et avoir créé la vie sur terre.

On retrouve cette image dans les *Textes des pyramides*, par exemple dans l'énoncé 478, où c'est Isis qui fait office d'échelle :

> Concernant la divinité qui m'aidera à monter au ciel sur l'échelle divine ; on assemble mes os, on articule mes membres, et je m'élance vers le ciel, moi, en présence du dieu du Seigneur de l'échelle [8].

Ailleurs, on peut lire :

> Une échelle est nouée par Rê devant Osiris, une échelle est nouée par Horus devant son frère Osiris, quand il va vers son esprit, chacun étant de part et d'autre, tandis que je me trouve au milieu [9].

L'ascension vers la Voie lactée est l'un des grands thèmes des *Textes des pyramides*. Or, en Colombie, on appelle l'ayahuasca « l'échelle conduisant à la Voie lactée » [10]...

Dès lors que l'on pense que les *Textes des pyramides* sont d'inspiration chamanique, on regarde d'un autre œil la religion de l'Égypte ancienne, et l'on risque même de juger différemment l'être humain et ce qui est de son ressort. Se pourrait-il que « l'ascension du roi » ne corresponde pas au voyage du défunt, comme on le pense habituellement, mais à l'envolée dans « le monde parallèle » (le royaume des esprits qui nous servent de guides), que le chaman entreprend dans cette vie même ? Il n'y a pas de contradiction entre les deux, puisqu'en pénétrant dans cette dimension les chamans savent qu'ils entrent dans le monde de la lumière où séjourne l'esprit des morts, de sorte que les *Textes des pyramides* peuvent aussi bien nous décrire le périple du défunt que celui du chaman (quand il entreprend ce voyage, le chaman est assimilé à un mort qui ressuscitera au retour de son âme).

Gens à part, dotés de pouvoirs métapsychiques, les chamans n'en doivent pas moins subir une initiation éprouvante, physiquement et spirituellement parlant. En règle générale, ils connaissent une expérience de sortie hors du corps pendant laquelle ils se voient dépecés, puis rétablis dans leur intégrité physique, comme l'explique Stanislav Grof :

> Il n'est pas rare que les chamans débutants commencent par expérimenter des états de conscience inhabituels : ils ont l'impression de descendre aux enfers et d'y être déchiquetés, puis reconstitués, avant d'entrer dans le monde du surnaturel [11].

Cela nous rappelle l'histoire d'Osiris, à qui est identifié le roi des *Textes des pyramides* : coupé en morceaux par Seth, la divinité maléfique, il est reconstitué par sa maîtresse Isis, puis il engendre Horus, le dieu à tête de faucon, qui est sa réincarnation. Isis est elle-même conçue comme l'échelle à l'aide de laquelle Osiris, qui a recouvré son intégrité physique, grimpe au ciel.

Le rôle d'Isis a l'avantage de nous montrer que le principe féminin joue un rôle déterminant dans le voyage du chaman. On a en effet, pour des raisons qui ne sont peut-être pas celles que l'on croit, passé sous silence le rôle des femmes initiées. À la question de savoir pourquoi les chamans dont il parlait étaient tous de sexe masculin, Jeremy Narby répondit que des femmes tiennent d'ordinaire compagnie à des hommes qui ont pris de l'ayahuasca et les aident ensuite à se remémorer ce qu'ils ont vu dans ce « monde parallèle ». Mais l'essentiel, c'est qu'à la différence de leurs compagnons elles ne recourent pas à cette substance hallucinogène, n'en ayant pas besoin pour entreprendre un tel voyage spirituel. On ne sait toujours pas pourquoi, faute de s'être intéressé à la question.

Charles Musès, ce mathématicien, cybernéticien et spécialiste de la mythologie que nous avons déjà rencontré, a beaucoup étudié le chamanisme et publié, sous le pseudonyme de Musaios, des ouvrages pénétrants. Il résume ainsi la philosophie des chamans :

> Les chamans ne recherchent pas vraiment l'extase, « archaïque » ou non, ni même la « guérison », mais plutôt à entrer en contact avec des êtres supérieurs (aux hommes), ainsi que le moyen de se transmuer et de se hisser à un niveau éminent [12].

Il dresse par ailleurs un parallèle entre le dessein implicite du chamanisme et la religion de l'Égypte ancienne, identifiant le *Duat* des *Textes des pyramides*, c'est-à-dire le royaume des morts où s'exile le roi, avec le *Bardo*, le monde parallèle des Tibétains, où séjournent les esprits entre deux incarnations, et dans lequel certains peuvent s'aventurer durant leur vie [13].

Les *Textes des pyramides* nous parlent aussi de la métamorphose du défunt, qui se transforme en « corps de lumière » *(aker)*, thème qui n'évoque pas seulement une vie après la mort. Or, Charles Musès nous dit « [qu'en] acquiérant un corps transcendant, l'individu se trouve du même coup en mesure de communiquer avec les êtres qui en sont déjà pourvus » [14]. Autrement dit, celui qui dispose d'un corps « éminent » peut entrer en communication avec tous ceux qui évoluent dans la lumière, de sorte qu'au cours de leur traversée du monde invisible les chamans entrent en contact avec les êtres qui y résident.

Les travaux révolutionnaires de Jeremy Narby sur le chamanisme permettent de faire litière de certaines théories qui ont cours actuellement concernant la sagesse égyptienne, et en particulier sur celle qui voudrait qu'elle vienne de l'espace. En effet, dans cette optique, on s'en tient trop souvent à une interprétation littérale des *Textes des pyramides*. Ainsi, quand les Égyptiens nous disent que les prêtres vont, dans le royaume céleste, à la rencontre d'êtres hybrides, moitié homme, moitié animal (à moins que ces derniers ne descendent sur

Terre), qui leur délivrent certaines informations, on en conclut hâtivement que ce sont là des extraterrestres, ce qui revient ni plus ni moins à déifier des astronautes !

Les chamans amazoniens décrivent des expériences du même ordre, y compris devant les anthropologues, sans jamais suggérer qu'il puisse s'agir d'êtres venus de l'espace.

Qui sont donc ces êtres qui leur communiquent ce savoir inestimable ?

On ne le saura probablement jamais, les chamans ayant eux-mêmes conscience que certains mystères sont par définition insondables, et se dérobent à toute explication. Cependant, les travaux de Jeremy Narby nous mettent sur une piste.

Les visions des chamans présentent toujours les mêmes caractéristiques, comme ces deux serpents, lovés au sein de chaque être vivant, homme ou animal. C'est là un point capital, et Narby aura soudain une illumination, en apprenant que Michael Harner a vu un jour des créatures ailées ressemblant à des dragons lui expliquer qu'elles ont créé la vie sur Terre, afin de pouvoir se cacher au sein de ses innombrables manifestations [15]. Harner note qu'elles font penser à l'ADN, sans s'expliquer comment il a pu lui venir une telle image, d'autant qu'à l'époque il ignorait tout de l'ADN. Jeremy Narby comprend alors que cela correspond à la structure hélicoïdale des molécules de l'ADN.

Or, les chamans disent tenir leurs informations de deux serpents analogues à ceux que Jeremy Narby a rencontrés. Se pourrait-il que cette représentation naïve du principe vital, sous forme de deux serpents lovés, ne soit qu'une métaphore de la structure en hélice des molécules de l'ADN ? Jeremy Narby le pense. À l'appui de sa thèse, il cite une multitude d'exemples puisés dans les mythes et les légendes des pays où l'on trouve des chamans.

Cela n'en soulève pas moins des questions redoutables. Si les chamans dialoguent vraiment avec ces « serpents », que nous appelons désormais l'ADN, il faut en conclure que celui-ci est intelligent, et qu'il est en mesure de répondre aux questions qu'on lui pose. Mais comment l'ADN d'un individu peut-il communiquer avec celui d'un autre être humain ?

Jeremy Narby nous laisse sur notre faim : on ne comprend toujours pas comment un ADN « intelligent » peut apprendre à quelqu'un la technique du tissage ou lui donner la recette du curare. Cet anthropologue a toutefois le mérite de nous montrer que les chamans entrent en contact avec des entités non humaines, qui évoluent dans une dimension parallèle et leur donnent les renseignements dont ils ont besoin.

Le thème de la gémellité revient aussi fréquemment dans le chamanisme. Ce sont des esprits divins qui nous apportent la sagesse, « des êtres d'origine céleste, qui viennent en paire et ont créé le monde »[16]. Citant Levi-Strauss, Narby observe que le mot *coalt*, que l'on retrouve dans Quetzalcoatl, le dieu aztèque, dénote à la fois le jumeau et le serpent (Quetzalcoatl signifiant donc « serpent à plumes » et « jumeau magnifique »[17]). Ces deux serpents que rencontrent les chamans dans leurs transes extatiques, et qu'il a lui-même vus, correspondent à la structure en double hélice de l'ADN. On pense aussitôt aux jumeaux de la religion d'Héliopolis (Isis et Osiris, Nephtys et Seth), ainsi qu'aux Nommos des Dogons, dont nous parle Robert Temple dans *The Sirius Mystery*, et qui sont eux aussi des jumeaux, venus apporter la civilisation aux hommes[18]. Une fois encore, l'explication proposée par Jeremy Narby nous semble beaucoup plus convaincante que celle qui fait intervenir des hypothétiques « astronautes » dotés d'ubiquité.

L'ADN nous réserve peut-être d'autres surprises. Le code génétique de l'individu mobilise 3 % de l'ADN, le reste remplissant une fonction qui nous est pour l'instant inconnue[19]. Combien de possibilités insoupçonnées ne recèle-t-il pas ?

Les esprits du ciel

L'hypothèse de Jeremy Narby apporte un début d'explication à toute une série d'énigmes. Les immenses figures dessinées dans le sable par les Nazcas (une brillante civilisation précolombienne du Pérou), et qui représentent des oiseaux et divers animaux, servaient-elles à orienter et à glorifier le voyage du chaman ? Seraient-ce les esprits avec lesquels communiquaient leurs chamans qui auraient dévoilé aux Dogons le secret de Sirius ? Les Égyptiens ont-ils suivi les conseils des « dieux » avec lesquels dialoguaient leurs prêtres, pour mettre en place les énormes blocs de pierre dont sont faites leurs pyramides ?

Lorsque le chaman entre en transe et s'évade dans un monde parallèle, il se projette également en d'autres lieux, pratiquant par conséquent la vision à distance. Cela a intrigué Kenneth Kensinger, un anthropologue qui a constaté que les chamans amazoniens rapportent de leur périple des informations sur ce qui se passe en des lieux très éloignés, et sont ainsi capables d'annoncer la mort de quelqu'un, alors que personne n'en a encore eu vent [20] (Andrija Puharich s'est lui aussi penché sur la question, comme on l'a vu au chapitre 6).

Serait-ce ainsi que les Égyptiens ont reçu les notions d'architecture nécessaires à la construction des pyramides ? Nous avons posé la question à Jeremy Narby. Il nous a répondu que les Aztèques et les Mayas avaient également érigé des temples-pyramides, et que « le double serpent, ou Quetzalcoatl, ou Viracocha, ou n'importe quel dieu vénéré dans une culture précolombienne quelconque, apprend à soigner et à guérir, enseigne l'astronomie, l'architecture et dispense des connaissances d'ordre technique [21] ».

Il se garde toutefois d'extrapoler, et il s'en tiendra au domaine qu'il connaît. Reste à savoir si les Égyptiens disposaient vraiment d'un équivalent de l'ayahuasca. À la même époque, Channel 4 diffusera, sur les écrans britanniques, un reportage en quatre parties, intitulé *Sacred Weeds* (« Herbes sacrées »), consacré aux plantes hallucinogènes utilisées par les chamans, et qui émet l'hypothèse qu'ils aient pu avoir recours au nénuphar bleu.

Aujourd'hui très rare, cette plante aquatique est représentée sur les fresques et les papyrus, et elle sert même de motif décoratif aux piliers du temple de Karnak, le tout étant de savoir s'il s'agit également d'un psychotrope. Doté d'une longue tige qui sort de l'eau et supporte une grande fleur, le nénuphar bleu symbolise évidemment Atoum, sorti des eaux originelles.

On l'a testé sur deux individus, ce qui a permis de constater qu'il possédait effectivement des vertus narcotiques, à telle enseigne que

Michael Carmichael, un fin connaisseur des drogues utilisées par les chamans, s'est demandé, dans la dernière émission, s'il ne pouvait pas également provoquer les transes extatiques des chamans.

Nous avons pris contact avec lui, et il nous a expliqué que selon toute vraisemblance les Égyptiens utilisaient des psychotropes, et qu'ils n'avaient en l'occurrence que l'embarras du choix [22]. Le papyrus Eber (le plus ancien traité de médecine du monde, datant de 1500 av. J.-C) en mentionne plusieurs, dont le pavot (importé de Crète), la mandragore et le cannabis. Les égyptologues étant pour la plupart des gens très conservateurs, ils ne font pratiquement jamais allusion à la consommation de psychédéliques par les Égyptiens [23].

Toutefois, d'autres chercheurs se sont penchés sur la question, et notamment Benny Sharon, professeur de philosophie à l'université de Jérusalem et spécialiste en psychologie cognitive.

Comme Jeremy Narby, Michael Carmichael se dit persuadé que les chamans communiquent avec des êtres évoluant dans un monde parallèle, lorsqu'ils entrent en transe.

> Grâce à ces substances, on obtient rapidement des résultats, dans la mesure où le chaman parvient ainsi à un niveau de conscience supérieur lui permettant d'avoir une perception de la nature plus fine et pénétrante que dans son état normal. Il est alors témoin de phénomènes qui habituellement nous échappent [...]. C'est ce qui lui donne une vision aussi profonde du monde et de la nature [24].

Qui sont ces entités ? Sont-elles authentiques, ou s'agit-il de constructions mentales du prêtre-sorcier ? Vaste question, qui touche à la nature même de la réalité, et à laquelle on ne peut sans doute pas apporter de réponse. L'une des façons de savoir si le chaman a réellement vécu ce qu'il dit, c'est de vérifier s'il obtient par ce biais des informations utiles. Or, c'est le cas.

Cela étant, d'où vient la science des Égyptiens ? Voici ce que nous a déclaré à ce propos Michael Carmichael, qui connaît bien les thèses de la nouvelle égyptologie :

> Je ne pense pas, aujourd'hui, que les pyramides sont l'œuvre de voyageurs de l'espace, venus d'une colonie martienne. Il n'y a absolument aucune raison d'affirmer une chose pareille [...]. Alors que les égyptologues s'imaginent, à tort, que ces plantes et les autres substances du même type ne servaient qu'à la décoration, n'allons pas croire que les Égyptiens ont construit les pyramides en procédant de la seule façon qui nous paraisse possible. Rien ne prouve qu'ils ont fait appel à des milliers d'esclaves, ni qu'ils ont eu recours à la lévitation acoustique. Cela a très bien pu se passer autrement. Qui sait, peut-être les chamans ont-ils ouvert la porte, la « porte des étoiles », permettant ainsi à leurs ingénieurs de mettre au point la technique indispensable ?

Qui sont donc ces entités ? Des esprits de la nature, les dieux, une création de l'inconscient du chaman qui personnifie en quelque sorte des renseignements recueillis par le truchement de la perception extrasensorielle, voire par le biais de l'ADN ? À moins que le chaman n'entre vraiment en contact avec des êtres évoluant dans un monde parallèle...

« N'importe quel chaman amazonien déclarerait se rendre, par esprit, sur une autre planète », nous a dit Jeremy Narby, citant à ce propos les toiles d'un chaman, Pablo Ameringo, qui décrit ce qu'il voit lorsqu'il se trouve sous l'empire de l'ayahuasca :

> Les diverses plantes se composent toutes de molécules différentes, et elles engendrent chacune des visions particulières. Il existe plusieurs sortes d'ayahuascas, qui permettent suivant le cas de voir des choses touchant la nature même de la Terre ou qui ont trait à des mondes éloignés, avec leurs villes, etc. Dans ses tableaux, Pablo Ameringo joue sur les deux registres. Lorsqu'il dépeint des villes qui se dressent au loin (ce qui est l'un des thèmes récurrents du chamanisme), l'on aperçoit des pyramides, des tours de Babel, des minarets...

Rien ne prouve que ce sont là des images d'une autre planète. Le mystère demeure. Cela relève sans doute d'une explication beaucoup plus étrange et compliquée que celle qui fait intervenir des extraterrestres. Il n'en demeure pas moins que Whitley Strieber a visualisé, lui aussi, des villes de ce genre, où se dressaient manifestement des édifices inconnus sur Terre [25]. Les « enfants de l'espace » décrivaient également de mystérieuses agglomérations, lorsqu'ils étaient hypnotisés par Andrija Puharich. Leur arrivait-il alors, comme à Whitley Strieber, la même chose qu'aux chamans ? S'agissait-il, du moins dans le cas des « enfants de l'espace », de leur faire effectuer une manière de « voyage chamanique » ?

Et si les chamans se trouvaient propulsés dans un monde extraterrestre ? La question a-t-elle seulement un sens ? Voici ce qu'en pense Jeremy Narby :

> Les Occidentaux qui redécouvrent ces expériences de « sortie hors du corps » restent prisonniers d'une mentalité technologique héritée des années 50, et tout à fait puérile. Quand on a côtoyé les chamans d'Amazonie, on en garde au contraire le souvenir des gens extrêmement mûrs et érudits. On les décrivait jadis comme des « esprits venus du ciel ». Cela me semble de loin préférable à l'allusion à des « intelligences extraterrestres », qui a des connotations regrettables, nous renvoyant à l'idéologie des années 50. Il vaut mieux parler « d'esprits venus du ciel ».

Ce que vivent les chamans, au cours de leurs transes, n'est pourtant pas toujours très beau. Jeremy Narby lui-même le reconnaît, qui nous met en garde :

> Les esprits ne sont pas nécessairement des amis, animés de bonnes intentions. On fait tout de suite le rapprochement avec la biologie : tout comme certains êtres vivants nous servent d'aliments, nous donnent la santé et concourent à notre bonheur, il en est d'autres, comme le virus du sida, par exemple, qui détruisent les défenses immunitaires de l'organisme. Cela fait partie de la vie, et de la mort, par voie de conséquence.

Il arrive d'ailleurs aux chamans les plus chevronnés de tomber sur des esprits malins ou sur des esprits farceurs, ce qui devrait servir d'avertissement aux amateurs qui s'imaginent communiquer avec les dieux.

Les expériences des chamans et des mystiques laissent penser qu'il existe une « porte des étoiles » nous permettant d'accéder à un autre monde, à cette précision près qu'il ne s'agit pas d'un objet ou d'un mécanisme physique. Tout comme le voyage intérieur de Michael Harner lui a fait voir des divinités à têtes d'animaux, qui ressemblaient étrangement à celles de l'Égypte ancienne, chacun de nous peut aller à la rencontre des dieux. C'est peut-être ce que voulaient dire les tenants de l'hermétisme, lorsqu'ils affirmaient que l'homme est le microcosme de l'univers. Ce n'est sans doute pas par hasard que Dale Graff, qui a dirigé le programme de recherche sur la vision à distance du Pentagone, baptisé justement Star Gate « la porte des étoiles », observe dans son livre :

> Il nous parvient une faible lueur des astres. Ils resteront peut-être toujours hors d'atteinte, mais pas la Porte des étoiles qui est en nous, et qui peut être découverte par n'importe qui se lance à sa recherche [26].

Personne ne peut nous aider à la localiser, fût-il prêtre, gourou ou maître à penser, de sorte que nous risquons de la chercher longtemps. Malheureusement, nous préférons souvent la solution de facilité, qui consiste à écouter ceux qui nous désignent une ouverture, par où nous laisserons entrer des entités à la puissance ineffable, qui nous impressionneront, égayeront notre vie et nous donneront l'impression d'être des gens exceptionnels, des « élus », jusqu'à ce que nous nous apercevions qu'elles ont claqué la porte derrière elles, et que nous sommes pris au piège...

Ces êtres qui se présentent comme des dieux n'existent peut-être que dans l'imagination de ceux qui prétendent communiquer avec eux, à supposer qu'ils ne soient pas une machination des services secrets. Et même s'ils viennent réellement des confins de l'univers, ne nous laissons pas berner par leur message perfide et délétère.

Si nous avons raison, cette mise en garde n'arrive pas trop tôt. Dans le cas contraire, nous ne sommes pas pressés. Nous devons seulement apprendre à être fiers de notre condition humaine, et à trouver par nous-mêmes la « porte des étoiles ».

POSTFACE
À L'ÉDITION FRANÇAISE

Saluée par le plus grand feu d'artifice de tous les temps, et dans une ambiance bon enfant, la nuit du 31 décembre 1999 est venue et puis s'en est allée, ne laissant derrière elle que des gens fatigués et quelque peu désargentés. Les festivités, qui resteront gravées dans les mémoires, n'ont pas donné lieu, comme on le craignait, à des émeutes ni à des scènes de violence. Aucune secte n'a commis de massacre ou de suicide collectif, Jérusalem n'a pas été mise à feu et à sang par des fanatiques de tous bords, et il n'y a pas eu de tentative de coup d'État aux États-Unis. On n'a même pas eu à déplorer le fameux « virus » informatique, qui devait semer la pagaille. Bref, nous nous sommes réveillés le 1er janvier 2000 dans un monde qui ressemblait comme deux gouttes d'eau à celui de la veille, n'en déplaise à certains.

Toujours aussi imposantes et mystérieuses, les pyramides de Gizeh n'ont pas été affectées par le passage à l'an 2000. La Grande Pyramide (de nouveau ouverte au public [1]) n'a toujours pas retrouvé la pierre de faîte qu'elle a perdue voici des lustres. La cérémonie au cours de laquelle un hélicoptère de l'armée égyptienne devait en déposer provisoirement une toute dorée, à minuit sonnant, tandis que retentissait la musique de Jean-Michel Jarre [2] et que l'on projetait au laser un immense œil d'Horus sur la troisième pyramide [3], a été annulée *in extremis*. Cependant, comme chaque fois qu'il est question de l'Égypte d'aujourd'hui, ce n'est pas si simple.

Suite à la publication de notre livre, on parlera beaucoup de Gizeh. Paraîtront en effet deux ouvrages consacrés aux intrigues et aux manœuvres politiques qui se trament dans l'ombre des pyramides : *Giza : The Truth* («Gizeh : la vérité») de Ian Lawton et Chris Ogilvie-Herald, qui examine les thèses des principaux protagonistes, et *Secret Chamber* de Robert Bauval, l'une des vedettes de l'affaire, justement. Citons également un documentaire télévisé de la BBC consacré à l'Atlandide, et divisé en deux parties, dont la seconde éreinte Graham Hancock [4].

On y dénonce l'idée (défendue aussi par Bauval) selon laquelle s'est épanouie, aux alentours de 10500 av. J.-C., une brillante civilisation en Égypte, en reprenant les mêmes arguments que nous (et en utilisant la bande-son du film *Stargate*). Cette théorie fait actuellement l'objet de multiples critiques : Ian Lawton et Chris Ogilvie-Herald (ainsi qu'Anthony Fairall, distingué professeur et astronome d'Afrique du Sud [5]) montrent qu'il n'existe pas, astronomiquement parlant, de corrélations entre Gizeh et le baudrier d'Orion, comme le prétendent Bauval et Gilbert [6]. David Rohl lui-même – un égyptologue qui est connu pour son indépendance d'esprit et ses positions non conformistes – signera dans le *Daily Express* un article d'une page reprochant à Bauval et Hancock de s'accrocher, envers et contre tout, à cette date de 10500 av. J.-C. Cela dit, Bauval et Hancock ont tout intérêt, explique-t-il, à nous faire croire que l'on est sur le point d'effectuer des découvertes retentissantes à Gizeh :

> Les enjeux sont élevés. Bauval et Hancock ne vont pas tarder à descendre de leur piédestal, si l'on ne découvre pas très vite de nouveaux éléments. Jusqu'alors, ils partent du principe que les preuves existent, mais qu'elles sont dissimulées par les pouvoirs en place. [...] Cela augure mal pour les prétendus «messies» de l'égyptologie. L'émotion, portée à son comble au milieu des années 90, est retombée et a fait place à une déception croissante [7].

Pourquoi et comment Gizeh est devenu un mythe

Nous en sommes restés au stade où les trois principales factions en lice – Robert Bauval, Graham Hancock et John Anthony West, plaidant tous les trois en faveur d'une « autre Égypte » ; les gens qui s'efforcent de découvrir la Salle des archives d'Edgar Cayce, à savoir les membres de l'ARE et de la fondation Schor ; les archéologues égyptiens, mobilisés derrière Zaï Hawass – sont parvenues à conclure ce que Bauval appelle une « entente cordiale ». On nous promettait des événements sensationnels, comme la cérémonie présidant la mise en place de la pierre de faîte de la Grande Pyramide, le « message à la planète » délivré par les « douze êtres magiques » de Bauval, et même l'ouverture de la « chambre de Gantebrink » dans la nuit du 31 décembre 1999. Malheureusement, il nous a fallu déchanter, car il ne s'est rien passé du tout.

Dans *Secret Chamber : The Quest of the Hall of Records* (paru en novembre 1999 dans les pays anglo-saxons), Bauval nous livre sa propre version. Comme prévu, cela mérite le détour. La machination dont nous démontons les rouages ne provoque chez lui qu'un haussement d'épaules, ce qui est d'autant plus surprenant qu'il abonde dans notre sens, concluant lui aussi que toute cette agitation autour de Gizeh est orchestrée par des gens qui poursuivent discrètement des objectifs précis, qui ont trait à l'occultisme.

Après avoir fait grand cas de cette « entente cordiale » et affirmé que personne ne suit de programme secret, il en revient à sa thèse initiale selon laquelle certains, notamment Zaï Hawass, la fondation Schor et l'ARE, ont des visées clandestines, qui correspondent parfaitement avec celles que nous dénonçons dans notre livre.

L'idée force de *Secret Chamber* consiste à dire que la légende selon laquelle il existerait un lieu dans lequel serait consignée la sagesse de l'Égypte ancienne est devenue l'un des grands thèmes de l'hermétisme, qui sera plus tard repris par les rose-croix et les franc-maçons. L'expédition de Bonaparte en Égypte (1798-1799) ayant ouvert ce pays aux Européens, les adeptes de l'ésotérisme vont se lancer à la recherche de cet endroit mythique.

Nous sommes dans l'ensemble d'accord avec lui, sauf sur un point essentiel : alors qu'il explique, à juste titre, que tout ce que symbolise Gizeh fait actuellement l'objet d'une manipulation, il prétend que le Sphinx et les pyramides vont bientôt déclencher une véritable révolution spirituelle, à l'échelon de la planète. Voici ce qu'il écrit :

> Je suis persuadé que la Grande Pyramide et la nécropole de Gizeh récèlent suffisamment d'énergie pour nous amener à opérer dans notre façon de penser un changement transcendantal qui revêtira des proportions gigantesques, au point d'affecter peut-être la Terre entière, si nous prenons en temps voulu les mesures qui s'imposent. Il est presque certain que nous porterons sur nous-mêmes, à l'avenir, un tout autre regard que celui qui est le nôtre aujourd'hui [...].
> La nécropole de Gizeh a été construite dans ce but, j'en suis convaincu, tout comme je suis sûr que le moment est venu de remettre cet objectif à l'ordre du jour. On ne m'ôtera pas non plus de l'idée que l'on est actuellement en train de procéder à un véritable « détournement » de ce lieu chargé d'énergie, au profit de quelque chose qui n'est pas de son ressort [8].

Hormis ce bouleversement « transcendantal », qui nous semble fort improbable, tout cela ne fait qu'apporter de l'eau à notre moulin.

D'après Bauval, le temps fort de cette récupération devait être la dépose solennelle par hélicoptère, le 31 décembre 1999 au soir, d'une pierre de faîte dorée au sommet de la Grande Pyramide, recouverte de symboles maçonniques. L'œil d'Horus projeté sur un flanc du monument aurait dû couronner le tout, et l'on était censé admirer le Grand Sceau américain, saluant notre entrée dans une ère nouvelle qui verra les francs-maçons d'outre-Atlantique régir le monde.

Or, Edgar Cayce, le « prophète endormi », avait déjà annoncé l'arrivée d'un âge d'or de la franc-maçonnerie de son pays. D'aucuns ont fait le rapprochement avec l'une de ses « séances » au cours de laquelle il a décrit une pierre de faîte dorée en haut de la Grande Pyramide, ce qui serait lié à la découverte de la fameuse Salle des inscriptions [9]. On voit bien d'où vient la cérémonie controversée du passage à l'an 2000.

> Selon toute vraisemblance, écrit Bauval, les manifestations prévues pour le passage au troisième millénaire à Gizeh véhiculent une idéologie très marquée. Il est aussi pratiquement certain que cela [...] fait référence au « second avènement » d'un personnage au statut messianique, ainsi qu'à l'instauration d'un « nouvel ordre mondial ». Il est donc évdent que ce n'est pas seulement pour fêter le passage au troisième millénaire que l'on mettra en place une pierre de faîte dorée en haut de la Grande Pyramide, mais que cela fait partie d'une stratégie à long terme et soigneusement élaborée [10].

La cérémonie sera d'autant plus grandiose, précise-t-il, que Sirius culminera ce soir-là à minuit [11]... Mais voilà, ce projet mirifique est tombé à l'eau. De joyeux fêtards se sont bien attroupés sur le site de Gizeh, mais la Grande Pyramide n'a pas reçu sa pierre de faîte dorée, car la cérémonie a été annulée quelques jours auparavant. Cendrillon n'est pas allée au bal, en raison notamment de la parution du livre de Bauval, ce qui ne manque pas d'humour. En effet, la presse égyptienne a fait état de la présence de franc-maçons parmi les organisateurs, ce qui a soulevé un tollé dans le pays et conduit les autorités à décommander les festivités [12]. Assimilée à un allié du sionisme, la franc-maçonnerie est interdite en Égypte depuis 1964. Il aurait donc été mal venu d'organiser une cérémonie maçonnique en plein cœur du pays (le plus drôle étant que celle-ci n'aurait de toute façon jamais eu lieu, car le plateau de Gizeh a été noyé sous la brume le 31 décembre au soir, comme si les gardiens des mystères de l'Égypte ancienne n'appréciaient pas que l'on se moque d'eux...).

Il est donc surprenant qu'en dépit de ses mises en garde contre un éventuel détournement de la symbolique des monuments de Gizeh Bauval demande sur Internet au gouvernement égyptien de revoir sa position et de laisser finalement se dérouler comme prévu les réjouissances, au motif que « tous les regards seront braqués cette nuit-là sur l'Égypte [13] ».

À minuit, l'on aurait dû également ouvrir en fanfare la chambre de Gantenbrink. Cela non plus n'a pas eu lieu, même si les autorités égyptiennes ont promis de procéder bientôt à l'ouverture de cette pièce.

Force est de constater que les « douze êtres magiques » (Bauval, Hancock, Temple et leurs amis) n'ont pas délivré, comme prévu, leur « message à la planète [14] » devant le Sphinx, et que l'on ne parle plus du « voyage hermétique » qui devait avoir lieu en 1999. Pourquoi ces manifestations, annoncées à grand renfort de publicité, sont-elles restées lettre morte ? On l'ignore. Quant à la fameuse « entente cordiale », négociée par Bauval lui-même, elle est désormais en ruine, en raison des critiques formulées dans *Secret Chamber* [15].

Ce livre, comme celui de Lawton et Ogilvie-Herald, nous apporte des précisions sur ce qui se passe à Gizeh, lesquelles corroborent les informations que nous donnons dans le chapitre 2.

Bauval nous explique que dans les années 70 une équipe du SRI, dirigée par Lambert Dolphin, est partie à la recherche de la Salle des inscriptions, un fait trop souvent négligé. Il montre également que le SRI et l'ARE entretenaient des liens beaucoup plus étroits que ces deux organismes ne veulent bien l'admettre [16]. De même, il confirme que Lambert Dolphin et James Hurtak sont de vieux complices (il cite à ce propos une lettre de 1992, dans laquelle Dolphin parle d'Hurtak comme de « mon collègue et ami depuis des années [17] »).

Ces deux livres, *Secret Chamber* et *Giza : The Truth* nous permettent de faire le point sur les controverses surgies à propos de Gizeh. Ainsi, Zaï Hawass dément formellement que ce soit l'ARE qui l'ait formé à l'égyptologie [18], ce qui n'a au fond guère d'importance, puisque l'on sait qu'il est depuis longtemps très proche de cet organisme.

Dans leur livre, Lawton et Ogilvie-Herald reviennent sur le différend surgi entre Boris Said et Joseph Schor, en s'appuyant sur les déclarations de ce dernier et sur celles de Joseph Jahoda, qui l'a souvent accompagné dans ses expéditions à Gizeh. D'après Joseph Schor, Boris Said n'a pas toujours eu une conduite irréprochable, et ses déclarations sont parfois sujettes à caution. Il aurait aussi communiqué à Robert Bauval des documents confidentiels (notamment des séquences montrant Zaï Hawass dans le tunnel creusé à l'arrière du Sphinx [19]).

Autre sujet litigieux, la fondation Schor et l'Université de Floride se voient interdire en 1996 de poursuivre leurs explorations sur le site de Gizeh. Décision grave, dont Hancock et Bauval s'attribuent le mérite. Boris Said affirme que Joseph Schor ne lui en a rien dit et a continué à rechercher la Salle des inscriptions en se servant de son permis de filmer, à quoi Schor et Jahoda rétorquent que Zaï Hawass et les autorités égyptiennes ne leur ont jamais notifié une interdiction de ce genre [20]. Boris Said et Joseph Schor étant désormais à couteaux tirés, on en est réduit à confronter leurs versions respectives (nous résumons celle de Boris Said dans le chapitre 2). Cela montre, à tout le moins, qu'il est très difficile de savoir ce qui se passe exactement à Gizeh.

Mais voilà qu'en août 1999 intervient un nouveau rebondissement, lorsque Zaï Hawass accorde officiellement à la fondation Schor et à l'Université de Floride l'autorisation de reprendre les recherches pour retrouver la Salle des inscriptions [21]. C'est la première fois que l'on délivre un permis en stipulant qu'il s'agit d'atteindre un tel objectif.

Dans *Secret Chamber*, Bauval conteste les déclarations de Gantebrink (citées également dans *Giza : The Truth*) selon lesquelles il aurait, malgré les consignes, donné des informations à la presse. Gantenbrink se montre même beaucoup plus véhément que Lawton et Ogilvie-Herald [22].

Qu'à cela ne tienne : Bauval s'appuie sur des lettres échangées avec Gantenbrink pour établir que celui-ci l'avait bel et bien autorisé à rendre publique sa découverte, et qu'il était tenu au courant des tractations de Bauval avec les journalistes britanniques, qui se solderont le 16 avril 1993 par un article en première page dans *The Independent*. La polémique s'enfle et atteint un seuil critique lorsque Gantenbrink intente un procès à la BBC, qui a montré une séquence de la fameuse « porte » dans un documentaire intitulé *The Great Pyramid : Gateway to the Stars* (« La Grande Pyramide, ou la porte des étoiles »), inspiré du *Mystère d'Orion* de Bauval et Gilbert. L'affaire est réglée à l'amiable, les avocats de la BBC faisant valoir que Gantenbrink et son équipe n'auraient de toute façon pas pu exploiter commercialement le reportage qu'il avait consacré à la Grande Pyramide, le Service égyptien des antiquités en détenant les droits [23].

Giza : The Truth nous permet aussi de faire le point sur ce qui se passe à Gizeh, les auteurs ayant réussi à se glisser dans les deux chambres à partir desquelles on serait, dit-on, en train de creuser un tunnel, et où l'on assiste en tout cas à de mystérieuses allées et venues. Mais ils n'ont pas trouvé trace, sous la Grande Pyramide, du souterrain qui devrait bientôt relier la chambre de Davison et ce qui se cache derrière la porte de Gantebrink [24]. L'émotion retombera comme un soufflé, et l'on ne parlera plus de percement clandestin de galeries sur le site de Gizeh.

Dans le chapitre 2, nous avons laissé la question en suspens : il court à ce sujet des rumeurs fantaisistes, faisant état de la détection de neuf salles sous le Sphinx (information lancée par Bauval et Hancock), de l'exploration, au même endroit, d'une pièce renfermant des documents et objets divers (idée qui est née, curieusement, dans l'esprit des officiels égyptiens), de la découverte, au sein de la Grande Pyramide, de la prétendue salle d'Osiris (thèse défendue par Larry Hunter) et de la mythique « citerne de l'eau » (évoquée au départ par Boris Said, et ensuite par James Hurtak et Zaï Hawass). Faute d'avoir assez d'éléments pour se prononcer, on ne peut exclure que Gizeh soit effectivement le théâtre d'activités clandestines, les bruits les plus fous (et en particulier celui qui concerne la chambre de Davison) ne servant qu'à donner le change. L'un d'eux se révélant infondé, on y voit déjà plus clair. Alors que nous savons maintenant que l'on ne découvrira sans doute plus rien à Gizeh, certains voudraient absolument nous faire croire le contraire.

Lawton et Ogilvie-Herald ont également réussi à pénétrer à l'intérieur de la « citerne de l'eau », qui court sous la chaussée. La plus profonde des trois salles renferme un énorme sarcophage de granit, vide mais entouré d'une sorte de douve, ce qui enflamme les imaginations. En dehors de son intérêt archéologique, toute la question est de savoir si elle fait partie de ce réseau souterrain dont nous parlait déjà Edgar Cayce, et qui est évoqué dans les publications de l'AMORC et de Randall-Stevens.

Il existe effectivement, au nord-ouest de cette pièce, un boyau (qui se dirige vers la Grande Pyramide et non vers le Sphinx), mais a-t-il été creusé par l'homme ? C'est ce qu'affirme Bauval, qui parle d'un tunnel [25], ainsi que Zaï Hawass. Le 2 mars 1999, la chaîne américaine Fox TV a réalisé sur les lieux un reportage en direct. Sous nos yeux, Zaï Hawass entreprend avec le journaliste ce qu'il appelle « la plus grande aventure de tous les temps ». Dans la salle la plus profonde, il désigne un « tunnel » ensablé, susceptible de nous réserver des surprises [26]. Lawton et Ogilvie-Herald n'y voient au contraire qu'une vulgaire crevasse, qui se resserre très vite [27].

Le plus grand affabulateur de la bande n'en reste pas moins James Hurtak. Pour commencer, il prétendra avoir lui-même découvert cette prétendue galerie, dans les conférences qu'il donnera en Australie au cours de l'année 1999 [28]. En réalité, il y a pénétré en même temps que Boris Said et les membres de la fondation Schor en 1997 [29]. Pour corser le tout, cette modeste pièce prend chez lui des proportions gigantesques et devient une véritable ville souterraine, sillonnée de canaux sur lesquels on se déplace en barque, et renfermant des temples et des salles immenses. On voit effectivement des photos de notre homme, assis dans un petit canot, s'enfoncer dans les entrailles de la terre... En réalité, cette chambre, qui est bien entourée d'une sorte de fossé rempli d'eau, ne fait qu'une dizaine de mètres carrés. On est loin d'Indiana Jones et des aventuriers de l'arche perdue! Cela ne l'empêche pas de poursuivre dans la même veine que *The Keys of Enoch* et d'affirmer que cette « ville souterraine » a été construire par les Atlantes [30].

C'est aussi le même James Hurtak qui fait le lien entre le New Age et l'Égypte ancienne. Voici quelque temps, Kevin McLure a attiré notre attention sur l'une des facettes de ce curieux personnage: dans les années 80 et au début des années 90, alors qu'il s'intéressait surtout aux ovnis, il a été l'un de ceux à vouloir rattacher ces mystérieux engins aperçus dans le ciel à l'Allemagne nazie. D'après lui, les extraterrestres, qui auraient, au temps jadis, apporté la civilisation aux êtres humains vivant au Proche-Orient, auraient contacté leurs descendants dans la première moitié du XXe siècle, en choisissant pour ce faire l'Allemagne, car c'était alors un pays très en avance sur le plan scientifique. Ils auraient par conséquent transmis aux savants allemands le secret de fabrication des soucoupes volantes, dont se seraient ensuite emparés leurs homologues américains, ce qui expliquerait que l'on ait observé autant d'ovnis outre-Atlantique en 1947 [31]. Inutile de dire que c'est une hypothèse totalement invraisemblable: outre que l'on ne voit pas comment Hitler aurait pu perdre la guerre s'il avait disposé d'une technologie aussi révolutionnaire, on ne comprend pas pourquoi des êtres aussi développés que ces extraterrestres auraient jeté leur dévolu sur les nazis !

Derrière le masque se cache un monstre

Edgar Cayce est l'un de ceux qui ont contribué à jeter une passerelle entre le New Age et les mystères de l'Égypte ancienne. *Secret Chamber* et *Giza : The Truth* nous aident à comprendre d'où viennent les informations dont le « prophète endormi » aurait bénéficié lorsqu'il entrait en transe : loin de ne rien connaître à l'ésotérisme, comme le racontent ses disciples, il était en réalité un théosophe averti, avant même de commencer à parler, dans ses « séances », de l'Atlantide, de l'Égypte ancienne et de la Salle des inscriptions. Il donnera ainsi en 1922 des conférences à la Société théosophique d'Alabama, et il retournera sur place un an plus tard, hébergé cette fois par un autre théosophe, Arthur Lammers [32]. Bauval reconnaît que la théosophie et les disciplines associées n'avaient pas de secret pour lui, et il explique que c'est chez un poète mystique du nom de Gerald Massey (1828-1907) [33] qu'il a puisé l'idée que la civilisation est apparue aux alentours de 10500 av. J.-C. Cela permet de faire le lien entre les prétendues communications de ce médium et les groupes ésotériques qui ont influencé les responsables de cette « conspiration suprême », et cela montre que l'œuvre d'Edgar Cayce a eu un retentissement considérable.

Depuis la parution de ce livre, nous sommes frappés par l'idéologie profondément réactionnaire qui sous-tend le New Age, chantant officiellement « l'amour et la lumière », et nous sommes loin d'être les seuls à craindre que les adeptes de ce mouvement, recrutés essentiellement au sein de la petite bourgeoisie, ne soient manipulés, même si leur démarche est sincère. Notre amie Christy Feern, actrice et scénariste, nous a envoyé un exemplaire de *New Age Channelings : Who ou what is being Channeled ?* (« Le New Age et ses intermédiaires : avec qui, ou avec quoi, entre-t-on en communication ? ») de Monica Sjöö, qui nous permet de compléter le tableau.

Issue de la mouvance alternative et défendant des thèses féministes, Monica Sjöö note que les « communications » établies avec de mystérieuses entités véhiculent souvent des thèses d'extrême droite, ce qui était déjà le cas chez les grandes figures dont se réclament aujourd'hui les chantres du New Age, à commencer par Mme Blavatsky et Alice Bailey. Comme nous, elle pense que le Conseil des Neuf, qui aurait « dicté » *The Only Planet of Choice* à Phyllis Schlemmer et Mary Bennett, distille un poison insidieux et redoutable [34].

Toutes ces sectes qui se disent en contact avec des êtres invisibles ne font en réalité, observe-t-elle, que reprendre à leur compte le « rêve américain » passablement défraîchi et défendre les valeurs de la bourgeoisie blanche, chrétienne et élitiste. Elle n'exclut pas que la CIA ait mené, par le truchement de ces cercles ésotériques, une opération de propagande [35] (ce qui nous renvoie aux conclusions du rapport du SRI intitulé *Changing Images of Man*).

Monija Sjöö relève aussi la tonalité antisémite, raciste et machiste des déclarations des « grands-mères » du New Age, Mme Blavatsky et Alice Bailey, et notamment de la seconde. C'est ainsi que lorsque les Américains larguent en août 1945 une deuxième bombe atomique sur Nagasaki, son « guide spirituel immatériel », le Tibétain (alias « Maître D. K. ») proclame que l'on vient d'entrer dans une nouvelle époque, car on a « libéré l'énergie cosmique », assimilant carrément l'éclair de l'explosion nucléaire à l'illumination du mystique ! Pire, Bailey et D. K. affirment qu'il fallait « anéantir » les Japonais, « gens dotés du système nerveux des êtres appartenant à la quatrième race originelle ». Il était donc nécessaire, dans cette optique, de « libérer » leur âme emprisonnée, en rasant Hiroshima et Nagasaki [36].

Il n'empêche qu'Alice Bailey demeure une référence obligée pour les adeptes du New Age. « Tom », éminent représentant du Conseil des Neuf, fait de la publicité pour ses livres, et James Hurtak s'en inspire ouvertement, ce qui est très inquiétant quand on sait que leurs disciples se comptent par millions.

Autre sinistre personnage, William Dudley Pelley, cet Américain que nous avons rencontré dans le chapitre 5, et dont nous pensons aujourd'hui qu'il a joué un rôle plus important que nous le croyions dans la mise en place de cette fameuse conspiration. Nous avons mentionné au passage *Star Guests*, son livre paru en 1950, aujourd'hui presque introuvable, mais dont nous avons quand même réussi à nous procurer un exemplaire. La lecture en est édifiante, d'autant que nous en revenons à notre point de départ, puisqu'il y est question de Sirius, et en particulier de Sirius B [37].

D'après lui, le genre humain est le fruit d'un croisement entre des hommes-singes et des extraterrestres originaires de Sirius – et supérieurement développés, cela va de soi – qui ont jadis débarqué sur notre planète. Le Sphinx symbolise cette progéniture [38] « à moitié humaine et à moitié divine », les dieux à têtes de faucon représentant les « Siriens [39] », autrement dit les êtres venus de Sirius (on pense au Spectra à tête de faucon, cher à Andrija Puharich).

On trouve donc sur notre planète des êtres hybrides (qu'il appelle les « descendants-animaux des mères-singes d'antan [40] », ou les « formes terrestres indigènes et biologiques [41] »), ainsi que des réincarnations de l'esprit des êtres venus de Sirius. Malheureusement, il s'est produit des accidents de parcours, et ces merveilleuses créatures vont dégénérer, de sorte que les intelligences qui régissent l'univers enverront des « messagers », dont Jésus-Christ, pour y rémédier [42]. Cela ressemble étrangement aux défauts apparus dans notre programme génétique et qui doivent être corrigés, d'après le sieur Hurtak. Enfin, chez William Pelley, tout concourt au « second avènement », lors de l'entrée dans l'ère du Verseau [43].

Tous les grands thèmes autour desquels s'articule ce complot (qui prend forme dans les communications avec le Conseil des Neuf) figurent déjà dans le livre de William Pelley. Ce n'est pas une coïncidence. Au début des années 50, ceux qui répercutent, à les en croire, les propos d'entités invisibles font partie d'un microcosme très soudé : leur référence commune, Andrija Puharich, connaît ainsi très bien George Hunt Williamson (alias Michel d'Obrenovic), qui dialogue, dit-il, avec les extraterrestres et collabore à *Valor*, le magazine raciste dirigé par William Pelley. George Hunt Williamson ne tarira pas d'éloges sur les travaux d'Andrija Puharich, lequel devait sans doute avoir lu le livre de William Pelley.

Ce sont toutefois les idées politiques de ce dernier qui pèseront le plus lourd dans la balance. Non seulement il anime un magazine raciste, *Valor*, qui proclame la supériorité de la race blanche, mais il est un admirateur inconditionnel d'Adolf Hitler, et il met sur pied les « chemises d'argent », milice calquée sur le modèle des « chemises brunes », ce qui lui vaudra d'être interné pendant la Seconde Guerre mondiale.

Que faut-il en conclure, concernant les échanges qu'il prétend avoir multipliés avec de mystérieuses entités ? Il se peut que tout cela ne soit qu'un fantasme, mais si d'aventure il est réellement entré en contact avec ces êtres, pourquoi ceux-ci ont-ils choisi d'avoir un nazi pour interlocuteur ?

Les connotations racistes des propos des Neuf, entre autres, nous rendent de plus en plus circonspects. Nous constatons avec satisfaction que le premier volet d'*Horizon*, le reportage télévisé de la BBC évoqué au début de ce texte, explique que la croyance en l'Atlantide et en des civilisations brillantes et disparues figurait en bonne place dans l'idéologie nazie, qui était construite autour de l'idée de « race supérieure ». On connaît la suite. Cela ne signifie pas que tous ceux qui s'intéressent à l'Atlantide sont des nazis honteux, mais il faut manier ces concepts avec précaution.

C'est pourquoi, sans prétendre, loin de là, qu'Edgar Cayce, Alice Bailey, les égyptologues « alternatifs » et ceux qui croient discerner un visage sur Mars sont des fascistes, nous redoutons que certains ne récupèrent leurs idées pour les mettre au service d'une conspiration qui sert leurs propres intérêts.

Ils ont certes essuyé un revers, avec l'annulation de la dépose solennelle d'une pierre de faîte au sommet de la Grande Pyramide, le 31 décembre 1999, mais ils n'ont pas renoncé pour autant à faire jouer à ces monuments de l'Antiquité un rôle artificiel, et à conférer aux dieux d'Héliopolis des pouvoirs totalement superfétatoires, afin de nous manipuler.

LYNN PICKNETT ET CLIVE PRINCE
Londres, décembre 2000.

NOTES

Prologue – Les neuf dieux

1. Fragment 600. Cité et traduit (en anglais) par Faulkner dans *The Ancient Egytian Pyramid Texts*.
2. Sauf indication contraire, les renseignements sur Héliopolis proviennent tous de *Excavations at Heliopolis* de Salah.
3. Salah, *op. cit.*, vol. 1, p. 5 ; Rundle Clark, *Myth and Symbol in Ancient Egypt*, p. 37.
4. Lehner, *The Complete Pyramids*, p. 142.
5. Salah, *op. cit.*, vol. 1, p. 23.
6. Hurry, *Imhotep, the Vizier and Physician of King Zoser and Afterwards the Egyptian God of Medicine*.
7. Harris, *History of Libraries in the Western World*, p. 30.
8. Lehner, *op. cit.*, p. 31.
9. La traduction en anglais des *Textes des pyramides* qui fait autorité est celle de Faulkner, même si elle est souvent obscure et contestable.
10. Lehner, *op. cit.*, p. 32 ; Rundle Clark, *op. cit.*, p. 37.
11. On attribue généralement au mathématicien grec Hipparque de Nicée la découverte, en 127 av. J.-C., de la précession des équinoxes (il forge lui-même ce terme), même s'il exagère la longueur du cycle. Reprenant à son compte les thèses exprimées par Giorgio de Santanilla et Hertha von Dechend dans *Hamlet's Mill*, l'égyptologue Jane Sellers affirme que les Égyptiens connaissaient déjà la précession des équinoxes
12. Luckert, *Egyptian Light and Hebrew Fire : Theological and Philosophical Roots of Christendom in Evolutionary Perspective*, p. 47.
13. *Ibid.*, p. 45.
14. Frankfort, *Kingship and the Gods*, p. 153.
15. Luckert, *op. cit.*, p. 50.
16. *Ibid.*, p. 57.
17. Lehner, *op. cit.*, p. 34.
18. Rundle Clark, *op. cit.*, p. 35.
19. « La sonde européenne trouve de l'eau sur Titan et Orion », dépêche de l'*Associated Press* datée du 8 avril 1998.
20. Rice, *Egypt's Making : The Origins of Ancien Egypt 5000-2000 BC*, p. 38.
21. Voir Coppens, *Life Exists Since the Big Bang* ; Schueller, *Stuff of Life*.

Chapitre 1 – L'Égypte : de nouveaux mythes remplacent les anciens

1. Mark Lehner, *op. cit.*, p. 106 ; Kingsland Williams, *The Great Pyramids in Fact and Theory*, vol. 1, p. 3-4.
2. Sur le recours à p et j, voir Michael Rice, *Egypt's Legacy*, p. 24-25. Sur la signification géodésique de la Grande Pyramide, voir William Kingsland, *ibid.*, vol. 2, p. 42, et Livio Catullo Stecchini, appendice à Peter Tompkins, *The Secrets of the Great Pyramid.* Pour une analyse des connaissances géométriques utilisées par les bâtisseurs du site de Gizeh, voir les ouvrages de Robin Cook.
3. Andrew Collins, *Gods of Eden*, p. 25.
4. Robin Cook, *The Horizon of Khufu*, p. 52.
5. Mark Lehner, *op. cit.*, p. 94.
6. *Ibid.*, p. 124.
7. Iorwerth Eiddon Stephen Edwards, *Les Pyramides d'Égypte*, LGF, 1992.
8. *The Great Pyramid : Gateway to the Stars,* («La Grande Pyramide : une porte sur les étoiles»), documentaire réalisé par Christopher Mann diffusé en 1994 par la BBC.
9. Andrew Collins, *op. cit.*, p. 52-57.
10. Voir Charles Hapgood, *Les Cartes des anciens rois des mers : preuves de l'existence d'une civilisation avancée à l'époque glaciaire*, éditions du Rocher, 1981.
11. Voir Robert Bauval et Graham Hancock, *Le Mystère du Grand Sphinx*, éditions du Rocher, 1999.
12. Voir Gérard Beaudoin, *Les Dogons du Mali*, Armand Colin, 1984 et Éric Guerrier, *Essai sur la cosmogonie des Dogons : l'arche du Nommo*, Robert Laffont, 1975.
13. Montserrat Palau Marti, *Les Dogons*, PUF, 1957.
14. *Op. cit.*
15. Renseignements recueillis lors d'un entretien téléphonique avec Martin Barstow, maître de conférences de physique à l'université de Leicester, le 28 août 1998.
16. *Op. cit.*
17. Duncan Lunan, *Man and the Stars : Contact and Communication with Other Intelligence.*
18. Développé par l'Agence spatiale européenne, le projet Hipparque a pour but de réaliser des mesures détaillées des mouvements des étoiles à partir d'un point d'observation situé hors de l'atmosphère. Lancé en 1989, le satellite Hipparque a conclu sa mission en 1993. Les données recueillies, qui sont les plus fiables dont on dispose à l'heure actuelle, ont été publiées dans un catalogue en dix-sept volumes, et depuis 1997 on peut les consulter sur Internet.

19. Voir Robert Temple, *op. cit.*
20. Jusqu'à la construction du barrage d'Assouan, les crues du Nil étaient provoquées par l'élévation du niveau du Nil bleu, suite à la mousson d'été en Éthiopie (voir John Baines et Jaromir Malek, *Atlas of Ancient Egypt*). Il ressort de documents du XIXe et du XXe siècle que le niveau du fleuve pouvait commencer à monter en Égypte dès le 15 avril, et ce jusqu'au 23 juin, et qu'il pouvait s'écouler de 336 à 415 jours entre les inondations (voir Richard Parker, *The Calendars of Ancient Egypt*). Toute conjonction entre le lever héliaque de Sirius et le gonflement des eaux ne peut qu'être approximative.
21. Richard Hinckley Allen, *Star-Names and Their Meanings*.
22. En Égypte, Sirius est parfois représenté sous forme d'un chien, mais seulement dans la période hellénistique, c'est-à-dire après la conquête du pays par Alexandre le Grand, en 332 av. J.-C., car avec l'arrivée des Grecs on commence à voir en cet astre une étoile-chien. Voir Manfred Lurker, *An Illustrated Dictionary of the Gods and Symbols of Ancient Egypt*.
23. Robert Bauval et Adrian Gilbert, *Le Mystère d'Orion*, Pygmalion, 1994.
24. Robert Temple, *op. cit.*
25. *Ibid.*
26. On sait pertinemment qu'Hermès Trimégiste, dieu grec, est assimilé à Thot, dieu lunaire égyptien de la sagesse et du savoir. Il est donc surprenant que les déclarations de Robert Temple n'aient pas suscité de réactions. En fait, l'identification de ces deux divinités prouve que l'hermétisme a une origine égyptienne et non grecque. Voir, par exemple, Fowden, *The Egyptian Hermes. A Historical Approach to the Late Pagan Mind*, p. 75-76.
27. Robert Temple, *op. cit.*
28. *Ibid.*
29. Gérard Beaudoin, *op. cit.*, p. 34 ; Montserrat Palau Marti, *op. cit.*, p. 10.
30. Robert Temple, *op. cit.*
31. La définition de *arq ur* figure à la page 131 du volume 1 de *An Egyptian Hieroglyphic Dictionary* de Buge, inédit en France ; on trouvera à la page XXXVII du volume 1 une liste des abréviations des textes auxquels se réfère l'auteur, et qui montre notamment que « Sphinx » est l'une d'elles.
32. Karl Peihl, « Notes de lexicographie égyptienne », p. 8. Il faudra attendre la création des premiers comptoirs grecs dans le delta du Nil, au VIIe siècle av. J.-C., pour que le mot *argyros* soit emprunté par la langue égyptienne sous la forme *arq ur*. Il n'entrera vraisemblablement dans la langue vernaculaire qu'après la conquête de l'Égypte par Alexandre le Grand, en 332 av. J.-C.
33. Robert Temple, *op. cit.*
34. *Ibid.*
35. *Ibid.*

36. Robert Temple, *op. cit.*
37. *Ibid.*
38. *Ibid.*
39. *Ibid.*
40. Voir John West, *Serpent in the Sky*, p. 232. L'auteur fait allusion à l'analyse d'un expert en médecine légale, le lieutenant Frank Domingo de la police de New York.
41. Voir James Henry Breasted, *Ancient Records of Egypt: Historical Documents from the Earliest Times to the Persian Conquest.*
42. West, *op. cit.*, p. 67.
43. *Ibid.*, p. 198.
44. *Ibid.*, p. 14.
45. Robert Schoch, *Redating The Grand Sphinx.*
46. Peter Milson, *Age of the Sphinx* (transcription d'une émission diffusée le 27 novembre 1994).
47. Hancock, *L'Empreinte des dieux*, Pygmalion, 1996.
48. Schoch, « The Great Sphinx Controversy », *Fortean Times*, n° 79, février-mars 1995.
49. Cité par Hancock dans *L'Empreinte des dieux.*
50. Schoch, *The Great Sphinx Controversy.*
51. *Op. cit.*
52. Dans *Egypt Before the Pharaohs*, Michael A. Hoffman reprend les dates généralement admises pour situer les périodes de pluie : 1. Entre 120000 ans et 90000 ans av. J.-C. 2. Entre 50000 et 30000 av. J.-C. 3. Entre 7000/6000 et 2500 av. J.-C. Il ne parle donc pas d'une période de pluie ayant existé au XIe millénaire avant notre ère, ce qui est très important, car Hancock se réfère à lui pour tout ce qui concerne le climat de l'ancienne Égypte.
53. Milson, *op. cit.*, p. 25.
54. Michael Rice, *Egytps's Legacy; The Archetypes of Ancient Egypt 5000 – 2000 BCE*, p. 16.
55. Milson, *op. cit.*, p. 24.
56. Hoffman, *op. cit.*, p. 161.
57. Temple, *op. cit.*, p. 21-22.
58. Bauval et Gilbert, *op. cit.*
59. Ce sont Alexander Badaway et Virginia Trimble, respectivement égyptologue et astronome, qui ont émis cette hypothèse en 1964.
60. Bauval et Gilbert, *op. cit.*
61. *Ibid.*
62. Lehner, *op. cit.*, p. 66-67.

63. Trois jours après avoir été informé de la découverte effectuée quelque temps plus tôt par Gantenbrink, le *Daily Telegraph* y consacre un article. Bauval se débrouillera ensuite pour que l'affaire fasse la couverture de l'*Independent*, le 16 avril 1993. On en parlera également le soir même aux informations télévisées, comme le lendemain dans de nombreux journaux britanniques et étrangers.
64. Cette citation, comme celles qui suivent, est extraites d'un e-mail de Gantenbrink, daté du 19 août 1998.
65. Citons pour exemple *Origin and Antiquity of Freemasonry* de Churchward.
66. Bauval et Hancock, *Le Mystère du Grand Sphinx*.
67. *Ibid.*
68. Cook, Robin, *The Horizon of Khufu*, p. 66-70.
69. *Ibid.*
70. Si l'on en croit les données fournies par le programme SkyGlobe, c'est le 13 juin, à environ 6 h 5 du matin, que le soleil s'est levé, lors de l'équinoxe de printemps de l'an 10500 av. J.-C. Notre calendrier ne correspondant pas aux saisons, quand on le rapporte à des époques très éloignées, dans le passé ou l'avenir, l'équinoxe de printemps, survenant actuellement le 21-22 mars, se produit de plus en plus tard au fur et à mesure que l'on recule dans le temps. À noter également que les programmes informatiques comme SkyGlobe, destinés à des astronomes amateurs, manquent de précision, et cela sur des périodes de plusieurs milliers d'années. Il faut alors prendre en compte d'autres facteurs, dont le plus important est le mouvement propre des étoiles, pour être à même de faire des prévisions. Or, la plupart du temps, ces programmes n'incluent pas de tels paramètres, et si d'aventure ils le font, ils risquent de nous induire en erreur, s'ils ne se réfèrent pas aux données fournies par le satellite Hipparque (voir note 18 du même chapitre).
71. Cook, *op. cit.*, p. 86.
72. Breasted, *op. cit.*, p. 120.
73. Schwaller de Lubicz, *La Science sacrée*.
74. Bauval et Hancock, *op. cit.*
75. Communication de Krupp à Michael Brass, envoyée sur *Egyptnews*, le 19 juin 1998. (*Egyptnews* est un site Internet consacré aux dernières recherches sur l'Égypte ainsi qu'aux débats qu'elles suscitent, et qui est supervisé par Chris Ogilvie-Herald : egyptnews@aol.com).
76. Hancock et Faiia, *Heaven's Mirror: Quest for the Lost Civilisation*, p. 126-128.
77. Voir Lehner, *The Egyptian Heritage*, et Roche, *Egyptian Myths and The Ra Ta Story*.
78. Robinson, *Edgar Cayce's Story of the Origin and Destiny of Man*, p. 79.
79. *Ibid.*

80. *Ibid.*, p. 80.
81. *Ibid.*, p. 79.
82. *Ibid.*, p. 159. Voir aussi Robinson, *Is It True What They Say About Edgar Cayce*, p. 160.
83. Stearn, Jess, *The Sleeping Prophet : The Life and Work of Edgar Cayce*.
84. Carter, Mary Ellen, *Edgar Cayce on Prophecy*, p. 86.
85. *Ibid.*, p. 87.
86. *Ibid.*, p. 88.
87. Stearn, *op. cit.*, p. 89.
88. Carter, *op. cit.*, p. 90.
89. Cayce, Edgar Evans, *Edgar Cayce on Atlantis*.
90. Ce thème sera développé dans le prochain ouvrage de Andrew Collins, *Gateway to Atlantis*.
91. Carter, *op. cit.*, p.153.
92. Lehner, *op. cit.*, p. 86.
93. Bauval et Hancock, *op. cit.*
94. *Ibid.*
95. Milson, *op. cit.*, p. 4.
96. Informations fournies par le siège de l'ARE, situé à Virginia Beach, aux États-Unis.
97. B. et M. Sellers, *op. cit.*, p. 172.
98. Voir Bauval et Hancock, *op. cit.*, p. 271.
99. Voir Bauval et Hancock, *op. cit.*, p. 313.
100. Saleh, *op. cit.*, p. 25.
101. On trouve une traduction en anglais des légendes arabes dans *The Great Pyramid in Fact and Theory* de William Kingsland.
102. Mackey, *op. cit.*, chap. IX.
103. Randall-Stevens, *The Teachings of Osiris*, p. 80
104. Randall-Stevens, *A Voice Out of Egypt*, p. 174.
105. *Ibid.*, p. 178.
106. *Ibid.*, p. 174.
107. *The Symbolic Prophecy ot The Great Pyramid,* p. 126-127 et p. 181-182.
108. « An Open Letter by Robert G. Bauval », *Egyptnews*, 29 juillet 1998.
109. « Comment from Graham Hancock », *Egyptnews*, 14 août 1998.
110. *Egyptnews,* 8 novembre 1998.
111. Extrait d'une communication de Robert Bauval, faite lors d'un congrès organisé à Londres, le 24 octobre 1998.
112. *Egyptnews,* 8 novembre 1998.
113. Temple, *op. cit.*, p. 36.

Chapitre 2 – Gizeh, ou le règne de l'étrange

1. Déclaration effectuée le 14 janvier 1998, lors d'une émission radiophonique.
2. Jean Kérisel, « Pyramides de Khéops : dernières recherches », *Revue d'égyptologie*, n° 44, 1993.
3. Graham Hancock, « Egypts's Mysteries : Hints of a Hidden Agenda ? », *Nexus*, n° 6, octobre-novembre 1996.
4. Ogilvie-Herald, p. 5.
5. *Ibid.*
6. Hancock, *op. cit.*
7. *Ibid.*
8. *Hieroglyph,* n° 1, janvier 1997, p. 1.
9. Programme de radio Art Bell, 14 janvier 1998.
10. Lehner, *The Complete Pyramids*, p. 45.
11. Peter Tompkins, *Secrets of the Great Pyramids*, p. 45.
12. Ogilvie-Herald, p. 4-5. Danley nous confirmera, dans un e-mail du 3 septembre 1998, qu'il s'en tient à la version donnée au départ.
13. Jim Hoagland, *A Secret Tunnel Being Excavated in the Great Pyramid ?*
14. Randy Koppang, « The Great Pyramid Tunnel Mystery », *Atlantis Rising*, n° 13, 1997.
15. Kenneth et Dee Burke, « Secrets Tunnels in Egypt : An Interview with Boris Said », *Nexus*, avril/mai 1998.
16. Zaï Hawass, « Two New Museums at Luxor and Aswan », *Horus*, n° 2, avril-juin 1998.
17. Andrew Bayuk, « Spotlight Interview – Zaï Hawass », site Guardian's Egypt On-Line *(http://guardians.net/egypt)*, 1997.
18. Voir l'article de Kate Ginn dans le *Daily Mail* du 18 avril 1998. On y trouve cependant plusieurs interprétations erronées des informations fournies par le quotidien (se reporter aux déclarations effectuées par Simon Cox sur le site Internet *Egyptnews*, le 19 avril de la même année). Nous avons appris de plusieurs sources la découverte des trois chambres. Curieusement, le site Internet de l'Académie *(http://academy.wwdc.com/archives/113.html)* nous explique, en janvier 1998, que Dannion Brinkley affirme avoir été prévenu directement par Zaï Hawass.
19. C'est aussi Luis Alvarez qui a formulé l'hypothèse selon laquelle l'extinction des dinosaures serait due à la chute d'une énorme météorite, qui aurait assombri le ciel et fait brusquement chuter la température, tout comme il a effectué, au début des années 50, des recherches sur les ovnis financées par la CIA (il s'agirait de la « Commission Robertson », mise sur pied en 1953 par la CIA ; voir Peebles, chapitre 6).
20. Tomkins, *Secret of the Great Pyramid*, p. 276.
21. Hassan, p. 13.

22. *Ibid.*, p. 16-17.
23. Lehner, *op. cit.*, p. 130.
24. Dolphin, « Geophysics and the Temple Mount », site de Dolphin *(http://www.best.com/~dolphin/)*, 1995.
25. Extrait de son CV, tel qu'il apparaît sur son site Internet *(http://www.best.com/~dolphin/)*.
26. Dolphin, « Geophysics and the Temple Mount ».
27. *Ibid.*
28. Cité par Lambert Dolphin dans l'article précité.
29. E-mail adressé par Lambert Dolphin à Philip Coppens, le 6 avril 1998.
30. Bauval et Hancock, *Le Mystère du Grand Sphinx*.
31. *Ibid.*
32. E-mail de Kim Farmer, appartenant à l'AFFS, adressé le 24 septembre 1998 aux deux auteurs du présent ouvrage.
33. On peut se procurer auprès de la NASA l'article d'Hurtak : *« Subsurface Morphology and Geoarcheology revealed by Spaceborne and Airborne Rada »* (« Les satellites et les avions radars nous révèlent la morphologie souterraine et la géo-archéologie »). Nous remercions Chris Ogilvie-Herald de nous l'avoir signalé, et Philip Coppens d'avoir confirmé les détails avec la NASA.
34. E-mail de Kim Farmer, appartenant à l'AFFS, daté du 24 septembre 1998.
35. *Ibid.*
36. *Hieroglyph*, n° 1, janvier 1997, p. 3.
37. E-mail de Kim Farmer, appartenant à l'AFFS, daté du 24 septembre 1998.
38. *Ibid.*
39. Voir Bauval et Hancock, *op. cit.*, où sont cités des extraits du rapport du SRI, sorti en 1977.
40. *Ibid.*, p. 106.
41. Bauval et Hancock, *op. cit.*, p. 107.
42. Zaï Hawass et Mark Lehner, *« The Passage Under the Sphinx »* (« Le passage sous le Sphinx »), dans *Hommages à Jean Leclant*, Institut français d'archéologie orientale, Paris, 1994.
43. Bauval et Hancock, *op. cit.*, p. 107.
44. Extrait du documentaire de Boris Said, *Legends of the Sphinx* (Magical Eye Productions, 1998, écrit et produit par Boris Said, réalisé par Michael Calhoun).
45. *Hieroglyph*, n° 1, janvier 1997.
46. Robert Bauval, « A Meeting with Dr Joseph Schor in New York », article paru sur un site Internet, Equinox 2000, le 26 octobre 1998 *(http://www.projectequinox2000.com)*.
47. Déclaration de Boris Said dans son émission télévisée *Legends of the Sphinx*.
48. C'est lors d'une émission de radio, diffusée en Afrique du Sud, que Zaï Hawass annonce officiellement que l'autorisation de programme expire en

juillet 1996, en précisant qu'il a écrit à la fondation Schor et à l'Université de Floride, pour leur demander de prendre cette décision (*Hieroglyph*, n° 1, janvier 1997). L'équipe poursuit néanmoins ses travaux pendant cinq mois sur le site de Gizeh, et elle réussit même à revenir sur les lieux en février 1997, en brandissant le permis de filmer accordé à Boris Said pour avoir accès au plateau. Boris Said affirme, dans *Legends of the Sphinx*, qu'il ne savait pas alors que l'autorisation de programme avait été annulée.

49. Voir Barbara Keller, « ARE Conference Highlights Giza Controversies », *Atlantis Rising*, n° 13, 1997, p. 16.
50. Richard Hoagland effectue cette déclaration sur les ondes d'Art Bell, le 22 septembre 1996. Voir *Hieroglyph*, n° 1, p. 13.
51. Voir *Legends of the Sphinx*.
52. John Anthony West, « ARE Conference at Virginia Beach ».
53. Lewis H. Spencer, *The Symbolic Prophecy of the Great Pyramid*, p. 184-185.
54. Voir le récit, paru sur Internet, d'Ogilvie-Herald et Lawton, qui seront les premiers à faire état d'un puits et de salles souterraines.
55. Randal Stevens, *A Voice out of Egypt*, p. 194.
56. Le *Daily Telegraph*, numéro du 4 mars 1935. Nous remercions Chris Ogilvie-Herald de nous en avoir procuré un exemplaire.
57. Conférence organisée au Conway Hall de Londres, le 24 octobre 1998.
58. « Déclaration commune de John Anthony West et Graham Hancock », largement diffusée sur Internet.
59. Article de Robert Bauval, paru sur le site Internet consacré au Sphinx, le 17 juillet 1998 *(http://www. m-m.org/jz/sphinx.htlm)*.
60. Article de Bauval et Hancock, paru sur le site Internet consacré au Sphinx, le 19 juillet 1998.
61. *Egyptnews,* le 27 septembre 1998.
62. *Hieroglyph,* n° 2, mai 1998, p. 3.
63. *Ibid.,* p. 2-3.
64. *Ibid.,* p. 63.
65. Article de Robert Bauval, paru sur le site Internet Egyptnews, le 13 août 1998.
66. Article de Robert Bauval, paru sur le site Internet Egyptnews, le 20 septembre 1998. (Aux dernières nouvelles, l'équipe de la fondation Schor et de l'Université de Floride a échoué.)
67. *Daily Mail,* édition du 15 juin 1998.
68. « Déclaration officielle concernant Operation Hermes SA », parue sur le site Internet Egyptnews, le 1er août 1998. Ce texte est signé par Bauval, Hancock et plusieurs auteurs, dont Colin Wilson, Andrew Collins et Alan Alford.
69. Conférence organisée à Londres, le 25 octobre 1998.

70. Appleby, *« Over the Top »* (« Trop, c'est trop »). Appleby ne cite pas le nom de Simon Cox, mais il est évident que c'est à lui qu'il fait allusion. Le rapport de Simon Cox figurera dans la déclaration commune signée par Bauval, Hancock et d'autres auteurs sur le site Internet Egyptnews, le 1er août 1998.
71. Article d'Alan F. Alford, paru sur le site Internet Ancient Astronaut Society Resarch Association *(http://www.aas-ra.org)*, le 15 septembre 1998.
72. La séquence figure dans *Legends of the Sphinx*, le documentaire vidéo réalisé par Boris Said.
73. Conversation téléphonique, tenue le 12 mars 1999, avec Jill Freeman, directeur du Musée rosicrucien de l'AMORC.
74. Hunter et Hillier, « The Hall of Osiris ». Depuis lors, Hillier ne reprend plus à son compte les théories présentées dans cet article et les allégations qui les accompagnent. En revanche, Hunter continue à les défendre.
75. Robinson, *Edgard Cayce's Story of the Origin and Destiny of Man*, p. 79.
76. Georgina Bruni dressera un compte rendu de cette réunion dans le numéro de septembre 1997 du magazine *Sightings*.
77. Robert Smith, *The Lost Memoirs of Edgar Cayce : Life as a Seer* À paraître aux éditions du Rocher.
78. *Ibid.*, chap. 5-8.
79. *Ibid.*, p. 48.
80. *Ibid.*, p. 56.
81. *Ibid.*
82. *Ibid.*, p. 120.
83. *Ibid.*, appendice C. Il semble même qu'il ait été consulté à propos du projet de création de la Société des Nations (*ibid.*, p. 298).
84. *Ibid.*, p. 297.
85. *Ibid.*, p. 132.
86. *Ibid.*, p. 120.
87. *Ibid.*, p. 130.
88. *Ibid.*, chap. 21.
89. *Ibid.*, p. 173-174.
90. *Ibid.*, p. 296.
91. Andrew Collins, *Gods of Eden*, p. 171
92. Bauval et Hancock, *op. cit.*, p. 349.
93. Ces informations sont tirées de *The Cold War and American Science*, de Stuart W. Leslie, et de *Creating the Cold War University*, de Rebecca S. Lowen.
94. Leslie, *op. cit.*, p. 242.
95. *Ibid.*, p. 251.
96. Pour un historique détaillé des recherches américaines concernant la vision à distance et sa mise en pratique, voir *Remote Viewers* de Jim Schnabel.

97. Budge, *op. cit.*, vol. 2., p. 654-655.
98. Schnabel, *op. cit.*, p. 175-184.
99. Targ et Puthoff, *op. cit.*, chap. 7.
100. Schnabel, *op. cit.*, chap. 7 ; Puthoff, « CIA-Initiated Remote Viewing Program at Standford Research Institute ».
101. Schnabel, *op. cit.*, p. 142-143.
102. Morehouse, *op. cit.*, p. 83 et 73.
103. En réponse à une question de « Brother Blue », Lambert Dolphin fait paraître le 19 juillet 1998 cette réponse sur le forum de discussion *sci.archeology*.
104. Martin Garder, Urantia, *The Great Cult Mystery*.
105. E-mail de Kim Farmer, du 24 septembre 1998.
106. Voir en particulier *Virtual Government* (inédit en France) et *« Remote Viewing » at Standford Research Institute or Illicit Mind Control Experimentation ?* d'Alex Constantine.
107. Voir « Mysteries of Mars », et surtout le troisième épisode, de Bauval et Hancock, ainsi que *Hieroglyph*, n° 1, janvier 1997.
108. Bauval, « The Face on Mars and the Terrestrial Connection ».
109. Temple, *op. cit.*
110. Niklas Rasche, compte rendu de *The Mars Mystery*, dans *Fortean Times*, n° 113, août 1998, p. 55.

Chapitre 3 – Au-delà de la mission sur Mars

1. Stuart Holroy, *Briefing for the Landing on Planet Earth*, p. 63.
2. *The Pyramids of Mars,* écrit par Stephen Harris, réalisé par Paddy Russel, produit par Philip Hinchcliffe (1975).
3. Carl Sagan, *Cosmos*, Mazarine, 1981.
4. Voir *NASA : Viking 1 : Early Result ;* Robert Zubrin et Richard Wagner, *The Case for Mars : The Plan to Settle the Red Planet and Why We Must,* chap. 2 ; Carl Sagan, *op. cit.*
5. Zubrin et Wagner, *op. cit.*, p. 31-35 ; Swartz, « Mars as an Abode of Life », *in* Stanley V. McDaniel et Monica Rix Paxson, *The Case for the Face : Scientists Examine the Evidence for Alien Artefacts on Mars.*
6. Brian Crowley et James Hurtak, *« The Face on Mars ; The Evidence of a Lost Martian Civlisation »*, *in* McDaniel et Paxson, *op. cit.*
7. E-mail adressé aux auteurs par Kim Farmer, de l'Académie de sciences de l'avenir, le 24 septembre 1998.
8. Bauval et Hancock, « Mysteries of Mars », *Daily Mail*, 17, 19, 20 août 1996. Troisième et dernier volet.
9. *Ibid.*

10. Richard Hoagland, *The Monuments of Mars*, p. 98-100.
11. *Ibid.*, p. 472. Hoagland a dédié son livre à Roddenberry, entre autres.
12. *Ibid.*, p. 136.
13. *Ibid.*, p. 49.
14. *Ibid.*, p. 62-64. Mark Carlotto fait observer qu'Hoagland s'est trompé, de peut-être 10 degrés, dans la mesure de l'orientation du « visage » par rapport au méridien martien nord-sud, et que tous ses calculs effectués par la suite, comme les déductions qu'il en tire, sont faux.
15. Hoagland, *op. cit.*, p. 136-143.
16. *Ibid.*, p. 160.
17. *Ibid.*, p. 166.
18. Jim Schnabel, *Remote Viewers : The Secret History of America's Psychic Spies*, p. 277.
19. Hoagland, *op. cit.*, p. 181-187.
20. *Ibid.*, p. 335.
21. *Ibid.*, p. 323-324.
22. *Ibid.*, p. 337.
23. Propos tenus lors de sa conférence organisée sous l'égide des Nations unies, et consignés dans *Hoagland's Mars Vol. II ; The United Nations Briefing : The Terrestrial Connection*, BC Video inc, 1993 (produit par David S. Percy, réalisé par Bill Cote).
24. Hoagland résume les travaux de Torun dans *The Monuments on Mars*, chapitre XVII. Les documents de Torun n'ont pas été publiés à ce jour.
25. Hoagland, *op. cit.*, p. 373.
26. *Ibid.*, p. 127.
27. *Ibid.*, p. 342.
28. La conférence donnée par Hoagland sert de thème au film vidéo intitulé *Hoagland's Mars Vol. II* (voir note 23, chap. 3).
29. *Fortean Times,* n° 117, décembre 1998, p. 7.
30. Information parue sur le site Internet de Stanley McDaniel *(http://www.mcdanielreport.com)*, citée dans *Nexus*, vol. 5, n° 4, juin-juillet 1998.
31. Michael Lindemann, « Cydonia Disappoints, but Controversy Continues », site Internet CIN News *(http://www.cninews.com)*, 1998.
32. Bob Rickard, « Facing Up Mars », *Fortean Times*, n° 112, juillet 1998.
33. *Ibid.*
34. Vincent Di Pietro, Gregory Molenaar, John Brandenburg, *Unusual Mars Surface Features*, p. 103-104.
35. Le titre exact du rapport de McDaniel est *On the Failure of Executive, Congressional and Scientific Responsability in Investigating Possible Evidence*

of Artificial Structures on the Surface of Mars and in Setting Mission Priorities for NASA's Mars Exploration Program.
36. Di Pietro, Brandenburg, Molenaar, *op. cit.*, p. 130.
37. E-mail adressé aux auteurs par Mark Carlotto, le 4 septembre 1998.
38. *Ibid.*
39. Hoagland, *op. cit.*, p. 362.
40. *Ibid.*, p. 289. s
41. Hancock, Bauval et Grigsby, *Le Mystère de Mars*, p. 199.
42. Crowley et Hurtak, *op. cit.*, p 55 ; Joan Wucher King, *Historical Dictionary of Egypt*, p. 219.
43. *Ibid.*, p. 219.
44. *Ibid.*, p. 219 et p. 300.
45. Hoagland, *The Monuments of Mars*, p. 287 ; Bauval, « The Face on Mars and the Terrestrial Connection ».
46. Budge, *op. cit.*, vol. 1, p. 493 et p. 500.
47. Hoagland, *op. cit.*, p. 361.
48. *Ibid.*, p. 298.
49. Cette hypothèse a été émise en 1884 par le révérend Edwin Abbott dans *Flatland, a romance of many dimensions*, publié sous le pseudonyme de A. Square.
50. Hoagland, *op. cit.*, p. 351-356.
51. *Ibid.*, p. 326.
52. David Whitehouse, « Close-Ups Unveil the "Face on Mars" », *Astronomy Now*, juin 1998. À noter que Whitehouse attribue par erreur cette latitude au « visage », et non à la « pyramide D & M ». Hoagland commet une erreur comparable, lorsqu'il situe la « cité » à cette latitude (voir *The Monuments of Mars*, p. 326). Ces erreurs n'ont aucun rapport avec le fait que les latitudes données par Hoagland et Torun sont erronées.
53. « An alternative Hypothesis of Cydonia's Formation », dans *The Case for the Face*, de Stanley Mc Daniel et Monica Rix Paxson.
54. Hancock, Bauval et Grigsby, *op. cit.*
55. Hoagland, *op. cit.*, p. 352.
56. Carlotto, *op. cit.*, p 180.
57. *The Face on Mars : The Avebury Connection*, film vidéo réalisé et produit par David Percy, paru en 1994 chez Aulis Publishers.
58. Interview de David Percy, réalisée à Londres, le 29 août 1998.
59. *The Face on Mars : The Avebury Connection, op. cit.*
60. Hoagland, *op. cit.*, p. 381.
61. Nous remercions Niklas Rasche et Rob Irving de nous avoir communiqué ce renseignement.

62. Communication téléphonique avec Rob Irving, qui s'est déroulée le 12 août 1998.
63. Hoagland, *op. cit.*, p. 366-367.
64. *Ibid.*, p. 351.
65. *Ibid.*, p. 194-198. L'article d'Avinsky est publié dans le numéro d'août 1984 de *Soviet Life*.
66. *Ibid.*, p. 204.
67. *Hieroglyph*, n° 1, janvier 1997.
68. Il est intéressant de noter que dans l'édition de 1998 de *The Sirius Mystery* (p. 35) Robert Temple évoque de façon positive le « visage sur Mars », en disant qu'il ne serait pas étonné que cela soit lié au mystère de Sirius.
69. Carlotto, *op. cit.*, p. 88-89.
70. Martin Gardner, *Urantia : The Great Cult Mystery*.
71. *Ibid.*
72. E-mail de Kim Farmer, membre de l'Academy for Future Sciences, adressé aux auteurs le 24 septembre 1998.
73. Gardner, *op. cit.*, p. 142.
74. Morehouse, *op. cit.*, p. 137
75. *Ibid.*, p. 128-134.
76. Courtney Brown, *Cosmic Voyage : A Scientific Discovery of Extraterrestrials Visiting Earth*, chap. 4.
77. Dans une émission de radio diffusée en mai 1997, sur l'Art Bell, Hoagland prétend que la NASA refuse de divulguer les photos de la comète de Hale-Bopp prises par Hubble, et il demande aux auditeurs de faire pression sur l'agence spatiale américaine pour qu'elle les rende publiques. À quoi la NASA rétorque qu'elle a diffusé sur Internet environ 4 500 clichés de la comète, y compris ceux pris par Hubble (« La Nasa réfute la thèse du complot », *Florida Today Space Online*, 13 mai 1997).
78. Brandenburg, « Newly Discovered Mars Meteorites Suggest Long-Term Life », dans McDaniel et Paxson, *op. cit.*
79. Hancock, Bauval et Grigsby, *op. cit.*, p 34.
80. *Ibid.*, p. 29-30.

Chapitre 4 – Contact ?

1. Mary Bennet et David Percy, *Dark Moon : Apollo and the Whistle Blowers*, p. 486.
2. Hurtak, *op. cit.*, p. VII-VIII.
3. Jacques Vallée, *Révélations*, Robert Laffont, 1992.
4. Hurtak, *op. cit.*, p. 287.

5. Hancock, Bauval, Grigsby, *op. cit.*, p. 82 et 86.
6. Bauval et Hancock, *Mysteries of Mars*, troisième partie.
7. *Legends of the Sphinx*, reportage vidéo.
8. Par le biais d'Internet, nous avons demandé, le 7 août 1998, à Robert Bauval d'où viennent ces déclarations d'Hurtak sur Mars. Dans sa réponse du 30 août, il nous explique qu'elles sont extraites de *The Keys of Enoch*.
9. Andrija Puharich, *Uri Geller*, Flammarion, 1974.
10. *Ibid.*
11. *Ibid.*, p. 10.
12. *Ibid.*, p. 254.
13. La mission d'Andrija Puharich et de Peter Hurkos portait sur les figurines d'Acámbaro, auxquelles on s'intéresse de nouveau depuis quelque temps. Dans les années 30 et 40, on a exhumé près de 30 000 figurines précolombiennes autour d'Acámbaro, dont certaines, se démarquant de celles qui arborent des motifs plus conventionnels, représentent des animaux aujourd'hui disparus, comme les dinosaures. Si ces statuettes sont authentiques, elles remettent en cause notre conception de l'évolution et de l'histoire. Cependant, il ressort d'une étude réalisée par Neil Steede, un archéologue indépendant, à la demande de la BC Video Inc., que les pièces représentant des animaux bizarres sont de facture récente (voir *Jurassic Art*, BC Video Inc., 1997).
On ne sait pas exactement pourquoi Andrija Puharich et Peter Hurkos se sont rendus à Acámbaro, car ils n'ont pas voulu en parler. Andrija Puharich explique qu'il s'agissait de «tirer au clair une énigme archéologique». Dans son autobiographie, Peter Hurkos (qui ne fait pas allusion à la rencontre avec Charles Laughead et sa femme) déclare qu'il est allé là-bas à la demande d'un «homme lié à la fondation de la Table Ronde», et qu'après avoir découvert des statues grâce à ses dons de médium, il n'a pas obtenu l'autorisation de les sortir du Mexique.
14. Puharich, *op. cit.*, p. 19-22.
15. Geller, p. 205.
16. Holroyd, *Briefing for the Landing on Planet Earth*, p. 49.
17. Puharich, *op. cit.*
18. *Ibid.*
19. *Ibid.*
20. *Ibid.*
21. *Ibid.*
22. *Ibid.*
23. *Ibid.*
24. On ne sait pas, au juste, si Uri Geller a travaillé pour le Mossad avant d'effectuer son premier séjour aux États-Unis. Il semblerait que le Mossad lui

ait prêté quelque attention lorsqu'il est devenu célèbre en Israël, même si Guy Lyon Playfair note qu'il n'a pas voulu parler des relations qu'il entretenait alors avec ce service de renseignements (voir Uri Geller et Lyon Playfair, *The Geller Effect*, p. 195). Guy Lyon Playfair note également qu'en 1973 le Mossad a communiqué des renseignements sur Uri Geller à Russell Targ et Hal Puthoff, chercheurs en poste au SRI (*ibid.*, p. 196). Un ingénieur américain, Eldon Byrd, qui s'est livré en 1975 à des expériences sur Uri Geller et a été interrogé à ce sujet par des agents de la CIA, expliquera en 1996 à un journaliste, John Strausbaugh, que le service secret américain ne voulait pas se servir d'Uri Geller, car il avait travaillé pour le Mossad et risquait d'être un agent double.

25. Voir Geller et Playfair, chapitre 3 ; Strausbaugh, « Uri Geller : Parlor Trick or Psychic Spy ? », *New York Press*, 27 novembre 1996.
26. Schnabel, p. 96-97.
27. Voir Strausbaugh. Cet article du *New York Press* figure sur le site Internet d'Uri Geller *(http://www.tcom.co.uk/hpnet/)*.
28. Puharich, *op. cit.*, p. 173.
29. Geller et Playfair, *op. cit.*, p. 178 et 197-199.
30. Steven Levy, *The Unicorn's Secret : Murder in the Age of Aquarius*, p. 165-167.
31. Holroyd, *op. cit.*, p. 50-51.
32. *Ibid.*, p. 56-57.
33. *Ibid.*, p. 58-60. À noter que le comte Turolla sera l'un de ceux qui prétendent détenir la preuve qu'Edgar Cayce a vu juste concernant l'Atlantide, lorsqu'on découvrira la « route de Bimini » en 1968 (John Steel, « The Road to Atlantis ? », *The Unexplained*, n° 30, 1982).
34. Holroyd, *op. cit.*, p. 63.
35. *Ibid.*, p. 82-88.
36. Schlemmer et Bennet, *The Only Planet of Choice*, p. 331.
37. Holroyd, *op. cit.*, p. 142-143.
38. Joel Engel, *Gene Roddenberry : The Myth and the Man behind Star Trek*, p. 165-166 et 174-178.
39. *UFO Magazine,* vol. 9, n° 13 (1995). Référence à des articles parus dans *Cinescape* et *Hollywood Reporter*.
40. Holroyd, *op. cit.*, p. 193-207.
41. *Ibid.*, p. 278-279.
42. John Sarfatti, « In the Thick of it ! », site de Sarfatti *(http://www.hia.com/pcrl)*, 1996 ; Gardner, *Science : Good, Bad and Bogus*, p. 287-288.
43. *Don Elkins, Carla Rueckert, James Allen McCarty, The Ra material : An Ancient Astronaut Speaks*, p. 47.

44. *Ibid.*, p. 95.
45. Mark Probert était un médium qui, entre les années 40 et les années 50, a capté des messages pour le compte d'une société californienne appelée Borderland Sciences Research Foundation. Ce fut l'un des premiers cercles de parapsychologues à combiner talents médiumniques et croyance en l'existence des extraterrestres, Mark Probert interrogeant ses « guides spirituels désincarnés » sur le mystère des soucoupes volantes, que l'on commençait à apercevoir à l'époque. Il communiquait avec divers « guides spirituels immatériels », dont plusieurs personnages célèbres, comme Thomas Edison, et s'il avait pour interlocuteur un « petit cercle » de neuf guides, ceux-ci étaient, à l'en croire, des êtres humains désincarnés. Malgré les déclarations de « Rê », rien n'indique qu'il se référait à des intelligences extraterrestres, ni que la teneur de ses messages ait eu un quelconque rapport avec celle des communications établies ultérieurement avec le Conseil des Neuf.
46. Elkins, Rueckert, McCarty, *op. cit.*, p. 99.
47. Percy, que nous sommes allés voir chez lui, à Londres, le 29 août 1998, nous a expliqué qu'il figure sous un faux nom dans l'ouvrage de Phyllis Schlemmer, où il fait partie de ceux qui posent des questions.
48. Holroyd, *op. cit.*, p. 158.
49. *Ibid.*, p. 159.
50. Steven Levy, *The Unicorn's Secret: Murder in the Age of Aquarius*, Prentice Press, p. 253.
51. Bennet et Percy, p. 486-487.
52. W. M. Flinder Petrie, *Medum*, David Nutt, p. 36.
53. Puharich, *The Sacred Mushroom*, p. 31-32.
54. Peter Hurkos, *Psychic: The Story of Peter Hurkos*, p.161-162.
55. Puharich, *op. cit.*, p. 75.
56. *Ibid.*, p. 128.
57. *Ibid.*, p. 170.
58. Hurtak, *op. cit.*, p. 487.

Chapitre 5 – Derrière le masque

1. David Myers et David Percy, *Two-Thirds*, p. 87.
2. Schlemmer et Bennett, *op. cit.*, p. 126.
3. *Ibid.*, p. 169.
4. *Ibid.*, p. 192.
5. *Ibid.*, p. 197.
6. *Ibid.*, chap. 6.
7. *Ibid.*, p. 156.

8. Schlemmer et Bennett, *op. cit.*
9. Bauval et Hancock, *Le Mystère du Grand Sphinx*, p. 274. Voir aussi Hancock *L'Empreinte des dieux*, Pygmalion, 1996.
10. Hurtak, *op. cit.*, p. 33-34.
11. *Ibid.*, p. 43.
12. *Ibid.*, p. 232.
13. Schlemmer et Bennett, *op. cit.*, p. 126.
14. Hurtak, *op. cit.*, p. VIII.
15. *Ibid.*, p. 85.
16. Schlemmer et Bennett, *op. cit.*, p. 179-180.
17. *Ibid.*, p. 173.
18. *Ibid.*, p. V.
19. Hurtak, *op. cit.*, Introduction.
20. Vallée, *Messengers of Deception*.
21. Holroyd, *Briefing for the Landing on Planet Earth*, p. 341.
22. Hurtak, *op. cit.*, p. 169.
23. *Ibid.*, p. 329.
24. *Ibid.*, p. 330.
25. *Ibid.*, p. 566.
26. Myers et Percy, *op. cit.*, p. 464-465.
27. Conversation téléphonique avec Palden Jenkins, datant du 30 juillet 1998.
28. Déclaration de James Hurtak et de l'équipe de Magical Eye, parue sur le site Internet Academy *(http://academy.wwdc.com/archives/118.html)*.
29. Schlemmer et Bennett, *op. cit.*, p. 148.
30. Holroyd, *op. cit.*, p. 101.
31. Genèse, 28.
32. Hugh Schonfield, *The Pentecost Revolution*, p. 278.
33. Holroyd, *op. cit.*, p. 159.
34. *Hoagland's Mars, Vol. II : The United Nations Briefing – The Terrestrial Connection*. Film vidéo.
35. Myers et Percy, *op. cit.*, p. 233.
36. Robert Temple, *The Sirius Mystery*, p. 5.
37. Holroyd, *op. cit.*, chapitre 9.
38. *Ibid.*, p. 32-34.
39. Colin Wilson, *Mysteries*, p. 538-548.
40. Introduction rédigée par Colin Wilson à *Briefing for the Landing on Planet Earth*.
41. Wilson, *Mysteries*, p. 545.
42. Levy, *op. cit.*, p. 128.
43. Puharich, *Uri*, p. 16.

44. Jack Sarfatti, « In the Thick of It ! », note 6. Les textes autobiographiques de Jack Sarfatti peuvent être consultés sur son site Internet *(http://www.hia.com/pcr/)*.
45. Déclaration de James Hurtak à Terry Milner (e-mail adressé aux auteurs par Terry Milner, le 13 août 1998).
46. Milner, quatrième partie.
47. Peter Tompkins et Christopher Bird, *The Secret Life of Plants*, p. 266.
48. Entretien téléphonique avec Ira Einhorn, datant du 27 août 1998.
49. Entretien avec Uri Geller, qui a eu lieu à Sonning, le 10 février 1998.
50. Sarfatti, *op. cit.*, note 6.
51. E-mail de Kim Farmer de l'AFFS, adressé le 24 septembre 1998.
52. John Marks, *Main basse sur les cerveaux humains*, Alta, 1979.
53. *Ibid.*, p. VIII.
54. Sur les expériences de manipulation mentale réalisées par les services secrets américains, voir Marks et Bowart.
55. Walter Bowart, *Operation Mind Control*, Grasset, 1979.
56. Temple, *op. cit.*, p 357.
57. *Ibid.*
58. Puharich, *The Sacred Mushroom*, p. 8-13.
59. *Ibid.*, p. 10.
60. *Ibid.*, p. 10-11.
61. *Ibid.*, p. 37.
62. *Ibid.*, p. 102.
63. Marks, *op. cit.*
64. Puharich, *The Sacred Mushroom*, p. 58.
65. Marks, *op. cit.*, Richard Rudgley, *The Alchemy of Culture : Intoxicants in Society*, p. 74.
66. Marks, *op. cit.*
67. Puharich, *The Sacred Mushroom*, p. 83-84 ; Marks, *op. cit.*
68. Marks, *op. cit.*
69. Voir Marks, *op. cit.*, chap. 5. Sidney Gottlieb supervisera à Edgewood les recherches sur le LSD, qui se solderont par le suicide de l'un des cobayes, Frank Olson.
70. Schnabel, *op. cit.*, p. 202.
71. Voir Puharich, *The Sacred Mushroom*, p. 10-11 ; John Fuller, *Arigo : Surgeon of the Rusty Knife*.
72. Andrija Puharich explique à Stuart Holroyd (voir *Briefing for the Landing on Planet Earth*, p. 46) que c'est « par hasard » qu'il a entendu parler d'Arigó, alors qu'il effectuait au Brésil « une mission liée pour le compte du ministère de l'Espace et de l'Aviation civile ». Mais si l'on en croit le livre que John Fuller

a écrit sur Arigó, et dont Puharich a rédigé la postface, Andrija Puharich et Henry Belk sont allés au Brésil dans le seul but de retrouver le guérisseur, auquel s'était déjà intéressé un ingénieur de la NASA, John Laurance. On peut donc en conclure que la « mission de la NASA », aussi étrange que cela puisse paraître, avait pour seul objet d'étudier les dons prêtés à Arigó.

73. Fuller, *op. cit.*, p. 19.
74. Puharich, *The Iceland Papers*.
75. Entretien téléphonique avec Ira Einhorn, datant du 27 août 1998.
76. Milner, *op. cit.*, troisième partie.
77. McDonald, *op. cit.*, p. 116.
78. Henry Wallace, *Satesmanship and Religion*, p. 78-79.
79. McDonald, p. 119-120.
80. *Ibid.*, p. 120.
81. Eileen Garrett, *Many Voices : The Autobiography of a Medium*, p. 202.
82. Milner, *op. cit.*, quatrième partie.
83. Levy, *op. cit.*, p. 129.
84. Milner, *op. cit.*, deuxième partie.
85. Holroyd, *op. cit.*, p. 16.
86. Geller et Playfair, *op. cit.*, p. 91.
87. *Ibid.*
88. Entretien téléphonique avec Ira Einhorn, datant du 27 août 1998.
89. Eileen Garrett, *Adventures in the Supernormal*, chapitre XII.
90. Elkins et Rueckert, *op. cit.*, chapitre 2.
91. Holroyd, *op. cit.*, p. 74-75.
92. *Ibid.*, p. 115.
93. George Hunt Williamson et A. Bailey, *Other Voices*, p. 17-19.
94. *Ibid.*, p. 18.
95. Bruce Rux, *Hollywood versus the Aliens : The Motion Picture Industry's Participation in UFO Disinformation*.
96. Vallée, *Messengers of Deception*, p. 93.
97. Festiger, Riecken et Schachter, *L'Échec d'une prophétie*, PUF, 1993.
98. *Ibid.*, p. 152.
99. Jerome Clark, « When Prophecy Failed », *Fortean Times*, n° 117, décembre 1998.
100. Steven Levy, *The Unicorn's Secret : Murder in the Age of Aquarius*, p. 166.
101. *Ibid.*
102. Entretien téléphonique avec Ira Einhorn, datant du 27 août 1998.
103. Levy, *op. cit.*, p. 218-220.
104. *Ibid.*, p. 219.
105. *Ibid.*, p. 5

106. Levy, *op. cit.*, p. 189.
107. *Ibid.*, p. 156-161.
108. *Ibid.*, p. 160.
109. *Ibid.*, p. 225.
110. *Ibid.*, p. 252-255.
111. Articles parus dans le *Philadelphia Enquirer*, le 21 et le 23 juin 1997, et publiés sur le site Internet du journal *(http://www.phillynews.com)*.
112. Cité dans « Rep. Charlie Rose, BNL and the Occult » d'Alex Constantine, paru sur le site Internet Lighthouse Report.
113. Sarfatti, « In the Thick of It ! », *op. cit.*
114. E-mail adressé par Jack Sarfatti aux auteurs, le 31 août 1998.
115. Levy, *op. cit.*, p. 4.
116. *Ibid.*, p. 189.
117. *Ibid.*
118. Cité dans un portrait de Thomas Bearden, paru sur le site Internet Doc Hambone *(http://www.io.com/hambone/web/bearden.html)*.
119. *Ibid.*, information confirmée dans un entretien téléphonique avec Thomas Bearden, le 26 août 1998.
120. Levy, *op. cit.*, p. 128.
121. Entretien téléphonique avec Ira Einhorn, datant du 27 août 1998.
122. Martin Gardner, *Science : Good, Bad and Bogus*, p. 287-288.
123. Sarfatti, *op. cit.*
124. Russell Targ et Harold Puthoff, *Mind-Reach : Scientists Look at Psychic Ability*, p. VII.
125. Information figurant dans Edgar Mitchell, *Psychic Exploration : A Challenge for Science*.
126. En 1984, Willis Harman, président de l'Institut des sciences noétiques (qui travaille également au Stanford Research Institute), déclare, dans l'introduction qu'il rédige pour *The Mind Race*, ouvrage de Russell Targ et Harold Puthoff, que son organisme a financé la plupart des recherches préliminaires sur la vision à distance entreprises au SRI. En fait, on sait, maintenant que les documents ont été rendus publics, que c'est la CIA qui a parrainé ces expériences, ce qui signifie que l'Institut des sciences noétiques acceptait de servir de couverture à la CIA.
127. Richard Hoagland, *The Monuments of Mars*, p. XII.
128. E-mail adressé par Terry Milner aux auteurs, le 13 août 1998.
129. *Ibid.*
130. Sarfatti, *op. cit.*
131. John Marks, *The Search for the « Manchurian Candidate » ; The CIA and Mind Control*, p. 151.
132. Jack Sarfatti, « Quantum Quackery ».

133. Voir Lynn Picknett et Clive Prince : *The Encylopaedia of the Paranormal : A Complete Guide to the Unexplained*, p. 210-211.
134. Entretien téléphonique avec Ira Einhorn, datant du 27 août 1998.
135. Jim Schnabel, *Remote Viewers : The Secret History of America's Psychic Spies*, p. 162-168.
136. *Ibid.*, p. 166.
137. Alex Constantine, « Ed Dames and His Cover Stories for Mind Control Experimentation », site Lighthouse Report.
138. *Ibid.*, p. 196-198.
139. Jack Sarfatti, « The Destiny Matrix », site de Sarfatti, 1996.
140. E-mail adressé par Jack Sarfatti aux auteurs, le 13 juillet 1998.
141. Jack Sarfatti, « The Destiny Matrix », *op. cit.*
142. *Ibid.*
143. Robert Anton Wilson, *Cosmic Trigger : The Final Secret of the Illuminati*, p. 256.
144. *Ibid.*, p. 257.
145. *Ibid.*, p. 72.
146. John Lily, *Centre of The Cyclope*, p. 97. Inédit en France.
147. John Lily, *The Human Biocomputer*, p. VIII.
148. Robert Anton Wilson, *op. cit.*, p. 71.
149. Déclaration effectuée sur le site Internet d'Arthur Young *(www.arthuryoung.com)*.
150. Jacques Vallée, *op. cit.*
151. Jack Sarfatti, « In The Thick of It ! », *op. cit.*
152. *Ibid.*
153. Pour tout ce qui concerne l'existence objective d'intelligences immatérielles, d'origine extraterrestre en particulier, et les autres aspects de cette énigme, voir *L'Aube des extraterrestres* de Colin Wilson ; *Alien Intelligences*, de Stuart Holroyd, *Visions, Apparitions, Alien Visitors* d'Hilary Evans, *Operation Trojan Horse*, de John Keel, et les ouvrages de Jacques Vallée.
154. Mohamed Ramadam, « Effects on Society of Public Disclosure of Extraterrestrials Presence ».
155. Dick Farley, « The Council of Nine », site Brother Blue *(http://www.brotherblue.org)*, 1998.
156. Schnabel, *op. cit.*, p. 272-273.
157. *Ibid.*, p. 273.
158. Déclaration de « Brother Blue », parue le 19 juin 1998 sur le site Internet *sci.archeology*, et qui fait référence à une discussion avec « Scott » Jones sur ce thème.
159. Dick Farley, « The Council of Nine », *op. cit.*

160. E-mail adressé par Dick Farley aux auteurs, le 21 août 1998.
161. Dick Farley, « The Council of Nine », *op. cit.*
162. Entretien avec Uri Geller, qui s'est déroulé chez lui, à Sonning, le 10 février 1998.
163. On peut consulter sur le site Internet d'Uri Geller *(http://www.tcom.co.uk/hpnet/)*, les articles parus à ce sujet dans la presse américaine.
164. Shakespeare, *Macbeth*, acte 1, scène 3. Traduction d'Yves Bonnefoy, Mercure de France, 1983.

Chapitre 6 – Les maîtres secrets

1. René Schwaller de Lubicz, *Le Miracle égyptien*, Flammarion, 1963.
2. *Ibid.*
3. Isha Schwaller de Lubicz, *« AOR » : René Schwaller de Lubicz, sa vie, son œuvre*, La Colombe, Paris, 1963.
4. René Schwaller de Lubicz, *L'Étude des nombres*, Axis Mundi, 1991.
5. John Anthony West, *Serpent in the Sky*, p. 86.
6. Schlemmer et Bennett, *op. cit.*, p. 6.
7. Ce livre n'a pas dû connaître un grand retentissement aux États-Unis, car il a été publié au Caire, en français, et de surcroît en petits caractères, la première édition en anglais datant seulement des années 70.
8. Bauval et Hancock, *Le Mystère du Grand Sphinx*, p. 25.
9. Observation de Saul Bellow, figurant dans l'introduction qu'il a rédigée pour l'ouvrage d'André Vandenbroeck, *Al-Kemi : Hermetic, Occult, Political and Private Aspects of R. A. Schwaller de Lubicz.*
10. René Vandenbroeck, *op. cit.*, p. 25.
11. *Ibid.*, p. 166-172.
12. *Ibid.*, p. 34-37.
13. *Ibid.*, p. 51.
14. *Ibid.*, p. 125.
15. Frédéric Courjeaud, *Fulcanelli : une identité révélée*, p. 63-66. Claire Vigne, 1996.
16. L'œuvre et l'identité véritable de Fulcanelli ont jadis prêté à toutes les conjectures, Schwaller de Lubicz disant avoir été l'un de ses collaborateurs et s'être engagé à ne pas révéler son nom. Il donne toutefois suffisamment de détails sur lui, notamment sur les circonstances de sa mort, en 1932, dans une mansarde de Montmartre, pour que l'on devine qu'il s'agissait d'un certain Jean-Julien Champagne. Telle est du moins l'hypothèse généralement retenue ; voir Courgeaud (p. 85-103) et Johnson.
17. Isha Schwaller de Lubicz, *op. cit.*

18. Vandenbroeck, *op. cit.*, p. 212.
19. *Ibid.*, p. 203.
20. René Schwaller de Lubicz, *Le Roi de la théocratie pharaonique*, Flammarion, 1961.
21. Ian Shaw et Paul Nicholson, *British Museum Dictionary of Ancient Egypt*, p. 239.
22. Vandenbroeck, p. 166.
23. *Ibid.*, p. 239-247.
24. Geoffroi de Charnay, *Synarchie : Panorama de vingt-cinq années d'activités occultes, avec la reproduction intégrale du pacte synarchique*, p. 46, Médicis, 1946. De Charnay était le pseudonyme de Raoul Hassan. Ce nom n'a pas été choisi au hasard, car il reflète les relations qu'entretiennent la synarchie et les chevaliers de l'ordre du Temple, dont l'un des chefs, mort sur le bûcher le 18 mars 1314, sept ans après la dissolution de l'ordre, s'appelait justement Geoffroi de Charnay (ou de Charney).
25. En ce qui concerne les activités politiques de la synarchie au XXe siècle, voir André Ullman et Henri Azeau, *Synarchie et Pouvoir*, Julliard, 1968 ; Philippe Bauchard, *Les Technocrates et le pouvoir : X-crise, synarchie, CGT, clubs*, Arthaud, 1966 ; Geoffroi de Charnay, *op. cit.*
26. Gérard Galtier, *Maçonnerie égyptienne, rose-croix et néo-chevalerie*, p. 307.
27. Le pacte synarchique de Vivien Postel du Mas est reproduit dans l'appendice de l'ouvrage de Geoffroi de Charnay.
28. Louis Pauwels et Jacques Bergier, *Le Matin des magiciens*, Gallimard, 1960. Talbot Mundy (1879-1940) nous permet sans doute de faire, d'une autre façon, le rapprochement entre la légende des Neuf Inconnus et le Conseil des Neuf. Fonctionnaire de l'administration coloniale britannique, Mundy (de son vrai nom William Lancaster Gribbon) émigre aux États-Unis en 1909, s'installe à New York et prend la nationalité américaine. En 1923, s'inpirant des travaux de Louis Jacolliot, il publie *The Nine Unknown* (inédit en France), un roman mettant en scène « Les Neuf », un groupe clandestin présent en Asie, qui pèse sur le cours de l'histoire. Théosophe et ami de Nicholas Roerich, il habitera à partir de 1929 un appartement situé au-dessus du Roerich Museum. Comme on l'a vu au chapitre 5, Roerich était le maître à penser d'Henry Wallace, qui a financé les travaux d'Andrija Puharich à la fondation de la Table Ronde.
29. Jacques Weiss, *La Synarchie selon l'œuvre de Saint-Yves d'Alveydre*, chap. 8, Laffont, 1998.
30. Sur la Stricte Observance et les autres sociétés néo-templières, voir notre ouvrage *La Révélation des Templiers*.

31. Yves-Fred Boisset, *Les Clés traditionnelles et synarchiques de l'archéomètre*, p. 5, JBG, 1977.
32. Galtier, *op. cit.*, p. 310.
33. *Ibid.*, p. 305.
34. Theo Paijmans, *Free Energy Pioneer : John Worrel Keely*, p. 310.
35. Weiss, *op. cit.*, p. 247.
36. *Ibid.*, p. 322.
37. Voir, par exemple, *La Théogonie des patriarches*, p. 55, de Saint-Yves d'Alveydre.
38. Pour un résumé de la légende de Ram, voir Weiss, *op. cit.*, chap. 6.
39. Edgar Evans Cayce, *Edgar Cayce on Altantis*, p. 55. Les disciples d'Edgar Cayce s'étonnent qu'il fasse ici allusion, pour la seule et unique fois, à Ram dans ses « séances » médiumniques, sans expliquer de qui il s'agit.
40. Aleister Crowley, *The Confession of Aleister Crowley*, p. 413-415.
41. *Ibid.*, p. XIX.
42. *Ibid.*, p. 419.
43. Kenneth Grant, *Aleister Crowley and the Hidden God*, p. 8.
44. Crowley, *op. cit.*, p. 482.
45. *Ibid.*, p. 484.
46. Francis King, *The Secret Rituals of the O.T.O.*, p. 29.
47. Grant, *The Magical Revival*, p. 210.
48. Grant, *Aleister Crowley and the Hidden God*, p. 17.
49. Paul Rydeen, *Jack Parsons and the Fall of Babylon*, p. 25.
50. Grant, *op. cit.*, p. 72.
51. Rydeen, *op. cit.*, p. 25.
52. Robert Anton Wilson, *Cosmic Trigger : The Final Secret of the Illuminati*, p. 172.
53. Bent Corydon et L. Ron Hubbard fils, *L. Ron Hubbard : Messiah or Madman ?*, p. 48.
54. Andrew Collins, *Gods of Eden, Egypts' Lost Legacy and the Genesis of Civilisation*, chapitre 7.
55. Paijmans, *op. cit.*, p. 248-249.
56. *Ibid.*, p. 251.
57. Grant, *op. cit.*, p. 115.
58. *Ibid.*, p. 28.
59. Hurtak, *The Book of Knowledge : The Keys of Enoch*, p. 34.
60. Temple, *op. cit.*, p. 40-41.
61. *Ibid.*, p. 44.
62. Paola Igliori, *American Magus : Harry Smith – A Modern Alchemist*, p. 170.
63. *Ibid.*, p. 8-9.

64. Paola Igliori, *American Magus : Harry Smith – A Modern Alchemist*, p. 9.
65. *Ibid.*, p. 172.
66. Temple, *op. cit.*, p. 33-34.
67. Richard Holroyd, *op. cit.*, p. 112.
68. Richard Cavendish, *Encyclopedia of the Unexplained : Magic, Occultism and Parapsychology*, p. 55.
69. Alice Bailey, *The Unfinished Autobiography of Alice Bailey*, p. 35.
70. Bailey, *Initiation, Human and Solar*, p. 185. Inédit en France.
71. Arthur Young, *The Reflexive Universe : Evolution of Consciousness*, p. XXXVI et Appendice II.
72. Bailey, *op. cit.*, p. 185.
73. Sir John Sinclair, *The Alice Bailey Inheritance*, p. 112-119. Le principal ouvrage d'Alice Bailey consacré aux «groupes de neuf» s'intitule *Esoteric Psychology*, et il constitue le deuxième volume de *A Treatise on the Seven Rays*.
74. *Ibid.*, p. 118-119.
75. Bailey, *op. cit.*, p. 57-60.
76. Andrija Puharich, *Uri*, p. 14-17.
77. Puharich, «A Way To Peace Through ELF Waves», *The Journal of Borderland Research*, mars-avril 1983.
78. Robert Anton Wilson, *op. cit.*, p. 143 (il cite Douglas Baker, de la Société théosophique).
79. Bailey, *op. cit.*, p. 163.
80. *Ibid.*, p. 92.
81. *Ibid.*, p. 80.
82. Bailey, *A Treatise on the Seven Rays, vol V : The Rays and the Initiations*, p. 418.
83. Foster Bailey, *The Spirit of Masonry*, p. 9.
84. *Ibid.*, p. 32.
85. James Nye, «Chromosome Damage! A Random Conversation with Robert Anton Wilson», p. 25, *Fortean Times*, n° 70, février-mars 1997.
86. Voir par exemple James Bonwick, *Orion and Sirius*, p. 25 ; Albert Churchward, *The Arcana of Freemasonry*, p. 58, et Albert Pike, *Morals and Dogma of the Ancient and accepted Scottish Rite of Freemasonry*, p. 486-487.
87. Pike, *op. cit.*, p. 489-499.
88. H. C. Randall-Stevens, *A Voice Out of Egypt : An Adventure in Clairaudience*, p. 174.
89. *Ibid.*, p. 13.
90. H. C. Randall-Stevens, *The Teachings of Osiris*, p. 43.
91. Inquire Within, *The Trail of the Serpent*, p. 316. Nous remercions Mark Bennett de nous avoir signalé l'œuvre de Christina Stoddard.

92. Inquire Within, *The Trail of the Serpent*, p. 297-298.
93. *Ibid.*, p. 297.
94. *Ibid.*, p. 298.
95. R. Swinburne Clymer, *Ancient Mystic Oriental Masonry: Its Teachings, Rules Laws and Present Usages which Govern the Order at The Present Day*, p. 193.
96. R. Swinburne Clymer, *Dr Paschal Beverly Randoph and the Supreme Grand Dome of the Rosicrucians in France*, p. 15.
97. *Ibid.*, p. 14.
98. *Ibid.*, p. 13.
99. Clymer, *Ancient Mystic Oriental Masonry*, p. 80.
100. Clymer, *op. cit.*, p. 24.
101. Jacques Vallée, *OVNIS: la grande manipulation*, éditions du Rocher, 1982.
102. *Ibid.*
103. *Ibid.*
104. Hurtak, *op. cit.*, p. 596.
105. Voir Peronnik, p. 67, et André Douzet, « The Treasure Trove of the Knights Templar », *Nexus*, vol. 4, n° 3, avril-mai 1997.
106. Douzet, *op. cit.*, p. 48.
107. Voir David Carr-Brown et David Cohen, « Fall from Grace », *Sunday Times,* News Review, 21 décembre 1997.
108. Peronnik, *op. cit.*, p. 240 (retraduit de l'anglais).
109. *Ibid.*, p. 241.
110. Ainsi, l'article 8 du règlement de l'ordre du Temple solaire (cité par Peronnik) stipule que « L'ordre du TS (Temple Solaire) voue une totale obéissance à la synarchie du Temple. À cet effet, la synarchie détient tous les pouvoirs ; l'identité de ses membres est tenue secrète et doit le rester ».
111. Voir Arnaud Bédat, Gilles Bouleau et Bernard Nicolas, *Les Chevaliers de la mort : enquête et révélations sur l'ordre du Temple solaire*, éditions TF1, 1996.
112. Musaios, *The Lion Path: You Can Take it With You: A Manual of the Short Path to Regeneration for Our Times*, p. 93.
113. *Ibid.*, p. 95.
114. *Ibid.*
115. Au départ, les exercices devaient prendre fin en avril 1998. Cependant, une nouvelle édition du livre donne cette fois le 23 novembre 1998 comme date butoir.
116. *Ibid.*, p. 97.
117. R. O. Faulkner, *The Ancient Egyptian Book of the Dead*, p. 144.
118. John West, *The Case for Astrology*, p. 56-57.
119. Charles Musès, *op. cit.*, p. 219.

120. Charles Musès, *op. cit.*
121. Charles Musès et Arthur Young, *Consciousness and Reality*, p. 343.

Chapitre 7 – La fin des temps : l'avertissement

1. Voir Michael Drosnin, *The Bible Code*. L'auteur explique que les lettres de la Bible hébraïque recèlent un code divinatoire, que l'on pourrait percer grâce à l'informatique. Cela a fait grand bruit en 1997. On s'est ensuite aperçu que l'on obtiendrait pratiquement les mêmes résultats en analysant de la sorte *Guerre et Paix* de Tolstoï et *Moby Dick* de Melville. On en a évidemment beaucoup moins parlé que des déclarations initiales de Drosnin.
2. « Contact », documentaire télévisé de la BBC (réalisé et produit par Nikki Stockley), diffusé en 1998 dans le cadre de l'émission *Everyman*.
3. Chiffre cité dans le documentaire télévisé de la BBC évoqué plus haut.
4. Whitley Strieber, *Breakthrough*, p. 240-242.
5. *Ibid.*, p. 241.
6. Strieber, *The Secret School*, p. XVIII-XIX.
7. *Ibid.*, p. XIX.
8. *Ibid.*, p. XXII.
9. Paul Rydeen, *Jack Parsons and the Fall of Babylon*. p. 18.
10. Strieber, *op. cit.*, p. 3-12.
11. *Ibid.*, p. 149.
12. *Ibid.*, p. 226.
13. Ed Conroy, *Report On Communion*, p. 263.
14. Le 14 novembre 1996, Courtney Brown annonce, sur les antennes d'une radio, que l'on a « découvert » que la comète de Hale-Bopp amenait dans son sillage un vaisseau spatial. C'est un astrophysicien qui lui aurait prétendument communiqué une photographie montrant ce curieux attelage. Strieber la diffusera ensuite sur Internet *(www.strieber.com)*. En réalité, il s'agit d'un cliché truqué, pris à l'origine par l'observatoire de l'université d'Hawaï. Quant à Strieber, il a beau vouloir se démarquer des déclarations de Courtney Brown, il ne nous incite pas moins à « méditer et à essayer d'entrer en contact » avec les passagers de cet hypothétique vaisseau spatial.
15. On en a un exemple avec le réseau « Enterprise », mis sur pied par des agents de la CIA et des responsables du Pentagone. Pendant plus de vingt ans, ces individus se livreront au trafic d'armes et de drogue, important de l'héroïne d'Extrême-Orient pendant la guerre du Vietnam, vendant au prix fort des équipements militaires à l'Iran, et approvisionnant les États-Unis en cocaïne venue d'Amérique du Sud. Au fur et à mesure que leurs activités se développent, ces gens tissent leur toile, au point que l'un d'eux, Theodore Shackley, sera

nommé chef de la CIA dans les années 70. Le scandale éclatera dans les années 80, mais seul l'un des protagonistes, un certain Edwin Wilson, fera l'objet de poursuites et sera condamné à cinquante-deux ans de prison, pour avoir livré des explosifs à la Libye.
16. Commandé en 1968 par le ministère de l'Éducation, ce rapport cessera quatre ans plus tard de recevoir des subsides de l'État américain, lorsqu'il s'avère qu'il bénéficie d'un financement occulte de la part du SRI. Rendu public en 1973, il ne sera mis en circulation qu'en 1982, date à laquelle il sera publié par Pergamon Press (appartenant au groupe de Robert Maxwell), qui le considère comme l'une des études les plus marquantes de notre époque.
17. O. W. Marley et Willis Harman, *Changing Images of Man*, p. 185. Inédit en France.
18. *Ibid.*, p. 184-185.
19. Sur le rôle joué par les franc-maçons dans la rédaction de la constitution américaine, voir Baigent et Leigh, *Des Templiers aux francs-maçons*, chap. 19.
20. Willis Harman, *An Incomplete Guide to the Future*, p. 108.
21. *Ibid.*, p. 107-111.
22. *Ibid.*, p. 111.
23. *Ibid.*, p. 109.
24. Consulter à ce propos le site Internet de Zaï Hawass *(guardian.net/hawass/)*.
25. Hurtak, *op. cit.*, p. 169.
26. *Ibid.*, p. 585.
27. *Ibid.*, p. 586.
28. Voir par exemple Don Elkins, Carla Rueckert et James Allen McCarty, *The Ra Material : An Ancient Astronaut Speaks*, p. 92-93. Inédit en France.
29. Phyllis Schlemmer et Mary Bennett, *op. cit.*, 126.
30. Alice Bailey, *A Treatise on Cosmic Fire*, p. 719.
31. Hurtak, *op. cit.*, p. 85.
32. *Ibid.*, p. 86.
33. *Ibid.*, p. 86.
34. *Ibid.*, p. 258.
35. Dans une note, Hurtak évoque le « message transcendant de l'Islam », et renvoie le lecteur à une référence figurant dans le glossaire. Celle-ci ne fait toutefois allusion qu'aux passages du Coran parlant de l'Alliance de Dieu avec Israël.
36. *Ibid.*, p. 263.
37. H. C. Randall-Stevens, *A Voice Out of Egypt*, p. 167.
38. Déclaration de Robert Bauval sur son site Internet, datant du 24 septembre 1998.
39. Jacques Vallée, *Messengers of Deception*, p. 157.

40. Jacques Vallée, *Revelations*, p. 228.
41. Jacques Vallée, *Messengers of Deception*, p. 217
42. Conversation téléphonique avec Ira Einhorn, datant du 27 août 1998.
43. Schlemmer et Bennett, *op. cit.*, p. 48.
44. Joel Engel, Gene Roddenberry, *The Myth and the Man behind Star Trek*, p. 175-176.
45. Michael Rice, *Egypt's Legacy: The Archetypes of Western Civilisation 3000-30 BC*, p. 58.
46. Andrija Puharich, *The Sacred Mushroom*, p. 31.
47. Kenneth Grant, *Aleister Crowley ad the Hidden God*, p. 225.

Épilogue : la véritable porte des étoiles ?

1. Jeremy Narby, *Le Serpent cosmique, l'ADN et l'origine du savoir*.
2. *Ibid.*
3. *Ibid.*
4. Andrew Collins, *From the Ashes of Angels*, chap. 5.
5. Jean Kérisel, « Pyramide de Khéops : Dernières recherches », *Revue d'égyptologie*, n° 44, 1993.
6. Cité par Jeremy Narby, *op. cit.*
7. Narby, *op. cit.*
8. R. O. Faulkner, *The Ancien Egyptian Book of the Dead*, p. 165-166.
9. *Ibid.*, p. 93 (Énoncé 305).
10. Narby, *op. cit.*, p. 97.
11. Cité par Joseph Campbell dans *The Hero's Journey : Joseph Campbell on his Life and Work*, p. 63.
12. Joseph Campbell et Charles Musès, *In All Her names : Exploration of the Feminine in Divinity*, p. 131.
13. *Ibid.*, p. 136.
14. *Ibid.*
15. Cité par Narby, *op. cit.*
16. *Ibid.*
17. *Ibid.*
18. Le thème de la gémellité se retrouve dans la mythologie et les traditions des Dogons. Au départ, les Nommos désignent deux paires de frères et de sœurs jumeaux. Les Dogons pensent aussi que les premiers êtres humains, leurs ancêtres, étaient des jumeaux. Voir *Le Renard pâle*, de Marcel Griaule et Germaine Dieterlen, p. 360, Institut d'ethnologie, Paris, 1965, et Monserrat Palau Marti, *Les Dogons*, p. 53-56, PUF, 1957.
19. Narby, *op. cit.*

20. Paul Devereux, *The Long Trip: A Prehistory of Psychedelia*, p. 12.
21. Citation extraite, comme les suivantes, d'un entretien téléphonique avec Jeremy Narby, datant du 17 août 1998.
22. Entretien téléphonique avec Michael Carmichael, datant du 27 août 1998.
23. Sur l'usage de psychotropes par les chamans, voir Richard Rutgley, *The Alchemy of Culture: Intoxicants in Society*; Christian Ratsch, *The Dictionary of Sacred and Magical Plants*; Paul Devereux, *op. cit.*; Valentina Wasson et Gordon Wasson, « The Hallucinogenic Mushrooms », *The Garden Journal*, janvier-février 1958. Tous ces articles et ouvrages sont inédits en France.
24. Citation extraite, comme les suivantes, d'un entretien téléphonique avec Michael Carmichael, datant du 27 août 1998.
25. Whitley Strieber, *Transformation*, chap. 2.
26. Dale Graff, *Tracks in the Psychic Wilderness: An Exploration of Remote Viewing, ESP, Precognitive Dreaming and Synchronicity*, p. 1.

Postface à l'édition française

1. Depuis le 3 juin 1999 on peut de nouveau visiter la Grande Pyramide, même si l'on n'y accepte chaque jour qu'un nombre limité de touristes. Les égyptologues égyptiens, dont Zaï Hawass, demandent la fermeture de l'édifice au public, pour éviter d'éventuelles déprédations.
2. L'œuvre de Jean-Michel Jarre s'intitule *Les Douze Rêves du soleil*, et non *Équinoxe 2000*, comme on l'a dit.
3. En guise de compromis, on projettera l'œil d'Horus sur la pyramide de Menkaura ?
4. Il s'agit d'*Atlantis Uncovered*, de Jacqueline Smith, et d'*Atlantis Reborn*, de Chris Hale, diffusés respectivement le 29 octobre et le 4 novembre 1999 en Grande-Bretagne.
5. Voir « Orions's Belt and the Layout of the Three Pyramids at Giza ». Fairall a formulé pour la première fois ses critiques dans le numéro de juin 1999 de la revue *Astronomy and Geophysics*.
6. Lawton et Ogilvie-Herald, *op. cit.*, p. 364-367. Robin Cook, qui a réalisé les illustrations du *Mystère d'Orion*, fut le premier à s'élever contre cette thèse en 1996.
7. « Eternal Riddle of the Sand Entombed in Mystery and Academic War of Words. »
8. Bauval, *Secret Chamber*, p. XXVIII-XXIX.
9. *Ibid.*, p. XIX.
10. *Ibid.*, p. XXVIII.
11. *Ibid.*, p. 343.

12. Voir « Great Pyramid Capstone Ceremony : Cancelled ! » d'Ogilvie-Herald, et « The Golden Capstone Controversy » de Bauval. C'est le journal *Al Shaab* qui fait campagne pour l'annulation de la cérémonie.
13. Bauval, *ibid*.
14. Bauval, *Secret Chamber*, p. XVIII.
15. Bauval, « Update from Robert Bauval, 6th january 2000 ».
16. Bauval, *Secret Chamber*, p. 184-190.
17. *Ibid.*, p. 147.
18. *Ibid.*, p. XXI.
19. Lawton et Ogilvie-Herald, *op. cit.*, p. 395-397.
20. *Ibid.*, p. 397.
21. Bauval, *op. cit.*, p. 303-304.
22. Lawton et Ogilvie-Herald, *op. cit.*, p. 407-411.
23. Bauval, *op. cit.*, chap. 11.
24. Lawton et Ogilvie-Herald, *op. cit.*, p. 483-486.
25. Bauval, *op. cit.*, p. 300.
26. Lawton et Ogilvie-Herald, *op. cit.*, p. 476-477.
27. *Ibid.*, p. 470-472.
28. Notamment lors d'une conférence organisée sous l'égide de la revue *Nexus*, et qui a été filmée (on peut se procurer la cassette vidéo, intitulée « The Opening of the Time Doors in India, Asia and the Pacific » auprès du magazine).
29. Bauval, *op. cit.*, p. 232.
30. Voir ses déclarations reproduites par Paul White sur le site Internet New Age *(http://www.newage.com.au)*.
31. Voir, par exemple, ses déclarations dans le documentaire vidéo intitulé *UFO Secrets of the Third Reich*.
32. Lawton et Ogilvie-Herald, *op. cit.*, p. 247-248.
33. Bauval, *op. cit.*, p. 166-169.
34. Sjöö, *op. cit.*, p. 23-26.
35. *Ibid.*, p. 21.
36. *Ibid.*, p. 19. Cette citation d'Alice Bailey est tirée de *The Externalisation of the Hierarchy*, p. 497.
37. Pelley, *op. cit.*, p. 87.
38. *Ibid.*, p. 85.
39. *Ibid.*, p. 86.
40. *Ibid.*, p. 167.
41. *Ibid.*, p. 101.
42. *Ibid.*, p. 167.
43. *Ibid.*, p. 166.

Remerciements

Ce livre n'aurait jamais vu le jour sans l'obligeance de tous ces gens qui nous ont fait profiter de leurs compétences, ou qui ont simplement pris le temps de discuter avec nous. Nous endossons cependant l'entière responsabilité de ce travail, les personnes citées ici ne partageant pas nécessairement les conclusions qui sont les nôtres.

Merci à Philip Coppens, directeur de publication de *Frontier*, qui nous a témoigné un soutien indéfectible. Il nous a aidés à débroussailler le terrain, et il nous a permis d'entrer en contact avec des individus qui jouent un rôle clé dans cette affaire, et qui sont parfois très difficiles à joindre. Il nous a également présenté des membres de son entourage, dont la contribution s'est avérée déterminante.

Les travaux de Keith Prince, son approche des problèmes et de sa conception de la vie, si originale, nous ont été d'un grand secours.

Craig Oakley, toujours si intuitif, nous a encouragés dans nos recherches. Nous avons eu avec lui des discussions approfondies, et nous avons réalisé ensemble l'iconographie.

Fin connaisseur de l'Égypte ancienne, Simon Cox nous a communiqué à ce sujet des documents précieux. Il fut également un merveilleux compagnon de voyage, et grâce à lui notre séjour au Caire s'est déroulé sans incident.

Merci à Lavinia Trevor, notre agent littéraire, qui s'est dépensée sans compter et a veillé fidèlement sur nos intérêts.

Merci également à Alan Samson et à ses collègues Caroline North, Andrew Wille, Linda Silverman et Becky Shaw, qui ont cru à ce livre et n'ont pas ménagé leurs efforts.

Nous n'aurions jamais pu écrire les deux premiers chapitres, consacrés à l'Égypte ancienne, sans l'aide des gens suivants : Chris Ogilvie-Herald, qui suit de près l'actualité en Égypte, et dont le site Internet, Egyptnews, nous a permis d'y voir plus clair ; Jacqueline Pegg, de *Quest Research*, nous a communiqué des documents extrêmement précieux ; Niklas Rasche, avec qui nous avons eu de longues discussions sur les questions épineuses abordées dans cet ouvrage ; Andrew Collins, qui nous a donné des informations sur Edgar Cayce et Bimini ; Rudolf Gantenbrink, à qui l'on doit des révélations capitales ; Ralph Ellis ; David Elkinson ; Ian lawton ; Thomas Danley ; Yuri Stoyanov ; David Ritchie.

Ananda Sirisena, Mark Carlotto et Stanley McDaniel ont eu la gentillesse de répondre à nos questions concernant les mystères de Mars, abordés dans le chapitre 3. Nous n'oublions pas Nick Pope, grâce à qui nous avons pu étayer notre dossier sur Mars et les extraterrestres, et qui est resté à l'affût des informations susceptibles de nous servir.

Martin Barstow, lecteur d'astrophysique à l'université de Leicester, Michael Perryman, de l'ESA, et Malcolm Coe, professeur à l'université de Southampton nous ont permis d'assimiler certaines notions d'astronomie. Un grand merci également au personnel de la bibliothèque de la Royal Astronomical Society.

Les chapitres 4 et 5, qui traitent du Conseil des Neuf, doivent beaucoup à Dick Farley, qui nous a fait part de son expérience et de ses réflexions ; à Terry Milner, qui nous a laissés nous reporter à ses travaux sur l'étrange destin d'Andrija Puharich ; à Ira Einhorn, qui nous a aidés à comprendre ce qui s'est passé en 1970 ; et enfin à Jack Sarfatti, qui nous a donné des renseignements de grande valeur. Enfin, un grand merci à Palden Jenkins, David Percy et Kim Farmer, de l'Academy for Future Sciences, qui ont bien voulu répondre à nos questions.

Rob Irving nous a éclairés sur le cercle tracé dans un champ, à Barbary Castle. Qu'il en soit remercié.

Nous avons aussi beaucoup appris en discutant, jusque tard dans la nuit, avec Georgina Bruni, qui s'est toujours montrée une hôtesse délicieuse.

Pour tout ce qui se rapporte à l'ésotérisme, nous remercions Theo Paijmans, un grand spécialiste en la matière, et aussi un homme charmant ; Steve Wilson et Caroline Wise, des gens avisés, qui connaissent aussi très bien le sujet et nous ont apporté leur appui (sans parler de leur amitié et des bons moments que nous avons passés ensemble) ; Mark Bennett, qui nous a fourni de nombreux renseignements et nous a signalé les travaux de Christina Stoddard ; Dawn Zeffert ; Gareth Medway.

Sans Vanessa Hill, certaines subtilités mathématiques nous auraient échappé. Nous lui en sommes reconnaissants.

Et puis, un grand merci à Uri Geller, qui nous a parlé de sa collaboration avec le SRI.

Jane Lyle est un véritable puits de science. Elle nous a considérablement aidés en astrologie, et c'est toujours un plaisir d'être en sa compagnie.

Concernant le phénomène du chamanisme, évoqué dans l'Épilogue, toute notre gratitude va à Jeremy Narby, avec qui nous avons discuté de son hypothèse révolutionnaire ; à Michael Carmichael, qui nous a expliqué comment s'effectue, dans cette optique, la transmission du savoir ; et à Benny Sharon, professeur à l'université de Jérusalem.

Nous remercions également tous ceux qui nous ont aidés, soutenus et encouragés, ou qui ont tout simplement fait acte de présence : Vida Adamoli, Marcus Allen, David Bell, Robert et Lindsey Brydon, Jim Cochrane, Robin Crookshank Hilton, Nic Davis, Susan Davies, Christy Fearn, Geoff Gilbertson, Moira Hardcastle, Herman Hegge, Mick et Loraine Jones, Michèle Kaczynski, Gopi Krishnadas, Sarah Litvinoff, Karine Esparseil López et Samuel López, Loren McLaughlin, Kevin McClure, John et Joy Millar, Jack Miller, Hugh Montgomery, Francesca Norton, Catherine Ormston, Steve Pear, Trevor Poots, Lily et David Prince, Stephen Prior, Magdy Radwan, Mary Saxe-Falstein, Paul Siveking et Bob Rickard, journalistes à *Fortean Times*, Gene Smith, Nikki Stockley, Salah El Din Mohamed Tawfik, Greg Taylor, Richard Taylor, Sheila et Eric Taylor.

Enfin, nous remercions le personnel de la British Library, notamment celui du bureau des ouvrages de référence en matière scientifique et celui du service des périodiques.

*

Les personnes qui désirent participer au débat soulevé par ce livre sont invitées à nous retrouver sur le site Internet Stargate Assembly (www.templarlodge.com).

BIBLIOGRAPHIE

Alford Alan, *Gods of the New Millennium : Scientific Proof of Flesh and Blood Gods*, Eridu Books, Walsall, 1996.
The Phoenix Solution : Secrets of a Lost Civilisation, Hodder & Stoughton, Londres, 1998.
Allen Richard Hinckley, *Star-Names and Their Meanings*, G. E. Stechert, Londres, 1899.
Alvarez Luis W., « Search for Hidden Chambers in the Pyramids », *Science*, vol. 167, février 1970.
Appleby Nigel, *Hall of the Gods*, William Heinemann, Londres, 1998.
« Over the Top », supplément à *Quest Magazine*, n° 12, octobre 1998.
Aubert Raphaël et Keller Car-A, *Vie et mort de l'ordre du Temple solaire*, éditions de l'Aire, Vevey, 1994.

Baigent Michael et Leigh Richard, *The Temple and the Lodge*, Corgi, Londres, 1990. *Des Templiers aux francs-maçons : la transmission du mystère*, éditions du Rocher, 1994.
Bailey Alice, *Discipleship in the New Age* (2 vol.), Lucis Press, New York, 1944. Traduction : *L'État de disciple dans le New Age*, Lucis, 1976.
The Functions of the New Group of World Servers, Lucis Publishing Co., New York, 1935.
The Externalisation of the Hierarchy, Lucis Publishing Co., Londres, 1957. Traduction : *Extériorisation de la hiérarchie*, Lucis, 1974.
Initiation, Human and Solar, Lucifer Publishing Co., New York, 1922. Traduction : *Initiation humaine et solaire*, Lucis, 1971.
A Treatise on Cosmic Fire (2 vol.), Lucis Publishing Co., New York, 1925. Traduction : *Traité sur le feu cosmique*, Lucis, 1988.

A Treatise on the Seven Rays (5 vol.), Lucis Publishing Co., New York, 1936-1960. Traduction : *Traité sur les sept rayons*, Lucis, 1988.

The Unfinished Autobiography of Alice Bailey, Lucis Press, Londres, 1951. Traduction : *Autobiographie inachevée*, Lucis, 1973.

Bailey Foster, *The Spirit of Masonry*, Lucis Press, Tunbridge Wells, 1957.

Baines John et Málek Jaromis, *Atlas of Ancient Egyt*, Phaidon Press, Oxford, 1980.

Bauchard Philippe, *Les Technocrates et le pouvoir : X-Crise, Synarchie, CGT, Clubs*, Arthaud, 1966.

Bauval Robert, *Secret Chamber : The Quest For the Hall of Records*, Century, Londres, 1999.

« Update from Robert Bauval », site Internet Daily Grail *(http://www.dailygrail.com/misc/rgb060100.htlm)*, 6 janvier 2000.

« The Golden Capstone Controverdsy : Will the Egyptian Scrap the Millenium Ceremony at the Giza Pyramids ? », site Internet Daily Grail *(http://www.dailygrail.com/misc/rgb181299.htlm)*, 19 décembre 1999.

« The Face on Mars and the Terrestrial Connection », *Quest for Knowledge Magazine*, vol. 1, n° 1, avril 1997.

Bauval Robert et Gilbert Adrian, *The Orion Mystery*, William Heinemann, Londres, 1994. Traduction : *Le Mystère d'Orion*, Pygmalion, 1994.

Bauval Robert et Hancock Graham, *Keeper of Genesis*, William Heinemann, Londres, 1996. Traduction : *Le Mystère du Grand Sphinx*, éditions du Rocher, 1999.

« Mysteries of Mars », *Daily Mail*, 17, 19 et 20 août 1996.

Bayuk Andrew, « Spotlight Interview : Dr Zahi Hawass », site Internet Guardian's Egypt On-Line *(http://guardians.net/egypt)*, 1997.

Beaudoin Gérard, *Les Dogons du Mali*, Armand Colin, 1984.

Bédat Arnaud, Bouleau Gilles et Nikolas Bernard, *Les Chevaliers de la mort : enquête, et révélation sur l'ordre du Temple solaire*, TF1 éditions, 1996.

Benest D. et Duvent J. L., « Is Sirius a Triple Star ? », *Astronomy and Astrophysics*, n° 299, 1995.

Bennett Mary et Percy David, *Dark Moon: Apollo and the Whistle Blowers*, Aulis Publishers, Londres, 1999.

Berger Catherine, Clerc Gisèle et Grimal Nicolas, *Hommages à Jean Leclant*, Institut français d'archéologie orientale, Paris, 1994.

Blavatsky H. P., *Isis Unveiled: A Master-Key to the Mysteries of Ancient and Modern Science and Theology* (2 vol.), J. W. Boulton, New York, 1877. Traduction: *Isis dévoilée* (2 vol.), Adyar, 1974.
The Secret Doctrine: The Synthesis of Science, Religion and Philosophy (2 vol.), Theosophical Publishing Co., Londres, 1888. Traduction: *Abrégé de la doctrine secrète*, Adyar, 1995.

Boisset Yves-Fred, *Les Clés traditionnelles et synarchiques de l'archéomètre*, JBG, 1977.

Bonwick James, *Orion and Sirius*, E. A. Petherick, Londres, 1888.

Borderland Sciences Research Foundation, *Coming of the Guardians*, Borderland Sciences Research Fondation, Vista, 1978.

Bowart Walter H., *Operation Mind Control*, Fontana, London, 1978. Traduction: *Opération Mind Control*, Grasset, 1979.

Breasted James Henry, *Ancient Record of Egypt: Historical Documents from the Earliest Times to the Persian Conquest, Collected, Edited and Translated with Commentary* (4 vol.), University Press of Chicago, 1906.

Brown Courtney, *Cosmic Voyage: A Scientific Discovery of Extraterrestrials Visiting Earth*, Dutton, Londres, 1996.

Brunson Margaret, *A Dictionary of Ancient Egypt*, Presses de l'université d'Oxford, 1995.

Budge E. A. Wallis, *An Egyptian Hieroglyphic Dictionary*, John Murray, Londres, 1920.
Egyptian Literature, vol 1: *Legends of the Gods,* Kegan Paul, Trench, Trübner and Co., Londres, 1904.
The Gods of the Egyptians, or Studies in Egyptian Mythology (2 vol.), Metheun and Co., Londres, 1904.

Burke Kenneth et Dee, «Secrets Tunnels in Egypt: An Interview with Boris Said», *Nexus*, avril-mai 1998.

Campbell Joseph, *The Hero's Journey: Joseph Campbell on his Life and Work*, HarperSan Francisco, San Francisco, 1990.

Campbell Joseph et Musès Charles, *In All Her names: Exploration of the Feminine in Divinity*, HarperSan Francisco, San Francisco, 1991.

Carlotto Mark, *The Martian Enigmas: A Closer Look*, North Atlantic Books, Berkeley, 1997.

Carr-Brown David et Cohen David, «Fall from Grace», *Sunday Times, News Review*, 21 décembre 1997.

Carter Mary Ellen, *Edgar Cayce on Prophecy*, Warner Books, New York, 1968.

Cavendish Richard, *Encyclopedia of the Unexplained: Magic, Occultism and Parapsychology*, Routledge & Kegan Paul, Londres, 1974.

Cayce Edgar, *Edgar Cayce on Atlantis*, Warner Books, New York, 1968.

Cayce Hugh Lynn, *Venture Inward: Edgar Cayce's Story and the Mysteries of the Unconscious Mind*, Harper & Row, San Francisco, 1964.

Charnay Geoffrey (de), *Synarchie: Panorama de vingt-cinq années d'activité occulte, avec la reproduction intégrale du pacte synarchique*, éditions de Médicis, Paris, 1946.

Churchward Albert, *The Arcana of Freemasonry*, George Allen & Unwin, Londres, 1915.

Origins and Antiquity of Freemasonry, Sir Joseph Causton & Sons, Londres, 1898.

Clark Jerome, «When Prophecy Failed», *Fortean Times*, n° 117, décembre 1998.

Clark R. T. Rundle, *Myth and Symbol and Ancient Egypt*, Thames & Hudson, Londres, 1959.

Clymer R. Swinburne, *Ancient Mystic Oriental Masonry: Its Teachings, Rules, Laws and Present Usages which Govern the Order at the Present Day*, Philosophical Publishing Co., Allentown, 1907.

The Divine Law, The Path to Mastership: A Full Explanation of the Laws governing the Inner Development necessary to Attain the Philosophic Initiation or Mastership together with a detailed account of the Priests of Aeth or Priesthood of Melchizedek, Philosophical Publishing Co., Quakertown, 1949.

Dr Paschal Beverly Randolph and the Supreme Dome of the Rosicrucians in France, Philosophical Publishing Co., Quakertown, 1929.

Cockburn Leslie, *Out of Control : The Story of the Reagan Administration's Secret War in Nicaragua, the Illegal Arms Pipeline, And the Contra Drug Scandal*, Bloomsbury, Londres, 1988.

Collins Andrew, *From the Ashes of Angels*, Michael Joseph, Londres, 1996.

Gods of Eden : Egypt's Lost Legacy and the Genesis of Civilisation, Headline, Londres, 1998.

Conroy Ed, *Report on Communion*, Avon Books, New York, 1989.

Constantine Alex, «Ed Dames and his Covers Stories for Mind Control Experimentation», Lighthouse Report website *(http://www.redshift.com/damason/lhreport).*

«"Remote Viewing" at Standford Research Institute or Illicit CIA Mind Control Experimentation ?», site Internet Lighthouse Report.

«Rep. Charlie Rose, BNL ant the "Occult"», site Internet Lighthouse Report.

Virtual Governement : CIA Mind Control Operations in America, Feral House, Venice (Ca), 1997.

Cook Robin J., *The Giza Pyramids : A Study in Design*, Open Mind, Londres, 1988.

The Horizon of Khufu, Seven Islands, Londres, 1996.

The Pyramids of Giza, Seven Islands, Glastonbury, 1992.

The Sacred Geometry of the Giza Plateau, Seven Islands, Glastonbury, 1991.

Coppens Philip, «Life Exists Since the Big Bang», *Legendary Times*, mars-avril 1999.

Corydon Bent et L. Ron Hubbard, Jr, *L. Ron Hubbard : Messiah or Madman ?* Lyle Stuart Inc., Secanons, 1987.

Courjeaud Frédéric, *Fulcanelli : Une identité révélée*, Claire Vigne, Paris, 1996.

Crowley Aleister, *The Book of the Law*, Church of Thelema, Pasadena, 1931.

The Confessions of Aleister Crowley An Autohagiography, Bantam Books, New York, 1971.

Crowley Brian et Hurtak James, *The Face On Mars: The Evidence of a Lost Martian Civilisation*, Sun Books, South Melbourne, 1986.

Devereux Paul, *The Long Trip: A Prehistory of Psychedelia*, Arkana, Londres, 1997.
Dieterlen G. et de Ganay S., *Le Génie des eaux chez les Dogons*, Librairie orientaliste Paul Geuthner, Paris, 1942.
Di Pietro Vincent, Molenaar Gregory et Brandenburg John, *Unusual Mars Surface Features*, édition revue et corrigée, Mars Research, Glenn Dale, 1988.
Dolphin Lambert, « Geophysics and the Temple Mount », article paru sur le site Internet de Dolphin *(http://www/best.com/dolphin/)*, 1995.
Douzet André (édition revue et augmentée par Philip Coppens), « The Treasure Trove of the Knights Templar », *Nexus*, vol. 4, n° 3, avril-mai 1997.
Drosnon Michael, *The Bible Code*, Orion, Londres, 1997.

Edwards I. E. S., *The Pyramids of Egypt*, édition revue et corrigée, Penguin Books, Londres, 1980.
Elkins Don, et Carla Rueckert, *Secrets of the UFO*, L/L Research Publications, Louisville, 1977.
Ellis Ralph, *Thoth, Architect of the Universe: A Radical Reassessment of the Design and Function of the Great Henges and Pyramids*, édition revue et corrigée, Edfu Books, Dorset, 1998.
Engel Joel, *Gene Roddenberry: The Myth and the Man behind Star Trek*, Virgin, Londres, 1994.
Erman Adolf, *Life in Ancient Egypt*, Macmillan & Co., Londres, 1894.
Evans Hilary, *Visions, Apparitions, Alien Visitors*, Thorsons, Londres, 1984.

Fairall Anthony, « Orion's Belt and the Layout of the Three Pyramids of Giza », site Internet du South African Museum *(http://www.museums.org.za/sam/planet/pyramids.htm)*, décembre 1999.

Farley Dick, « The Council of Nine : A Perspective on "Briefings form Deep Space" », site Internet Brother Blue *(http://www.brother blue.org)*, 1998.

Faulkner R. O., *The Ancient Egyptian Pyramid Texts*, Presses de l'université d'Oxford, 1969.

Festinger Leon, W. Riecken Henry et Schacheter Stanley, *When Prophecy Fails*, Presses de l'université du Minnesota, Minneapolis, 1956.

Fowden Garth, *The Egyptian Hermes : A Historical Approach to the Late Pagan Mind*, Presses de l'université de Cambridge, 1986.

Frankfort Henri, *Kingship and the Gods : A Study in Ancient Near Eastern Religion on the Integration of Science and Nature*, Presses de l'université de Chicago, 1948.

Fuller John, Arigo : *Surgeon of the Rusty Knife*, Hart-Davis, MacGibbon, Londres, 1974.

Galtier Gérard, *Maçonnerie égyptienne, Rose-Croix et néo-chevalerie*, éditions du Rocher, 1994.

Garder Martin, *Science : Good, Bad and Bogus*, Prometheus Books, Buffalo, 1981.
Urantia : The Great Cult Mystery, Prometheus Books, Amherst, 1995.

Garrett Eileen, *Adventures in the Supernormal : A Personal Memoir*, Creative Age Press, New York, 1949.
Many Voices : The Autobiography of a Medium, George Allen & Unwin, Londres, 1969.

Geller Uri, *My Story*, Gorgi, Londres, 1977.

Geller Uri et Lyon Playfair Guy, *The Geller Effect*, Jonathan Cape, Londres, 1986. Traduction : *L'Effet Geller*, Pygmalion, 1987.

Graff Dale, *Tracks in the Psychic Wilderness : An Exploration of Remote Viewing, ESP, Precognitive Dreaming and Synchronicity*, Element, Shaftesbury, 1998.

Grant Kenneth, *Aleister Crowley and the Hidden God*, Frederick Muller, Londres, 1973.

Griaule Marcel, *Conversations with Ogôtemmeli : An Introduction to Dogon Religious Ideas*, Oxford University Press, Oxford, 1965.

Griaule Marcel et Dieterlen Germaine, *Le Renard pâle*, Institut d'ethnologie, Paris, 1965.

Grof Stanislav, *Realms of the Human Unconscious: Observations from LSD Research*, Viking Press, New York, 1975. Traduction: *Les Royaumes de l'inconscient humain*, éditions du Rocher, 1992.

Guerrier Éric, *Essai sur la cosmogonie des Dogons: l'arche du Nommo*, Laffont, 1975.

Hancock Graham, *L'Empreinte des Dieux*, Pygmalion, 1996.
 « Egypt's Mysteries: Hints of a Hidden Agenda », *Nexus*, vol. 3, n° 6, octobre-novembre 1996.

Hancock Graham, Bauval Robert et Grigsby John, *The Mars Mystery*, Michael Joseph, Londres, 1998. Traduction: *Le Mystère de Mars*, éditions du Rocher, 2000.

Hancock Graham et Faiia Santha, *Heaven's Mirror: Quest for the Lost Civilisation*, Michael Joseph, Londres, 1998.

Hapgood Charles, *Maps of the Ancient Sea Kings: Evidence of an Advanced Civilisation in the Ice Age*, Chilton Books, Philadelphia, 1966. Traduction: *Les Cartes des anciens rois des mers: preuves de l'existence d'une civilisation avancée à l'époque glaciaire*, éditions du Rocher, 1981.

Harris Michael, *History of Libraries in the Western World*, édition revue et corrigée, Scarecrow Press, Londres, 1985.

Hassan Selim, *The Great Sphinx and its Secrets: Historical Studies in the Ligth of Recent Excavations*, Governement Press, Cairo, 1953.

Hawass Zai, « Two New Museums at Luxor and Aswan », *Horus*, vol. 16, n° 2, avril-juin 1998.

Hérodote, *Histoires*.

Hinton Howard, *The Fourth Dimension*, Swann Sonnenschein & Co., Londres, 1904.

Hoagland Richard, *The Monuments of Mars: A City on the Edge of Forever*, édition revue et corrigée, Frog Ltd, Berkeley, 1996.
 « A Secret Tunnel being Excavated in the Great Pyramid ? », site Internet Enterprise Mission *(http://www.enterprisemission.com)*, 1997.

Hoffman Michael, *Egypt Before the Pharaohs: The Prehistoric Foundations for Egyptian Civilization*, Routledge & Kegan Paul, Londres, 1980.
Holroyd Michael, *Alien Intelligence*, David & Charles, Newton Abbot, 1979.
Briefing for the Landing on Planet Mars, Gorgi, Londres, 1979.
Hope Murry, *Ancient Egypt: The Sirius Connection*, Element Books, Shaftesbury, 1990.
Hunter Larry et Hillier Amargi, « The Hall of Osiris: The Secret Chamber Inside the Great Pyramid – 30 Years of Secrecy and Deception by the Supreme Organization of Antiquities », article paru sur le site Internet d'Amargi Hillier *(http://www.amargiland. com)*, 1998.
Hurkos Peter, *Psychic: The Story of Peter Hurkos*, Arthus Barker, Londres, 1961.
Hurry Jamieson, *Imhotep, the Vizier and Physician of King Soser and afterwards the Egyptian God of Medicine*, édition revue et corrigée, University Press of Oxford, 1928.
Hurtak James, *The Book of Knowledge: The Keys of Enoch*, Academy for Future Sciences, Los Gatos, 1977.

Igliori Paola, *American Magus: Harry Smith – A Modern Alchemist*, Inanout Press, New York, 1996.
Inquire Within, *Light-Bearers of Darkness*, Boswell Printing and Publishing Co., Londres, 1930.
The Trail of the Serpent, Boswell Publishing Co., Londres, 1936.

Jarman Willis, *An Incomplete Guide to the Future*, W.W. Norton and Co., New York, 1976.
Johnson Kenneth Rayner, « The Hidden Face of Fulcanelli », *The Unexplained*, n° 42, 1981.

Keel John, *Operation Trojan Horse*, Souvenir Press, Londres, 1971.
Keith Rebecca, « Reptoids Stole My Meteorite », *Fortean Times*, n° 97, avril 1997.

Keller Barbara, « ARE Conference Highlights Giza Controversies », *Atlantis Rising*, n° 13, 1997.

Kérisel Jean, « Pyramide de Khéops : dernières recherches », *Revue d'égyptologie*, n° 44, 1993.

King Francis, *The Secret Rituals of the O.T.O.*, C. W. Daniel, Londres, 1973.

King Joan Wucher, *Historical Dictionary of Egypt*, Scarecrow Press, Londres, 1984.

Kingsland William, *The Great Pyramid in Fact and Theory* (2 vol.), Rider & Co., Londres, 1932-1935.

Koppang Randy, « The Great Pyramid Tunnel Mystery », *Atlantis Rising*, n° 13, 1997.

Lawton Ian et Ogilvie-Herald Chris, *Giza : the Truth – The People, Politics and History behind the World's Most Famous Archeological Site*, Virgin, Londres, 1999.

Lehner Mark, *The Complete Pyramids*, Thames and Hudson, Londres, 1997.

The Egyptian Heritage, based on Edgar Cayce Readings, ARE Press, Virginia Beach, 1974.

Leslie Stuart, *The Cold War and American Science : The Military-Industrial-Academic Complex at MIT and Stanford*, Presses de l'université de Columbia, New York, 1993.

Levy Steven, *The Unicorn's Secret : Murder in the Age of Aquarius*, Prentice Hall Press, New York, 1988.

Lewis Spencer, *Rosicrucian Questions and Answers, with Complete History of the Rosicrucian Order*, Supreme Grand Lodge of AMORC, San Jose, 1929.

The Symbolic Prophecy of the Great Pyramid, Supreme Grand Lodge of AMORC, San Jose, 1936. Traduction : *La Prophétie symbolique de la Grande Pyramide*, Éditions rosicruciennes, 1986.

Lilly John, *Centre of the Cyclone : An Autobiogaphy of Inner Space*, Paladin, Londres, 1973.

The Human Biocomputer : Theory and Experiments, Abacus, Londres, 1974.

Lindemann Michael, « Cydonia Disappoints, but Controversy Continues », site Internet CNI *(http://www.cninews.com)*, 1998.
Lowen Rebecca, *Creating the Cold War University: The Transformation of Stanford*, Presses de l'université de Californie, Berkeley, 1997.
Lunan Duncan, *Man and the Stars: Contact and Communication with Other Intelligence*, Souvenir Press, Londres, 1974.
Lurker Manfred, *An Illustrated Dictionary of the Gods and Symbols of Ancient Egypt*, Thames & Hudson, Londres, 1980.

Maas Peter, *Manhunt*, Harrap, Londres, 1986.
MacDonalld Dwight, *Henry Wallace: The Man and the Myth*, Vanguard Press, New York, 1948.
Manley Bill, *The Penguin Historical Atlas of Ancient Egypt*, Penguin, Londres, 1996.
Markley O.W. et Harman Willis, *Changing Images of Man*, Pergamon Press, Oxford, 1982.
Markowitz Norman, *The Rise and Fall of the People's Century: Henry A.Wallace and American Liberalism, 1941-48*, The Free Press, New York, 1973.
Marks John, *The Search for the « Mandchurian Candidate »: The CIA and Mind Control*, W. W. Norton and Co. Londres, 1979. Traduction *Main basse sur les cerveaux: objectifs des services secrets, la manipulation du comportement humain.*
Marti Montserrat Palau, *Les Dogons*, PUF, 1957.
McCulloch Warren, *Embodiments of Mind*, Presses du MIT, Cambridge, Massachusetts, 1965.
McDaniel Stanley, *The McDaniel Report*, North Atlantic Books, Berkeley, 1993.
McDaniel Stanley et Rix Paxson Monica, *The Case for the Face: Scientists Examine the Evidence for Alien Artifacts on Mars*, Adventures Unlimited Press, Kempton, 1998.
McMoneagle Joe, Mind Trek, Hampton Roads Publishers, Norfolk, 1993.
Miller Russel, *Bare-Face Messiah: The True Story of L. Ron Hubbard*, Michael Joseph, Londres, 1987.

Milner Terry, « Ratting Out Puharich », article paru sur le site Internet de Jack Sarfatti *(http://www.hia.com/pcr/)*.

Milson Peter, *Age of the Sphinx: A Transcript of the programmme transmitted 27 November 1994*, Broadcasting Support Services, Londres, 1994.

Mitchell Edgar, *Psychic Explorations: A Challenge for Science*, G. P. Putnam's Sons, New York, 1974.

Morehouse David, *Psychic Warrior: The True Story of the CIA's Paranormal Espionage*, Michael Joseph, Londres, 1996.

Mundy Talbot, *The Nine Unknown*, Bobbs-Merrill Co., Indianapolis, 1923.

Musès Charles, *Destiny and Control in Human Systems: Studies in the Interactive Connectedness of Time (Chronotopology)*, Kluwer-Nijhoff Publishing, Boston, 1985.

Musès Charles et Arthur Young, *Consciousness and Reality*, Outerbridge and Lazard, New York, 1972.

Myers David et David Percy, *Two-Thirds*, Aulis, Londres, 1993.

Narby Jeremy, *Le Serpent cosmique, l'ADN et les origines du savoir*, Georg, 1995.

National Aeronautics and Space Administration, *Viking 1: Early Results*, NASA, Washington, 1976.

Nye James, « Chromosome Damage ! A Random Conversation with Robert Anton Wilson », *Fortean Times*, n° 79, février-mars 1979.

Ogilvie-Herald Chris, « Great Pyramid Capping Ceremony : Cancelled ! », *Egyptnews (egyptnews@aol.com)*, 18 décembre 1999.

« A Secret Tunnel Being Excavated in the Great Pyramid », *Quest for Knowledge Magazine*, vol. 1, n° 5, 1997.

Ogilvie-Herald Chris et Lawton Ian, « The "Water Shaft" : The Facts », *Egyptnews (egyptnews@aol.com)*, 27 novembre 1998.

Paijmans Theo, *Free Energy Pioneeer: John Worrell Keely*, Illumin Net Press, Lilburn, 1998.

Papus, *Anarchie, indolence et synarchie : les lois physiologiques d'organisation sociale et l'ésotérisme*, Chanuel, Paris, 1894.

Parker Richard, *The Calendars of Ancient Egypt*, Presses de l'université de Chicago, 1950.

Pauwels Louis et Bergier Jacques, *Le Matin des magiciens*, Gallimard, 1960.

Peebles Curtis, *Watch the Skies! A Chronicle of the Flying Saucer Myth*, Berkeley Books, New York, 1995.

Pelley William Dudley, *Star Guest*, Soulcraft Chapels, Noblesville, 1950.

Peronnik, *Pourquoi la résurgence de l'ordre du Temple ?* La Pensée Solaire, 1975.

Petrie W. M. Flinders, *Medum*, David Nutt, Londres, 1892.

Picknett Lynn, *The Encyclopedia of the Paranormal : A Complete Guide to the Unexplained*, Macmillan, Londres, 1990.

Picknett Lynn et Prince Clive, *The Templar Revelation : Secret Guardians of the True Identity of Christ*, Bantam Press, Londres, 1997. Traduction : *La Révélation des Templiers*, éditions du Rocher, 1998.

Piehl Karl, « Notes de lexicographie égyptienne », *Sphinx : Revue critique embrassant le domaine entier de l'égyptologie*, vol. II, Akademmiska Bokhandein, Uppsala, 1897.

Pike Albert, *Morals and Dogma of the Ancient and Accepted Scottish Rite of Freemasonry*, A∴ M∴, Charleston, 1871.

Puharich Andrija, *Beyond Telepathy*, Picador, Londres, 1975.

The Iceland Papers : Select Papers on Experimental and Theoretical Research on the Physics of Consciousness, Essentia Research Associates, Amherst, 1979.

The Sacred Mushroom : Key to the Door of Eternity, Doubleday, Garden City, 1974

Uri : The Original and Authorized Biography of Uri Geller, Futura, Londres, 1974. Traduction : *Uri Geller*, Flammarion, 1974.

« A Way to Peace through ELF : Excerpts form a talk by Dr Andrija Puharich at the Understanding Convention of ASTARA, Upland, CA, November, 1982 », *The Journal of Borderland Research*, mars-avril 1983.

Puthoff H. E., « CIA-Initiated Remote Viewing Program at Standford Research Institute », *Journal of Scientific Exploration*, vol. 10, n° 1, printemps 1996.

Ramadan Mohammed, « Effects on Society of Public Disclosure of Extraterrestrial Presence », site Internet Planteary Mysteries, 1997.

Randall-Stevens H. C. (« El Eros »), *Atlantis on the Latter Days*, Aquarian Press, Londres, 1954.
The Book of Truth, or the Voice of Osiris, Knights Templar of Aquarius, Londres, 1956.
The Teachings of Osiris, Rider & Co., Londres, 1927.
A Voice out of Egypt: An Adventure in Clairaudience, Francis Mott Co., Londres, 1935.
The Wisdom of the Soul, Aquarian Press, Londres, 1956.

Rasche Niklas, « Desert Strom », *Fortean Times*, n° 112, juillet 1998.

Ratsch Christian *Plants*, Prism, Bridport, 1992, *The Dictionary of Sacred and Magical.*
The Gateway to Inner Space, Prism, Bridport, 1989.

Rice Michael, *Egypt's Legacy: The Archetypes of Western Civilisation 3000-30 BC*, Routledge, Londres, 1997.
Egypt's Making: The Origins of Ancient Egypt 5000-2000 BC, Routledge, Londres, 1990.

Rickard Bob, « Facing Up to Mars », *Fortean Times*, n° 112, juillet 1998.

Robinson Lytle, *Edgar Cayce's Story of the Origin and Destiny of Man*, Neville Spearman, Londres, 1972.
Is it True What They Say About Edgar Cayce? Neville Spearman, Jersey, 1979.

Roche Richard, *Egyptians Myths and the Ra Ta Story, based on the Edgar Cayce Readings*, ARE, Virginia Beach, 1975.

Rohl David, « Eternal Riddle of the Sands Entombed in Mystery and Academic War of Words », Daily Express, 27 janvier 2000.

Rudgley Richard, *The Alchemy of Culture: Intoxicants in Society*, British Museum Press, Londres, 1993.

Rux Bruce, *Hollywood versus the Aliens: The Motion Picture Industry's Participation in UFO Disinformation*, Frog Ltd, Berkeley, 1997.

Rydeen Paul, *Jack Parsons and the Fall of Babylon*, Crash Collusion, Berkeley, 1995.

Sagan Carl, *Cosmos*, Mazarine, 1981.

Saint-Yves d'Alveydre, *L'Archéomètre, clef de toutes les religions et de toutes les sciences de l'Antiquité,* Dorbon-Aine, 1934.
Mission des juifs, Calmann-Levy, 1884.
Mission de l'Inde en Europe, mission de l'Europe en Asie : la question du Mahatma et sa solution, Dorbon-Aine, 1910.
La Théogonie des patriarches : traduction archéométrique des Saintes Écritures (2 vol.), J. B. G., 1977.

Salah Abdel Aziz, *Excavations at Heliopolis, Ancient Egyptians Ounu* (2 vol.), Université du Caire, 1981-1983.

Santillana Giorgio (de) et Hertha Deschend (von), *Hamlet's Mill: An Essay on Myth and the Frame of Time*, Gambit, Boston, 1969.

Sarfatti Jack, « The Destiny Matrix », article paru sur son site Internet *(http://www.hia.com/pcr/)*, 1996.
« In The Thick of It ! », article paru sur son site Internet, 1996.
« Quantum Quackery », article paru sur son site Internet, 1996.

Saunier Jean, *Saint-Yves d'Alveydre, ou une synarchie sans énigme*, Dervy, 1981.

Schlemmer Phyllis et Bennett Mary, *The Only Planet of Choice : Essential Briefings from Deep Space*, édition revue et corrigée, Gateway Books, Bath, 1996.

Schnabel Jim, *Remote Viewers : The Secret History of America's Psychic Spies*, Dell Publishing, New York, 1997.

Schoch Robert, « The Great Sphinx Controversy », *Fortean Times*, n° 79, février-mars 1995.
« Redating the Great Sphinx of Giza », *KMT*, vol. 3, n° 2, 1992.

Schoenfield Hugh, *The Pentecost Revolution*, Hutchinson, Londres, 1974.

Schueller Gretel, « Stuff of Life », *New Scientist*, 12 septembre 1998.

Schwaller de Lubicz Isha, « *Aor* » : *R. A. Schwaller de Lubicz, sa vie, son œuvre*, La Colombe, 1963.

Schwaller de Lubicz R. A., *Le Miracle égyptien*, Flammarion, 1963 ; 1978.

Propos sur l'ésotérisme et les symboles, La Colombe, 1969 ; Dervy, 1977.

Le Roi de la théocratie pharaonique, Flammarion, 1961 ; 1982.

Études sur les nombres, Librairie de l'Art indépendant, 1961 ; Axis Mundi, 1991.

Symboles et symbolique, Le Caire, 1949.

Le T422emple dans l'homme, Le Caire, 1949 ; Dervy, 1979.

Le Temple de l'homme, Dervy, 1979 ; 2001.

Sellers Jane, *The Death of the Gods in Ancient Egypt : An Essay on Egyptian Religion and the Frame of Time*, Penguin, Londres, 1992.

Shanon Benny, « A Cognitive-Psychological Study of Ayahuasca », *Maps*, vol. VII., n° 3, été 1997.

Shaw Ian et Nicholson Paul, *British Museum Dictionary of Ancient Egypt*, Presses du British Museum, Londres, 1995.

Sinclair John (sir), *The Alice Bailey Inheritance*, Turnstone Press, Wellingborough, 1984.

Sjöö Monica, *New Age Channelings : Who or What is being Channeled?*, manuscrit, 1998.

Smith Robert, *The Lost Memoirs of Edgar Cayce : Life as a Seer*, ARE Press, Virginia Beach, 1997. Traduction : à paraître aux éditions du Rocher.

Spence Lewis, *Myths and Legends of Ancient Egypt*, George C. Harrap & Co., Londres, 1915.

Square A., *Flatland, a Romance of Many Dimensions*, Seely & Co., Londres, 1884.

Stearn Jess, *The Sleeping Prophet : The Life and Work of Edgar Cayce*, Frederick Muller, Londres, 1967.

Steele John, « The Road to Atlantis ? », *The Unexplained*, n° 30, 1982.

Strausbaugh John, « Uri Geller : Parlor Tricks or Psychic Spy ? », *New York Press*, 27 novembre 1996.

Strieber Whitley, *Breakthrough : The Next Step*, HarperCollins, New York, 1995.
Communion, a True Story : Encounters with the unknown, Century, Londres, 1987. Traduction : *Communion,* J'ai Lu, 1988.
Confirmation, The Hard Evidence of Aliens Among Us, Simon & Schuster, Londres, 1998.
The Secret School : Preparation for Contact, Simon & Schuster, Londres, 1997.
Transformation : the Breakthrough, Century, Londres, 1988. Traduction : *Transformation,* J'ai Lu, 1989.
Targ Russell et Harary Keith, *The Mind Race : Understanding and Using Psychic Abilities,* New English Library, Sevenoaks, 1984.
Targ Russell et Puthoff Harold, *Mind-Reach : Scientists Look at Psychic Ability,* Jonathan Cape, Londres, 1977.
Temple Robert, *Open to Suggestion,* Aquarian Press, Wellingborough, 1989.
The Sirius Mystery : New Scientific Evidence of Alien Contact 5,000 Years Ago, 1976 ; édition revue et corrigée, Century, Londres, 1998.
Tompkins Peter, *The Magic of Obeliks,* Harper & Row, New York, 1981.
Secrets of the Great Pyramid, Allen Lane, Londres, 1973.
Tompkins Peter et Bird Christopher, *The Secret Life of Plants,* édition révisée, Arkana, Londres, 1991. Traduction : *La Vie secrète des plantes,* Laffont, 1991.

Ulmann André et Azeau Henri, *Synarchie et pouvoir,* Julliard, 1968.

Vallée Jacques, *Science interdite,* OP éditions, 1997.
Révélations, J'ai Lu, 1994.
Confrontations, J'ai Lu, 1992.
Autres Dimensions, J'ai Lu, 1991.
Ovnis : la grande manipulation, éditions du Rocher, 1983.
Passport to Magonia : From Folklore to Flying Saucers, Neville Spearman, Londres, 1975.

Van den Broeck André, *Al-Kemi : Hermetic, Occult, Political and Private Aspects of R. A. Schwaller de Lubicz*, Lindisfarne Press, Hudson, 1987.

Von Däniken Erich, *Chariots of the Gods ? : Unsolved Mysteries of the Past*, Souvenir Press, Londres, 1969. Traduction : *Présence des extraterrestres*, Laffont, 1969.

Wallace Henry, *Statesmanship and Religion,* Williams and Norgate, Londres, 1934.

Wasson Valentina et Wasson R. Gordon, « The hallucinogenic Mushrooms », *The Garden Journal*, janvier-février 1958.

Watson Lyall, *Supernature.* Traduit sous le titre *Supernature : une histoire du surnaturel.*

West John Anthony, « ARE Conference at Virginia Beach », *Egyptnews (egyptnews@aol.com)*, 12 août 1998.

The Case for Astrology, édition revue et corrigée, Viking, Londres, 1991.

Serpent in the Sky : The High Wisdom of Ancient Egypt, Wildwood House, Londres, 1979.

Whitehouse David, « Close-Ups Unveil the "Face on Mars" », juin 1998.

Weiss Jacques, *La Synarchie selon l'œuvre de Saint-Yves d'Alveydre*, Laffont, 1976.

Williamson George Hunt et Bailey Alice, *Others Voices*, Abelard Productions, Wilmington, 1995.

Wilson Colin, *Alien Dawn : an Investigation into the Contact Experience*, Virgin, Londres, 1998. Traduction : *L'Aube des extraterrestres*, éditions du Rocher, 2000.

From Atlantis to the Sphinx, Virgin, Londres, 1997. Traduction : *L'Archéologie interdite. De l'Atlantide au Sphinx*, éditions du Rocher, 2001.

Experience, Virgin, Londres, 1998.

Mysteries : an Investigation into the Occult, the Paranormal and the Supernatural, Granada, Londres, 1979. Traduction : *Mystères*, Albin Michel, 1981.

Wilson Robert Anton, *Cosmic Trigger : The Final Secret of the Illuminati*, Abacus, Londres, 1977.

Young Arthur, *The Reflexive Universe : Evolution of Consciousness*, Robert Briggs Associates, Lake Oswegs, 1976.

Zubrin Robert et Wagner Richard, *The Case for Mars : The Plan to Settle on the Red Planet and Why Whe Must*, Simon & Schuster, Londres, 1996.

TABLE

Préambule	9
Prologue : les neuf dieux	13
1. L'Égypte : de nouveaux mythes remplacent les anciens	25
2. Gizeh, ou le règne de l'étrange	87
3. Au-delà de la mission sur Mars	127
4. Contact ?	171
5. Derrière le masque	197
6. Les maîtres secrets	261
7. La fin des temps : l'avertissement	305
Épilogue : la véritable porte des étoiles ?	337
Postface à l'édition française	355
Notes	369
Remerciements	401
Bibliographie	405

Impression réalisée sur CAMERON par

BUSSIÈRE CAMEDAN IMPRIMERIES
GROUPE CPI
*à Saint-Amand-Montrond (Cher)
en août 2001*

Éditions du Rocher
28, rue Comte-Félix-Gastaldi
Monaco

Dépôt légal : août 2001
N° d'Édition : CNE section commerce et industrie Monaco 19023
N° d'Impression : 013827/1
Imprimé en France